社会学の歴史 II
他者への想像力のために

奥村 隆［著］

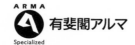
有斐閣アルマ

はじめに

　本書『社会学の歴史Ⅱ——他者への想像力のために』は，2014年12月に刊行された『社会学の歴史Ⅰ——社会という謎の系譜』の続編となる，社会学という学問の歴史について学ぶ人のための教科書です。2冊の章構成は以下のとおりで，『Ⅰ』には第1章から第8章までが，『Ⅱ』には「講義再開にあたって」と第9章から第15章までが収められています。

　本書のねらいは『Ⅰ』の「はじめに」に記したとおりです。社会学者たちはどのような「謎」を社会のなかに発見し，それとどう格

闘してきたのか。それぞれの社会学者は社会のどこかある場所に存在し，社会に働きかけ，社会に働きかけながら探究を続けています。それを辿ることで，みなさん自身がそれぞれの場所で出会っている「謎」を発見し，考えるための道具をひとつでも見つけてもらいたい。このねらいのもとに，『I』は19世紀から20世紀にかけて社会学が成立・展開したありさまを描き，『II』はおもに第二次世界大戦以降の社会学のより新しい動きを扱うことにする，と予告していました。

ただ，そこに掲げた『II』の仮目次と比べ，本書の構成は大きく変更されています。また，『I』の刊行から8年もの時間がたち，『II』の刊行をお待ちくださっていたみなさんに（とくに，学生時代に『I』を読んで，『II』を手にすることなく卒業していったみなさんに），深くお詫びを申し上げます。

これは（言い訳めいてしまいますが）ひとつには，『I』と『II』を結びつけつつ，『II』を独立した本としてスタートさせるためのアイデアがなかなか思い浮かばなかったことによります。ようやく「講義再開にあたって——中間考察」の着想を得たのは2018年夏のことで，それまでも『II』の各章の断片となる原稿を書いてはいたのですが，出発点を定めたうえで腰を据えて本書の仕事に取り組むのはそれ以降ということになってしまいました。

もうひとつは，『I』のほとんどの章についてはもととなる講義ノートもあり，対象とした社会学者の作品に若いころから触れていましたが，『II』の範囲にかんしては，シュッツとゴフマン以外この仕事を始めるまで本格的に勉強したことがなく，ほぼなにもないところから始めることになったからです（考えてみれば，無謀なことですね……）。ですので，各社会学者の作品を読み，草稿を書きながらストーリーを考えていくことになり，まず長い原稿（多くの章が最終稿の2倍以上の分量）を書いて，何段階かのステップで縮める作業をするという手順になりました。それぞれに時間がかかり，長く

お待たせしたことを，ほんとうに申しわけなく思います。

　ただ，私自身にとっては，時間がかかったことでこの本でなにを書けばいいのかが明確になったところがありました。たとえば，ルーマンを扱った第 15 章の草稿は，2020 年の春から新型コロナウイルスの感染拡大に社会が動揺している時期に，そのリアリティを感じながら書きました（最終稿にもその痕跡を残すことにしました）。また，「世界」を論じた第 13 章の草稿は，2022 年 2 月 24 日にロシアのウクライナ侵攻が突然開始されたあと，連日伝えられるニュースに衝撃を受けながら書いたものです。全体の最終的な短縮作業は 2022 年初夏以降に行いましたが，目の前の「現在」から突きつけられる「謎」にどう答えればいいかを自分なりに模索することと，本書で「歴史」を書く作業をすることは表裏一体で，この作業があることで精神の平衡を保つことができたようにも思います。

　『I』の仕事を始めたのは 2010 年度の研究休暇で，当時私は 40 代終盤でしたが，12 年がたったいま，60 歳となりました。50 代を通してこの仕事を抱えていたことになるわけですが，これはじつに幸せなことだったと思います（もちろん，たいへんでもありましたが）。きちんと読んだことがなかった社会学者の作品を読んで，最初の跳ね返されるような感覚から，なんとか自分なりに形にするまでのプロセスをこの年齢で繰り返し経験できたことは，一方で自分がいかになにも知らないできたかを自覚する得難い機会でしたし，他方で「社会学」のおもしろさを改めて味わう楽しい時間でした。そうした経緯なので，いつまでたってもこんな原稿でよいのかと感じ続けてきましたが，いったん読者のみなさんに本書をお届けして，不十分なところはぜひご指摘・ご批判をいただければと思います。もしもみなさんに私が感じた楽しさやおもしろさが少しでも伝われば，とてもうれしいです。

　有斐閣編集部の松井智恵子さん，四竈佑介さんには，本書の完成まで丁寧な伴走をいただき，心よりお礼申し上げます。この間ずっ

と，いつになったら出来上がるのか心配をおかけしてばかりでしたし，膨大な量の草稿を数段階にわたって暴力的に送りつけられてたいへんな思いをされたと思います（まあ，社会学史の専門家でもなんでもない私に「社会学の歴史の教科書をひとりで書いてください」という，松井さんからの暴力的な依頼がすべてのはじまりなのですが……笑）。絶妙なタイミングでの督促メール，自宅近くの中央線・国分寺駅ビルの喫茶店やオンラインでの打ち合わせで，いつもおふたりに元気と勇気をいただいて，『Ⅱ』の終わりに辿り着くことができました。ほんとうにありがとうございました。

　本書の内容の一部は，2017年度から在籍する関西学院大学社会学部・社会学研究科，2020・21年度に客員教授を務めた京都大学文学部・文学研究科での講義で話し，受講生のみなさんからのコメントを参考にした箇所も多いです。ありがとうございました。この仕事を進める環境を与えてくださった，関西学院大学の教職員の方々にも感謝申し上げます。

　最後に妻・奥村良子，娘・藍に感謝の言葉を。それぞれの章の草稿を書き始める時期と難所に差し掛かる時期はたいてい具合が悪くなり，さらにこの6年間は東京と関西の往復生活ということになって，ふたりにたくさん迷惑をかけました。でも，長い時間をかけてこの本を書き続けられ，それに不可欠な「精神の自由」をもち続けることができたのは，ふたりの支えがあったからであるのは間違いありません。この場を借りて，ほんとうにありがとう！

　　2022年11月28日

　　　　　　　　　　　　　　　　　　　奥　村　　隆

第10章　アーヴィング・ゴフマン　　　　79

日常という謎

第13章　周辺からの社会学　　　　　　　227

世界という謎

第14章　ピエール・ブルデュー　　　　289

階級という謎

　　　　　　　　　　　　　　　　イラスト：オカダケイコ

講義再開にあたって

中 間 考 察

1 「社会学的想像力」をめぐって

> **不安と無関心の時代**　みなさん，こんにちは。きょうから「社会学の歴史」の講義を再開します。前回からずいぶん長い休暇でしたが，みなさんお元気にお過ごしでしたでしょうか。今学期もどうぞよろしくお願いします。

　前学期の最終回では，アルフレッド・シュッツの回から再開すると予告していました。ですが，今学期の講義を準備していて，私自身新しく考えるようになったこともありますし，はじめて出席する人もいると思いますので，きょうは今学期全体のイントロダクションのようなお話をしておいたほうがよいように思います。講義前半の復習もかねて，ですね。

　それを，ある社会学者の言葉を引くことから始めてみましょう。前学期の1回目はエミール・デュルケームの言葉から始めましたが，彼が逝去した1917年の前年，1916年に生まれたアメリカの社会学者チャールズ・ライト・ミルズ（Charles Wright Mills）が1959年に著した『社会学的想像力』の冒頭です。読んでみますね。

　　こんにち，自分の私的生活は罠の連なりなのではないかという感覚に，人はしばしば囚われる。彼らは，日常的な世界のなかだけでは自分たちの問題を解決できないと感じている。そう

感じてしまうのは，たいていの場合まったく理にかなったことである。普通の人が直接に見たり聞いたりしていることや，行おうとしていることは，個人の生活圏を超えることはない。彼らの視野や能力が及ぶのは，仕事や家族，近隣といったクローズアップされた場面に限られるのであって，他者の生活圏については，自分と重ねてみることはあるものの，あくまで傍観者としての分を守る。たとえ漠然としたものであっても，自分の手が届く範囲を超えるような企みや脅威に気づけば気づくほど，ますます罠にはめられたように感じるようになっていく。（『社会学的想像力』，15頁）

いまから60年ほど前のこの文章は，自分の生活に一連の「罠」が仕掛けられているという感覚が人々に広がっていると指摘します。生活がなんだかうまくいかない。どこかおかしい。なにか「罠」があるのではないか。だがそれがどんな「罠」なのかわからない。自分たちの力でそれを解決できそうにない。そんな「感覚」です。

ミルズは少しあとで，「現代は不安と無関心の時代である」と論じます。「ただなんとなく不安でいやな感じ」があり，「あらゆることが……正しくないのではないか」との思いをしばしば感じる。なにが脅かされている価値かわからない「無関心（indifference）」と，正体がわからない強い脅威を感じる「不安（uneasiness）」が人々を支配している。

この「不安と無関心」は，60年以上あとの私たちも日常的に感じるものではないかと思います。むしろ，「罠にはめられたように感じる」という表現はいまの私たち自身を描いているのではないかと感じる人もいるかもしれません。ではどうしてそう感じるのか。

社会学的想像力

ミルズはこう述べます。普通の人々は，自分の生活パターンと社会構造の変動や世界史の流れのあいだに複雑なつながりがあることにほとんど気づかな

い。戦争が始まると保険外交員がミサイル発射に駆り出され，店員はレーダー操作をさせられ，妻はひとりで暮らし，子どもは父親なしに育つ。社会が産業化されると小作農は労働者となり，地主は破産するかビジネスマンになる。「個人の生」も「社会の歴史」も，両方を熟知していなければそれぞれを理解することはできない。だが人々は，自分が抱えるトラブルや享受する幸福を歴史的変動や制度矛盾という観点からはとらえない。彼らには「人間と社会，個人史と歴史，自己と世界の関わり合いを理解するうえできわめて大切な思考力」が欠けている。この思考力を欠いて視野が「個人の生活圏」を超えないとき，自分を守るために私的な生活にとどまろうとし，罠にはまった感覚に囚われることは無理もないだろう。

　いま必要となっているこの思考力のことを，ミルズは「社会学的想像力（sociological imagination）」と呼びます。「社会学的想像力を手にした人は，より大局的な歴史的場面を，個人ひとりひとりの内的な精神生活や外的な職業経歴にとってそれがどのような意味をもっているかを考えることを通じて，理解することができる」。そして，自分のこととして実感できる範囲にかかわる「私的問題（personal trouble）」と，無数の生活圏が浸透し合って巨大な構造を形づくっている「公的問題（public issue）」を結びつけて考えることができる。この想像力は，限られた範囲をなぞり返していた人を突然目覚めさせ，かつてはゆるぎないと思えた判断を淀んだ思考の産物だと気づかせ，「物事に驚く力が，いきいきとよみがえる」とミルズは述べます。さらに，この社会学的想像力を認識していることが「古典的な社会分析家の特徴」だとし，オーギュスト・コント，カール・マルクス，エミール・デュルケーム，マックス・ヴェーバーなどの先駆者たちをあげています。

　確かに，この人々はミルズのいう「社会学的想像力」をいきいきした姿で見せてくれていました。コントは，フランス革命後に民主化が進むなかで，誰の意志でも計画でもない「意図せざる結果」と

して混乱や変動が生まれるのを見て，この「社会という謎」を観察して「内在的法則性」を発見しようとしました。マルクスは，生産力が爆発的に増大しながら労働者が窮乏する「資本主義」について，誰の意志（たとえば資本家の）によっても説明できない「資本」の論理を解明し，階級対立と恐慌という矛盾がこの社会を危機に陥れることを描きました。デュルケームは，個人が自らの命を絶つ「自殺」が，社会の連帯の変容により近代になって増加している事態を説明し，個人の意識に外在して拘束力を及ぼす「社会的事実」を犯罪・道徳・宗教などを通して浮かび上がらせました。そしてヴェーバーは，宗教的救いを求めるピューリタンたちが世俗内的禁欲を追求した「意図せざる結果」として資本主義が成立し，それが「鉄の檻」のように近代人の生き方を支配すること，個人の意志とその帰結のあいだの「悲劇性」を認識しなければならないことを繰り返し訴えました。まさに「個人の生」と「社会の歴史」をつなぎ，「私的問題」と「公的問題」を結びつける想像力を，彼らはそれぞれに展開したといえるでしょう。

　前学期の講義（つまり『社会学の歴史Ⅰ』）では，このことを私なりに「複数の意志の空間」と呼んでみました。誰かの「単数の意志」が問題なのではなく，「複数の意志」が存在することによって生成する問題を，「謎」として発見する。そのとき，私が経験する問題は誰かが仕掛けた「罠」にではなく，複数の意志がある論理で組み合わさったことに由来するものだと理解できます。いまあげた人々は，ぼんやりと自分の周りにある正体がわからない不安を，ひとつの「謎」として形にする想像力をもっていた。漠然とした不安に包まれている状態と，「個人の生」と「社会の歴史」のあいだ，「私的問題」と「公的問題」のあいだに，これがわからない！という「謎」を発見し，それを解明しようとしている状態とはまったく異なります。そのあいだをつなぐ，形のある「問い」とそれを考えるための「言葉」を紡ぎ出す力，これはミルズがいう「社会学的想像

力」を別の視点で表現したものかもしれません。

「グランド・セオリー」
と「抽象化された経験
主義」

ミルズは，いま社会科学者がもっとも優先
すべき使命は「現代の不安と無関心の基本
単位を明らかにすること」だと宣言し，そ
のための「文化的な生の公分母」が社会学
的想像力であると主張します。社会科学者だけでなく，文学作品や
政治分析，ジャーナリストや批評家や芸術家の仕事にも「社会学的
想像力という知性」が必要であり，彼らはその助力を求めていると
いうのです。ですが，こうした文化的使命に対して現代の社会科学
は深刻な危機にある，とミルズは指摘します。社会科学を専門にす
る人々の多くは現在（とくにアメリカにおいて），社会分析の知的責
務・政治的責務を放棄し，社会科学から社会学的想像力が枯渇しつ
つあるのでないか。

　ミルズは当時（つまり1950年代）の社会学のふたつの立場を厳し
く批判します。ひとつは「グランド・セオリー」です。その代表者
はタルコット・パーソンズですが，ミルズは彼の『社会体系論』
（1951年）を日常の言葉に「翻訳」することを試みます（パーソンズ
の文章と翻訳を並べる，という意地悪なやり方で！）。そして，555頁の
『社会体系論』は約150頁のわかりやすい英語に翻訳でき，全体を
こういいかえられるといいます。「問題となっているのは，社会秩
序はどのように可能なのか，ということである。これに対する答え
は，共通に受容されている価値がそれを可能にしている，というこ
とにでもなろうか」。翻訳終わり！

　ミルズによれば，グランド・セオリーの実践者（つまりパーソン
ズ）はあまりに抽象的な思考レベルを選択したために高度な一般性
のレベルから歴史的・構造的コンテクストの問題へと降りてこられ
ず，「出口が絶対ないにもかかわらず，なんとなくもっともらしい
分類の作業を一心不乱に続けることになる」。研究の抽象度の異な
るレベルを往復する能力が想像的かつ体系的に考えるための必須条

件ですが，彼は「〈概念〉のフェティシズム」に陥っており，観察のレベルに戻ることができない。また，「共通価値」を把握しようとして，暴力による威嚇や闘争を位置づけられなくなり，弾圧された大衆，興奮した暴徒，群衆，運動などの「集合行動」はグランド・セオリーによって規範的に構成された社会構造からは除外されてしまう。ヴェーバーは社会の一般概念と歴史的な説明が緊密に結びついた社会学を展開したが，彼は他の社会学者と同様，「マルクスと対話することで，著作の大部分を展開」した，「しかし，アメリカの学者は，すっかりそれを忘却してしまっている」。

ミルズが批判するもうひとつの立場は「抽象化された経験主義」です。これは，サンプリングされた一群の個人に調査を行い，そのデータを分類・入力して統計的処理を施し，相関関係を発見して統計的結論を出すという立場で，代表選手は第8章で登場したポール・ラザースフェルドでした。その研究対象のひとつが「世論（public opinion）」ですが，ミルズはこの立場は「公的（public）」という言葉を数的規模（多くの人々）を表し標本調査の対象となるもの，「意見（opinion）」をアンケートやインタビューで調査できるもの，ととらえており，「公衆」を歴史のある段階で合意を再編成していくものとはとらえていない，と指摘します。『ピープルズ・チョイス』（1944年）は「投票行動」を主題としましたが，そこからアメリカ政治の動態についてはほとんどなにも学ぶことはできません。

ミルズはこの立場は「方法論的な禁制」に囚われている，と主張します。ある問題が重要だから主題にするのではなく，方法論的に検証可能か否かという制約のなかで問題を立て，「ひたすら些末なものを積み上げるだけ」だというのです。彼ら「専門家」を基礎づけるのは「神聖な科学の〈方法〉」だけであり，「方法論的な禁制に囚われている者たち」が現代社会を語る場合，統計的な儀式の「細挽きミル」にかけることが必須となる。それにかけられないものは「意義ある」とはみなされないのです。

パーソンズの「グランド・セオリー」は「〈概念〉のフェティシズム」に囚われ，高度な一般化から事実に降りてこられなくなっている。ラザースフェルドたちの「抽象化された経験主義」は「方法論的禁制」に囚われ，公衆にとって重要なテーマと無関係な些末な問題へと探究を矮小化している。いずれも「理論」と「方法」に過度にこだわり，具体的な問題にしっかりと向き合っていない，とミルズは指摘します。あるいは「知の問題として考えるならば，両学派は，古典的な社会科学を放棄している」。つまり，コントやマルクスやデュルケームやヴェーバーが対峙した「謎」（私なりの表現では）を問うことを放棄している。もしも現在このふたつの立場が社会学の頂点に君臨して他になにもないとすれば，悲惨の一言に尽きる，とミルズはいいます。「彼らが実際にやっているのは，私たちが社会や人間についてあまり学ばないようにすることである，とすら言えるかもしれない」。グランド・セオリーは「形式的でよどんだ曖昧化によって」，抽象化された経験主義は「形式的で中身のない巧妙さをつくることによって」，です。

　60年以上前のミルズの怒りと苛立ちに満ちた批判をずいぶん長く紹介してしまいました。ただ，「現代の不安と無関心」という問題を目の前に，「グランド・セオリー」も「抽象化された経験主義」もなにも答えようとしていないのではないか，という危機意識は共有することができるでしょう。「普通の人々」の罠にかけられているという感覚と，社会学の「理論」と「方法」が乖離しているのではないか。このミルズの問いかけは，私たちがいまの社会と社会学を見るとき（少し先走りですが），強く訴える力をもつものではないかと思います。

　ですが，ここでは少し違った文脈を設定してみましょう。1916年生まれのミルズが1959年に著したこの本は，一方でコントやマルクス，デュルケームやヴェーバーの「古典的社会学」が切り拓いた「社会学的想像力」を高く評価し，他方でパーソンズやラザース

フェルドなど当時の社会学者が「社会学的想像力」を喪失している，と痛烈に批判します。ここに「世代」や「時代」の問題があると考えてはどうか。つまり，「社会学的想像力」が他の世代や時代よりも自由かつ切実に展開される世代や時代と，新しい展開を見せない世代や時代があるのではないか。あるいは，それまでの世代が発見しなかった水準の「謎」を発見し，それまでなかった人間と社会への探究を開始できる（開始することが要請される）世代・時代と，そうした「謎」の深化や拡大が見られない世代・時代があるのではないか。少なくとも，「古典的社会学」が問おうとした「謎」と，1950年代の社会学が問おうとした「謎」は大きく異なるものであり，それに世代や時代が深い影響を与えているのではないか。

　まるで社会学という学問の「私的な歴史」（？）と，社会全体の「公的な歴史」を無理に結びつけようとする，たんなる思いつきを話しているのかもしれません。もう少し説明が必要ですね。

2 社会学における4つの世代

社会学における「世代」

　今学期の講義を準備していて，整理のためにある表をつくってみました。『社会学の歴史I』に登場した社会学者たち，『II』で論じようと（表をつくった時点で）予定していた社会学者たちの生年・没年と，主要な著作の刊行年を一覧にしたものです。

　みなさん，見てどうですか。私はこれをつくってみて，びっくりしてしまいました。はじめて気づいたのですが，明らかにある世代に固まっていますよね。もちろん私の選択に偏りがあるのかもしれませんが，でも社会学の歴史を考えるときに取り上げるべき社会学者（およびその周辺の論者）をわりあい標準的にコレクションしているのではないかと思います。

表1　社会学における「世代」

	社 会 学 者	生 没 年	主要著作（刊行年）
第0世代	オーギュスト・コント	1798 ～ 1857	『実証哲学講義』（1830 ～ 42）
	カール・マルクス	1818 ～ 1883	『資本論』第1巻（1867）
第一世代	エミール・デュルケーム	1858 ～ 1917	『社会分業論』（1893），『宗教生活の原初形態』（1912）
	マックス・ヴェーバー	1864 ～ 1920	『プロテスタンティズムの倫理と資本主義の精神』（1904-5）
	ゲオルク・ジンメル	1858 ～ 1918	『社会分化論』（1890），『社会学の根本問題』（1917）
	ウィリアム・アイザック・トマス	1863 ～ 1947	『ヨーロッパとアメリカにおけるポーランド農民』（1918 ～ 1920）
	ロバート・エズラ・パーク	1864 ～ 1944	「都市」（1915），「人間生態学」（1936）
	ジョージ・ハーバート・ミード	1863 ～ 1931	『精神・自我・社会』（1934 ＝ 死後出版）
第二世代	タルコット・パーソンズ	1902 ～ 1979	『社会的行為の構造』（1937），『社会体系論』（1951）
	ロバート・キング・マートン	1910 ～ 2003	『社会理論と社会構造』（1949）
	ポール・ラザースフェルド	1901 ～ 1976	『ピープルズ・チョイス』（1944）
	テオドール・アドルノ	1903 ～ 1969	『啓蒙の弁証法』（1947）
	エーリッヒ・フロム	1900 ～ 1980	『自由からの逃走』（1941）
	カール・マンハイム	1893 ～ 1947	『イデオロギーとユートピア』（1929）
	ノルベルト・エリアス	1897 ～ 1990	『文明化の過程』（1939）
（中間考察）	チャールズ・ライト・ミルズ	1916 ～ 1962	『社会学的想像力』（1959）
（現象学派）	エドムント・フッサール	1859 ～ 1938	『ヨーロッパ諸学の危機と超越論的現象学』（1936）
	アルフレッド・シュッツ	1899 ～ 1959	『社会的世界の意味構成』（1932）
	ハロルド・ガーフィンケル	1917 ～ 2011	『エスノメソドロジー研究』（1967）
	ピーター・バーガー	1929 ～ 2017	『現実の社会的構成』（1966）
第三世代	アーヴィング・ゴフマン	1922 ～ 1982	『日常生活における自己呈示』（1959），『フレイム分析』（1974）
	ミシェル・フーコー	1926 ～ 1984	『監獄の誕生』（1975），『性の歴史』（1976 ～ 84）
	ニクラス・ルーマン	1927 ～ 1998	『社会システム』（1984），『社会の社会』（1997）
	ピエール・ブルデュー	1930 ～ 2002	『遺産相続者たち』（1964）『ディスタンクシオン』（1979）
	イマニュエル・ウォーラーステイン	1930 ～ 2019	『近代世界システムⅠ』（1974）
（予定のみ）	ジグムント・バウマン	1925 ～ 2017	『リキッド・モダニティ』（2000）
	ユルゲン・ハーバーマス	1929 ～	『コミュニケーション的行為の理論』（1981）
	アンソニー・ギデンズ	1938 ～	『モダニティと自己アイデンティティ』（1992）
	ウルリヒ・ベック	1944 ～ 2015	『リスク社会』（1986）

まず，第 1 章に登場したコントと第 2 章の主役マルクスですが，
1798 年生まれ，1818 年生まれと 20 歳も違い，ほかからもだいぶあ
いています。次のグループが社会学の基礎を築いたとするならば，
いわばプレ社会学世代，「第 0 世代」です。富永健一『思想として
の社会学』は，西洋社会学の思想の起源となった（しかし自身が生み
出した社会学を完成に導きえなかった）「第一世代」として，コントの
師匠アンリ・ド・サン = シモン（1760 ～ 1825），オーギュスト・コ
ント（1798 ～ 1857），第 6 章で触れたハーバート・スペンサー（1820
～ 1903）の 3 人をあげています（マルクスはリスト・アップされませ
ん）。サン = シモンからコントまで 38 歳，スペンサーまで 60 歳の
年齢差ですから「世代」というのは難しい気もしますが，フランス
革命と産業革命のインパクトを受けて「近代化」をとらえようとし
た 19 世紀の思想家たちが社会学の起源である，ということは間違
いないところだと思います。

　富永はそれに続く「第二世代」としてデュルケーム，ジンメル，
ヴェーバーをあげます。1858 年生まれの前 2 者と 1864 年生まれの
ヴェーバーが同世代で，1890 年代から 1910 年代にかけて活躍した，
ということは誰でも知っていますよね。ただこの表で私が驚いたの
は，第 6 章で見たアメリカの社会学者たちがまったく同じ世代だと
いうことです。トマスとミードは 1863 年，パークは 1864 年生まれ
ですね。大西洋を挟んでこの世代が，第 0 世代とは異なる「社会と
いう謎」を発見し，新しい「社会学的想像力」を展開したことは単
なる偶然ではないように思います。ここでは彼らを「社会学第一世
代」と呼んでおきましょう。

　そして，その次に 1900 年前後に生まれた世代の塊があります。
第一世代よりも 40 年ほど年少のこの世代は，1902 年生まれのタル
コット・パーソンズを代表選手としますが，ポール・ラザースフェ
ルドも彼より 1 歳年上の 1901 年生まれです。そして，第 8 章で取
り上げた亡命者たちもこの世代です。カール・マンハイムは 1893

年生まれと少し離れますが，ノルベルト・エリアスは 1897 年，エーリッヒ・フロムは 1900 年，テオドール・アドルノは 1903 年の生まれです。ヒトラーの政権奪取が 1933 年ですから 30 歳代で亡命を経験した彼らがある「社会学的想像力」を共有しただろうことは想像に難くないところですが，アメリカ社会学を発展させたパーソンズ，ラザースフェルド，そしてロバート・マートン（1910 年生まれ）がこの世代である，ということはとても不思議な一致であるという気がします。パーソンズ『社会的行為の構造』が 1937 年，エリアス『文明化の過程』が 1939 年，フロム『自由からの逃走』が 1941 年，ラザースフェルドらの『ピープルズ・チョイス』とアドルノ＝ホルクハイマーの『啓蒙の弁証法』が 1944 年（後者は原稿完成年）の作品ですから，1930 年代後半から 1940 年代半ば（第二次世界大戦前夜と戦中）に直面した「謎」にこの世代は答えようとした，ともいえるでしょう。彼らを暫定的に「社会学第二世代」と呼んでおきましょう。そして，今学期の最初に話すアルフレッド・シュッツも 1899 年生まれで，この世代に属するひとりです。

　こう見ると，もうひとつ世代的塊があるように見えます。これからの講義で中心的に論じる社会学者たちですが，私のチョイスが偏っているのかなと思いつつ，その多くが 1920 〜 30 年の生まれである，ということにやはり驚きます。1 章ずつかけて論じる予定の 4 人，アーヴィング・ゴフマン（第 10 章）は 1922 年生まれ，ミシェル・フーコー（第 11 章）は 1926 年，ニクラス・ルーマン（第 15 章）は 1927 年，ピエール・ブルデュー（第 14 章）は 1930 年の生まれです。これ以外に，ユルゲン・ハーバーマスは 1929 年，イマニュエル・ウォーラーステインは 1930 年生まれ。世界恐慌から第二次世界大戦期に少年時代を過ごし，戦後に大学教育を受け，1960 年ごろ活躍を始めたこれらの人々（ゴフマンはそれより少し年上）が，それまでの世代ともその後の世代とも異なる「社会という謎」へのセンサー，独自の「社会学的想像力」をもっていたという仮定は，

さほど間違っていないのではないかという気がします。

　富永はパーソンズ，シュッツ，ルーマンを「第三世代」と呼ぶの
ですが，25歳以上の年の差がありますから，パーソンズ＝シュッ
ツ世代とルーマン世代を分けて考えたほうがよさそうです。この
1920～30年生まれの人々を「社会学第三世代」と呼ぶならば，
1916年生まれのミルズは（1959年の時点で）アメリカの「第二世代」
の社会学に苛立ちを覚え，次の「第三世代」の想像力の出現をまだ
見ていない状況にいた，といえるのかもしれません。

　なんだか不思議ですね。いわば「社会学的想像力」が爆発する世
代，というものがあるのかもしれません（逆にまったく不発に終わる
世代もある？のかも）。そして，今学期の講義＝『社会学の歴史Ⅱ』
は，第三世代が展開した20世紀後半の社会学を主要な対象にする
ことになります。でもやっぱり，私の思いつきや思い過ごしでしか
ないような気もします……。

共通経験と想像力　　　第3章（エミール・デュルケーム）と第8章
　　　　　　　　　　（亡命者たちの社会学）に登場した思想史家
のスチュアート・ヒューズは，1890～1930年代のヨーロッパの社
会思想を跡づけた名著『意識と社会』で「1890年代の世代」がも
つ普遍的な意義を強調しています。「1890年代に成熟期に達した社
会思想家の世代は，偉大な創造性の刻印を帯びている」。彼ら「第
一次世界大戦の直前の世代」は「心理的な不安（psychological
malaise）という広汎な経験」を共有し，旧来の慣行や制度がもはや
社会の現実に適合しなくなったという「切迫した破滅感」をもって
いた。世紀末から1930年代の大不況期のはじまりまでを活動時期
としたこの世代は，第一次大戦をまたいで（とくに大戦前に）「ある
種の知的な統一」を示しており，自分が「決定的なペシミズムと自
己疑惑の状態」で書いたものが将来に大きな影響を与えようなどと
は（とくに早逝した人々は）思いもしなかった，といいます。

　ヒューズがリスト・アップするのは，第1に「この時代にひとき

わ高くそびえ立っている」ジグムント・フロイト（1856 ~ 1939）です。彼に次いで重要なのは，「ずばぬけた知的能力と多面性をそなえ，その健康をも脅かした絶望的な諸矛盾を不屈剛毅の意志力によって辛うじてつなぎとめていた」マックス・ヴェーバーです（少し大げさですが，的確な表現ですね）。第 3 は，「歴史の方法および哲学的前提に関するもっとも強力な現代的批判」を行ったイタリアの歴史家ベネデッテ・クローチェ（1866 ~ 1952）。そして第 4 にあがるのが，この 3 名ほどその教訓が鮮明でも独創的でもなかった（ヒューズによれば，ですよ）エミール・デュルケーム。さらに，評価が分かれ論争が絶えないレベルの思想家として，社会学者ヴィルフレド・パレート（1848 ~ 1923），哲学者アンリ・ベルクソン（1859 ~ 1941），ジョルジュ・ソレル（1847 ~ 1922），フロイトの弟子カール・G・ユング（1875 ~ 1961）をあげています。

　少し広がってしまいましたが，この世代が「天才の一『群』（cluster）」を構成している，というヒューズの表現には肯けるものがあります。どうしてある時期には他の時期より創造的な人間が多くいるように見えるのか。おそらく答えようがない問いだと思いますが，世代は「共通の経験によっておのずから形づくられる」側面があり，ヒューズは「『1890 年代の世代』を規定するにたる共通な経験」を論じたい，と述べます。詳述はできませんが，彼らの大多数が「反知性主義」に激しく敵対しつつ，彼らの仕事がそれを鼓舞することになったというパラドクスがある，とヒューズはいいます。最大の思想家とされる人々は，「できるかぎり理性主義の遺産を救済しようと努力しながらも，その伝統の基軸を決定的に移動させ，論理的に計算する動物という以上（あるいは以下）のなにものかである人間という新しい人間の定義を容れる場所をつくり出していった」。いいかえれば，「やや唐突に，多数の思想家たちがそれぞれ別個に」理性主義者や経験主義者が無視してかまわないと思っていた「情動」を組み込むことが問題の中心ではないかと疑い始め，社会

で行動する人間が「論理的な考慮によって決定的に動かされる」ことはあまりないと理解するにいたって，「なんらかの 超 −理性的，ないし 下 −理性的な価値」が行為を支配しているのが普通だと考えるようになった，というのです。

　同じ時代に，同じ世代が，それぞれ別個に。——この現象は（「社会学の歴史」からさらに離れますが）哲学者カール・ヤスパース（1883 〜 1969）が 1949 年の『歴史の起原と目標』で提起した「軸の時代」にも見ることができます。ヤスパースは「世界史の軸」はなにかとの問い（凄まじいスケールの「謎」！）に対し，紀元前 800 年から 200 年のあいだに，西洋でもアジアでも接触がないまま同時並行的にある精神的過程が集中して起こった，といいます。中国では孔子と老子が生まれ，インドではウパニシャッドが発生し，ブッダが生まれ，パレスチナではエリアから第二イザヤにいたる預言者たちが，ギリシアではホメロスやプラトンなどの詩人や哲学者が出現する。彼らは「世界の恐ろしさと自己の無力さ」を経験し，「根本的な問い」を発した，とヤスパースはいいます。この人々は「全世界に内面的に対峙」し，「自己の中に根源を見いだし，そこから自己自身と世界を見くだした」。つまり同時代にそれぞれ別個に「初めて哲学者なるものが現れた」のであり，人類はこの時代に考えられたものによって現代まで生きている，とヤスパースはいうのです。

　ではなぜこの時代に別々に同じような精神的過程が生じたのか。第 6 章に登場したロバート・ベラー（パーソンズの弟子で 1927 年生まれ，「社会学第三世代」ですね）はこれが当時の社会構造に由来する，と論じています。採集狩猟経済では平等だった社会が，農耕が広がると余剰生産物が獲得されて支配階層が現れるようになり，紀元前 4 千年紀後半から 3 千年紀初期には「神としての王」を中心とした初期国家が生まれた。それがさらに大きく，都市的で，豊かで，闘争的な都市国家へと進展すると，紀元前 1 千年紀に新しいタイプの人物が生まれる。それは現行社会に異議を唱え，新しく生まれた富，

権力，名声，傲慢，自尊心の追求を「悪」として道徳的に批判する者たちで，彼ら「創造的少数者」は「文明の進歩とともに現れた人間の自己肯定」に完全な「ノー」を突きつけた。それが孔子やブッダやプラトンやヘブライの預言者たちだった，というのです。彼らが提起した「軸の時代の理想」とは，「支配者を擁しつつも，その者を法の下に置き，すべての人を同様に尊重する社会」をめざす「普遍的倫理」による「社会変革のプロジェクト」だった。

　……やっぱり話が大きくなりすぎました。でもヒューズの「1890年代の世代」，ヤスパース＝ベラーの「軸の時代」の議論は，ある世代の「共通の経験」がそれまでは抱かれなかった新しい「謎」を人々に抱かせ，新しい「想像力」の展開を可能にする（ないし要請する）ととらえることに，いくらか根拠があると感じさせるものだと思います。ヤスパース＝ベラーによれば，「軸の時代」の共通経験は，世界を「謎」として浮かび上がらせ，「普遍的倫理」を想像する「哲学」の誕生を導きました。これは，第1章でお話しした「革命後の時代」の共通経験（ここでいう「第0世代」の）が「社会という謎」を新しく浮かび上がらせ，「社会学の社会発生」を導いたとするエリアスの粗削りな構想を思い起こさせます。そして，ヒューズによれば「1890年代の世代」，つまり1850～60年代に生まれた「社会学第一世代」（デュルケームやジンメルやヴェーバーやトマスやパークやミード）は，「心理的な不安」と「破滅感」（とくに第一次大戦前の）を共通に経験し，理性主義を貫こうとしながらそれを超える不合理なものを「謎」として，それぞれの「社会学的想像力」を発展させました。

　では1900年前後に生まれた「第二世代」はどうなのか。そして，1920～30年ごろに生まれ，1960年代以降に新しい社会学的想像力を展開させた「第三世代」はどうなのか。

「社会学的想像力」が私的問題と公的問題，個人の生と世界の歴史を結びつけるものならば，ある世代の「社会学的想像力」を再構成する作業と，その世代の「共通経験」を抽出する作業は大きく重なることになります。この両方を行うことは至難の業ですが，ここではある歴史学者の想像力に頼って，今後塗り替えられるべきデッサンのような絵を共有しておきたいと思います。この時代を大胆な構想力と緻密な描写力で描いたイギリスの歴史学者エリック・ホブズボーム（1917 ～ 2012）の『20 世紀の歴史——極端な時代』（1994 年）を急ぎ足で参考にしてみようと思うのです。

フランス革命を端緒とする「長い 19 世紀」を，1789 ～ 1848 年を扱う『革命の時代』，1848 ～ 75 年を扱う『資本の時代』，1875 ～ 1914 年を扱う『帝国の時代』の 3 部作で描いたホブズボームは，1914 年の第一次世界大戦開戦から 1991 年のソヴィエト社会主義共和国連邦崩壊までの期間を「短い 20 世紀」と呼びます。1914 年になにかが終わり，なにかが始まったと考えるのです。

ホブズボームは第一次世界大戦を「19 世紀の（西欧）文明の崩壊の指標」と考えます。経済では資本主義的，法的構造では自由主義的で，指導的階級の人物像はブルジョワであり，科学・知識・教育の発展，物質的・道徳的な進歩を賛美し，ヨーロッパが世界の中心と確信していたこの「文明」は，ここで「破局の時代（The Age of Catastrophe）」に入ります。サラエボでのオーストリア皇太子暗殺から日本の無条件降伏まで，世界はふたつの世界戦争，深刻な世界経済危機，ロシア革命とファシズムという「厄災」に襲われる。第一次大戦はそれまでの戦争とまったく異なる全面戦争で，1100 万人の死者は（そんな犠牲を予期していなかった人々に，第二次大戦の5400 万人よりもずっと）大きな衝撃を与え，「大量殺戮の時代」の開幕を告げることになる。ホブズボームは「20 世紀の 31 年戦争」と名づけますが，この間に「20 世紀の戦争の生みの子」であるロシ

ア革命が生じ，戦間期の世界経済の崩壊が起こり，大恐慌後の「破局と方向喪失の感覚」から脱出しようとする選択肢のひとつが「ファシズム」でした。

振り返ってみると，ここでいう「第一世代」（ヒューズのいう「1890年代の世代」）は「長い19世紀」の最後の時期に知的生涯の最盛期を迎えており（「心理的不安」と「切迫した破滅感」が広がっていたのでしょう），デュルケーム，ヴェーバー，ジンメルは「短い20世紀」（あるいは「破局の時代」）を数年だけ経験してこの世を去りました。1900年前後生まれの「第二世代」は10代で「破局の時代」の開幕を経験し，1930～40年代の彼らの仕事は「破局の時代」の想像力が形となったもの，ともいえるでしょう（パーソンズにとってとヨーロッパからの亡命者たちにとっての「破局の時代」の経験には大きな相違があるように思いますが）。そして「第三世代」は「破局の時代」のただなかに生まれました。フーコー（1926年生まれ），ルーマン（1927年生まれ），ブルデュー（1930年生まれ）は1930年代の大不況と1933年以降のナチズムを子ども時代に経験し，「破局の時代」の終わりを10代後半で迎えたことになります。少し年長のゴフマンは1945年には23歳の青年ですね。

1945年以降（おそらく1947年ごろから1970年代はじめまで）の「短い20世紀」の第二の時代を，ホブズボームは「黄金時代（The Golden Age）」と名づけます。「破局の時代」後の約25～30年の時代は異様なまでの経済成長と社会的変容によって特徴づけられ，人類社会に深い変化をもたらした。それは一方で，ファシズム（ドイツ，イタリア，日本）を倒すのに協力したアメリカとソ連という超大国が核武装し合い「相互に確実に破壊し得る」（mutually assured destruction=MAD！）という恐怖に支配された「冷戦」の時代でした。ホブズボームは冷戦の特異さを「客観的に言って，世界戦争の直接的な危険はなかったという点」にあると指摘するのですが（つまり「核兵器は使われなかった」），「破局の時代」がまだ終わってないので

はないかという信念が東西双方の軍事力拡大競争を続けさせました。ホブズボームはこれを,「相互威嚇と瀬戸際政策という局面の実際の結果として,かなり安定した国際体制が生じた」と表現します。

　この奇妙な安定のもと世界経済は爆発的な勢いで成長し,先進資本主義諸国（と呼ばれる,1970 年末で世界の生産量の約 4 分の 3,工業輸出品の 80% 以上を占める国々）で「豊かな社会」が広がります。社会主義陣営でも 1950 年代にはソ連の成長率は西欧諸国よりも高いように見え（農業国を計画して工業化するのですからそう見えるわけですが）,第三世界では人口が目覚ましい率で増え（アフリカ,東アジア,南アジアの人口は 1950 年以降の 35 年間に倍増,ラテンアメリカはさらに速く増加）,食糧生産も人口より速く増加して,1930 年代後半と 1960 年代後半を比較すると平均寿命は 17 年延びているとされます。

　しかし,黄金時代は 1973 年から 20 年に及ぶ「危機の時代（The Age of Crisis）」,「世界が方向感覚を失い,不安定と危機に」すべり込む「地すべり（Landslide）」に直面します。1973 年に石油輸出国機構（OPEC）のクーデタ的な動きによりエネルギー価格が急上昇しましたが,アメリカはヨーロッパほど影響されず,ソ連は 1960 年代に発見された自国の石油と天然ガスの国際価格が跳ね上がる利得を受けていました。ですがこの時期,アメリカは敗北と不安定化を経験します。1965 年に全面介入したベトナム戦争は国民の意気を阻喪させ,テレビに映る暴動と反戦デモは国民を分裂させます。1973 年の第四次中東戦争でアメリカはイスラエルを支援しますが,ヨーロッパの同盟国はそれを拒否,1975 年のベトナム撤退とともにアメリカの孤立ぶりと弱体化が示されることになりました。

　ホブズボームは当時アメリカの経済と技術力は現実的にはソ連をはるかに上回っていたが,1970 年代のこれらの出来事がアメリカ政府にトラウマを与え,1980 年代の「ワシントンのヒステリー」を生み出した,と指摘します。1980 年就任のレーガン大統領はグレナダ（1983 年）やリビア（1986 年）やパナマ（1989 年）に侵攻して

威信を示そうと躍起になり，この「第二次冷戦」期にソ連は経済状況と不釣り合いな軍拡を進め，1979年からアフガニスタン戦争に巻き込まれていく。すでに，ソヴィエト型中央計画の経済体制は「大規模で過度の官僚制化」の硬直性と「命令による政治」に蝕まれており，先進国の非社会主義経済との格差は広がっていました。

　ですが，1973年以降，資本主義的世界経済においても「黄金時代」には見られなかった「貧困，大量失業，不潔，不安定」が現れるようになりました。西ヨーロッパの失業率は1960年代の平均1.5％から70年代には4.2％に上昇，1980年代末にはEUで平均9.2％，1993年には11％となり，街頭にホームレスが見られるようになります。危機の20数年間に先進市場経済諸国で不平等は疑問の余地なく増大し，1990年代はじめには「不安と憤激の気分が拡がり始めていた」。危機の20数年は，統御不可能な「世界市場」に翻弄され，「国民国家がその経済権力を失った時代」でした。つまり，私なりの言葉でいえば，近代の「複数の意志の空間」を支えた「資本主義」も「民主主義」も，それまでのようには機能しなくなっていくのです。

　このような方向喪失の時代のなか，ソ連は崩壊します。1970年代以降ソヴィエト経済の成長はあらゆる指標で低下し，1985年には輸出の53％がエネルギー（石油とガス）で，工業大国というにはほど遠い状況でした。1985年にミハイル・ゴルバチョフが共産党書記長として権力の座に就き，ペレストロイカ（経済・政治の再構築）とグラスノスチ（情報の自由）をスローガンに改革を進めようとします。しかし後者は権威の解体を招き，前者は経済を動かしていた古い機構を破壊してその代わりを打ち出せず，ソ連には「誰も支配するもの」がおらず，むしろ「服従するものがもはやいなくなった」状態が生まれます。1989年から90年にかけてソ連の経済的崩壊は逆転不可能になり，ヨーロッパの衛星共産主義政権が突如，予想外に解体していきます。そして，ソ連の党と国家の崩壊は1991

年8月にかけてゆっくり進行していくことになります。……

「短い20世紀」はこのようにして終わりました。ホブズボームの圧倒的な叙述の紹介が長くなってしまいましたが,「社会学第一世代」は「短い20世紀」をほとんど見ずに世を去りました。「第二世代」は「破局の時代」に知的成熟を迎え,40代後半から70代に「黄金時代」を経験し,長命な者は70代以降に「危機の時代」に生きることになります。そして「第三世代」は,「破局の時代」の半ばに生を享け,20代から30代に「黄金の時代」を経験しますが,40代に「危機の時代」へとすべり込みます。「第一世代」(「1890年代の世代」)の知的創造力が「短い20世紀」の直前に開花したのに対し,「第三世代」は「黄金時代」から「危機の時代」へと移行する時期,あるいは「短い20世紀」の終局に,彼らとは異なる新しい「社会学的想像力」を「それぞれ別個に」爆発させたといえるのかもしれません。

3 講義の進め方

再開1回目から長くなってしまいましたね〜。すみません。大急ぎで今後の進め方を。

次回(第9章)は予告どおり,アルフレッド・シュッツの社会学を取り上げようと思います。ただ,その前提として彼が社会学にもちこんだ「現象学」について簡単にでもお話ししておく必要があります。これもさっきの表で気づいたのですが,「現象学」を提唱した哲学者エドムント・フッサールは1859年生まれでデュルケームやジンメルの1歳年下,つまり「第一世代」にあたります(もちろん社会学者ではありませんが)。シュッツは1899年生まれ,まさに「第二世代」ですね。そしてシュッツの社会学を引き継いだ人として重要なハロルド・ガーフィンケルは1917年生まれでミルズより

1歳年下，もうひとりさらに重要なニクラス・ルーマンは1927年生まれの「第三世代」です。

　そのあと，アーヴィング・ゴフマン（第10章），ミシェル・フーコー（第11章），ピエール・ブルデュー（第14章），ニクラス・ルーマン（第15章）という，「第三世代」固有の「社会学的想像力」をもって新たな「社会という謎」を探究した社会学者たちについてお話ししていこうと思います。ただ，そのあいだに2回少し違った話を挿入します。

　ひとつは「性という謎」を扱う回です（第12章）。ホブズボームの『20世紀の歴史』に戻ると，彼は「黄金時代」を描いたパートに1945〜90年の期間に生じた「社会革命」と「文化革命」を論じる章を置いています。「社会革命」の章で，彼は「短い20世紀」に農民層が激減し労働者階級がその性格を変えたことを論じたあと，女性（とくに既婚女性）が労働の場で大きな役割を果たすようになったことを「新しい革命的な現象だった」ととらえ，これに対応して1960年代以降新しいフェミニズムが生まれたことを指摘します。先進諸国の中流階級女性から始まったこの運動は，「女性解放，少なくとも女性の自己主張の時がきたという，いわば全女性共通の感覚」へと拡がり，劇的で深刻な「道徳的，文化的革命」を引き起こしたというのです。この「社会革命」と「文化革命」によって新しい「謎」が発見され，新たな「社会学的想像力」が開かれる。「短い20世紀」の「黄金時代」以降一気に深化したこの問題系を「社会学」がどう展開したかを見る必要があると思います。

　ホブズボームはふたつの「革命」を扱った章のあと，「第三世界」を論じる章を置いています。これらの革命の力は「古い資本主義の心臓部，都市化された『工業市場経済』諸国」でまず感じられましたが，20世紀後半を駆動した巨大な経済的・社会的力は「第三世界」と呼ばれる地域も大きく転換させます。いや，これまで紹介してきた社会学者はいずれも西ヨーロッパか北アメリカの出身者で，

これらの社会の現実を「謎」としたわけですが，「第一世代」が生きた時代は「帝国の時代」で，彼らの社会は第三世界（植民地）との関係なしには存立せず，それは「第二世代」「第三世代」にとっても同様でした。ホブズボームは資本主義的世界経済の「大躍進」と地球化（グローバリゼーション）は事実上第三世界の全住民を「意識的に現代世界の中に連れ込んだ」と述べますが，第三世界そのものが劇的に変化するとともに，先進社会に大量の移民が押し寄せて，労働者階級の人種・民族による分化と内部対立が重要な問題となってきます。この「世界という謎」を論じる回を設けようと思うのです（第13章）。この2章はほかより駆け足になり，私の力も不足していると思いますが，蛮勇をふるって話を組み立ててみます。

　いや〜，明らかに大風呂敷すぎますね。できるかな〜（笑）。ただミルズの言葉に戻るなら，こうした議論を経たあとで，私たち自身の「不安と無関心」を解明する手がかりが見つかっているといいな，と思います。私たちがいま「罠にはめられた」感覚を抱いているとすれば，それを言葉にして思考可能にする「社会学的想像力」をつかむことができれば，と思うのです。この講義は「第三世代」が「短い20世紀」の終わりごろまでに発見した「社会という謎」を描くにとどまりますが，これを通して次に「社会学的想像力」が爆発する世代と時代（それはみなさん自身かもしれません）を見通すヒントが，少しでも得られればと思います。

　さて，きょうはこれで終わり，次回はアルフレッド・シュッツの社会学についてお話しします。それではまた来週，この教室でお会いしましょう。

第9章

シュッツとガーフィンケル

他者という謎

　きょうは前学期最終回で予告したとおり，アルフレッド・シュッツの
社会学について話します。その回は「亡命者たちの社会学」を論じまし
たが，シュッツもまたウィーンからニューヨークに亡命したユダヤ系社
会学者です。彼は生前さほど知られない研究者でしたが，没後の
1960年代以降，社会学の展開に大きな影響を与えることになります。
哲学者エドムント・フッサールが創始した「現象学」を社会学に導入す
る彼の構想が，この時代（前回の表現では，「短い20世紀」が「危機
の時代」に移行しようとする時期）に支持を得たのです。

　この章では，シュッツの試みがそれまでの社会学の「あたりまえ」を
どのように問い直すことになり，それがその後の世代にどう引き継がれ
たかを見ていきたいと思います。

1 はじめに

生 涯

アルフレッド・シュッツ（Alfred Schütz, ド
イツ語読みではアルフレート）は 1899 年 4 月
13 日にウィーンで生まれました。父は彼の誕生直前に死去し，母
ヨハナはその弟オットーと再婚，銀行業者だったオットーは兄の子
を自分の子として育てました。シュッツは学業成績優秀で，バッハ，
ベートーヴェン，モーツァルトなどの音楽を好み，古典ドイツ文学
を愛する青年でした。そして，彼のギムナジウム成績証には宗教欄
に「ユダヤ教」と記されていました。

　1914 年 7 月に第一次世界大戦が勃発します（「短い 20 世紀」の開
始）。森元孝『アルフレート・シュッツのウィーン』によれば，
シュッツは 1917 年 3 月に陸軍に志願してイタリア戦線で従軍，
1918 年 11 月に帰還します。オーストリアでは革命が始まっており，
ハプスブルク帝国が崩壊してウィーンは 5000 万人の帝国の首都か
ら 700 万人のオーストリア共和国の首都へと変わります。シュッツ
はウィーン大学法学部で法律学と国家学を専攻しますが，大学教授
職は激減しており，卒業後銀行協会という業界団体のポストを得ま
す。1929 年には為替取引のライトラー社に移りますが，渡米後の
1952 年まで銀行業界での仕事を続けました。1940 年 11 月のアーロ
ン・ギュルヴィッチへの手紙に，「私は夜は現象学者ですが，昼は
銀行員です」と記しています。

　1932 年シュッツは生前唯一の著書『社会的世界の意味構成』を
上梓しますが，この内容は次節でお話ししますね。本書はマリアン
ネ・ヴェーバーとエドムント・フッサールに献呈され，フッサール
はその価値を見抜いてフライブルクに彼を誘っています。シュッツ
は同年 6 月にフッサールにはじめて会い，その後年に 3 〜 4 回会う

ようになります。

　1938年3月ナチス・ドイツがオーストリアを併合します。この
ときシュッツは仕事でパリにいましたが，妻イルゼが生後2週間の
長男と4歳半の娘を連れて列車でパリに脱出，一家はナチズムから
逃れることに成功しました。1939年9月シュッツはライトラー社
本拠のアメリカ移転にともなって，ニューヨークに渡ります。そし
て，第8章にも登場したニュー・スクール・フォー・ソーシャル・
リサーチで1943年から毎週水曜夜に講義をもつようになり，1944
年には社会学の客員教授，1952年に正教授になります。しかしわ
ずか7年後の1959年5月20日，心臓性喘息で亡くなります。

シュッツという「よそ
者」

「亡命者たちの社会学」の章を引き継ぐよ
うですが，シュッツは「よそ者」であり，
その地点から社会学を展開した人だといえ
ると思います。生まれ育ったウィーンでもユダヤ人というよそ者で，
昼は銀行に勤め夜は研究をする二重生活を長く送りました。40歳
でアメリカに亡命し53歳で教授になった彼は，ジンメル（56歳で
教授），エリアス（57歳で講師）らと同じユダヤ人の運命を共有して
いるのかもしれません。

　シュッツは1944年に「よそ者──社会心理学的一試論」という
論考を発表しています。彼は成人した個人がある集団に接近し永続
的に受容されるよう試みる場合を「よそ者（stranger）」と呼び，移
民（つまり彼自身）を事例にその状況を考察するのですが，その焦
点は集団に所属する人にとっては常識である「文化の型」が「よそ
者」にとってどう姿を現すか，にあります。

　シュッツはまず，集団内で日常生活を送る人々にとって常識的な
知識とは「(1) 整合性に欠け，(2) 部分的にしか明晰でなく，(3)
矛盾から全面的には解放されてはいない」ものだと指摘します。確
かに，私たちの知識は所属集団のなかで行動するのに十分な整合性
や明晰さがあればよく，「科学者」みたいに矛盾なく一貫させよう，

なんて考えていませんよね。集団内に生まれ，育てられた成員にとって先祖や教師から伝えられた「文化の型」は，普通の状況に対処するのに「疑う余地もない案内」として役立てば十分で，「いままで通りの考え（thinking as usual）」，集団での「『あたりまえ』の想定」なわけです。あやふやな根拠しかありませんが，これを共有すれば社会生活はうまくいく，わけです。

　ところが「よそ者」は，この「文化の型」を共有していません。だからそれが整合性に欠け，部分的にしか明晰でなく，矛盾していることに気づいてしまいます。彼にとって「文化の型はもはや利用可能な検査済の処理法の体系としては機能しない」。だから彼は「危機」に直面します。「よそ者は本質的に，彼が接近する集団の成員たちにとっては疑う余地もないと思われているほとんどすべてのことを，疑問視せざるをえない者となるのである」。彼は文化の型が形成されてきた「生き生きとした歴史的な伝統」にかかわっていない「歴史をもたない人」であり，故郷の解釈図式を用いて「無関心な傍観者」として新しい集団の文化の型を解釈しようとしても生きていくことはできません。彼は，まるで「劇場の……観客であった者」が急に「登場人物の一員」となって「共演者たちと社会関係」を結ぶように，2つの文化の型のあいだに「変換公式」を確立し，「自分自身を変容」させなければなりません。

　シュッツはこう論じます。ある文化の型の内で成長してきた人には日常を処理する類型的で匿名的な態度が「あたりまえ」で，それが彼らに「安心と確信」を与える。しかし「よそ者」はその「非一貫性，非整合性，明晰性の欠如」に直面し，「距離感覚を失い，疎遠さと親密さの間を揺れ動き，躊躇し，確信がもてなく」なる。よそ者にとって接近する集団の文化の型は「避難所ではなく冒険の領野であり，あたりまえのことではなく疑問視しうる探索の課題であり，諸々の問題状況をときほぐすための道具ではなく，なかなか修得することの困難な問題状況そのものなのである」。よそ者は「客

観性」と「疑わしき忠誠心」をもつが、「『いままで通りの考え』の限界を思い知ったという苦い経験」がその深い理由である。「そのような苦い経験によって彼は、人間は自分の地位や自己指導の規則や自分の歴史さえも失ってしまいかねないこと、そしてまた通常の生活様式が常にみかけよりもはるかに保証のないものであることを教えられたのである」。内集団の成員はこれに気づかないままだが、よそ者は、「しばしば苦痛の込もった慧眼さをもって、『相対的に自然な世界観』の全基盤を脅かしかねない危機が迫っていることを嗅ぎ分ける」。

これを読んで、第5章で見たジンメルの「異郷人についての補説」や第8章冒頭で引用したアーレントの「われら亡命者」を思い出している人がいるかもしれませんね。集団になじんだメンバーが「文化の型」に接するのと、「よそ者」が接するのとはまったく異なる経験で、前者にとっての「あたりまえ」は「安心と確信」を生むが、後者には「危機」と映る。たとえばタルコット・パーソンズは「共通価値」（≒「文化の型」）によって社会を統合することを構想しました。しかし「よそ者」のシュッツには、この構想はじつにむなしい響きをもって聞こえたかもしれません。

少し乱暴かもしれませんが、私には、この「よそ者」の地点と、彼が依拠した「現象学」の考え方は、重なり合うところがあるように感じられます。次に、思いきり短く圧縮した形で、その考え方のエッセンスを（ほんとうに私なりに）お伝えしてみようと思います。

「現象学」とはなにか

さて、いきなり難所です。フッサールが創始した「現象学」とはなにか。あまりにも難しくて、ごまかして省略しようかと何回も思いました（笑）。フッサール自身のテクストには理解を拒むような難しさがあり（そもそも解くことが難しい「謎」と格闘しているからですが）、彼の考えは生涯変化し続けていて、現象学とはこれだ！という決定版を提示できないところがあります。なので、彼の思想を解読しようとしたあ

る人の解説を読んでなるほどと思ったら，他の人がそれは誤解だ！と書いていたりするのです……。

　でも信頼できるガイドに導いてもらうことにしましょう。ひとりめは，マルクスを論じた第2章に登場した『反哲学史』の著者・木田元です。木田はもともと現象学を専門とする哲学者で，1970年に『現象学』という新書を書いています。そこにもやはりフッサールは「実に根気強い哲学者」で，「終生，一度完成したかにみえる自分の思想を掘り下げ掘りかえし，止まることがなかった」，それゆえ彼自身にとっては深化にすぎなかったものが，他人から見るとその思想が「幾度かの転回」をしたかに映る，と記されています。

　エドムント・フッサール（Edmund Husserl）は1859年，オーストリア＝ハンガリー帝国の小都市プロスニッツ（現在はチェコ領プロステヨフ）でユダヤ系の織物商の一家に生まれました（ヒューズのいう「1890年代の世代」，前回の表現では「第一世代」です）。ベルリン大学で当時の大数学者ヴァイアーシュトラースに師事し数学者として出発した彼は，1884～86年にウィーン大学で哲学者フランツ・ブレンターノ（後述する「志向性」のアイデアを生んだ）の講義を聞いて哲学に転向します。ただ，その後も彼は数学に関心をもち，ハレ大学への就職論文「数の概念について」（1887年），初の著書『算術の哲学』（1891年）は「数論の心理学的基礎づけの試み」でした。そこから彼の関心は論理学に移り，1901年『論理学研究』第2巻で「現象学（Phänomenologie）」を唱えるようになります。この議論の変転を追う力は私にはないですが，世界を認識して論理的に考えることの土台を彼は突きつめようとするのです。

　木田によればこのあと10年間の苦闘の末，フッサールは「現象学的還元」の思想を得て，これにより「厳密な学としての哲学」を建設する自信を獲得したといいます。中期の代表作である1913年の『純粋現象学および現象学的哲学の構想（イデーン）』第1巻では，こう論じられます。われわれは世界のなかにさまざまな仕方で現れ

てくるあらゆる可能な存在者とかかわって生きている。そこでは「世界」の存在が素朴に仮定されており，日常的な生活でも科学的な認識でも，世界や対象がそこに「ある」ことを素朴に断定している。フッサールはこの断定を「自然的態度の一般的定立」と呼びますが，普通問われないごくあたりまえの前提です。ですが，「考えてみると，こうした断定には何の根拠もない」。世界があるかどうかは，私には確かめないようがないことです（だって私が私の「意識」の外に出ることは，絶対にできないですから）。自然的態度は世界が「ある」と確信していますが，これは「たえず積み上げられる日常的経験から生じた一種の習慣にすぎない」もので，じつにあやふやです。このあやふやなものから，いかにして「世界はある」という確信が生まれるのか。これを跡づけるためには「自然的態度の一般的定立」つまり「世界の存在についての確信」にストップをかけ，「直接与えられる意識体験からいかにしてそのような確信が生じてきたか」を見る必要があります。世界とのあたりまえのかかわりをいったん停止して（「括弧に入れる」，定立作用の「スイッチを切る」），そのかかわりそのもの，定立作用そのものに反省の目を向ける。これが「現象学的還元」の思想だと，木田は整理してくれます。

　でもたぶんまだよくわからないですよね。ちょっと別の作戦を（カバンからなにかを取り出して，教卓に置く）。みなさん見えますか。これはなんでしょう？ では，正面の方。

　「えーと，サイコロ，ですよね」。はい，サイコロです。違うという人はいませんね。お名前は？ Aさんですね。Aさん，どんなことでもいいので，もうちょっと詳しく教えてもらえますか。

　「上の面は1ですね。こういうのでだいじょうぶですか。左の面が2，右の面が3です」。

　あー，なかなかいいですね。じゃあ，私から見て右側に座っているあなた（「Bです！」と返事），はいBさんですね，教卓の上にあるものについて教えてもらえますか。

「それはサイコロです。白い画用紙でできていて，先生のお手製でしょうか。それぞれの面にマジックで黒い丸が書いてあります。私から見える正面には2個，上には1個，です」。

　よくわかりました。ではさらに質問しますね。Aさん，このサイコロのそれぞれの面はどんな形をしていますか。「正方形です。真四角ですね」。

　Bさんはどうですか。「はい，正方形です」。

　ふたりとも正方形と答えてくれました。えーと，ほんとにそうですか？　Aさん。

　「え，はい，正方形ですよ。隠れている面はわからないけど，見えている面はそうです」。

　Bさんは？「正方形です。だってそれサイコロでしょ。立方体だから各面は正方形です」。

　ほんとうにそうですか？　あーふたりとも困った感じですね。じゃあちょっとそっちに行きますね。（Aさんの隣に行く）これで私もほぼ同じ条件ですね。私の目から見ると……上の1の面は平行四辺形ではないですか。だってあの四角，どの角も90度じゃないですよ。あれが正方形？　2と3の面も平行四辺形ですよ。どう見たって正方形じゃないですよ。

　Bさんはどうですか。あわかった，って顔してますね。お答えいただけますか。

　「私から見ると，正面の2の面は正方形に見えます。で，その上の1の面は台形，かな」

　そうですよね。では，どうしてさっきはどの面も正方形です，なんて答えたんですか。見え方が変わったんですか。違いますよね，さっきも同じように見えていた。振り返ると，Bさんにとっての2の面以外は全部正方形ではありませんでした。でもAさんもBさんも，たぶんこの教室の全員，面の形を尋ねられて「正方形」と思ったのではないでしょうか。

さて（教壇に戻りながら），サイコロの例は1929年の『デカルト的省察』の第二省察に登場するのですが，それを見事にアレンジした谷徹の『これが現象学だ』をもとに話してみましょう。谷は，フッサール現象学の根源的着想は1890年代に出揃っているとし，こう述べます。まず，「学問／科学の基礎は直接経験にあるという着想」です。この「直接経験」が見失われてしまっており，私たちはその実態を理解し損ねている。谷はフッサールが影響を受けたエルンスト・マッハの『感覚の分析のために』（1886年）にある，「右目を閉じて左目だけで見たときの光景」の図（想像してみてください）を参照するのですが，自分の手や両足が見え，右端に見える自分の鼻より右にはなにもないという光景が「直接経験」である，でもこの「主観的」光景はふだん見失われている。フッサールは学問の「客観性」をこの光景にまで引き戻さねばならないと考えた。なぜなら，私たちはこの光景の外に出ることはできず，これ以外は根拠がないからです。私たちが日常生きている「自然的態度」はこの光景を忘れている（「平行四辺形」が直接経験に与えられた「光景」なのに，「正方形」を見たと思い込んでいる）。この「自然的態度」をストップさせ（これをフッサールは「判断停止（エポケー）」と呼びます），私たちの目をマッハ的光景に引き戻さねばならない。この引き戻しを，フッサールは「超越論的還元」と呼ぶ。

　サイコロを前にしてAさんは「平行四辺形」を「感覚」していました（「現出の感覚・体験」と呼びます）。ところが他方，この感覚・体験を突破して「正方形」や「立方体」を「知覚」します（「現出者の知覚・経験」）。私たちは「諸現出」の感覚・体験を突破して，その向こうに「現出者」を知覚・経験する。そうだとすると，「現象」は「諸現出」と「現出者」の二義性を含むということになります。でも私たちはこの「二義性」はおろか，「諸現出」（「平行四辺形」や「台形」）を「直接経験」していることさえ忘れています。「還元」は，この「直接経験」を取り戻し，「諸現出と現出者との関

係から成り立つ現象」を目に見えるようにする操作である，と考えればよいわけです。

　諸現出の体験を「媒介にして（突破して）」現出者が知覚される。谷によれば，この媒介・突破の働きが「志向性」です。志向性は「意識は何ものかについての意識である」ことと解されることが多いですが，この「についての」とは「諸現出の媒介・突破の関係」を意味していると谷は指摘します。私たちはこの突破の「働き」（＝「見ている」という意識の働き）も，「諸現出」も主題的には意識しません。ただ「見られた対象」だけを主題的に意識する。しかし，「私が何かを見ている」ということ，「現出」と意識の「働き」という通常は非主題的な（意識されない）契機そのものを主題化する（意識する），これが「現象学」だと谷はいいます。フッサールは諸学問の「下」には直接経験＝志向的体験があり，諸学問はこれに基礎づけられねばならない，そのために直接経験＝志向的体験の「内部」に還帰しなければならないと考えた。「現象学は『下』と『内』の立場を徹底する」と谷は結論づけます。

| 「危機」と「生活世界」 |

　木田と谷の鮮やかな解説を凡庸に要約してしまったかもしれませんが，私の感想をふたつ。ひとつは，シュッツの「よそ者」論との共通性です。ある集団に所属する人々が共有する「文化の型」や「常識的知識」は，じつは整合性や明晰さに欠け，矛盾を含むあやふやなものである。でもそれは彼らにとって「あたりまえ」で，彼らは「安心と確信」をもってそのなかで生活している。だが，「文化の型」を共有しない「よそ者」は，それを疑問視せざるをえず，その基盤を脅かす「危機」が迫っていることを感じる。みんなが「正方形だ！」と確信している世界で，よそ者は「私には平行四辺形に見える，なのになぜ正方形だというの？」と問うてしまう。「あたりまえ」を停止してその成り立ちを問う「現象学」の態度は，「あたりまえ」を観察せざるをえない「よそ者」の境遇と重なるように思います。

もうひとつ，いまの「サイコロ」を「人間」や「他者」に置き換えたらどうかと連想します。AさんとBさんの見える位置にC氏が立っているとしますね。Aさんの「直接経験」としてC氏は「平行四辺形」と感覚されるが，「正方形」だと知覚する（「直接経験」のほうには気づかない）。他者はこれと似た二義性をもって現れる「現象」ではないか。あるいは，Aさんに3つの面の平行四辺形に見えるC氏が，Bさんには正方形と台形の2面として見える。あるひとりの「他者」が，それを見るそれぞれにとって異なる「現象」になる，ということがあるのではないか。「複数の意志の空間」としての社会は，こう考えるとこれまで論じてきた姿とだいぶ違った光景になるかもしれません。いやとりあえず，以下に論じるシュッツとヴェーバー＝パーソンズの違いは，他者が「平行四辺形」として直接経験されることに照準するか，「正方形」だと知覚されることに照準するかの相違と考えるとわかりやすいかもしれない，と予告しておきたいと思います（うまくいくかな〜）。

　最後に，2人のガイドに頼るだけだとかなり悔しいので（笑），フッサール自身の著書にひとつだけ直接触れておきましょう。最後の著作『ヨーロッパ諸学の危機と超越論的現象学』です。1933年のナチスの政権掌握以後，フッサールは大学教授公認名簿から除名され，国際会議出席やドイツ国内での著書・論文の発表や講演も禁止，生活は孤独の影を深めていきます。この状況で彼はウィーン文化連盟から依頼されて，1935年5月に講演「ヨーロッパ的人間性の危機における哲学」を行い，11月にプラハで「ヨーロッパ諸学の危機と心理学」という講演を4回行います。翌1936年，改稿してベオグラードの雑誌『フィロソフィア』に発表したのが『危機』書第1・2部で，彼は1937年8月まで第3部の原稿に手を入れ続けますが，病に倒れ1938年に亡くなります。デュルケーム，ジンメル，ヴェーバーはナチズムを見ずに世を去りましたが，同世代の彼はこの「破局」を前に次のように論じます。

第1部「ヨーロッパ的人間の根本的な生活危機の表現としての学問の危機」で，フッサールは前世紀末から学問に対する評価が転換し，「学問一般が，人間の生存にとってなにを意味してきたか」がわからなくなってきた，と述べます。19世紀後半に進展した「実証科学」は近代世界を徹底的に規定し「繁栄」を生み出したが，その徹底性は「真の人間性にとって決定的な意味をもつ問題から無関心に眼をそらさせる」ものだった。「単なる事実学は，単なる事実人をしかつくらない」，とフッサールは喝破します。哲学は「いっさいを包括する学」という意味を失い，「実証主義」が「哲学の頭を切り取って」しまって，「相互にばらばらな多くの哲学」となった。そして，「哲学の危機」は「近代の全学問の危機」，「その全『実存』にかかわるヨーロッパ的人間性の危機」である。

　この危機はどこから生まれたのか。第2部「近代における物理学的客観主義と超越論的主観主義との対立の起源の解明」で，「形式的数学の理念」，とくに「ガリレイ的な自然の数学化」がその淵源として俎上に載せられます。「世界」は学問以前の日常的・感性的経験においては各主観に相対的な「自分にとっての現われ」として与えられており，われわれは「同じものでありながら，ただわれわれにとって異なる現われ方をしている」事物で満たされた「世界の存在を，必然的に信じている」（「世界の存在」への確信，ですね）。ところがガリレイは世界を「純粋幾何学」へと「理念化」してしまった。ガリレイは精密性を追求した「測定術」を開発し，事物は「すでに理念化されたもの」として数学的指標をもたねばならないとするが，フッサールによればこの思想は「異様」なものであって，「幾何学の算術化」は「幾何学の意味の空洞化」へと行き着く。

　フッサールは「自然科学の忘れられた意味基底としての生活世界」という節でこう述べます。「すでにガリレイのもとで，数学的な基底を与えられた理念体の世界が，われわれの日常的な生活世界に，すなわちそれだけがただ一つの現実的な世界であり，現実の知

覚によって与えられ，そのつど経験され，また経験されうる世界であるところの生活世界に，すりかえられていた」。数学による「理念化」によって「直接経験」が見捨てられた，というわけです。数学化は，「生活世界」に「客観的科学の真理というぴったり合った理念の衣（Ideenkleid）」を着せ，それを「真の存在」だと思い込む。この意味で，ガリレイは「発見する天才であると同時に隠蔽する天才でもある」と，フッサールは告発します。

　未完に終わった第3部「超越論的問題の解明とそれに関連する心理学の機能」は，フッサールが最晩年の現象学構想を展開した部分で，私にはとても要約できません。ただ，「生活世界（Lebenswelt）」という言葉が前景に躍り出ていることは伝えておきたいと思います。「客観的学問」は「世界が存在しているということ」を前提にし，これを「あらゆる学的思索やあらゆる哲学的問題提起に先立つ自明事」とみなしている。だがこの自明性を「特別の関心を向けるに値するもの」と認めると，「新たな無限の現象がわれわれの前に開かれ，われわれはいまやまさに驚きの念に満たされる」。ここでフッサールは，「いっさいの思考」と「生の活動」が前提にする「自明性」へと問いを向けることを試みます。

　これをフッサールは「生活世界についての学」という表現で論じようとします。「生活世界」とは「それ自体としては最もよく知られたものであり，すべての人間の生活においていつもすでに自明なもの」「経験によってすでにわれわれになじまれているもの」であり，「もろもろの学は，生活世界からおのれのそのつどの目的にとってそのつど必要なものをとり出して利用しながら，生活世界の自明性の上に構築される」。だがこの自明性は問われず，「理念の衣」で隠蔽されている。どのようにしたらこの世界に接近できるのか……。

　サイコロの例に戻りましょう。私たちは「平行四辺形」や「台形」を「直接経験」している（「生活世界」）。しかし，それが「正方

形」だと思い込み（「理念の衣」），「直接経験」を忘れ去っている。この「生活世界」を取り戻すには，「あたりまえ」の「自然的態度」を括弧に入れて，私たちがどのように世界を経験しているかに目をこらさなくてはならない。「生活世界があらかじめ与えられているという事態は，どうすれば固有の普遍的な主題になりうるであろうか。それは，いうまでもなく，自然的態度を全面的に変更することによってのみ可能なのである」。これが「判断停止」であり，「還元」である。

　ナチズムを前に「1890年代の世代」の哲学者フッサールが1935〜37年に記したこの著作は，1900年前後に生まれた社会学第二世代のエリアス『文明化の過程』（1939年），フロム『自由からの逃走』（1941年），アドルノ＝ホルクハイマー『啓蒙の弁証法』（1947年）と響き合う，切迫感に満ちたものだと思います。フッサールはヨーロッパ的人間性の「危機」に直面して，「生活世界」にそれを打開するものを見出そうとしました。哲学者は「人類の公僕（公務員）」であるとする彼の言葉は，強い衝撃をもって伝わってきます。

　では，これを受け取ったシュッツはなにをしたのか。次節で見る生前唯一の著作『社会的世界の意味構成』は1932年刊行ですので，『危機』書の直接の影響を受けてはいませんが，シュッツは「現象学」の方法を社会学の世界にもちこもうとフッサール同様の誠実さで試行錯誤しているように思います。これが「社会学」になにをもたらすかを見てみましょう。

2　「忘れられた人間」を探して
●『社会的世界の意味構成』

「体験流」と「意味」　　　『社会的世界の意味構成（Der sinnhafte Aufbau der sozialen Welt: Eine Einleitung in die verstehende Soziologie)』のねらいを物凄く乱暴にまとめると，ヴェー

バーの社会学の方法をフッサールの現象学の立場から批判すること，といえると思います。第4章で論じたヴェーバーの社会学方法論を復習することから始めてみましょう。

　ヴェーバーは「社会」という謎を「行為」から出発して解明しようとしました。「複数の意志の空間」というどうにもよくわからないものがある。それを，まず「個人の行為」を解釈し，その過程および結果として説明しよう。そのためには，行為者が行動に含ませている「主観的意味」を理解する必要がある。ヴェーバーはこれを，「目的合理的行為」「価値合理的行為」「感情的行為」「伝統的行為」という物差し（理念型）を順に当てて測ろうとしたのでした。

　シュッツはこの考え方の根本的なところが納得できない，と批判します。まずひとつ引用。「たしかに社会的世界のあらゆる複雑な現象には，それぞれの意味がある。しかしこの意味は社会的世界のなかの行為者たちが自分たちの行為に結びつけている意味に他ならない」。そうですよね。でも「行為する人が自分の行為に結びつけている意味」ってどうしたら知ることができるのでしょう。え，簡単にわかるんじゃない？と思う人もいると思います。たとえば，ある人が「講義に出席する」という行為をする。その意味はといえば，社会学の知識を得たいからとか，卒業に単位が必要だからとか，ですよね。でもそれが「行為の意味」なのか。

　シュッツは，ヴェーバーが「個人の有意味的で理解可能な行為という概念」を「ごくうわべだけのところで中断」させたといい，彼が「経過としての行為（Handeln）と既に完了した行為（Handlung）」，「自己体験と他者体験」，「自己理解と他者理解」を区別していない，と批判します。とくに「自己体験」と「解釈する他我による他者体験」の本質的相違をヴェーバーは（知っていたけれど）分析せず，彼は社会的世界の意味が「素朴にも間主観的に一致するものとして仮定することで満足している」。しかし，「日常生活における『自明なもの』をなんの吟味もせずに受け入れてしまうことは，社会学が重

大な危険を背負うことに他ならない。社会学の課題は，まさにこの
『自明なもの』を疑うことにある」。

「経過としての行為」と「既に完了した行為」の区別から始めま
しょう。シュッツは「意味問題は時間問題である」と述べるのです
が，ちょっと思い切って話してみますね。

私はいま「講義をする」という行為をしています。この行為の意
味はなにか。じつは，私は講義をしているときその意味なんて考え
てないです。講義しながら「講義することの意味は……」なんて考
えられますか？ 無理ですよね。それを考えられるのは，講義が終
わったあとか，始める前か，ふと講義から距離ができて「講義をす
ることについて」考えるとき，です。私は講義をするとき，「講義
をしている」という体験の流れのなかにいて，自分の行為の意味を
考えることはできない（考えた瞬間に流れの外に出てしまう）。これが
「経過としての行為」（＝「体験」）と「既に完了した行為」（＝「意
味」を与えることができる）の違いです。

つまり，「体験のなかで生きている」ことと「この体験について
省察する」ことは別のことであるわけです。前者は「私の持続する
自我の流れのなかでまさにはじめて構成され，絶えず新たに構成さ
れる世界」「それぞれの今において新しく生成し，そして消えてい
く世界」「生成し去る世界」です。対して，その「意味」とはこの
体験が「志向的能作によって1つの意味あるものへと構成」されて
生まれるものです。「体験」の流れと，それをいわばせき止めた
「意味」，このふたつをヴェーバーは区別していないのです。

いや，私たち自身，日常的にこのふたつを区別したりなんかしま
せん。日常生活を送る態度＝「自然的態度」では「意味付与的作用
そのもののうちに生きており」，自分の行為はこういう意味がある，
と意識するだけです（それは「既に完了した行為」に「意味を与えた」
結果なのですが）。どんな「体験の流れ」を生きているか，それにど
のようにして「意味付与」をしているかに，ふだん意識を差し向け

ることはありません。だって，日常生活では「自分たちの行動の方
向づけ」ができる程度の明瞭さがあればよく，実践に必要な範囲で
「意味解釈の努力を中断する」ことで十分だからです。「社会的世界
における主観的意味をできるだけ明確に把握すべしという要請は，
自然的態度の人間にはあてはまらない」のです。

　でも自分がどのように「体験の流れ」を生きており，それにいか
に「意味付与」をしているかを観察することは可能です。アンリ・
ベルクソンは，「『苦しい努力のうちに』対象世界から目をそらし，
内的意識の流れに目を向ける」といい，フッサールは「自然的世界
を『括弧で括り』，現象学的還元のなかで私の意識体験自体をひた
すら凝視する」と述べましたが，日常生活の意識を一度「停止」し
て，意識そのものを意識するとき，これを観察できる。もうわかり
ますよね。サイコロを前にして，「意味付与」としては「各面＝正
方形」と見えている。でもそう見えるにいたるにはどんな「体験の
流れ」（ないし「直接経験」）があるかを見る。フッサールは，自然的
世界を「括弧で括ること」により「世界を措定する」作用に目を向
けかえる「徹底的な態度変更（エポケー）」を「現象学的還元」と呼
びましたが，シュッツはこれを，「自然的態度」でどんな体験の流
れを生き，いかなる意味付与の作用を行っているかに目を向ける
「自然的態度の構成的現象学」として応用しようとするのです。

| 「自己理解」と「他者理解」 |

さきに「意味問題は時間問題である」とい
いましたが，第2章「自己自身の持続にお
ける有意味な体験の構成」で，シュッツは
「時間」を論じます。

　ここで彼は，ベルクソンやフッサールに従って，「時間」には2
種類ある，と指摘します。ひとつは自分のなかの「体験の流れ」，
ベルクソンが「内的持続」と呼ぶもので，夢中で講義をしていると
き，誰かとおしゃべりしているとき，さらさら時間が流れていく。
そのあいだに「私は年老いていく」，とシュッツは表現しますが，

「原則的に無反省」な「内的持続の流れ」（ベルクソン），「原体験シリーズ」（フッサール）という時間です。

　でももうひとつの「時間」がある。「空間的・非連続的・量化可能」な「同質的な時間」，「概念的に時空的な領域」のなかで反省する時間です。わかりやすくいえば，時計で示される時間ですね。誰かと会う約束をする場合，「体験流」の時間では待ち合わせは無理で，「何時何分」と待ち合わせして私たちは他者との日常生活を可能にしています。フッサールによれば，私たちはこの「意識の流れの二重の志向性」（二重性！）を生きているのです。

　繰り返しですが，「体験の流れ」のなかで素朴に生を送る場合，そこには「意味」は生まれません。ただ「体験」が流れているだけです。しかし，「体験された体験」に注意を向けかえ，回想するまなざしで反省作用をするとき，私たちは「純粋持続流」から外に出て，「意味」を獲得することができます。体験はいろいろな過程が混ざり合った分割できない複合的な流れ（「複定立的〔polythetisch〕」と呼びます）ですが，どんな意味かと反省的に意識を向けるとき，体験は一条の（もとよりもずっと少ない）視線により対象化されるものになります（「単定立的〔monothetisch〕」）。「いまここ」の体験の流れに，反省的まなざしによる「注意の変更」によって「単定立的」に付与されるもの，これが「意味」です。

　こう考えると，「自己理解」はきわめて限定されたものであることがわかります。私の「行為の意味」を理解しようと，それに反省的なまなざしを向ける。でも「体験流」のほとんどはこのまなざしから漏れ落ちてしまいます。また，「体験の解釈」にはいくつかの「解釈図式」が用いられます。たとえば「動機」を解釈するとき，「〜するため」という未来の投企から出発する「目的（Um-zu）の動機」と，「〜したから」という過去完了の経験から出発する「理由（Weil）の動機」とがあてはめられる。でも，この「一条の視線」による解釈では，行為していたときの自己の体験の流れは多くが掬

い取られないでしょう。

　では，「体験」と「意味」の二重性をもつ「自己」と，同様の二重性をもつ「他者」とが出会うとき，どんなことが起き，「他者理解」はどうなされるのでしょうか。第3章「他者理解の理論の大要」でシュッツはまず，ベルクソンを踏まえながら，「『思念された意味』とは基本的に主観的」で「原理的にいって体験者による自己解釈に結びついているもの」だとし，「個人の意識の流れのなかでもっぱら構成されるのみであるから，汝には本来接近できないものである」と指摘します。自己の「体験流」を「自己解釈」によって理解した「意味」に，他者が接近することはできない。ですが，この他者の「接近不可能性」は他者の「理解不可能性」を意味するのではない，とシュッツはいいます。他者への「接近」と「理解」は別物で，自己は「自己理解」とは別のルートで他者を理解しようとするのです。

　ひとつのルートはこうです。私の目前に「他者の身体の動き」があるとする。それを私は「他者の体験のしるし」（他者の体験流を表す「記号」）として受け取ります。他者も私と同じ「体験流」であり，私はそれを「単に眺める」ことで把握する。シュッツはこれを汝と私とが「同時的」であること，両者は「共存する」こと，私の持続と汝の持続とが「交叉する」こと，と表現します。私の「体験」は私のなかで連続的で多様で不可逆的な持続として流れている。これと同様に，あなたの「体験」も同時にあなたのなかで流れていて，「私の意識と同時に存在しつつその都度異なった今そのようにとして経過」している。この「2つの持続の同時性」は「共に年老いるという事実」とも呼べます。

　でももちろん「私にとっての私の体験流」と「私にとっての他者の体験流」の与えられ方はまったく違います。私には「私の体験流」が「連続的かつ完全に」与えられています。でも「他者の体験流」はごく断片的にしか（他者の身体という「記号」を通してでしか）

与えられません。ですから，「他者の心を対象とする認識は原則的にいって常に疑わしく，自己の体験に向けられる内在的認識作用の原則的な明白さとは対照をなしている」。

　ではどうするか。もうひとつのルートは，「私の自己理解」を参照して「他者理解」する，というやり方です。たとえば，「斧を木にぶつけている」他者の身体を目にしたとします。他者の「体験流」と私は同時にありますが，このときの理解は「『木を伐採する』という言葉で命名すること」による意味付与，「木を伐採する」ことの「目的動機」や「理由動機」による意味付与によります。そしてこの「意味付与」は，自分がこの体験をするとしたらどういう「意味」かを「自己理解」することを根拠にします。「す̇ベ̇て̇の̇純̇粋̇な̇他̇者̇理̇解̇は̇理̇解̇す̇る̇者̇の̇自̇己̇解̇釈̇作̇用̇の̇上̇に̇基̇礎̇づ̇け̇ら̇れ̇る̇」。つまり「私だったらこう」という解釈をもとに，「きっとあの人もそうだろう」と想像して他者を解釈するわけです。

　「他者理解」がこのようなものだとすると，それはとてもあ̇や̇ふ̇や̇なものです。第1に私の「体験流」を私が「自己解釈」するとき，すでに多くのものを取り逃がしています。自分自身の「体験流」になんらかの「解釈図式」をあてはめて私は私を理解しますが，「体験流」と「解釈図式」は当然ですが，ズレます。第2にこの自己解釈の「解釈図式」を他者の身体の「しるし」をもとに他者にあてはめるわけですが，自己解釈の図式が他者に適合するかどうかは決してわかりません。シュッツは「『再三再四』（Immer wieder）の理念」と呼びますが，きっと私についての図式が他者にもあてはまるだろう，という理念（＝思い込み）によってなんとか解釈するわけです。そして第3に，他者の「体験流」はどんな「解釈図式」をあてはめても，解釈が解釈であるかぎりそこから漏れ落ちます。一方で，他者は「理解」することができます。でも他方，その「体験流」に「接近」することは不可能なのです。

　私たちはこんなあやふやなやり方で他者を「理解」している。こ

こからシュッツは，第4章「社会的世界の構造分析——社会的直接
世界・同時世界・前世界」に移ります。

直接世界／同時世界／
前世界／後世界

私たちの「社会的世界」にはさまざまな他
者との出会い方があります。第1に，直接
に 人 と 人 が 出 会 う 場 面，「直 接 世 界
(Umwelt)」です。

　すでに見た，私とあなたが時間的・空間的に共存していてあなた
が「全身的」に「独特の汝」として体験される場合を考えてみま
しょう。シュッツは1羽の鳥が飛んでいるのを一緒に眺めるという
例をあげますが，私は「純粋な同時性」において汝の意識経過に視
線を向けることができ，「私たちは一緒に年をとる」状況です。
シュッツはこれを「我々関係 (Wirbeziehung)」と呼びます。私の体
験流とあなたの体験流は同時に流れ，同じ鳥を見ながら同時に年を
とっていく。ただし，飛んでいる鳥について私の体験と汝の体験が
同じということはできません。「自己自身の意味と他者の意味とは
決して重なり合わない」のであり，体験が同じなどということは
「見込みのないこととみなさねばならない」のです。

　ふたりが同時に「我々のなかで生きて」いて，直接に「あなた」
が与えられている。これが「純粋な我々関係」です。ここには「体
験の近さ」があり，他者は「生身の姿で最大の徴候充実において」
私に与えられている。声の抑揚や身振りや表情によって，汝の体験
流がそこにあることに接近でき，「汝についての新しい解釈図式」
が成長していく。

　ただし，直接に向き合っていてもこれとは違う出会い方がありま
す。「観察者」としての定位です。「我々関係」では「相互的」に
「あなた」として相手を定位しました。これに対して相手を観察す
るとき，私はあなたを「一方的」に定位します。観察者は相手と同
時に「体験流」を生きていることをむしろ遮断し，自分自身の行為
の目的動機・理由動機の解釈枠組を汝の経験にもあてはめて，他者

の行為を解釈します。シュッツは火星人が講堂と法廷と教会堂を歩き回るという不思議な例をもちだしますが，火星人にはこの3つの場所での行為（よく似ていますよね）の違いは解釈不能です。でもこれまでの経験から教師と裁判官と牧師の職務が違うとする枠組を知っている場合は，それをあてはめて観察結果を解釈できる。このように，「直接世界」にいるものの「我々関係」ではなく，観察者として「自己解釈」に基づいて他者を「理解」する，という汝への出会い方があります。

　第2に，他者が「生身の姿と空間的直接性」の「彼方」にいる場合もあります。いま直接会ってはいないが，でも他者がいるという場合，これを「同時世界（Mitwelt）」とシュッツは呼びます。きょう職場で会った同僚と，いまは自宅にいて会っていないが，あしたまた会うという場合。あるいは以前の職場の同僚と，転職して数年間会ってないが，きっとまた会うだろう場合。直接世界の我々関係から脱け出してからそれぞれ（数時間とか数年とか）年をとり「異なる汝」となっていますが，おそらく直接世界で出会った「汝」はあてにできるだろうと相手を定位する，とシュッツはいいます。不連続だが反復可能な「継続的な関係」においては，「直接世界的な社会関係の回復」がいつでも起こりうる，と考えるからです。

　しかしまったく直接世界で「生身の姿」で出会っていない他者とも，いまこの世界で共存しているのを私たちは知っています。これを「同時代人」と呼びますが，この他者は私の前に「1人の自己」として現れることはなく，「我々関係」に立つことはありません。また，以前同僚だったが「生身の姿」が微弱化して，「同時代人」へと転じる他者もいます。彼らの「体験流」を経験することは不可能で，「社会的世界一般に関する私の経験ストック」の解釈によって判断するしかありません。これをシュッツは「彼ら定位」と呼びます。この他者は「個性的な汝の現存在」ではなく，「匿名性」を帯びた「他者の意識体験一般」として現れ，「類型的な他者の意識

体験」は「同質的で繰り返しのきく」「人格の理念型」として構成される。たとえば郵便配達人ならこういう目的・理由でこう行為するだろうという「行為経過の理念型的な把握」、「類型」として把握するわけです。

　この類型化がさらに著しいのが、「前世界（Vorwelt）」、過去の世界の他者です。たとえば父が子ども時代の思い出を話すとき、父にとっての直接世界・同時世界の経験が語られるわけですが、私にとっては間接的でしかなく、この他者は「もっぱら理念型として把握されるにすぎない」。さらにもうひとつの他者がいます。「後世界（Folgewelt）」、未来に生きる他者です。前世界はすでに確定した不自由な世界ですが、「後世界は全く未確定で確定不可能にとどまる」。私たちは「後世界一般が存在している」ことに志向することはできますが、それは根本的に未定であり、「類型化の方法もまた不十分なまま」であるわけです。

ヴェーバーへの批判

　さて、この本のねらいはヴェーバー社会学をフッサール現象学の立場から批判することだとお伝えしていました。でもこれまでの話は「自然的態度の構成的現象学」、つまり、日常的に社会的世界を生きる人々がどう他者を経験しているかをふだんの意識を停止して認識しようとしたもの、でした。シュッツは最後の第5章「理解社会学の根本問題」で議論を転じ、「社会学方法論」に戻ってきます。「科学的判断」は「日常生活の判断」とどう区別され、「自然的態度の他者経験」にどう位置づけられるのでしょうか。

　もちろん社会科学は「社会的世界の生活者が、通常この世界について考えている事柄を最大限に明確に説明する」ことを目標とし、ヴェーバーはそのために「人間的行為の思念されている意味」を理解しようとしたのでした。でもシュッツは、ヴェーバーの意味理解の態度は「同時世界（あるいは前世界）の観察者の態度」ではないか、と指摘します。第4章の言葉ですが、「経験的社会科学は結局のと

ころ同時世界の観察者の態度を取り入れる」。同時世界の観察者の態度。つまり，社会科学者は他者を「体験流」としては把握しないのです。「生と思考とは根本的に別の物である。科学は，たとえその主題が生（Leben），社会的世界生活に置かれる場合であっても，それは思考の事柄にとどまる」。

　とすると，社会科学にとって社会的世界は「同時世界もしくは前世界として与えられる」ことになり，「社会科学は社会的世界を常に類型化して」把握するにすぎません。また，その類型化の仕方は日常生活と異なります。科学には「社会的直接世界の欠如」があり，日常生活のプラグマティックな目標とは別の，科学的な目標のための「特殊な変様」が必要になる。その基準として，ヴェーバーは『社会学の根本概念』でふたつをあげています。ひとつは「意味適合性」。「有意味的に適合的とは，行動の諸構成要素の関係が，私たちの平均的な思考慣習および感情慣習から類型的……意味連関として肯定される程度に関連し合って経過している行動のことをいう」。難しい表現ですが，「平均的」な意味解釈を理念型として，物差しとして理解するということですね。もうひとつは「因果適合性」。「経験則によれば，事実上いつも同じような仕方で経過するチャンスが成立する程度において，出来事の継起がみられること」。つまり，ある出来事が生じると別の出来事が生じる蓋然性が高いように理念型をつくり，それを物差しとして理解する。そして，その物差しは「目的合理的行為」を基準にし，他の行為動機はそれからの偏りとして測定されることになる。

　このヴェーバーの「理解社会学」は，社会的世界をどれだけ「理解」したことになるのか。彼は「意味」から行為を理解しようとしましたが，その「意味」は多様な注意変様がありうるなかの限られた類型化によって測定されたものにすぎません。そして，他者がその「意味」を抱いているかどうかは，私の自己解釈をもとにしたもので，そのようにして「理解可能」ではあるけれど，どこまでいっ

ても「接近不可能」だといわざるをえません。その「接近不可能」なものに，他者の「体験流」があります。ひとりひとりのなかに流れる「持続」をそれぞれの人が生きていて，社会を形づくっている。日常生活の「直接世界」で私たちは他者の「体験流」に出会います。ところが，「社会科学」の意味理解はむしろ「体験流」を断念することによって，物差しとしての「意味」を整序し，社会的世界を説明しようとするのです。

シュッツの言葉を引きましょう。「社会科学は日常的な社交（mundane Sozialität）のなかの人間を，生き生きとした純粋な持続をもった汝として把握するわけではない。むしろそれを純粋持続も自発性もない，ただ想像上の時間（つまり誰によっても体験できずまた体験されてもいない時間）だけをもつ人格の理念型として把握する」。「社会科学では社会的世界における諸行為者は生身の姿において与えられず，むしろもっぱら間接的に，しかも人格の理念型として与えられる」。社会科学における人間は「生き生きとした純粋持続としての汝」や「生身の姿」ではなく，「人格の理念型」としてしか把握されない。ヴェーバーがとらえた「意味」は，それぞれ異なり，どこまでも接近不可能な「体験流」を視野の外に置くことで獲得された共通の尺度なのではないか。でも人はそれぞれ異なる「体験流」を生きており，その「複数の体験」が社会をつくっている。そしてそのこと自体は「意味理解」では決して把握できない。このことがどうしても残されてしまう問題ではないだろうか。

| パーソンズとの論争 |

シュッツは 1939 年にニューヨークに逃れましたが，ロンドン・スクール・オブ・エコノミクスの雑誌『エコノミカ』から，パーソンズが 1937 年に刊行した『社会的行為の構造』の書評を依頼されます。長くなりすぎたこの書評は公刊されませんでしたが，シュッツは原稿をパーソンズに送り 1940 〜 41 年に書簡による論争が行われます。最後にこれを紹介して，シュッツの発想をより明確に把握したいと思います。

第7章で検討したこの大著を乱暴にまとめると，実証主義・功利主義的考え方から帰結される万人の万人への闘争＝「ホッブズ問題」への解決を，パーソンズは「経済的合理性」や「強制力」ではなく，行為の「究極的目的」をつかさどる「共通の価値体系」に求めました。これによって行為は制御され，社会は統合される，これが「主意主義的行為理論」による解決でしたね。

　これに対してシュッツは，どの要素が行為者の心のなかにある範疇で，どの要素が観察者（科学者）にとって適切な範疇かという区別がわからない，と指摘します。そして，率直に「筆者には『行為の規範的価値』の概念がどうもよくわからない」と批判するのです。パーソンズは「行為者の心のなかの主観的諸事象」と「観察者だけに接近できるその事象の解釈図式」を混同していて，「このギャップを規範的価値の導入によって埋める」。だが，彼は「行為者の主観的見地からみて彼の心のなかで現になにが生じているか」を「全然問うていない」。シュッツは，行為者にとっての動機とは「内的時間の純粋な推移にともなって，ある瞬間から次の瞬間へと，必然的に変化する」ものだ，といいます。社会理論は「動機」や「規範的価値」の体系が，こうした持続における人間の生から生まれると考えるべきだ。しかし，パーソンズは動機が「究極的価値」から生まれると考える。──「体験流」（谷の表現では「下」と「内」？）から始めるべきか，「究極的価値」（「上」？）からか，の違いです。

　シュッツは「行為者」にとっての「主観的見地」と，「観察者」にとっての「客観的見地」を峻別します。目的や動機はつねに揺れ動き，行為者に明確に意識されるのはごく一部だが，それへの接近は行為者自身の認識にのみ許されることで，観察者は「近づくことすらできない」。なのに，パーソンズは「行為の主観的範疇を分析せずに，むしろ行為者の主観的見地を科学的に記述するための客観的範疇を分析している」。彼は日常生活の世界を直接扱うのでなく，「それの理念化と形式化」を取り扱っている。だが，「私たちは，社

会科学の例の『忘れられた人間』つまり体系全体の根底に自分の所業や感情を横たえている社会的世界のなかの，行為者にまでつねに遡ることができる」。「主観的見地を守ることは，ある一部の科学的観察者によって構成される虚構的非実在的な世界に社会的現実が代替されないようにするための唯一の，そして十分な保証なのである」。現代の社会科学者たちは「行為者として観察する人間を，彼が創造する人形と代替すること，別言すれば行為者の理念型を構成すること」をしている。だが，科学者が構成した虚構や人形ではなく，忘れられた人間を再発見しなければならない！

　予想がつくように，こうした批判はパーソンズには的外れに思われ，書簡による論争はじつにかみ合わないものになります。パーソンズは，シュッツは主観的な過程を「直接存在論的な意味」に解しており，「究極的価値」を「哲学的意味」で論じようとしているが，私は理論体系をつくるために「哲学的レベルの議論」をむしろ最小限にしてきた，と応じます。シュッツは経験に直接与えられるものと解釈を区別するが，「私たちは概念図式に従って観察しているし，また経験している」とパーソンズは「体験流」になんら意義を見出さず（1941年1月16日），「私はあなたの論議のなかに私の立場をぐらつかせるようなものを何もみつけることができません」（1月23日）と切り捨てます。

　シュッツは一瞬一瞬変化する持続に観察者は近づけないと主張しますが，パーソンズは「固有の技術と機会をもった観察者」が「行為者が彼自身について知りうるよりもはるかに多くのこと」を知るケースは多く，「主観的な現象は観察者によって記述されまた分析されるものとしてのみ意味」をもつと論じます。だから，「私は現象学的分析に懐疑的であること」を告白せざるをえず，あなたの批判は「私自身の分析にとって重要ではありません」（2月2日）。——シュッツはようやく3月17日に長い返答をし，パーソンズの理論体系が「私自身の書物が終わっているまさにそのところか

ら出発している」と記します。

このかみ合わない論争は，シュッツの心に傷を残したと推測して
もよいでしょう。書簡集の英語版序言でモーリス・ナタンソンは，
シュッツがニュー・スクールで教え始めたとき，学長のアルヴィ
ン・ジョンソンにこう忠告されたといいます。「ここの学生たちに
現象学なんて教えようとなんかしないほうがよいよ。どうせ彼らは
うけいれないんだから！」この論争の経験がシュッツにこの忠告に
従うきっかけを与えたのではないか，とナタンソンは記します。

でもフッサールの現象学構想を見たみなさんには，シュッツの
パーソンズ批判（さらにはヴェーバー批判）の意味はよくわかるので
はないでしょうか。パーソンズはサイコロを前にして行為者は「正
方形」という「意味」を知覚するはずだ，これを「理解」すればよ
いと考えた。これに対して，シュッツは行為者自身は「平行四辺
形」や「台形」を感覚しており，その「直接経験」「体験流」から
「意味」が立ち上がってくると考える。ここで「忘れられた人間」
とは，この「直接経験」を生きる他者のことです。フッサールがガ
リレイの「理念の衣」によって隠蔽されたとした「生活世界」を，
シュッツは社会学の視野になんとか組み入れようとし，パーソンズ
に無残にも全否定された，ともいえるのではないでしょうか。

さて，アメリカに渡ったシュッツはなにを研究したのか。ふたつ
の論考を見てみましょう。

3 生活世界の社会学
●「多元的現実について」と「ドン・キホーテと現実の問題」

日常生活の世界／空想
の世界／夢の世界

それぞれに異なる「体験流」を生きる人間
たちがひとつの「社会」を形づくる。この
「複数の体験の空間」をどうとらえればよ
いか。まず，シュッツのアイデアが鮮やかに展開された1945年の

論考「多元的現実について（On Multiple Realities）」（草稿は 1936〜37 年に執筆）を見ることにしましょう。

　シュッツはアメリカの哲学者ウィリアム・ジェイムズ（現象学者ではなく！）の『心理学原理』から、「現実」について論じ始めます。ジェイムズは、「現実」の起源は主観的であり、われわれの関心を刺激するものは「いずれも現実的」であると考え、だとすれば主観のあり方によって無数の現実の秩序が存在することになる、と論じます。彼はそれを「下位宇宙」と呼び、物理的諸事物の世界、科学の世界、理念的諸関係の世界、神話や宗教の世界、狂気の世界、などをあげます。私たちはある時点でどれかの下位宇宙にかかわっていて、注意を向けているあいだはその下位宇宙が現実的だが、注意を他に移せばそちらが現実的になる。

　そうした下位宇宙のひとつが「日常生活の世界」です。ここで私たちは「実践的な関心」「プラグマティックな動機」をもって世界と出会い、他者とかかわっている。十分に目覚めて行為している成人たちがつくるこの世界を、シュッツは「労働（working）」の世界と呼びます。ある企図をもって外的世界に身体によって働きかけ、他者たちと意思疎通する世界です。

　この世界は次の特徴をもちます。まず、時間構造。シュッツによれば、企図される行為は「未来完了時制」により先取りされるが、進行中の行為は「生ける現在」にあり、過ぎ去った行為を反省的に「意味」としてとらえるとき「現在完了」にある、といえます。また、身体の動きをともなう「労働」は、一方で測定可能な「空間化された均質的時間」（時計で測れる時間）に属し、他方で個々人の意識の内的時間＝「持続」と結びつきます。

　次いで、社会的構造。日常生活の世界は「はじめから相互主観的な世界」であり、他者の行為に私が動機づけられ、私の行為に他者が動機づけられる世界、意思疎通がなされる世界です。『社会的世界の意味構成』で「直接世界」について見たように、私と他者はコ

ミュニケーション過程を共有する「生ける現在」において「共に時を経ている」わけです。

　重要なことは，日常生活の世界では労働により外的世界に関与して「支配の領野」としなければならず，自分の生に必要なだけを選定して「実践的な関心」を向け，それ以外には関心を向けない，ということです。このようになにかを選んで注意を向け，なにかには注意を向けないことをシュッツは「レリヴァンス（relevance）」と呼びます。そして，日常生活における「自然的態度」のレリヴァンスは「根本的不安」に基礎づけられると指摘します。「私はいずれ死ぬことを知っており，また私は死を怖れているという基本的な体験」が存在し，「希望と怖れ，欲望と満足，好機と危機」が生まれてくる。自然的態度にいる人間はこの「根本的不安」に駆り立てられて，計画を立てたり実現したりするのです。

　この「日常生活の世界」は，シュッツが銀行業界で労働し，ナチズムを逃れパリを経由してニューヨークに渡った，という「外的世界」とかかわるリアリティと近いものでしょう。この世界では，一方で根本的不安に由来する「希望や怖れ」が現実を成り立たせる基盤です。他方，この世界のリアリティを「反証が現れるまでは」自明視するのが自然的態度の特徴で，その認識が正しく整合的かを問うよりも，実践的関心を満たすかぎり懐疑の対象にしない，という態度をとります。シュッツは，「現象学的エポケー」が自然的態度における信念を停止し，自然的態度自身に目を向けかえるのに対して，日常生活世界では「自然的態度のエポケー」がなされているといいます。人は「外的世界やそこにある諸々の対象に対する信念を停止」（＝現象学的エポケー）するのではなく，「それとは逆に，それらの存在に対する疑念を停止している」（＝自然的態度のエポケー）。つまり，あやふやなのに確信しているのです。シュッツは，この世界が他の下位宇宙に対して「至高の現実（paramount reality）」として際立っている，といいます。人はこの現実において世界とかかわ

る。しかし人はこれだけを生きるのではない。では，他のどんなリアリティを生きるのか。

　シュッツはジェイムズのいう「下位宇宙」を「限定的な意味領域」と呼びかえ，それぞれのリアリティに特有の認知様式があるとして，特有の意識の緊張，特有のエポケー，自生性の形態，自己を体験するさいの形態，社会性の形態，時間パースペクティブ，の6つをあげます。これらは各意味領域内では一貫するが，領域ごとに異なる。だが複数の世界が両立不可能なわけではなく，ひとりの人が複数の世界を生き，いまはこれが「現実」だというアクセントを移行させている。この移行の経験には「特有のショック」がともなう。日常生活から夢の世界に移る。劇場の幕が上がるとドラマの世界に入り込む。冗談のつくる虚構の世界を受け入れ，笑う。子どもが玩具を手に，遊びに夢中になる。宗教的体験へと飛躍する。科学者が世界への関与を中断して，観察者の態度をとる……。

　たとえば，「空想」というリアリティはどうか。白昼夢，遊び，虚構，おとぎ話，冗談などの現実を私たちは生きている。そこで人は，労働の世界にあった意識の緊張を低下させ，その役割から離脱します。このとき自然的態度を支配する実践的動機から解放され，標準的時間からも解放される。「夢」はどうか。眠っている自己は日常生活の世界での生への注意を減じさせ，「受動的な注意」によって夢の主題は決定されます。夢を見ている人は労働も行為もせず，「労働の世界を括弧に入れる」エポケーがあるともいえるでしょう。そして夢は「本質的に孤独なもの」であり，誰かと一緒に夢を見るということはできません。

ドン・キホーテと多元的現実　この「多元的現実」をセルバンテスの小説『ドン・キホーテ』を題材に論じた「ドン・キホーテと現実の問題」（1953年にニュー・スクールで発表され，翌年メキシコで刊行）は，シュッツのセンスを示す素晴らしい論考です。ある老人が他の人々と異なる現実

を生きるときなにが起きるか，想像しながら読んでみましょう。

　冒頭，シュッツはまたジェイムズを引いてこういいます。「矛盾がないままに在る対象はいずれも，矛盾がないという事実それ自体によって（*ipso Facto*）信じ込まれ，そして絶対的な現実として措定される」。さらっと書いてありますが，これはなんだか凄い文です。なにかが「現実」であり続ける根拠は，とりあえず矛盾が生じていないという事実による，というのですから。「現実」はこのあやふやな根拠によるにすぎない（でもその現実のなかにいる人はそれを確信している）。彼はこう続けます。「しかも，或る思念されたことと，もうひとつ別に思念されたこととは，第三の許容しえない何かが言明されることで両者間に対立が生じなければ，お互いに矛盾しえない」。同じ対象を見ながらある人がＡという「現実」（たとえば平行四辺形）を心に抱き，他の人がＢという「現実」（たとえば台形）を心に抱く，だがそれは対立する言明がなされないかぎり「矛盾」として現れることはない。だからひとつの状況のなかで，複数の異なる「現実」が矛盾なく並存し続けることができる。

　ドン・キホーテは「騎士道の世界」という下位宇宙を生きています。これは「空想」の現実であって他の人々にとっては「狂気の世界」ともいえ，城も軍隊も巨人も存在しない（宿屋と羊の群れと風車だけがある）日常生活の「至高の現実」とは「両立不可能」です。ですが，ドン・キホーテの私的世界は「独我論的」なものではなく，他の人々もある程度その現実を「共に信じ合って」いる。どうしてそんなことが可能なのか。シュッツは「ドン・キホーテの狂気の下位宇宙」もサンチョ・パンサの「至高の現実」も「みかけほどひとつのがっしりとした一枚岩でない」と述べながら，この仕組みを解明しようとします。

　ドン・キホーテが生きる「騎士道の世界」はさまざまな騎士物語に基礎づけられています。そんな英雄が存在したのかと問われても，彼は騎士物語の主人公アマディース・デ・ガウラの容貌や性格や武

勲を語り，これこそが騎士たちが実在した絶対的な証拠だ，と主張します。騎士たちの世界は「ひとつの閉じられた下位宇宙」として成立しているわけです。

ですが，ドン・キホーテにとっての巨人は他の人には風車に見え，彼には「マンブリーノの不思議な兜」に見えるものがサンチョ・パンサには普通の宿屋の金盥に見えている。これがどう両立できるのか。ドン・キホーテは「魔法使いの活動」という解釈枠組みを導入します。つまり，魔法使いが「現実の巨人」を「風車の姿」に変えている，ほんとうの「兜」がサンチョ・パンサには「金盥」に見えるよう魔法をかけている（そして，魔法使いは決して人間には見えない！）。こうして，ドン・キホーテの「空想的想像の現実」と他の人々の「至高の現実」は調停されることになるのです。

ただ，それぞれの現実において優勢な解釈図式は異なりますから，さまざまな葛藤が生じます。この葛藤にドン・キホーテと周囲の人々はどう対処するのか。ドン・キホーテは遍歴の旅に3度出ますが，旅ごとに根本的に違った態度をとる，とシュッツは論じます。

最初の短い旅ではドン・キホーテはひとりで，自分のなかにいる「見知らぬ賢者」との内的対話に夢中です。他の人々にとっての一軒の宿屋，ただの浮気女，宿屋の主人が，彼には要塞，貴婦人ドゥルシネーア，城主に見えますが，これは彼だけの「空想」の世界のことであり，異なる解釈図式を調停するために「魔法使い」が必要とされることはありません。

1回目と2回目の旅のあいだに，役僧と床屋がドン・キホーテの書物を燃やし書斎を壁で塗り込めて彼を治療しようとします。これを家政婦と姪が「魔法使いの仕業」と説明し，彼がそれを受け入れて現実を「完璧に理解」したところから，ドン・キホーテは「騎士の世界」と「至高の現実」が衝突するとき「魔法という事実」を用いるようになります。2回目の旅でドン・キホーテはひとりではなく，サンチョ・パンサという「日常的思考の代表者」と同行しなが

ら騎士道の「現実」を維持しなくてはなりません。ドン・キホーテにとってのマンブリーノの兜は，サンチョ・パンサにとって床屋の金盥である。これが魔法使いの仕業だという解釈をサンチョは少しずつ受け入れるようになり，最後には「盥 兜」と呼ぶようになる。ふたりの現実を調停するさまざまな経験を経て，彼は主人とともに生きていくには「解釈図式」として魔法を受け入れねばならないことを見出していくのです。

　しかしセルバンテスが10年後に執筆した第2部に描かれた3回目の旅は，ドン・キホーテの過去の冒険が出版され，出会う人々はそれを知っている状況でなされます。彼らはドン・キホーテに「騎士」としての行動を期待し，それに適切に対応していると彼が思うように行動しようとする。彼らは日常生活世界のうちに「遊び」や「冗談」，「ごっこ」や「ふり」の世界を構築して，ドン・キホーテの世界と共存しようとするのです。ここでは2回目の旅のような葛藤は起きません。ですが，彼らは騎士の世界に決して本気にはなりませんから，ドン・キホーテとサンチョのあいだにあるような「ひとつの言説の宇宙を確立する」ことに成功することもありません。そして，これが「騎士の個人的な悲劇と破滅」を生みます。

　たとえば，ドン・キホーテとサンチョ・パンサが木馬に乗って空中騎行をする場面で，それを見守る公爵夫妻は目隠ししたふたりに「矢よりも速く飛んでいる！」と声をかけ，ふいごで風を起こして飛んでいる演出をし，「火の層」に到達したのを示すため麻屑を燃して熱気を感じさせます。ところが，ドン・キホーテは「火の層」を越えたなら身が焼け焦げるはずと考え，これは「サンチョが嘘をついているか，夢を見ているか」のどちらかだろうと結論づけます。つまり，周囲の人々がドン・キホーテの現実を守ろうとすることによって，ドン・キホーテはその現実から醒めてしまい，「自己魔術の魔力を失う」のです。もはや「どの魔法使いも彼を助けて」くれず，至高の現実を私的宇宙によって解釈する彼の能力は「打ち砕か

れ」，彼は「自分自身の脱魔術化」に完全に成功する。これがド
ン・キホーテの悲劇です。「仕方のない者たちじゃ，おぬしたちは，
いままで誰も楽しんだこともない，最高に甘美な境地と誠に愉しい
夢想から，拙者を引き離してしまいおったのじゃ」。彼は「善人ア
ロンソ・キハーノ」として，正気に戻って死んでいくのです。

　この論文はこういっていると思います。「日常生活の現実」と
まったく異なる「ファンタジーの現実」とは同時に存在しうる。第
1の旅で，ふたつは交渉なく存在している。第2の旅では，「魔法
使いの活動」という解釈替え装置によってふたつの現実は交渉しな
がら折り合いをつけていき，ファンタジーが日常の現実のただなか
に存在する特有の様態を獲得する。第3の旅では，日常の現実と遊
びの現実を往復する人々が，他者のファンタジーの現実を保護しよ
うとしてかえってそれを破綻・解体させる。「多元的現実」は静態
的に並存できるだけでなく，そのあいだのコミュニケーションに
よって動態的に変容していく。

　そしてこの論文では，どの現実も特権的ではないように読めます。
もちろん自然的態度による「日常生活」のリアリティは，それなし
に人間が生物として生きていけない「至高の現実」であり，サン
チョ・パンサはそこに足をつけて生きています。しかしドン・キ
ホーテはそれだけでは生きられない。ファンタジーの世界が，仮に
日常生活の現実からは「狂気」と見えようとも，彼にとってもっと
も「現実的（リアル）」であり，生きていく支えであった。このよう
にどの現実が特権的とはいえず，それぞれの人は複数の現実を行き
来しながら生きているのです。

　ということは，同じ世界のなかに違った現実を生きている人がい
る，わけです。たとえば同じ教会のなかで，信仰のリアリティのな
かにいる人もいれば，これは虚構で演技にすぎないとする現実を生
きる人も，儀式を運営する労働の現実を生きる人もいる。それがと
きに対立・葛藤し，ときに交渉・調停されて，ダイナミックな関係

を結びながら共存している。そういう異なる現実を生きる人々がひとつの社会をつくる，社会は「複数の現実の空間」である。

　この事態をパーソンズが考えたとしたらどうでしょう。おそらくドン・キホーテは社会を秩序づける「共通価値」の外部，逸脱者の位置にいる存在となるのではないかと思います。サンチョ・パンサは「共通価値」に統合された人間，でしょうか。シュッツの世界では，ドン・キホーテとサンチョ・パンサは異なった現実を生きながら，交渉と調停を繰り返し，ひとつの社会を形づくることができました。では，パーソンズが描く社会秩序にドン・キホーテの居場所はあるのでしょうか。彼とサンチョ・パンサはともに生きることができるのでしょうか。

　シュッツは，日常生活もファンタジーも夢も，芝居も儀式も遊びも，ひとつの社会で両立でき，人々がジャンプする複数の現実のひとつととらえました。同じ社会空間に「平行四辺形」の現実，「台形」の現実，「正方形」の現実という異なるリアリティを生きる人がいる。ですが，パーソンズの考える社会には，どう見ても特権的な現実があります。「究極的価値」の世界，『行為理論と人間の条件』（1978 年）でいえば「テリック・システム」です。この現実を共有することで社会が秩序づけられる。パーソンズの描く世界に生きる人も夢見たり，遊んだりするのでしょうが，その基盤となるひとつの「現実」を共有している。シュッツの世界でそうした基盤となる現実があるとすれば，「労働」の世界としての「日常生活」，サンチョ・パンサ的な，生きるために働く世界です。でもそこから誰もが「現実」間をジャンプして「多元的現実」を往復できる。「究極的価値」の世界は，いくつもの「現実」のひとつにすぎません。

科学の世界

論考「多元的現実について」に戻りましょう。この論文の最後に描かれるのは「科学的理論の世界」です。これは驚くべきことかもしれません。ここで「科学」は，日常生活や空想や夢を研究対象とする特権的な（一段

上の）意味領域でなく，それらと同じ資格の，人々が生きる「多元的現実」のありふれたひとつとして位置づけられるのですから。

　シュッツは「科学的観照」の特徴を，労働の世界の「実践的態度」と対比される「理論的態度」にあるとします。それはいかなる実践的な目的にも服従することなく，「世界を観察し，世界をできる限り理解する」ことを目標とする「飛び地」です。もちろん科学は日常生活世界をよくすることを目標にしはするのですが，「理論的な思考者」はいったん「実践的な目的」から切り離され，「自然的態度」における実践を支配するレリヴァンスを放棄して，日常生活の「根本的不安」からも「希望と怖れ」からも解放されるのです。

　このとき，「科学的態度に特有なエポケー」がなされます。自分が身体として人々のあいだに存在し，自分を中心とする方向づけの体系を括弧入れする。個人的な生活上の問題の解決を括弧入れする。根本的不安と実践的なレリヴァンスの体系を括弧入れする。科学者にとってレリヴァントなのは，自分が選択した問題を解くのに資することだけです。理論化する自己には自然的態度にある「内的持続」と「宇宙的時間」が交差した「生ける現在」が欠けている，ともシュッツはいいます。理論化する自己は他者と純粋な我々関係に入ることはなく，社会関係の外側に位置して，「理論化する自己は孤独」なのです。

　ここでシュッツはふたつの問いを提起します。第1に，理論化する孤独な自己はいかにして「労働の世界」に接近できるか，という問いです。自然的態度における「生ける現在」での「我々関係」は，理論的観照に飛躍するため括弧に入れなければならないものでした。シュッツは，この問いの困難性を直視する必要があると述べます。理論的態度では，「私やあなた，ピーターやポール，そしてありとあらゆる人々が，言葉では表現できない錯綜とした知覚をもち，行為し，労働し，悩み，希望をもち，生まれ，成長し，そして死んでいく——つまり分割されえない自己として，その十全たる人間性に

おいて自らの生を営んでいる——日常生活の世界を，原的に体験したり直接性において把握することはできない」。生活世界を視野に収めようとする「社会科学の方法」は，「相互主観的な生活世界をそれについてのモデルと取り替えること」でこの困難を克服しようとするが，「このモデルには，十全たる人間性を備えた人間は住んでいない」。住んでいるのは「諸々の人間型すなわち類型」なのだ。この類型は科学者が割り当てたモデル，仮構，フィクションにすぎません。ここでシュッツは，パーソンズに問いかけた疑問を反復しているように思います。

第2の問いは，理論的思惟はいかにして伝達されうるか，というものです。理論家がその理論を他の人々に伝達しようとすれば，伝達がなされる日常生活の世界に立ち帰らなければなりません。純然たる理論的態度を捨て去り，自然的態度へと戻らなければ伝えることはできない。でもその世界は理論家によって直接は接近できない世界です。これは，夢の経験をどうやって日常生活の世界に伝達するか，という問題と似ています。そして，フッサールの弟子オイゲン・フィンクが論じた，現象学者を悩ますパラドックスとも類似します。現象学者は，現象学的還元を遂行した結果，自然的態度内にいる他者に自らの認識を伝達することが困難になる，というパラドックスです。還元が成功すれば自然的態度から遠ざかり，だから伝達は難しくなる。また，現象学の認識を他の人に報告しようとすると，非現世的な意味を現世的に表現することを試みなければならないためどうしても意に満たない，というパラドックスがある。

しかし，これらのパラドックスは，「多元的現実」を存在論的で静的な実体とみなすかぎりで存在するパラドックスにすぎない，とシュッツは述べます。多元的な現実はそのように切り離された心的生ではない。それは「分割されえない同一の生」であり，「私の意識の流れに属しており，記憶されることも再生されることも可能」である。だから，これらは「労働行為のなかで，通常の言語を通し

て他者に伝達されうる」とシュッツは主張します。こうして、「科学は再び生活世界のなかに含まれるようになる。そして逆に、共に哲学することの奇跡が、理論的領域のなかに思考者の十全たる人間性を甦らせるのである」。

　ここでいう「共に哲学することの奇跡」は、科学の世界にいる人と日常生活の世界にいる人のあいだでいかにして可能か。どうしたら科学は生活世界に含まれうるのか。振り返ってみると、『危機』書でフッサールが格闘した問いをシュッツは別の形で問うていたのかもしれません。彼にとって重要なことは、科学の現実は特権的現実ではなく、日常生活の現実と対等な一現実であり、ひとつの社会のなかで他の現実と交渉を行っている、ということだったと思います。ひとりの科学者（夜は現象学者！）は、労働の現実を生きる生活者でもあり（昼は銀行員！）、夢想家でもなにかを信仰する人でもあって、複数の現実を生きている。そして、同じ世界を別の現実として生きる人々とひとつの社会（同じサイコロの面が「平行四辺形」にも「台形」にも「正方形」にも見える社会）を形づくっているのです。

4 「現象学」から「エスノメソドロジー」へ

●ハロルド・ガーフィンケル

「現象学派」の3人
　シュッツのアイデアはそれ以降の世代にどう引き継がれたのか。私は主要な後継者として次の3人をあげるべきだと思います。まず1917年アメリカ・ニューアークに生まれたハロルド・ガーフィンケル。第2に1927年にドイツ・リューネブルクで生まれたニクラス・ルーマン。3人目は1929年ウィーンに生まれ、第二次世界大戦後アメリカに移住してニュー・スクールに学んだピーター・バーガー。でも、詳しく話すには時間が足りないですね……。

　この3人の位置づけは、パーソンズとの関係から整理するとわか

りやすいと思います。ガーフィンケルはパーソンズの指導院生，ルーマンもハーヴァードに留学して彼に指導を受けたことがあります。ですがこのふたりは，シュッツの着想を応用してパーソンズ理論を反転させる斬新な試みを，別々のやり方で試みたといえると思います。私がそう思うひとつの基準は「共通価値」ないし「究極的価値」をどう扱うか，ですが，社会システム論に驚くべき革新をもたらしたルーマンは第15章で，ガーフィンケルについてはこの節でお話しすることにしますね。

　逆に，シュッツに直接教えを受けたピーター・バーガー（Peter L. Berger）はパーソンズにもっとも近い位置にいると思います。1966年のトーマス・ルックマンとの共著『現実の社会的構成（*The Social Construction of Reality*)』は，「知識社会学」（第8章で見たマンハイムが，「思考」の「存在拘束性」を解明しようと提唱したのを覚えていますね）の研究対象を，シュッツの考えを継承して「人びとがその日常生活で〈現実〉として〈知っている〉」ものすべてに拡張し，「常識的な〈知識〉」がどう構成されるかを論じる意欲作です。ただ，彼らはパーソンズの「統合への意志」をも「完全に共有」して，「系統立った理論的な説明の一つの体系」（『社会的行為の構造』の引用！）をめざします。Ⅰ部「日常生活における知識の基礎」はシュッツ理論の見通しよい要約ですが，Ⅱ部「客観的現実としての社会」は人間が構成（「外在化」）した現実が制度化・正当化される過程（「客体化」）を論じ，Ⅲ部「主観的現実としての社会」は現実が社会化過程で人々に「内在化」されることを描いていて，私にはデュルケームの「社会的事実」とヴェーバーの「主観的意味」の要領よい綜合（ないし折衷）に思えます。そして，シュッツが追求した「体験」の水準は消えている，のです。

　「人間の産物」たる現実は「制度化」され，やがてさまざまな「正当化」図式からなる「天蓋」を発達させる。これを論じた『聖なる天蓋』（1967年）も優れた宗教社会学の理論書ですが，バー

ガーが社会を覆う共通の「究極的価値」の必要性を確信していることは疑いないと思います。乱暴かもしれませんが，ガーフィンケルとルーマンがシュッツの考えをラディカル化したのに対し，バーガーは保守化した，といえるのではないか。自伝『退屈させずに世界を説明する方法』は，プロテスタントの神学者でもあり，1980年代には「ネオコン知識人」として活躍した彼の人生を伝える退屈しない読み物ですが，『現実の社会的構成』が「いわゆる『構築主義』の出発宣言」とされたことを「不幸な展開」ととらえ，「われわれは構築主義者ではない」と明記しているのが印象的です。

さて，ガーフィンケルです。彼の生涯については，アン・ロールズ（哲学者ジョン・ロールズの娘）による要を得た紹介を参照してお話ししましょう。ハロルド・ガーフィンケル（Harold Garfinkel）は1917年10月29日ニュージャージー州ニューアークのユダヤ人コミュニティで生まれました。父親は移民してきた家族に家庭用品を割賦販売する店を経営するユダヤ人でしたが，高校卒業後ハロルドはニューアーク大学の経営学・会計学のコースに通い，夜は父の商売を手伝うことになります。ニューアーク大学には社会学に関心をもつユダヤ系学生のグループがあり，ポール・ラザースフェルドも社会統計学を教えていました。彼らに影響を受けて，ガーフィンケルは社会学に関心を寄せていきます。

1939年夏，大学を卒業したガーフィンケルは（父の仕事をやりたくなくて）ジョージア州にあったクエーカー教徒のワークキャンプに参加，そこでノースカロライナ大学の社会学部を紹介されて，直接ヒッチハイクで（！）同大学を訪れ，学部長のハワード・W・オダムからその場で大学院入学と奨学金受給を許可されます。ノースカロライナで彼はトマスの人種関係の社会学やズナニエツキの「行為者の観点」からの行為理論，「動機の語彙」についてのケネス・バークとC・W・ミルズの理論などを学び，フッサールやシュッツを扱う哲学科のコースを履修，刊行されたばかりのパーソンズ『社

会的行為の構造』を昧読します。1939年冬には人種関係を扱った論文 "Color Trouble" を発表しますが，修士論文完成後の1942年，第二次世界大戦に参戦したアメリカ軍に徴兵され，彼の大学院でのキャリアは中断されます。

　空軍に入隊したガーフィンケルに与えられた任務は，対戦車戦の訓練でした。彼はマイアミビーチのゴルフコースで『ライフ』誌に掲載された戦車の写真を使って部隊を訓練することになります（ロールズは，「生死を争う戦闘に派遣されようとする現実の部隊」に，「想像上の戦車との戦闘」を教える任務が彼のその後の認識の展開に与えた影響は想像するしかない，と記しています）。終戦後はハーヴァード大学の博士課程に進学し，パーソンズの指導を受けますが，これについてはのちほど。

　1952年にハーヴァードの学位を得た彼は，オハイオ州立大学で2年間のポストを得ます。その2年目，カンザス州ウィチタで陪審員制度を研究していたハーヴァードの同級生フレッド・ストロドベックに共同研究に誘われ，1954年夏のアメリカ社会学会大会で報告を行います。この報告を準備していたとき，彼は陪審員同士が相互に理由づけをしている方法を ethnos という言葉を用いて ethnomethods と名づけます。1954年秋にカリフォルニア大学ロサンゼルス校助教授に就任しますが，異動当初から自分のセミナーで ethnomethodology という用語を使い始めます。その後，彼は UCLA で多くの学生や同僚と研究を進め，1987年の引退後も名誉教授として現役であり続けました。2011年4月21日，93歳で死去。

　水川喜文「エスノメソドロジーの歴史的展開」によれば，ガーフィンケルは1949年にシュッツにはじめて手紙を送り，1952年にプリンストン大学でのコンフェランスにシュッツを招いて直接会っています。その後も手紙による交流は続き，1958年10月付のシュッツからガーフィンケルへの手紙が確認できるとのことです。

　では，彼はシュッツからなにを受け継ぎ，どのような社会学を切

り開いたのでしょうか。

エポケーなき現象学 1952年の博士論文「他者の知覚——社会秩序の研究」を，浜日出夫「現象学的社会学からエスノメソドロジーへ」の見事な解説をもとに見てみましょう。この論文はパーソンズを指導教官として書かれ，謝辞にシュッツの名も記されています。第1部「本論文の問題の分析的背景」では，行為理論上のある問題について「現代の2人の重要な理論家」たるパーソンズとシュッツの議論が比較されます。その問題とは「ホッブズ問題」です。ホッブズが「万人の万人に対する闘争」を生むと考えた自然状態から，いかにして社会秩序が可能か。パーソンズの回答は，「共通価値」がそれを可能にする，でしたね。

ガーフィンケルはホッブズ＝パーソンズの議論を二段構えで批判します。まず，彼らは行為者が「科学的合理性」によって（目的にとってなにがもっとも利益かを合理的に考えて）行為することを議論の前提にしているが，行為者は「科学的合理性」とは別の「常識的合理性」によって行為する，という批判です。シュッツの「多元的現実」論と同じ議論ですね。

2段階目の批判はこうです。闘争とは複数の人間が「同じ」対象を獲得しようと争うことで生じる。そのためには，あらかじめある対象が「同一」のものと知覚されなければならない。とすれば，問題はそもそも対象の「同一性」はいかに可能かという，より根源的な水準の秩序の可能性を問うことにある。ガーフィンケルはこれを「対象の理論」と呼びます。

彼はパーソンズの「対象の理論」を「対応説（correspondence theory）」，シュッツのそれを「同一説（congruence theory）」と名づけます。対応説は世界に「完全な具体的対象」が存在し（たとえばサイコロ），他方にその「概念的再現」が存在する（各面＝正方形）と考え，科学的方法に従えばその対象がほんとうはなにかを知ることができ，行為者も科学者に近づくことで正確な再現が可能だとし

ます。対して「同一説」では「知覚された対象」と「現実の対象」が区別されず，知覚された対象が対象そのものです。この背景には現象学の「志向性」の考えがあります。ここにいる私とそこにいる他者は同じサイコロを見ても別のもの（平行四辺形と台形）を見ている。この考えからは「世界の複数性」という帰結が生じます。そしてガーフィンケルは，シュッツの「同一説」を採用します。

　第2部「行為の前提のレベルで秩序問題を扱うための理論モデル」で，彼は秩序問題を「他者の知覚」の組織化という問題に翻訳します。他者という対象をどう知覚するかが，秩序問題の根底にある。ここでは，彼が「動機図式」に注目したとだけ述べておきましょう。ある人（C氏）が腕を上げたとする。この同じ行動シグナルがAさんには「合図」と，Bさんには「威嚇」として知覚される。この知覚の図式によって「対象の秩序」が形成される。

　最後の第3部。「この図式のある重要な定理の実験的テスト」と題するこの部で，彼は驚くべき跳躍をします。「ある重要な定理」とは「動機図式が効力を失い，同時にかわりの図式が使えないとき，行為者の対象の秩序は組織化の基準を満たさなくなる」という定理，つまり，他者の知覚を秩序化していた「動機図式」が失効したときどうなるかを見よう，というのです。そのために彼は「医学校にせ面接実験」を行います。なんだか怪しげな実験ですね〜。

　この実験は，ハーヴァード大学の授業で「面接試験についての共同研究」と称して，医学校進学希望の学生57名に実施したものです。面接試験についての意見を質問紙に沿って尋ねたあと，ガーフィンケルは「去年の秋」「ある東部の医学校で」行われた面接試験の2種類の録音を聞かせます。これはガーフィンケルと同僚がつくった偽物で，1番目の受験者は「可もなく不可もなく」，2番目は「礼儀知らず」と思わせる話し方をしています。学生たちは「よくない」と思ったらボタンを押すよう命ぜられ，聞き終わったあと受験者の印象やボタンを押した箇所の説明を求められます。たとえば

2番目の受験者についての「よくない」箇所で,「この人の話し方は慎重さに欠け,無頓着すぎる」などと答えるわけですね。

　ガーフィンケルは以上の手順を「『構え』をつくる」と呼びますが,書類を片づけながら「この2人について何かもっと知りたいことがありますか」と尋ねます。面接結果を知りたい学生たちは全員が「イエス」と答え,ガーフィンケルは書類を再度取り出してこう述べます。2番目の受験生は「成績はほぼ全優」,面接官の評価は「礼儀正しい青年で十分推薦に足る」,学生たちの「23人目までは面接官と同じ意見だった」などなど。つまり「構え」に矛盾する情報を与え,「『不調和』をつくりだす」のです。学生たちは困惑し,辻褄を合わせようとしますがうまくいきません。ガーフィンケルは再度録音を聞かせ,印象を尋ね直します……。

　おわかりのように,この実験のねらいは録音を「礼儀知らず」という動機図式で聞いていた学生に,それと矛盾するデータを与え,動機図式を破壊することでした。ガーフィンケル自身は,この状況に置かれた学生は2回目に印象を尋ねた場面で「混乱」や「アノミー」に陥るだろうと予測していました。ところが学生たちは「さっきより感じがいい人のように思います」「さっきは一つのことに引っかかって,それと同じことばかり探そうとしたのでしょうね」などと答えます。つまり,1回目とは正反対の「上品で礼儀正しい青年」という動機図式で「同じ」録音を再解釈しようとし,多かれ少なかれ成功したのです。

　どうやら,「礼儀知らず」も「上品な青年」も対象そのものに備わった属性(「対応説」)ではなく,知覚作用によって構成されたものである(「同一説」)。でもわれわれは通常対象を構成する知覚作用に気づいていない。浜によれば,この実験は「対象の同一性を破壊して,不調和をつくりだすことによって,ふだん気づかれていない人間の知覚作用を可視化するために考案されたもの」だった。われわれはその都度その都度知覚作用を行うことで,対象の同一性を維

持し，秩序をつくり続けている。でもそれに決して気づかない。

　浜はシュッツとガーフィンケルの関係をこう位置づけます。日常生活の自然的態度では対象の存在を自明と考え，それを構成する意識の働きに注意を向けることはないが，シュッツは「自然的態度の構成的現象学」によってこれを見えるようにしようとした。彼はフッサールの「志向性」をめぐる現象学的知見を携えて自然的態度に帰還し，対象の存在への信念を停止する「エポケー」を通じて，意識の働きを可視化しようとした。ガーフィンケルも志向性の理論を「同一説」として取り入れたが，彼はエポケーをたんに「判断停止」の意味で理解しており，意識の志向性を可視化する方法としてはとらえておらず，エポケーなしに意識の構成作用をとらえようと考えた。そして，彼がエポケーのかわりに用いたものが「医学校にせ面接実験」を嚆矢とする「違背実験」（breaching experiment，期待破棄実験とも訳される）であり，彼が展開したエスノメソドロジーは「エポケーなき現象学」と特徴づけられる。

　ただし，「エポケー」が明るみに出すのが「エポケーを行った本人の意識」なのに対して，「違背実験」が明らかにするのは「他者，すなわち実験の被験者の意識」であるという決定的な違いがあります。浜はこれを「人間は自分のことを自分で反省的に知りうる」と考えるか，「自分のことを自分で知ることはできず，観察者だけが知ることができる」とするか，という科学観の相違に由来すると指摘します。ガーフィンケルは後者の立場をとりますが，これは指導教官パーソンズの立場でした（シュッツとの論争を振り返れば間違いなく！）。浜は，ガーフィンケルのエスノメソドロジーは，シュッツと同じ「見られているけれども気づかれていない」人間の知覚作用という対象を，パーソンズと同じ「観察者の観点」から解明しようとして成立した，「現象学と実証主義のアマルガム」だと指摘します。シュッツとパーソンズが交わる地点に「違背実験」が生まれた。……なんと鮮やかな解釈でしょう!!

「判断力喪失者」ではなく

では，ガーフィンケルが創始した「エスノメソドロジー」とはなにか。1968 年のインタビューで彼は，1954 年にウィチタで行った陪審員研究から話し始めます。陪審員室を「盗聴」（録音）してそのテープを聞き，その後陪審員たちと話す作業を進めてみると，彼らが陪審員として「自分がなにをしているのか」について「適切な説明，適切な記述，適切な証拠」を求めて「ある一定の知識を用いていること」に関心をもつようになった。彼らは自分たちがちゃんとした陪審員で，ちゃんと審議をしていることをひとつひとつの場面でつくりだす「方法論を実践している」。ガーフィンケルは「エスノボタニー（民族植物学），エスノフィジオロジー（民族生理学），エスノフィジックス（民間療法）」などの言葉を調べて，「エスノ」という言葉がある社会のメンバーが「属する社会の常識的知識」をなんらかの仕方で利用できることを指すことから，「エスノメソドロジー」という造語を編み出します。

1967 年，ガーフィンケルは既発表論文をまとめた『エスノメソドロジー研究（*Studies in Ethonomethodology*）』を刊行します。私は，その第 2 章「日常生活の基盤——当り前を見る（Studies of the routine grounds of everyday activities）」（1964 年初出）が，エスノメソドロジーの研究方針をもっとも明瞭に伝えてくれるものだと思います。冒頭，ガーフィンケルは次の対比から論を始めます。「カントにとって『内面的』な道徳的秩序が神秘」だったが，「社会学者にとっては『外面的な』道徳的秩序が神秘となる」（「内面的秩序」ではなく「外面的秩序」！）。これを「社会学理論」は「規則」によって制御された活動から構成されるとみなしたが，「社会の成員」は「なじみぶかい日常的な事象の場面……他者とともに自明視している世界」を秩序として体験している（「規則」ではなく「自明視」！）。

この常識的世界がいかに可能かを社会学が探究することはまれだが，ここでは「常識的な活動の『再発見』」，「見られてはいるがし

かし気づかれずに（seen but unnoticed）日常的な場面の背後にあると期待されている特徴」の考察を行いたい。社会の成員はこの「背後期待」を解釈図式として使用しているが，これについて尋ねられても「ほとんど，あるいはまったく何も語れない」。これを把握するには日常生活に対する「部外者」（よそ者！）となるか，生活から「疎隔」されていなければならない。ガーフィンケルは，社会学者では唯一シュッツがその「日常生活世界の構成的現象学」の研究で「見られはするがしかし気づかれない多くの背後期待」を記述した，と評価します。これに対して，ガーフィンケルはこう提案します。なじみ深い場面から出発し，なにが行われたらその場面に「混乱」が生じるかを追求してみよう。この実験的操作を加えることで，「日常活動の構造」がいかにして「自明なものとして生成され維持されているか」について，なにかを示すことができる。浜がいう「エポケーなき現象学」です。この方法によって「馴れ親しんでいる世界」が「奇異なものに見えてくる」よう反省を促す。彼の以下のいくつかの「実験」を行います。

　まず彼は，共通理解は「内容が厳密に確定されている合意を人々が厳密に共有している」ことから形成されるわけではない，と論じます。もし秩序が「規則」により制御されるとしたら，言葉をできるだけ厳密に定義して（法律家や科学者のように）合意できれば社会はより秩序立つことになりますね。でもじっさいの日常生活はどうか。彼は学生たちに自分がした日常会話の言葉と，そこで理解していた内容とを書き出させるという課題を出します。たとえば，

　　会話：今日，ダナは抱き上げてやらなくてもパーキング・メーターにうまいこと1ペニー入れたよ。
　　内容：私の4歳になる息子のダナは，以前はいつもパーキング・メーターの高さまで抱き上げてやらなければならなかった。でも，私が彼を幼稚園から連れ帰った今日の午後，車を

駐車場に停めた時には，息子はメーターの高さに十分手が届き，上手に1ペニーを投入することができた。

　夫婦のあいだでは下段の内容が共有されています。でも会話では多くのことに触れず，「語られたことだけ」ではなく「語られないままにされたことにももとづいて」理解がされている。つまり，語られた個々の出来事は「まったく曖昧なもの」なのですが，聞き手は話し手の経歴や目的，これまでの会話の進行，お互いの関係について知っていることから，大部分の意味を「確定」していきます（つまり，あやふやだけど確信する！）。

　こうして，共通理解は「瞬時瞬時構成される」ものであって，「あらかじめコード化された入力項目」ではないことがわかります。日常の相互作用では，各表現はその場かぎりのもので曖昧さがあり，次に語られることを待ってはじめて理解できる，ということが「公認」されている。この特質が「見られはするが気づかれない」まま会話の「背後基盤」となっており，会話は「ありふれた・筋の通った・理解可能な・よくわかる話」として認知される。これをさらに明瞭にするために，ガーフィンケルは次の実験を試みます。

　それは，自分の知人・友人と日常的な会話をし，相手が用いた平凡な言葉を明確にしてくれ！といいはる実験（？）です。23人の学生が25の実例を報告したのですが，たとえば，

　被験者：（陽気に手を振りながら）どうだい？（How are you?）
　実験者：何がどうなんだい？　身体か，金か，勉強か，それとも気分のことか……？
　被験者：（真っ赤になり，急に自制を失い）そうかい！　お愛想で言ったまでだ。本当のことを言えば，お前がどんなであろうとおれには全然関係ないよ。

How がなにをさしているかは曖昧で，ふだんはあやふやなまま会話が秩序立っている，しかしそれを正確に定義しようとすると会話は破綻するわけです。あるいは次の例。

　　　実験者は（自分のフィアンセと）会話をしている間中，フィアンセ（被験者）が使ったさまざまな言葉の意味を問いただしてみた……。初めの一分半，被験者はそれが正当な質問であるかのようにこの問いに答えていた。そのあとで，彼女は「なぜ私にそんな質問をするの？」と聞き返し，その問いを，私が質問するたびに2・3回繰り返した。彼女はいらだち始め，顔と手の動きを……抑えきれなくなった。彼女は当惑をあらわにし……「やめてちょうだい」と要求し……雑誌を取り上げ顔を覆った。（以下略）

　はい，よい子は真似しちゃダメですよ～（笑）。繰り返しですが，私たちは「言葉を正確に定義した合意」で秩序をつくっているのではなく，それをめざすとむしろ秩序は壊れてしまう。それとは違う「見られてはいるが気づかれない」基盤によって相互行為を安定させている。

　これを明らかにするもうひとつの実験が「下宿人実験」です。ガーフィンケルはまず，学生に15分から1時間，自宅で自分が下宿人であるかのように仮定して，家族の行動を観察せよという課題を出します。学生が部外者（シュッツのいう火星人？）の立場で，家族のなかで「見られてはいるが気づかれない」前提を取り払って観察してみると，いかに家族成員が気の置けない方法で接し，自由気ままにふるまうかを発見し，驚いて報告します。家族は（家族としての「規則」や「合意」に従う，よりも）いわば「家族をする実践」を一瞬一瞬に行っている（だが，それに気づかない）わけです。

　さらにガーフィンケルは学生に指令します。15分から1時間，自分が下宿人だという仮定で行為するように！（え～？）学生たち

は家族となれなれしくすることを避け，堅苦しい調子で受け答えし，語りかけられたときだけ話をします。そうすると「家族成員は唖然」となります。報告には「驚愕・困惑・ショック・不安・当惑・激怒」が記され，家族は学生を「不愛想だ・分別がない・わがままだ・たちが悪い・無作法だ」と叱責したというのです。ある学生が母親に冷蔵庫のお菓子を食べる許可を求めると，母親は「あなた何年ものあいだ別に私に断ることもなく，ここでいつもお菓子を食べてたじゃないの。一体どうしたっていうの」と反応します。ガーフィンケルは，学生は頭のなかで予行演習を行っていたが，こうした懸念や困惑を予期していたものはほとんどいなかった，といいます。破壊するとこれほどの困難が生じる「家族をする」やり方は，ふだんはまったく気づかれていなかったのです。

　ガーフィンケルはこう述べます。共通理解が可能なのは，社会構造について「範囲が厳密に規定されている知識」を共有しているからではなく，もっぱら「日常生活についての〔背後〕期待にそって行為すること」による。成員たちはこの背後期待＝常識的知識に自ら従い，従うことによる結果（マートンのいう「自己成就的予言」）として，期待どおりの現実社会の諸特徴を生み出している。だからそれを故意に変更すれば日常生活での諸期待を「破棄」できるはずであり，期待が破棄されるたび「驚愕が生じうる」。──ふだん「あたりまえ」にしている実践を破壊（ないし停止）して，「混乱」と「驚愕」を生み，可視化する。

　このあと，ガーフィンケルは鋭く総括します。社会科学の理論家たちは「共通理解が社会的に標準化」され，「標準化された諸期待に則っている行為」を考察してきた。パーソンズに代表される，標準化された理解≒共通の規範によって行為を説明する見方です。しかし彼らは，成員たちが「他ならぬこの行為をする」ことによって「標準化を発見・生成・保持するという事実」を無視してきた。その結果彼らは，社会の成員を「文化的もしくは心理学的な，あるい

は両方の判断力喪失者（judgmental dope）とみなしている」。「社会学者が設定した社会のなかの人間」は「文化的な判断力喪失者（cultural dope）」である。この人間は「共通の文化によりあらかじめ規定されている正統的な行為だけしか選択できず，そうすることで，社会をいかにも安定したものにしている」。この「人間モデル」を採用した場合，いまここでの一瞬一瞬の場面において人々がその都度「常識的な合理性にもとづき判断を下している」過程を，「二次的な付帯現象」として取り扱ってしまうことになる。

パーソンズの社会学理論に登場する「人間」は「判断力喪失者」である。彼らは「共通の文化」によってプログラムされた行為を行い，それがプログラムどおりであればあるほど社会は秩序立っていく。しかし，この社会学理論には「忘れられた人間」（フッサール＝シュッツの！）がいる。それは「判断力喪失者」とは対照的に，その都度その都度判断を行い，常識的な知識をともにつくり続けている人間である。「成員たちは，実際に一度もある合意項目について取り決めをしたことなどないはずなのに，それにもかかわらず，成員たちはお互いにその合意を遵守するよう心がけている」。一瞬一瞬，秩序を達成し続けている。

ガーフィンケルはこれを「契約」にたとえます。契約はある一時点ですべての条項に合意したのではなくて，「状況やその付帯条件（contingency）がしだいに展開していくまさにそのなかで，協定はそのつど取り結ばれていくしかない」（「コンティンジェンシー」という用語はルーマンの章まで覚えておいてください）。だから「合意」によって他者の行動が予測可能と考えることは「端的に誤り」です。そうではなくて，成員たちが「いま・ここ」において協定をつくり，修正していく過程こそが「合意」を可能にしている。そして，そうしていることを私たちは「ほとんど認識していない」。

ガーフィンケルはこの論文の末尾で「常識を『再発見』する」という課題を論じます。「社会の成員たちが，実際にどのような方法

を用いて，素人であれ専門家であれ，なんらかの社会学をしながら，日常活動の社会構造を目に見えるようにしていくのか」，これを問題として（＝「謎」として）取り扱わなければならない。こう記してこの論文は結ばれます。

| 「良識」vs.「悪魔」？ |

ガーフィンケルは1954年以降在籍したUCLAで多くの同僚や院生とアイデアを交換し，エスノメソドロジーは1960年代以降急速に影響力を増していきます。その展開のひとつが「会話分析（conversation analysis）」です。ガーフィンケルは1959年の研究休暇にハーヴァード大学に行き，パーソンズのゼミ（！）の出席者で法学を専攻していたハーヴェイ・サックス（Harvey Sacks, 1935〜1975）に強烈な印象を与えます。サックスはガーフィンケルの誘いでロサンゼルスの自殺防止センターの研究員となり，電話相談の録音データを分析した博士論文を1966年に完成させます。翌年から彼はカリフォルニア大学アーヴァイン校で教え，1975年40歳の若さで交通事故死しますが，その講義録から「会話分析」という分野が多様な展開を見せていくことになりました。これについては，多くの日本の社会学者が精力的に進めている研究の成果を見ていただくのがいいでしょう。

最後にちょっとスピンオフを。人類学者・中沢新一の『チベットのモーツァルト』（1983年）に「孤独な鳥の条件——カスタネダ論」という文章があります。ここで中沢は人類学者カルロス・カスタネダ（1925〜98）を論じるのですが，カスタネダは1959〜72年にUCLAの人類学科に在籍しており，当時のキャンパスではガーフィンケルが唱えるエスノメソドロジーが大きな影響力をふるっていました。中沢によれば，「エスノメソドロジー」とは，あらゆる種類の「現実（リアリティ）」は人々が語り合う過程を通じて「相互主観的」に構成されるという現象学的社会学の思想を，「生活のあらゆる場面でさらにラジカルに徹底していく」ものでした。

中沢は鋭くこう続けます。ガーフィンケルはシュッツから現象学

的思考と記述法を学んだが，「師の思想の『良識性』は受けつがなかった」。シュッツは日常世界の常識的な現実が「至高の現実」といえるほどの「良識」を備えていたが，エスノメソドロジーは「この『良識性』を踏みこえて，現象学的社会学の思想を悪魔的な方向に深化させていった」。エスノメソドロジストは特定の現実が「至高」だとは考えず，どんな現実も同等の資格で現実的だと考える。ガーフィンケルが UCLA 人類学科での教育で実現しようとしたのは，常識的「現実」と科学的「現実」の両方に疑問符を叩き込む「現象学的苦行」（！）を，日常生活のあらゆる場面で実践する学生を育てることだった。60 年代初頭の UCLA では「ガーフィンケルする（garfinkeling）」のが流行にさえなり，エスノメソドロジーは「ナガールジュナ（龍樹）の中観仏教がそうであったように……ひとつの生き方をしめすもの」であって，異なる「現実」に踏み込んでいけるようにするための「意識の働かせ方を学ぶ方法」だった。

　中沢によれば，カスタネダがネイティブ・アメリカンの呪術師ドン・ファンに弟子入りし，常識的諸前提を崩壊させられるやり方は「『エスノメソドロジー』そっくり」で，「現象学の極限的なあり方」を示し「それをつきぬけてしまう可能性に挑んでいたように思える」。弟子入りから約 10 年後，カスタネダは「世界を止める」意識状態を経験し，それ以外ないと思いこんできた世界が崩壊し，流動的な「呪術師の世界」が姿を現すのを経験する。ドン・ファンは彼に「お前に学んでほしいのは，見るっていうことだ」と話す。世界を止めて，見る。これは日常生活の解釈の流れを「破棄」し，「見えているが気づかれない」ものを見るガーフィンケルの方法と，同じ範疇にあるのは確かだと思います。

　私には，中沢のように大胆に，ガーフィンケルが師の「良識」を踏み越えてその思想を「悪魔」的にした，という勇気はありません。しかし，この才気溢れる人類学者の発言は肯けるものだと思います。シュッツが構想する世界は，ドン・キホーテとサンチョ・パンサが

ともに生きる，複数の現実が同時に存在しうる世界です。サイコロの比喩でいえば，正方形と見る人も平行四辺形と見る人も台形と見る人も同時にひとつの社会に生きる世界。ただ，ここには「至高の現実」があります。対してガーフィンケルは「至高の現実」の世界を破棄する（あるいは止める）。そうすることで「見えているが気づかれない」実践を見えるようにし，いかにしてあやふやな世界が確信あるものとして実践され続けているかを描こうとする。これはパーソンズのように，サイコロの面は「正方形」だという共通の文化・規範・合意がもともとあって，それを内面化することで社会が秩序づけられるという見方と真っ向から対立します。

　粗雑にいえば，パーソンズはこうした規範のインサイダーであり，人々がなぜ「正方形」と確信しているのかに，なんの「謎」も感じませんでした。しかしシュッツとガーフィンケルというふたりの「よそ者」は，各人が違う形を見ているのにどうして「正方形」と確信できるのかを「謎」として浮かび上がらせます。シュッツは，外からやって来た「よそ者」がその社会が共有する確信をひとつずつ身につけ，社会の劇に参加する一員となる過程を辿り直すように。ガーフィンケルは，社会のなかに生まれながら自分は「よそ者」だと気づいた人が，わざと確信を破壊するスキャンダルを起こして，インサイダーのやり方を眺めるように。

　前学期の最終回に「根をもつこと」と「翼をもつこと」について，日本の社会学者・真木悠介の言葉を紹介しました。これを引用した彼の著書『気流の鳴る音』は，カスタネダによる「ドン・ファンの教え」を鮮やかに再構成したものです。真木が，ドン・ファンの「世界を止める」のアイデアについて，「われわれの文明の中で最も近い対応物は，フッサールの『現象学的判断停止(エポケー)』であろう」と記すのを見て，ここにひとつの系譜を見出せるようにも思います。「見なれたことも見なれぬことのように。あたりまえのこともふしぎなことのように」。真木は「いったんうがたれた窓は，やがて視

覚を反転する」と述べていますが，フッサールが開いた窓は，シュッツとガーフィンケルによって別の形につくり直され，次の「反転」を待っているのかもしれません。では，今週はこれで。

第10章

アーヴィング・ゴフマン

日常という謎

Erving Goffman

アーヴィング・ゴフマンは主著『日常生活における自己呈示』の「印象操作の技法」という章の最後に，ある女子大学生の言葉を引用しています。「私はデートのときにときどき馬鹿なふりをするの。でも後味がよくないわ」。彼女はボーイフレンドの前で「できないふり」をして関係を保ちながら，それに「罪悪感」を覚えて，こういいます。「ときには彼を恨めしく思うこともあるわ！ ……彼が私より優れていれば私は自然のままの私でいられるのに」。ここには，「演技する私」と「自然のままの私」のふたつの「私」がいるようです。――でも私たちもみな同じように生きているのではないでしょうか。なんらかの演技をし，自分の印象を操作して，そうすることにいつも悩む。この章では，ゴフマンが繊細に描く「日常」の姿を見ていこうと思います。

1 はじめに

●ダブル・ライフの社会学

みなさんは，いまの女子大学生の言葉をどう感じたでしょうか。これまでにない引用のようにも思いますし，こんな発言を引く社会学者ゴフマンとはどんな人だったか，気になるかもしれませんね。きょうもまず，彼の生涯を簡単に見ることから始めましょう。

アーヴィング・ゴフマン（Erving Goffman）はカナダ・アルバータ州のマンヴィルで 1922 年 6 月 11 日に生まれ，幼少期をウィニペグの北の町ドーフィンで過ごしました。両親はウクライナ出身のユダヤ系移民で（1897 年から 1914 年のあいだ，ウクライナから約 20 万人の移民がカナダ平原地方に定住しました），既成服の店を営んでいました。ゴフマンは後年，この町のことを「陰険な敵意を秘めた地方の中心都市」で，「聞き慣れない言葉を耳にすると，話し手は同性愛じゃないかと疑いの目を向ける人々の住む町の，イーディッシュを話す人々の間で僕は育った」と述べています（よっぽど嫌だったんですね）。14 歳でセントジョン技術高校に入学した彼は，小柄で筋肉質，体操と化学が好きな反抗的悪ガキだった，といいます。

ゴフマンは 1939 年にウィニペグのマニトバ大学に入学，化学を専攻しますが，1944 年オタワの国家映画委員会の仕事で知り合ったデニス・ロング（のちにコロンビア大学社会学部教授）に誘われてトロント大学で社会学を学び始めます。卒業後，1945 年 9 月にシカゴ大学大学院に入学，戦争から復員した意欲溢れる学生のあいだで 2 年間ほど引きこもりがちでしたが，徐々に辛辣なユーモアと揶揄で「little daggar（匕首）」のあだ名で認められるようになり，ダニエル・ベルや C・W・ミルズなどの講義に出席，哲学者ケネス・バークの『動機の文法』などを熟読します（そこには「演劇論的モデ

ル」と「不調和からのパースペクティブ」のアイデアがありました)。

　ゴフマンはルイス・ワースやハーバート・ブルーマーとはそりが
あわず，ロバート・パークからフィールドワークの手法を受け継い
だエヴェレット・ヒューズ，「ヤンキー・シティ」調査を進めてい
たロイド・ウォーナーのもとで研究を進めます。1949年の修士論
文「描画に現れた経験に対する反応の幾つかの特性」は，ソープオ
ペラ（メロドラマ番組）をシカゴ在住の上流階層の主婦50人に見せ
て反応を観察するテストを実施したもので，被験者が世界をただ
「認知」するのではなく，集団の暗黙の規約に基づいて世界を「構
成」している，という議論を展開しています（ガーフィンケルの「対
応説」と「同一説」を思い出しますね）。

　同年10月，彼はウォーナーの推薦により新設のエディンバラ大
学社会人類学部にインストラクターとして着任します。博士論文の
フィールドにシェットランド諸島の村が3つの小さな島（ウンスト
島）を選んだ彼は，家族経営のホテルに滞在し，従業員たちと一緒
に過ごすようになります。さらに地域住民が集まる結婚式，葬式，
社交パーティー，公民館のビリヤード台の周りなどに入り込み，観
察したことを夜帰宅してから記録に書きとめます。

　1951年5月にゴフマンはパリに移って，博士論文「ある島コ
ミュニティにおけるコミュニケーション行動」を執筆し，シカゴに
戻って1953年春に学位を得ますが，すぐには就職しませんでした。
1952年7月に結婚したアンジェリカ・スカイラー・チョートは父
親が新聞社『ボストン・ヘラルド』の取締役，チョート家が創設し
た予備校でケネディ大統領兄弟が学んだという名家の出身でした
（その資産に加え，ゴフマンは株取引とギャンブルが得意で経済的余裕があ
りました）。博士論文は1956年エディンバラ大学，1959年ダブルデ
イ社から『日 常 生 活 に お け る 自 己 呈 示 (*The Presentation of Self in
Everyday Life*)』として刊行されますが（これもベストセラーに！），も
うひとつ彼がしたのは精神病院で精神病患者と生活することでした。

当時のアメリカでは50万人以上の患者が精神病院に収容されていましたが、政府はこれを抑止する方策をとろうとしており、国立精神衛生研究所の助成金にゴフマンの研究計画が採用されたのです。1954年の夏、ゴフマンは妻と息子を連れてワシントンDC郊外のベセスダに移り、実験病棟で患者たちの生活に入り込みます。そして病床数7000という精神病院、セント・エリザベス病院で体育指導主任の助手として1年間過ごし、これをもとに1961年に『アサイラム（*Asylums: Essays on the Social Situation of Mental Patients and Other Inmates*）』を刊行します。この経験は博士論文のリライトにも大きな影響を及ぼし、「面子について（On Face-Work）」（1955年）や「敬意と品行の性質（The Nature of Deference and Demeanor）」（1956年）などの重要な論考、1963年の『集まりの構造（*Behaviour in Public Places*）』でもここでの観察が決定的な参照点となっています。

　1958年1月、ゴフマンはカリフォルニア大学バークレー校の客員助教授となり、これ以降の10年間に10冊の著書を生み出す生産的な時期を迎えます。『アサイラム』は翌年ケン・キージーの小説『カッコウの巣の上で』に引き継がれ（1975年に映画化、アカデミー賞5部門を受賞）、1967年にカリフォルニア州議会を動かして精神病院改革へと結実しました。

　しかし同じ時期、妻アンジェリカの精神状態が不安定になって鬱期と躁期を繰り返し、精神医学的処置が必要になります。そして1964年、アンジェリカは自殺します……。1962年には教授になっていた（とても早い昇進です）ゴフマンはバークレーでの学部授業を不毛と感じ、1964年秋に始まった学生のフリースピーチ運動、講義ボイコットなどにも批判的で、この状況からの脱出を試みます。1968年ペンシルヴェニア大学から権威あるベンジャミン・フランクリン記念講座教授のポストを提供され、フィラデルフィアに移ったあとゴフマンの創造力は回復し、1974年に理論的大著『フレイム分析——経験の組織化にかんする試論（*Frame Analysis: An Essay on the Organization of Experience)*』を刊行します。

　1981 年，最後の著作『トークの諸形式（*Forms of Talk*)』を刊行したゴフマンは，1982 年にアメリカ社会学会会長に選出されました。しかし彼は癌に冒されて入院し，会長就任講演はキャンセルされることになります。そして，11 月 20 日，60 歳でこの世を去りました。

「ダブル・ライフ」の
テーマ

簡単にといったのに長くなってすみません（笑）。これは，白状すると私がゴフマンという社会学者が大好きだからなのですが，ベルギーの社会学者イーヴ・ヴァンカンが詳細な伝記を書いていることにもよります。彼はそこで「ゴフマンの著作は自伝である」という仮説を述べています。「自伝としての社会学」というわけです。

　ヴァンカンが強調するのは，ゴフマンが「社会的上昇の独習者」だったということです。農村地帯のユダヤ人のプチブル層を帰属集団とする彼が，都会の知的ブルジョワ層を準拠集団にする（さらに，最上層家庭の女性と結婚する）。このとき「あるべき」自己へと訓練するために手引きが必要となります。彼はゴフマンがつねに「参加する観察者（participant observer）」だったともいいます。「彼は集団の中にはいるが，そこから一歩退いている。しかし自分が必要と決めれば戻ってくる。自分で発言するよりも，観察している」。出身階層や職業や学問分野や伝統の「内と外とにどのようにして同時にいることができるのか」という問いがゴフマンの軌跡にはつねに存在したのではないか。社会的上昇者はいつも「居心地の悪さ」を感じ，彼の目には「日常」が謎として浮かび上がります。

　このことを大村英昭は「〈ダブル・ライフ〉のテーマ」と呼んでいます。「どちらの『私』が，より主体的なのか，あるいは本ものなのか，といった単純な問いではなしに，ゴッフマンの関心は，二つ（以上）の『私』がほとんど同時に生きられているような『状況』そのものにあった」。東欧からのユダヤ系移民の子でありながら，アメリカの名家の一員である。大学教授でありながら，株と

ギャンブルの名手でもある。大村は「俳優がそうである以上に，われわれも，演じる『私』と，それを見る『私』とを二つながらに生きている」といいます。私たちはみな「ときどき馬鹿なふりをする」女子大学生と同じことをしているのではないか。「ダブル・ライフ」（二重生活），あるいは「ダブル・セルフ」（ふたつの自己）。

『日常生活における自己呈示』から，もう一箇所引用しましょう。

　　あるパフォーマンスがリアリティについて人に抱かせた印象は，ごくささいな不運な出来事でこなごなになりかねない繊細な壊れ物なのである。／パフォーマンスに必要な表出上の整合性は，われわれのあまりにも人間臭い自己 all-too human self と社会化された自己 socialized self の間にある重大な乖離を示すものである。人間としてわれわれは刻々変化する気分とエネルギーをもつ変化しやすい衝動の被造物である。しかしオーディエンスを前にして役柄を演じる者としてわれわれは気分の動きに左右されてはならないのである。……求められるときはいつでも完全に均質的なパフォーマンスができると信頼される一種の精神の官僚制化が要請されているのである。（『行為と演技——日常生活における自己呈示』，64 頁）

私たちは「あまりにも人間臭い自己」と「社会化された自己」，刻々と変化する「私」と役割を演じる「私」を生きており，信頼される演技のために「精神の官僚制化」が求められる。だがそれはふとした出来事で破壊されるかもしれない「繊細な壊れ物」である。もしかしたらこれは前章で論じた「体験流」と「意味」の二重性と近いかもしれませんし，たとえば G. H. ミードがいう「I」と「me」と重なるかもしれません。ゴフマンはこうした「複数の自己」をもつ私たちの「日常」を驚くべき繊細さと切れ味で描き出す社会学者でした。——では，彼が「社会」という謎に満ちた空間の日常的な姿をどう描いたか，見ていくことにしましょう。

2　演技する社会，儀礼する社会

●『日常生活における自己呈示』ほか

> **演劇論的パースペク
> ティブ**

この節では，ゴフマンの基本的な視点を初
期の著作を中心に見てみようと思います。

まず，すでに引用した『日常生活における
自己呈示』です。ゴフマンは序言で，あるパースペクティブを採用
することを宣言します。それは「劇場の演技（theatrical perfor-
mance）」であり，「演劇論的原理（dramaturgical principles）」です。

この本の邦訳タイトルは『行為と演技』となっています。ちょっ
と邪道ですが，これを手がかりにしてみましょう。たとえば，ある
人が工場で働いているとしますね。彼はそこでなにをしているのか。
まず，彼は機械の前に座り製品をつくっています。つまり，労働と
いう「行為」をしている。マルクスなら労働行為により「価値」が
生まれると考えるでしょう。またヴェーバーならこれは生産という
目的を果たす「目的合理的行為」と（あるいは，神に選ばれているこ
とを確信するための「価値合理的行為」と）分類するでしょうね。

しかしこの「行為」はつねに別の側面をもちます。周りに監督や
同僚などの他者がいる。その他者には，行為する人の動作は「記号
媒体（sign-vehicles）」でもあって，まじめそうな人とか，怠けぐせ
がありそうといった「印象を受け（impressed）」，ある行為をするこ
とは自己自身を「表現する（express）」ことになる。つまり，私が
「○○する」ということは，私が他者に「××と見える／見られ
る／見せる」ということである。ゴフマンは，ジンメルの章の冒頭
に引いた「人びとがまなざしを交わしあい……」という文章を博士
論文のエピグラフに引用し，1959 年版の序言では本書のアプロー
チはジンメルのそれによって正当化される，とも述べています。彼
はジンメルの「相互作用」論の後継者だといえるでしょう。

ですが，ゴフマンはすぐジンメルを踏み越えます。人に印象を与える表現には2種類ある，というのです。ひとつは「意図的にする（give）」表現，典型的には言語によるもの，もうひとつは「何気なくする（give off）」表現で，意図していなくても他者がサインととらえるあらゆる行為を含みます。そして，人は統制しやすい前者を統制しにくい後者で照合しようとする（あるいは後者を信用する）。シェットランド島の農家の婦人は田舎料理を給仕したとき，客が「うまい」と言葉で褒めるのを聞きながら，フォークやスプーンを口に運ぶ速さ，かむ熱心さや満足げな表情に注目します。客のほうは，自分が「言葉」で表現する自分と「身体」で表現する自分の二重体として見られていること（すでに「ダブル・セルフ」！）に気づいてないかもしれませんが，より制御しにくいと思われる身体の動きを統制することで，ほんとうに「うまい」と感じているとの印象を与えようとすることもありますよね。これを「計算された何気なさ（calculated unintentionality）」と呼びますが，私たちはそれを見抜く術を発達させてもいて，無限の「情報ゲーム」を行っている。このように，「行為主体には人前にでるとき，他者が状況から受ける印象を，統御しようとする動機がいろいろある」，これをゴフマンは「演出論上の問題（dramaturgical problems）」と呼びます。

　では人は他者の前でどんな印象をつくろうとするのか。ゴフマンは「理想化されたパフォーマンス」を示すために，人は「いくつかの事実を強調し，他の事実をかくす」といいます。たとえば，理想化された印象のひとつとして，現在やっているルーティーンが自分の唯一の，ないし最重要なルーティーンだ，という印象があります。そうですね，みなさんがサークルの友人の前にいるとき，サークルがいちばん大切という印象をつくろうとしますよね。でもゼミの仲間の前ではゼミが大事という印象を見せますし，たぶんサークルでの自分とどこか違った自分を見せていると思います。バイトの同僚，恋人，家族……などなど，私たちはいくつもの異なる観客の前で異

なる役柄を演じていて，複数の舞台を往復している。このとき「観客分離（audience segregation）」が重要だとゴフマンはいいます。恋人と街でデートしているとき，ゼミの友人と会ってしまった。気まずいですよね。観客Aの前で私aを演じているのを，いつも私bを見せている観客Bに見られてしまった。そうならないように観客をきちんと分離して，別の役柄を演じる自分を隠すことが重要だ。

　ですがこうした印象は，先ほど引用したとおり「ささいな不運な出来事でこなごなになりかねない繊細な壊れ物」です。ある舞台での役柄を演じているとき別の舞台の観客が現れることはよくありますし，「何気ない仕草（unmeant gesture）」が印象を壊してしまうかもしれません（つまずく，あくびをする，言い間違える，など）。印象はつねに「攪乱」され，「不信を招く」ものなのです。では，どうすればいいのか。観察を続けましょう。

ふたつの局域，3つの措置

　ゴフマンは，複数の参加者が協力して印象を維持するケースを「パフォーマンス・チーム」と呼びます。たとえば，夫婦がパーティーに出席して，夫がリードし妻が恭順な「夫婦チーム」として「望ましい夫・望ましい妻」を演じる場合。島のホテルで，支配人と従業員が中流階層的で信頼できる組織だと客の前で演じる場合。みなさんなら，先生の前で「仲の良い熱心なゼミ生たち」を演じたり，バイト先でお客さんや上司に「まじめなバイト学生たち」を演じたりすることがありますよね。

　ゴフマンは，パフォーマンス・チームはふたつの区画された局域をもつと論じます。ひとつは「表局域（front region）」，表舞台です。まさにパフォーマーがオーディエンスを前にリアリティを呈示する局域で，パフォーマーはオーディエンスを「丁重さ（politeness）」という基準で扱い，自らの身を「作法（decorum）」という基準で制御します。ここで，望ましい自分たちを見せられる活動は引き立つように表現され，不信を招くような活動の側面は抑制されます。

しかしそれとは違うもうひとつの局域があります。「裏局域（back region）」，舞台裏です。ここは，表舞台では抑制されたリアリティが露わになり，表舞台での印象が「事実上意識的に否定されている場所」です。パーティーから自宅に戻った夫婦が冷え切っている，夫が気弱で妻のほうが頼もしい，ということはよくあることでしょう。島のホテルの厨房では支配人も従業員も幼なじみとしてファーストネームで呼び合い，食事を島の流儀でとっていて，宿泊客の前のふるまいとはまったく違う。ゴフマンが引用するシモーヌ・ド・ボーヴォワール『第二の性』の文章。「男の前では女はいつも装っている。彼女は，非本質的な他者になりきっているふりをすることでうそをついている。表情，化粧，慎重な言葉づかいによって男の前に架空の人物をつくりあげることで女はうそをついている。このお芝居をやるためにはたえず緊張していなければならぬ。夫のそばで，愛人のそばで，女という女は，多かれ少なかれ《私は私自身じゃない》と思っている。……女が女と一緒だと，これは舞台裏にいるようなものだ。女は武器をといでいるが戦わない。身支度を工夫し，新しい顔のつくり方を考え，いろんなたくらみを準備する。舞台にでるまえに楽屋をスリッパと部屋着でぶらぶらしているのだ。女はこのゆったりくつろいだ生温かい雰囲気が好きだ……」。

　このふたつの局域があるのはなぜか。もちろん「男の前で馬鹿なふりをする」リアリティに対して，「女同士でくつろいで武器を研ぐ」リアリティがある，表舞台の印象とは別の「私（たち）」が存在する，ということはあるでしょう。ですが，それだけではない。

　舞台裏にどんなリアリティを隠すかを考えてみましょう。ゴフマンは，パフォーマンスする前の過ちや失敗，「孤独な労働」は隠されることが多く，最終成果だけが示される傾向がある，と述べます。客を招いて料理をふるまうとき，キッチンでのぐちゃぐちゃな試行錯誤や失敗作は隠され，完成した皿だけ見せられる。あるパフォーマンスを成立させるにはこうした「汚れ仕事（dirty work）」が必要

ですが、その痕跡は一切オーディエンスから隠されます。

　いや、表舞台とは別のリアリティを積極的につくることもあります。サービス業では、表舞台で丁重に取り扱われる顧客が、舞台裏では馬鹿にされ、噂され、戯画化されます。ホテルの厨房で、宿泊客は軽蔑的な符牒で呼ばれ、話し方や癖などがものまねされ、短所や弱点や社会的地位が綿密に論じられる。ゴフマンは不在のオーディエンスのこうした扱いは、客に気に入られるよう自分を見せることによる自尊心の損失を埋め合わせ、チームの連帯を維持するのに役立つ、といいます。また、客の噂話は、「演出談合」にも転じます。「あの客はこうしたら不機嫌になる。こうしたらチップをくれる」と率直に舞台裏で話し合っておくことで、表舞台での「気持ちのよい従業員」が準備されるのです。この作戦会議なしには、それほど気持ちのよい演技は難しいかもしれません。「舞台裏版のオーディエンス像」は、表舞台で素晴らしいショーを演じるために不可欠なものなのです。

　ただし、決定的に重要なのはこのふたつのリアリティを明確に区別しておくことです。客が従業員が厨房で話していることを聞いてしまったら（ゼミ生同士 LINE で送り合っているメッセージを間違って先生に送ってしまったら！）、ショーは台なしになり、これまで呈示していたアイデンティティは破壊されてしまいます。舞台裏は秘密にしておかなければならない。危険なのは、観客に舞台裏の出来事を伝えてしまう「密告者」「内通者」が出ることです。「舞台裏版のオーディエンス像」はこうした背任行為を防ぐのにも効果的です。みんなが悪口をいった共犯者です。「あなたは私たちのことを他言はしないように、そうしたら私たちもあなたのことを他言しません」。こうして、チームは「破壊的情報」が観客に漏れ出さないよう「情報統制」を行い、舞台裏の「秘密」を保持するのです。

　それでもリアリティが攪乱されることがあります。緊密に協力していたはずなのに演技が食い違い、誰かのなにげない仕草や言葉で

隠していたリアリティが漏れ出す。客の噂話をしている厨房にその客が近づいてしまう。そこでは「当惑」と「不信」が生まれます。

　このとき3つの措置が生じる，とゴフマンは論じます。第1に，パフォーマーが自身のショーを救うために行う「防衛的措置（defensive measure）」です。こうした出来事が生じたとき，パフォーマーが狼狽するとリアリティはさらに弱まるので，パフォーマーは沈着冷静に自己統制し，「演出上の節度」を示さねばなりません。チームメイトは「演出上の忠誠心」で仲間のショーを支え，「演出上の周到さ」をもって偶発事に備えて演技をプランしておく必要がある。とにかく自分（たち）のショーを守ること，です！

　しかし，これだけでリアリティが維持されるわけではない。もうひとつが，オーディエンスがパフォーマーのショーを救うよう援助する措置です。ゴフマンはこれを「保護的措置（protective measure）」と呼び，「察し（tact）」の重要性を強調します。オーディエンスは招かれていない局域に自分では近づこうとしません。そこに入ろうとするときにはノックや咳払いなどで合図し，パフォーマーが舞台を整える猶予を与えます。なにか演技をしくじっても気づかないふりをし，婉曲に指摘し，弁解を（辻褄があわなくても）すぐに受け入れる。これを「察しのよい不注意〔tactful inattention〕」と呼びますが，観客のほうがショーを支えるのです。

　そして第3に，パフォーマーはこのオーディエンスの協力を有効ならしめるようにふるまわなければなりません。「察しに関する察し（tact regarding tact）」です。聞こえているよと合図してくれたオーディエンスに対して，負担になるような秘密を会話から締め出し，ちょっとした秘密を（あなたを信頼している証拠として）含めるようにする。パフォーマーはほのめかしを敏感にキャッチし，それをすぐ受け入れなければならない。

　私たちは自分のショーを救うよう努力しなければならない。と同時に，他者のショーを救うよう察しをもたなければならない。そう

やって，お互いにショーを救い合うことを期待することができる。「参加者がいくらか当惑する可能性が相当あること，あるいはひどく辱しめられる可能性が少しはあること，に手をださないような相互行為はないように思われる。人生に賭のようなところはあまりないかもしれないが，相互行為は賭なのだ」。その「賭」としての性格を，自分のショーを守り，相手のショーを救ってやることで回避して，相互行為を続けている。ゴフマンが描く「日常」はこのようなものなのです。

儀礼としての相互行為　ここで『日常生活における自己呈示』から離れて，『儀礼としての相互行為（*Interaction Ritual*)』（1967年）に収録された，1956年初出の「敬意と品行の性質」に触れます。この論文でゴフマンが選んだ視角は，「演技」ではなく「儀礼（ritual）」です。

　冒頭ゴフマンはこう記します。現代社会を研究する者はデュルケームの連帯の議論に影響を受けてきたが，『宗教生活の原初形態』（1912年）での「霊魂」の主題を無視しているように見える。彼はそこで，個人のパーソナリティは集合的なマナが分与されたものとし，共同体を表象するための儀式（rites）がときに個人について執行されることを示唆していた。本論文は，都会の世俗的世界で個人が神聖さを賦与される意味を探究してみたい。その中心となる概念は「敬意（deference）」と「品行（demeanor）」である。私はこれを再構築することを通して，デュルケームの社会心理学が現代社会にも有効であることを示したい！

　「敬意」とはなにか。それは，相手に自分の評価を適切に伝えるための象徴的手段として機能する活動の成分です。他者に神聖さを賦与するシンボリックな活動，つまり「他者の自己」という聖なるものを礼拝する儀礼，と考えればいいでしょう。ゴフマンはこれに2種類あるといいます。第1は「回避的儀礼（avoidance rituals）」。他者との距離を保ち，他者の聖域を侵さないという敬意の形です。人

の身体に接触せず，顔を直接見ないようにし，プライベートな話題はもちださない。第2は「提示的儀礼（presentational rituals）」。行為者が受容者のことをどう見ていて，どんな関係を結びたいかの証明となる敬意の形で，挨拶を交わす，髪型や服の変化に気づいて賞賛する，小さなサービスや手助けを行う，などがその例です。

　デュルケームの『宗教生活の原初形態』を覚えている人は，もうピンときていますよね。「回避的儀礼」は聖なる神と俗なる人を分離させ，侵すのを妨げる「消極的礼拝」と対応します。聖なるものへの接触，注視，言葉で触れるのを禁止する禁忌（タブー）です。「提示的儀礼」は聖なるものと交流する「積極的礼拝」と同じです。いけにえを捧げる「供犠」，神への拝礼や讃歌や奉仕と同じことを，私たちは他の人の「私」に向けて行っている，というわけです。

　そこでデュルケームはこういっていましたね。「真の瀆聖を構成しない積極的儀礼はない」。聖なるものと俗なるものが近づくと，侵害が生まれる危険が高くなる。しかし俗なる信徒と交流しなければ，聖なるものは存在理由がわからなくなる。礼拝はこの矛盾のあいだを揺れ動く。これと同じことが「回避的儀礼」と「提示的儀礼」のあいだにも生じます。相手の健康や家族の安否を気遣うと，相手はプライバシーを侵害されたと思って苛立ってしまう。逆にそっとしておこうとなにもいわないと，相手は誰も気にしてくれないと傷ついてしまう。このふたつの敬意のあいだには「内在的な対立と葛藤」があり，私たちはいつもそれに悩む。

　急いで「品行」に移りましょう。ゴフマンはこれを，典型的にはしぐさ，服装，態度によって伝えられる個人の儀式的要素であり，自分がある望ましい資質をもつ人間だと示す機能を果たすもの，とします。深慮，真摯，慎み，スポーツマンシップ，言語や動作の統制，感情・欲望・願望の統御，緊張下での落ち着きなど，私が敬意に値する人である，「聖なるもの」として扱われる資格があることを示すシンボリックな活動です。なかでも重要な要素は，他者に敬

意を表すべきときに適切な敬意を表すことができることです。「敬意」を示す能力があることが，敬意を受けるに値する＝「品行」を示すことになる，わけです。

　ここで，デュルケームの『社会分業論』（1893 年）を思い出す人もいるでしょう。彼は人々が同じだから連帯する「機械的連帯」から異なるから連帯する「有機的連帯」へ変化すると，共同意識は強い感情を失うが明確になる場がひとつだけある，とし，「個人こそがある種の宗教の対象となる」と論じていました。「われわれは，人格の尊厳のために，ある礼拝式をもつ」。ゴフマンがいう「品行」は，自分がこの礼拝式の対象となる「人格」だと示す儀礼的要素といえるでしょう。そして，「敬意」は，他者の人格という「神」を「信者」として拝む儀礼的要素です。デュルケームは「個人」や「人格」の尊厳は，社会が執り行う礼拝式なしには存在しない，と論じていましたが，同じことをゴフマンは次のように論じます。

　「一般に，人は自分で自分に敬意を与えることは許されず，他人にそれを求めなければならない，それを他人から求めるために，人は，自分に敬意を払ってくれる人々を探し出す必要があることを知り，そして社会のほうは，そのおかげで，成員が相互作用と関係に入っていく一つの保証を得るのである」。私たちができることは，他者に「敬意」を示すこと，それによって自らの「品行」を示すこと，だけです。それに誰かが「敬意」を返してくれるのを待ち，ようやく「人格の尊厳」は獲得できる。この礼拝式を挙行するために，社会は形成される。「もし人が自分の手で自ら望む敬意を与えることができたとしたら，その社会は，みずからの殿堂のなかで，それぞれに限りなく祈り続けているような，孤独な信仰的な人々のみが住んでいる無数の島々に分解してしまうであろう」。

　「自己」とは「適切な儀式的配慮をもって扱わねばならず，また他人に対し適切な姿で示さねばならない神聖な存在である」。だから，都市的な世俗生活は，「われわれが考えているほど非宗教的で

はない」。「多くの神々はすでに去ってしまったが」(『原初形態』最終部の「古い神は，老い，あるいは，死に」という表現が反響します！)，「人々自身は頑固にも，かなり重要な神性を保持している。彼はある威厳をもって歩き，多くの小さな贈り物の受容者である。……人々は相手に対して宗教的配慮をもって接しなければならない」。

　蛇足かもしれませんが，神としての「品行」は俳優として自らのショーを守る「防衛的措置」と，信者としての「敬意」は観客として他者のショーを救う「保護的措置」とほぼ同じ位置にあるといっていいでしょう。1955年の「面子について」で，ゴフマンはこれを「自尊心のルール (rule of self-respect)」と「思いやりのルール (rule of considerateness)」とも呼びます。私たちは「神＝俳優」として，自分の面子を誇りをもって維持しなければならない（自尊心のルール）。同時に「信者＝観客」として，他の人々の面子を救うためにふるまうことを期待されている（思いやりのルール）。そして，「たぶん儀式的秩序の主要原理は，正義ではなく面子である」。私たちはなにが正しいかではなく，互いの「面子」を礼拝する儀式を行い続けることを重視して，社会をつくっているのではないか。

役割距離

以上，ゴフマンが「見えているが気づかれない (seen but unnoticed)」リアリティを明るみに出す「演技」と「儀礼」の視点を紹介しましたが，次の節に移る前にあとひとつ追加しておきたい概念があります。

　1961年の『出会い (Encounters)』に収められた「役割距離 (Role Distance)」という，「役割」の概念を複雑化した鮮やかな論文を見てみます。「役割 (role)」。思い出してみると，パーソンズが『社会体系論』で「社会システム」と「パーソナリティシステム」をつなぐとしたのが「地位－役割 (status-role)」でした。人が役割期待を内面化することで社会システムが維持される。たとえば患者が「病人役割」を，医師が「医師役割」を期待どおり遂行すればするほど相互行為はスムーズになり，医療システムはうまく機能する。

でもそうなのかなあ。この論文でゴフマンは，人が自分の役割にコミットし，役割に愛着をもつことが精神衛生上健全とみなすのは「中産階級的偏見」であって，「無関心，恥辱，あるいは怒りをもって」人々が演じる多くの役割を無視している，と批判します。個人は複数の役割からなる「持ち株会社（holding company）」のようなものだが，これをどう経営するかを見てみたい。

　そして彼は，役割は「演じられる」だけでなく「演じられるふりをすることがある」ということを問題にします。彼が例にあげるのは，遊園地でメリーゴーラウンドに乗る男の子です。3～4歳の場合，回転木馬に乗るのは挑戦的なことで，男の子は能力の精一杯で乗りこなし得意になります。親の前を通るとき，満面の笑みで投げキッスする。彼は「木馬に乗る男の子」という役割に100％コミットしていて，「行為が存在になる（doing is being）」という状態です。

　ですが，5歳になると，メリーゴーラウンドの騎手であることに満足できません。もう楽々乗れるので，3～4歳と同じように扱われるのは嫌。そこで革紐を馬鹿にして無視したり，鞍の上に立ったり，横着に耳やしっぽをつかんだりします。つまり，「ぼくはやっと木馬を乗りこなせるような，そんなんじゃないんだぞ」と全身で訴えるのです。彼は「木馬乗り」の役割を拒否しているのではありません。でも，自分と役割のあいだにくさびを打ち，個人と個人が担っている役割の鋭い乖離を表現している。この乖離をゴフマンは「役割距離（role distance）」と呼びます。

　これは外科手術をする医師（！）にも見られます。外科手術をするチームを観察すると，インターンや下級医局員などは手術箇所の清拭や最後の縫合など周辺的な仕事をする役ですが，彼らは冗談をいったりふざけた態度でそれを行ったりします。これが5歳の木馬乗りと同じなのはよくわかりますね。若い医者は現在の役割（「下っ端」の）から「軽蔑的離脱」をし，いまやっている役割は「ほんとうの私ではない」ということを示しているわけです。

ただ，主任外科医もまた「役割距離」を示す，とゴフマンはいいます。手術の中心を担っている外科医が，くだけたようすを見せたり，手術以外の話題を雑談したりするのです。これは手術チームの「不安管理」にとって重要です。仮にその医師が「100％主任外科医」だったらどうか。周りは主任に余裕がないように思い，不安になってしまうかもしれません。冗談をいう主任医師は，私が「情勢にすっかり包み込まれていないこと」を知っておいてほしいということを伝え，チームを安心させられる。と同時に，いま外科医として行為しているが，「外科医以外の私がいる」ということ，「自己性（selfhood）」を表現できます。私は「医者という以上のもの」であること，役割からはみ出る「私」を，です。

　繰り返しですが，これは，役割を拒否するということではありません。むしろ役割距離を示すからこそ，その役割を演じられるのです。もし100％の木馬乗り，100％の外科医でなければならないのなら（パーソンズはそれがもっともスムーズと考えたのですが），5歳児は木馬に乗るのをやめ，外科医の一部は疲弊して手術現場から退場することでしょう。そうではなくて，「システムに無関連な役割」が「全体としてのシステムのために利用される」。役割距離によってパーソナリティシステムは維持され，同時に社会システムは維持される。人々は文句を言い，冗談を飛ばし，皮肉に反応することで「物事の成り行きに逆らわないで，それについていく」のです。ここには「二重の姿勢」（ダブル！）があります。一方に「公式の状況の定義づけを反抗しないで固守」する姿勢，他方に「現在，公式になされていることが，彼自身のすべてを定義づけることには同意していないことを示す」姿勢がある。

　ゴフマンは，これを「自己の同時的な多元性」と呼び，人は「多元的役割演技者（multiple role-player）」である，といいます。彼は『日常生活における自己呈示』で，人は複数の舞台で違う役割を演じ，観客を分離しておかなければならない，と述べました。ですが，

ある役割を演じているまさにそのとき、他の役割をもつことを示すことによって、その役割を演じ切ることができるのではないか。役割はいつも人が他の役割をとりうる余地、「自由」や「軽やかさ」の余地を残しておく。だからこそ、役割のシステムは維持されうる。

　論文の最後、ゴフマンはこう述べます。個人の行為の「俗なる部分」と「聖なる部分」を区別し、前者を社会的役割の世界に帰属して「フォーマルで、硬直し、死んでいる」もの、後者をパーソナルな関係のなかでくつろぎ、自発的でユーモアにあふれるものととらえる場合がある。でもこのふたつを分離するのではなく、「役割距離」の概念はこう述べる。「個人のパーソナルなスタイルが見出されるのは、まさに、この役割距離の表明においてである」。役割を演じつつ、距離をとる。そこに「聖なる自己」が存在する。

3　アンダーライフとスティグマ
　●『アサイラム』と『スティグマの社会学』

| 儀礼が壊れるとき |

ゴフマン社会学の繊細さと明晰さは、すでに伝わったのではないかと思います。ここまでを読んで、私も確かにそうしている、それが言葉にできておもしろいな〜と思う人もいるでしょう。でも、それがわかったところでどんな意味があるの？と思う人がいるかもしれません。

　人々が「集まり（gatherings）」のなかでどうふるまうかを描いた1963年の『集まりの構造』で、ゴフマンは次のような記述をしています。人と人が道ですれ違うときのようすです。

　　そこで行われることは、相手をちらっと見ることは見るが、その時の表情は相手の存在を認識したことを（そして認識したことをはっきりと認めたことを）表わす程度にとどめるのが普通である。そして、次の瞬間にすぐに視線をそらし、相手に対して

特別の好奇心や特別の意図がないことを示す。／このような礼
儀正しい振舞をする時には，見る人の目が相手の目を捕えるの
は許されるが，「会釈」にまで発展するのは許されないのが普
通である。道ですれ違うふたりがこのような儀礼的無関心を装
う時には，およそ８フィートの距離になるまでの間におたがい
に相手をよく観察し，その間に道のどちら側を通るかを決め，
それを身振りによって示す。そして，相手が通りすぎる時には，
あたかもライトを下向きにするかのように，おたがいの視線を
ふせる。(『集まりの構造』，94 頁)

　「儀礼的無関心（civil inattention）」と呼ばれるこのふるまいが，
「人格を礼拝する儀式」であるのはもうわかりますね。すれ違う知ら
ない人に会釈したり，ジロジロ見たりすると「回避的儀礼」の不
足になり，まったく見ないでぶつかると「提示的儀礼」不足になる。
その中間の最適解が「儀礼的無関心」なわけです。私たちは「凝
視」（＝回避的儀礼の欠如）も「無視」（＝提示的儀礼の欠如）も人格を
傷つける（＝いじめ！）のをよく知っています。いつもその中間の
儀式のルールを守り合って，ショーを演じ続けている……。
　でもここでは儀式がうまくいかない，ないし壊れたときを考えて
みます。すれ違う相手がジロジロ見てくる（逆に無視してぶつかって
くる）。知っている人なのに挨拶してこない。電車でベタっと近づ
いてくる人や，大声で話す人がいる。このとき礼拝式をしているは
ずの空間が一瞬揺らぎます。たとえば，電車に乗っていて隣の人の
足を踏んでしまった，というケースを想像してみましょう。
　ゴフマンは「面子について」で，このような場面では「修正過
程」が作動すると述べます。デュルケームがいう「修復的礼拝」，
聖なるものを侵した者が「贖罪」を行う儀式です。足を踏んだ場合，
①踏まれた側が「足を踏んだぞ」と注意する（挑戦。しないことも多
い）。②踏んだ側は「すみません」と謝罪する（申し出，補償，自己

懲罰を含む）。③踏まれた側は「いやいいんです」（容認。チラ見だけも可）と応じ、④加害者は感謝のサインを送る。数秒もかかりませんが、私たちはこの「式次第」どおり（教えられてもいないのに）儀式を執り行います。こうして足を踏まれた被害者への「敬意」も、踏んでしまった加害者の「品行」も、儀式的秩序としての電車空間も維持されるでしょう。逆にこの儀式が作動しない場合、加害者を被害者が咎めて、けんかのような暴力が発生することもあります。

　しかし、儀式が作動しないことが別の帰結を迎えることもあります。足を踏んだ乗客が謝罪しないまま降りてしまった。他の人をジロジロ見ていた乗客、大騒ぎしていた乗客がそのままいなくなった。車内は気まずい雰囲気になり、残された人たちは、酔っ払いだったな、とか、礼儀知らずな若者だ、などと考えるかもしれません。でも答えが見つからないとき、口々に（あるいは頭のなかで）つぶやくでしょう。「いまの人おかしいよね」、「あいつ変だよな」。

　知り合い同士が「思いやり」と「自尊心」のルールによって面子を守り合っているケースでもいいです。ここに「感受性が鈍すぎ、機転に乏しすぎ、自尊心や思慮がなさすぎる者」が登場する（「KY」な人がお互い「察し」で気づかないふりをしていることを口に出してしまう）。このときどうなるか。「そのような人は、周りの者にとって、本当に安全をおびやかす存在である。……だから、彼はしばしば仲間はずれにされてしまう」。その人を儀式の秩序から排除することで、この秩序は維持される（そうしないと維持されない）のです。

　「儀礼的無関心」を引いた『集まりの構造』の末尾近くでゴフマンはこう述べます。「状況における逸脱行為を矯正するひとつの方法は、逸脱者を不自然なもの、不完全な人間とみなすことである」。そうすれば問題は「儀式の秩序」ではなく「逸脱者」にある、と帰属できます。この方法をとるとき、「破られた規則が集まりの組織に対してもつ重要性」に応じて、逸脱行為を「行為者の自我あるいはその本性のあらわれとして強く告発する必要が生じる」。さらに

は，「社会的場面の神聖さ」と「参加者の感情」を保護するために，「逸脱行為者が病気であると考える必要がある」。あの「人」が「変」なのだ，「不自然」だ，「病気」なんじゃないか?! ゴフマンによれば，「現在の精神病の診断と治療」は，逸脱者を「心理学的に病気である」とすることに「解決策」を見出します。このもうひとつの「修復的礼拝」＝逸脱者を「病」として排除することによって，「日常」を支える儀式の秩序を守ることができます。

　ゴフマンは「敬意と品行の性質」で，「精神障害の程度」は「社会的交際の儀式的ルールを破る度合に従って区分される」とし，『集まりの構造』の末尾にはこう記します。「法的秩序を乱す者が刑務所に拘置されるのと同様に，不適切な行為をする者は精神病院に収容される。前者はわれわれの生命と財産を守るための施設であり，後者はわれわれの集まりと社会的場面を守るための施設である」。集まりへの逸脱者を「精神病」と名づけて「精神病院」に隔離・収容することで，私たちの儀式的秩序＝「日常」が守られているのではないか。つまり，私たちの「日常生活」は「収容所」が支えているのではないか。……でも少し進みすぎました。彼の精神病院での参与観察を主題とした大著『アサイラム』を次に見ましょう。

自己の基盤の剥奪　　1961年の『アサイラム——施設被収容者の日常世界』は，「全制的施設の特徴について」「精神障害者の精神的閲歴」「公共施設の裏面生活」「医療モデルと精神障害者の病院収容」という4本の論文を集めたものです。第1論文から検討を始めましょう。

　「全制的施設（total institution）」とはゴフマンの造語ですが，生活全体を包括し周囲から遮断されている施設，精神病院，刑務所，強制収容所，兵営，寄宿学校，僧院・修道院などをさします。現代社会では人は仕事，遊び，睡眠を異なる場所で異なる人々と行いますが，全制的施設ではこれらを区画するものがなく，全生活が同一場所で同一権威に従って送られます。そこでは効率的に組織する必要

から，被収容者は職員たちに監視され，被収容者と監督者には「根源的裂け目」があってこのあいだの移動は厳重に制限されています。

「被収容者の世界」とはどのようなものか。精神病院に入院する患者たちは対面場面での違反行為を繰り返し，周囲におかしいと思われて病院に連れてこられ，診断を下されて入院させられますが，所属していた世界で自明だった生活様式・習慣・文化をもって入所するものの，収容後「文化剝奪（disculturation）」を経験するとゴフマンはいいます。彼らは，外部での自己のイメージの「支柱」を剝奪され，「貶め」，「降格」，「辱め」，「非聖化」を受けて，「個人の自己が無力化される（mortified）過程」にさらされるのです。

たとえば，被収容者は外部世界での役割で（夫や妻としても，教師や誰かの友人としても）ふるまうことができなくなり，「役割剝奪（role dispossession）」を経験します（ただの「患者」や「囚人」となる）。服装は制服に換えられ，髪型は丸刈りにされ，化粧やアクセサリーは禁止される。体重や指紋が採取されて番号が付与され，さまざまな「私物」が剝奪される。とくに重要なのは「名前」で，「自己の氏名の喪失は自己の非常な矮小化となる」。

こうした「私物」は日常生活においてはごくあたりまえの，些細なものです。でも，日常生活では個人は自分の意志によって装いを決め，そのために服や化粧品などを自分で選んで所有しているわけです。こうした私物を剝奪され，「標準的支給物」を与えられる。このとき人は「自分の個人的外面（personal front）」を操作するための「アイデンティティのための用具一式（an identity kit）」ないし「アイデンティティ装備（identity equipment）」を失うことになり，「自己の通常イメージを他者に呈示することができなく」なります。

また，入所と同時に彼らはさまざまな「汚染」の過程にさらされます。他者に見えないよう隠された「情報の聖域（informational preserve）」が侵犯される。過去の行動が収集されて書類に記録され，「告白」が制度的に強制される。衣服を脱がされて身体を検査され

る（肛門まで調べられる）ことが定期的に繰り返され，私信は開封・監視される。これらは外部の「日常生活」では「人格を礼拝する儀式」を侵す，許されないことです。しかし収容所では，この「儀式」の基盤を制度的に破壊するプロセスが進んでいくのです。

　日常生活では「表舞台」と「舞台裏」の2局域を区別し，往復することで「ショー」を演じていました。しかし，収容所では生活の各領域は分離されておらず，監視者から見えない「安全な場所にもぐり込む」機会はありません。人から見えないところで不機嫌なようすを示し，悪態をつき，侮蔑や皮肉や嘲笑的態度を表出することも禁止（ないし監視）される。「市民社会」では演技や儀礼を意のままに制御する「自己決定・自律性・行為の自由をもつ人間である」条件が保証されていましたが，それが根こそぎにされるのです。

　こうしたプロセスは「被収容者の個人的な無能感」を増大させます。「被収容者の市民的自己（civilian self）への執着〔の程度〕はかなり多様ではあるが，全制的施設は彼の市民的自己にとって致命的なものなのだ」。ここでは誰も私の「自己」を拝む儀式を行ってくれない。だから誰に対しても儀式を行う必要がない。つまり「聖なる自己」をもつことができないし，もたなくてよい。このプロセスで彼／彼女は「精神病院の被収容者として生きること」を学び，「被収容者らしく」なっていき，「市民的自己」に戻ることができなくなる。端的にいえば，演技と儀式の基盤を剝奪された「精神病院」で，被収容者は「精神病者」になっていく。

　「敬意と品行の性質」の終わり近くで，ゴフマンは「精神病の治療の歴史は，拘束物の考案の歴史である」と記しています。拘束ジャケット，鎖，手錠，箝口マスク，フォークとナイフを使わない食事，などなど。「これらの考案物の使用は，自己を表現する儀式的基盤が奪われていく過程についての重要なデータを提供してくれる」。そして逆に，この歴史から「人が自己を保ちうるために充足されなければならない条件は何か，ということに関する情報を間接

的に得ることができる」。儀式をわきまえない者は，逸脱者として隔離・収容される。収容所で彼らの儀式の基盤は剥奪され，自己であるための条件が破壊されていく。このふたつの（ダブル！）空間によって，私たちの社会は（「日常」は）成り立っている。「要約すれば，現代社会は，儀式的秩序の侵犯者を，そこで生計を立てている一部の正常なメンバーと一緒に，一つの場所に集める」。──「日常」という謎を支えるこの構図を解剖するゴフマンの手さばきに，私は彼の冷たい怒りを感じます。妻の精神状態の悪化をともにしながら，こうした論考を著し，1964年に妻の自死に出会うことになる彼の社会学に，慄然とする印象をもつのです（ヴァンカンいわく，「ゴフマンの著作は自伝」でした）。

　しかしゴフマンは一筋縄ではいきません。精神病院がもつ別の側面をも暴き出していきます。

特権体系とアンダーライフ

　ゴフマンによれば，被収容者は「無力化の過程」による自己の剥奪と並行して，「特権体系（the privilege system）」を教えられます。外部世界ではコーヒーをどう飲むか，タバコに火をつけていいか，いつ話をしていいかなどは自分で決められることですが，施設内では公式の「所内規則」により職員の許可を得なければなりません。でも被収容者は「職員に対して従順であること」を条件に，こうした権利を許される「賞」や「特権」を与えられることがあり，些細な特権を核に自分の世界をつくりあげようとします。職員に気に入られるといい仕事，いい部屋とベッド，わずかばかりのプライバシーなどが与えられる。逆に，少しでも従順でないと「特権の一時的あるいは恒久的停止」という「罰」が課せられ，揶揄や体罰，個室への拘禁などが与えられる。これは被収容者にとって死活問題であり，この「特権」が彼らから協調性を調達する手段となります。

　ゴフマンはここで「第二次的調整（secondary adjustments）」という概念を提起します。これは，職員に真っ向から挑戦はしないが，

被収容者に禁じられている満足を得る「実際的便法（practice）」のことで、「特権」もそうですが、「被収容者に、自分は環境を何程か制御できるのだからまだ自分自身の主人なのだ、という重要な証拠」を与えるものです。

　第3論文「公共施設の裏面生活——精神病院における苦境の切り抜け方の研究」は、これをさらに掘り下げます。ゴフマンは、組織に要請された活動に寄与する場合を「第一次的（primary）調整」と呼び、対して、非公認の手段・目的により「施設が個人に対して自明としている役割や自己から彼が距離を置く様々の手立て」を「第二次的調整」と名づけます。これには組織を見捨てたり、根本的に変化させようとしたりする「攪乱的調整」もありますが、そうした圧力を導入せずに回避の機能を果たす「自足的調整」もあり、ゴフマンはここで後者だけを検討します。これが施設の「裏面生活（underlife）」です。アンダーライフ。なんだか凄い英語ですね。

　精神病院の職員の側も「第二次的調整」を行っており、患者を子守、庭師、便利屋として利用したり、外出許可が出た患者に使い走りさせたりすることがあります。こうした仕事の割り当てを受けることで、患者は「システム〈利用〉（"working" the system）」の便法を身につけていきます。厨房と病棟のあいだの食料運搬のタイミングを知って運搬車から食料をかすめとる、ゴミ捨て場を収集時間の直前に見まわって食べ物・雑誌・新聞を探しあてる、病棟の廊下で職員の灰皿から吸いさしのタバコを入手する、などなどです。

　「第二次的調整」には場所（局域）も重要です。特権を与えられた患者は、他の患者が立ち入り禁止の空間に入るのを許されることもあり、被監視空間で職員の目に触れないよう（背を向けて）タバコを隠したりします。ただ、ゴフマンは被収容者と職員が暗黙のうちに協力して、通常の監視と制限が弱まる空間が創出されることに注目します。職員はそうした場所の存在を知らないか、「知っていてもそこへは近づかない」（「察しのよい不注意」ないし「保護的措

置」？），入ってしまったときは「自分たちの権威を暗黙のうちに放棄する」。つまり、「職員－被収容者関係の通常のパフォーマンスに対しては舞台裏」の空間、「解放区（free places）」がつくられる。病院の裏の植え込みは飲酒に使われ、中央の大木の木陰はポーカーの場所となり、売店脇の屋外ベンチでは看護師と患者が噂話や情報交換をする。解放区が得られない場合にも患者は「窓の下枠」を奪い合い、格子越しに外界を眺めることで「何とか自分を病棟から遠ざけ……自分を解放しようと」します。

　「匿し場」もアンダーライフの重要な要素です。被収容者はトランク、箪笥や机の引き出しなどに自らの所有物を収蔵しますが、これは「自己の自律性」を表象し、「自己に帰属するもの（selfhood）」を他者に委ねないという意味をもちます。あるいは、女性患者は大きなハンドバッグに、男性患者は上衣の大きなポケットに自分の所有物を匿して持ち歩く。ゴフマンは、「もし人びとが自己をもたなかったならば……当然、私的な収蔵場所をもつ必要はない」、だが「自己は誰にもあるものだ」と論じます。——もうわかりますね。「第二次的調整」は、日常生活での「役割距離」とほぼ同じ機能を果たす、いわば応用編なのです。

　最終パート「若干の結論」でゴフマンはこう述べます。「拘束的な全制的施設における裏面生活の研究」からは、「生存が骨に達するまで切りつめられるとき、自分の生活に肉をつけるために人間が何をするか、を知ることができる」。重症病棟の入院患者たちは衣類を毎晩取り上げられ、木製の椅子と長椅子があてがわれるだけです。そこで「自己」であるべく第二次的調整をするにはどうすればよいか。彼／彼女は「施設に対する敵意」を「椅子で床をがたがたさせる」とか「新聞紙を鳴らして耳障りな破裂音をさせる」とかで伝えるしかない。隔離室に入れられ裸にされて表出の手段がなくなると、「歯が立てば、マットレスを喰いちぎったり、大便を壁に塗りたくったりする」。これは「宛行われた場所からの離脱を企図し

ている人間」の行動です。しかし結果として「重症の患者にふさわ
しい徴候を示す行動」とみなされ，収容したのは適切だったと解釈
されることになるのです。

　ゴフマンは最後の節でより普遍的にこう論じます。社会学者は一
般に個人が集団に一体感を抱き，集団から情動的支持を得ることに
よって「自己」を支えると考える（「第一次的調整」ですね）。だが，
個人は「自己自身と彼がそれと一体のはずと他者の想定しているも
のとの間に，一定の距離すなわちいくらかの自由な〔行動の〕余地
を保つためにいろいろ工夫を凝らしている」（「第二次的調整」≒「役
割距離」です！）。だから，「施設の掌中から自己自身を何程かでも
確保しておこうという試み（practice）」は「自己に本質的な構成要
素をなしている」。個人はある組織での位置によって定義されると
いうよりも，「何か対抗するもの（something against）があるからこ
そ，自己は出現してくる」。そしてこのテーマは，「全体主義の研究
者」によく認識されていることだ，とゴフマンは付記します。

　この論文を締めくくるパラグラフはそのまま引用しましょう。

　　　帰属するものを何ももたずには，われわれは確固たる自己を
　　持てない。しかるに何らかの社会的単位への全面的な傾心と愛
　　着は一種の自己喪失（selflessness）でもある。一個の人間（a
　　person）であるというわれわれの意識が，大規模な社会的単位
　　に帰属することに由来するものであるならば，われわれが自己
　　を所有している（selfhood）という意識は，その引力（the pull）
　　に抵抗するときの様々な些々たる仕方に由来するのである。わ
　　れわれの〔社会的〕地位が世界の様々な堅固な構築物に裏づけ
　　られているとすれば，われわれの個人的アイデンティティの意
　　識は往々にして，その世界の様々な亀裂を住処としているので
　　ある。（『アサイラム──施設被収容者の日常世界』, 317 頁）

自己は「所属」でなく「抵抗」に存し，アイデンティティは「構造」でなく「亀裂」に住まうものなのだ。

　これは収容所だけでなく，組織や社会構造のなかで個人が生きること一般についてのゴフマンのこの段階での認識ではないかと思います。前節では個人が「日常」のなかで演技と儀礼を行い，ダブル・ライフを往復しながら自己を守り合っている姿を見ました。『アサイラム』はこれを，演技と儀礼の空間とそれを剥ぎ取ったもうひとつの空間が並存することで「日常」が可能になっており，後者の空間では自己が破壊されていく，という構図に描き替えます。そしてこの空間には「第二次調整＝アンダーライフ」があり，その「亀裂」にこそ「自己」が住まう。ゴフマンのこの構造的見方，街頭の「儀礼的無関心」と重症病棟の「大便の塗りたくり」を結びつける「社会学的想像力」は，驚嘆に値すると私は思います。

The discredited &
the discreditable

1963 年，ゴフマンは『スティグマ（*Stigma: Notes on the Management of Spoiled Identity*）』を刊行します。『アサイラム』の検討に続けて，この本を最初のパート「スティグマと社会的アイデンティティ」の冒頭から見てみましょう。

　「スティグマ（stigma）」とは，視覚の鋭かったギリシア人が最初に用いた「不面目（disgrace）を表す肉体上の徴」を表す言葉で，奴隷，犯罪者，謀反人など「穢れた者，忌むべき者，避けられるべき者」であることを告知する徴のことです。現在ではより広く「健全で正常な人から汚れた卑小な人に貶められる」属性をさし，私たちは未知の人と出会ったときなにかの外見からあるカテゴリー＝「社会的アイデンティティ」に区分しますが，その人の「信頼／面目を失わせる（discredit）」属性を「スティグマ」と考えればいいでしょう。

　ゴフマンは3種類のスティグマを区別します。第1に肉体の醜悪さ，肉体上の奇形。第2に性格上のさまざまな欠点。意志薄弱，異

常な情欲，弱すぎる・強すぎる信念，不正直などとして知覚され，精神異常，投獄，麻薬・アルコール依存，同性愛，失業，自殺企図，過激な政治活動などの記録から推測される，とされます。第3に人種，民族，宗教など「集団に帰属される（tribal）」スティグマで，家系で伝えられ家族全員を一様に汚染する。これらスティグマは，当人がもつそれ以外の好ましい属性が無視されてしまう，という特徴をもつ。これに対し，当面の期待から負の方向に逸脱していない者を「常人（the normals）」と呼ぶ。「普通の人」ですね。

　もうひとつ，ゴフマンは次の重要な区別をします。スティグマのある人が，その属性がすでに人に知られている・見られればすぐにわかると仮定している場合と，まだ知られていない・すぐには感知されないと仮定している場合の区別です。前者の場合に人は「すでに信頼を失った者（the discredited）の苦境」，後者の場合は「信頼を失う事情のある者（the discreditable）の苦境」に置かれ，ふたつの苦境には重大な相違があります。つまり，ゴフマンは「普通の人」，スティグマを所有し「信頼を失う事情のある人」，「すでに信頼を失った人」の3種類がいると考え，『アサイラム』で「すでに信頼を失った人」が「普通の人」から隔離された空間を扱ったのに対して，本書では3者が共在する空間を描こうとするわけです。

　まず，「すでに信頼を失った人（the discredited）」が置かれた状態を考えてみましょう。たとえば視覚障害者に対して，手を引くのをためらう人もいますが，善意をもった「常人」が聴覚障害者にするように大きな声で話したり，足が不自由な人に対するように手を貸そうとしたりする場合があります（一器官の障害を「無能」にまで一般化しているわけです）。スティグマをもつ人にとって無視されることも苦痛ですが，拡大解釈されることも大きな苦痛です。彼らは，常人が自分のアイデンティティをどうとらえているかわからない，スティグマと関連させて定義しているのではないか，という不安で不確実な感情を抱き，いつもプライバシーが剝き出しにされ，侵害

されている感覚やさらし者にされる不快さを感じます。だから，先を見越して防衛的で萎縮した反応をしたり，逆に「敵意に満ちた虚勢」をはって，なにげない対面的場面を台なしにしたりすることもあります。相手の行為の意図を読み込みすぎ，「相互的考慮という無限後退」に陥ることもあるでしょう。

　では「信頼を失う事情のある者（the discreditable）」，まだスティグマが可視化されていない人はどうか。彼らにとって，「自分の欠点に関する情報をどう管理／操作するかという問題」が重要になります。他人に告知すべきか否か，偽るべきか否か，誰に・いつ・どのように？　ゴフマンは，まだ暴露されていないが・暴露されれば信頼を失う自己の情報の管理・操作を「パッシング（passing）」と呼び，この技法を細かく描いていきます。

　「情報統制と個人的アイデンティティ」の章の鮮やかな記述から，次の点だけ触れておきましょう。常人として見えるように自分の情報を秘密にしている人々はいわば「二重生活」（ダブル・ライフ！）を送っており，いつ崩壊するかわからない生活を送る心理的負担と不安を背負わざるをえない。精神疾患の夫をもつ女性は，誰かがそれに触れはしないか，「毎日そのことで冷や冷やしています」。また，常人のふりをするためにスティグマを帯びた集団に同調できず，引き裂かれた感覚，自己嫌悪の感情に悩む。ある性的マイノリティは，周りが自らのカテゴリーへの冗談を交わすとき調子を合わせて笑い，「私の全生活は嘘のかたまり」だったと述べている。彼らには，常人が考えずにできる所作が管理・操作しなくてはならない問題になり，「常人には地であるものが，彼にとっては図」となる。また，なにも告白をしないでおく「多人数」のグループと，すべてを告白しその援助に依存する「少人数」のグループを分けて，危険に対処する手法をとることもある。

　ですが，スティグマのある人が「他人の容喙〔口出し〕を一切許さないですませるような可能性」もある，とゴフマンはいいます。

それは，自発的に自分の正体を明かし，自分から進んで「すでに信頼を失った者」に根本的に変容する，というやり方です。ゴフマンはこれを「告白の作法」と呼び，精神的キャリアの転回点であると指摘します。たとえばあるユダヤ人が初対面の人との会話で「適切な機会」を見計らって「ユダヤ教徒なものですから，こう感じるのですが」といい，精神疾患の病歴をもつ人が「精神病を直接経験した者として私にいえることは」と静かに話す。このように「スティグマのある人がパッシングなどという手段は考えず，もし自己の現在を肯定し自尊心をもつならば，自己の秘密を隠す必要はないと考えるに至るはずである」。スティグマのある人々の自伝では，「精神的経歴のこの段階は，最終的に円熟し完全に適応をとげた段階……こだわりのない晴れやかな境地（a state of grace）」として記述されている。「カミングアウト」が転回の機会だ，というのです。

「普通の人」とは誰か 次の「集団帰属と自我アイデンティティ」では，スティグマを付与された「社会的アイデンティティ」をもつ人が，個人としての「自我アイデンティティ」をどう感じているか，このふたつの水準の差について，ゴフマンは繊細な描写を展開します。

たとえば，スティグマをもつ人は「同類（own）」の人々をスティグマの目立つ程度に応じて差別化する傾向を示す，とゴフマンはいいます。難聴の人々は自分を聾者ではないとみなし，視力に障害のある人々は自分を全盲ではないとみなす。同じ障害をもつ人がネガティブな属性を人に見せているのに，不愉快さや恥ずかしさを感じ，そう感じたことに後ろめたさを感じる。ここには，自分は同じスティグマをもつ他の人と違うところがない人間だという定義と，でもあの人と私とは別種の人間だという定義の「根源的な自己矛盾」があります。彼／彼女は同一のスティグマをもつ人々の集団を「本来的に（naturally）所属する集団」だと感じますが，その集団とは自分の「面目を失わせる原因となっているカテゴリー」にほかなら

ない。この「両価的感情」に引き裂かれることになるのです。

　「常人たち」の視点をスティグマのある人々がどう取り入れるかをめぐって，ゴフマンの筆はさらに鋭さを増します。常人はスティグマをもつ人々を前に「どうしてよいか分からない」，だから機転のきいた仕方で助力してもらわないと常人は「適切に行為できない」。このとき，スティグマを帯びた人は常人を「援助」します。「スティグマのある者は外見とは違ってその下は完全な人間なのだ，ということを一つ一つ，穏やかに，つつましく常人に教え，同情的な立場から彼の再教育に努力するべきなのである」。常人たちが緊張しているときには，自分の障害に平然と洒脱さをもって触れてやり，好奇心を満足させてやる。その場を気楽にしようと常人たちが配慮した場合，その努力を理解しているよと行為し，頼みもしないのに興味や同情を示され助力を申し出られたときは，申し出を如才なく受け入れてやる。「常人を援護する」，つまり，常人への「保護的措置」ですね！

　ただし，自分を受け入れてくれる限度は「常人次第」で，適応の良否を示す境界線は「常人」の側によって引かれます。そして常人はスティグマをもつことの「不当さと苦痛」を決して理解できず，「自分たちの如才なさ，寛容さがどれだけ限られたものであるか」を認識することはない。ゴフマンは，スティグマのある人が「他の誰とも同じように」かつ「真実の姿のままで」受容されるには，「二重底（a false bottom）」の立場がもっとも賢明だと述べます。「常人たちがスティグマのある者を受け容れる程度は，彼がその限度を越えないように注意している条件つきの受け容れを，あたかも完全な受け容れであるかのようによどみなく自在に彼が行為してのけるとき，最大に拡張される」。かなり複雑な表現ですが，常人が引いている線を踏み越えないよう注意を払わなければならず，かつ，注意していることを常人に気づかせず自由にふるまっているように見せなくてはいけない，のです。

最終節「アイデンティティの政治学（The Politics of Identity）」はこう記します。「社会は彼に，包括社会（the wider group）の成員である，つまり彼は正常な人間である，と告げ，しかしまた彼はある程度〈異なって〉（different）おり，この特異性を否定することは愚かだ，とも宣言する」。要するに「彼は他の誰とも同じだ，といわれ，しかも同じではない，ともいわれる」。ダブル・バインドです。スティグマをもつ人はこのような「闘技場（arena）」のなかで「自我アイデンティティ」を形成しなければなりません。

　でもここまで読んでくると，不思議な感覚にとらわれます。スティグマをもつ人は常人から属性を一方的に貼りつけられるだけでなく，常人を「援助」する。彼／彼女には「普通だ」というメッセージと，「普通じゃない」というメッセージが同時に投げかけられている。あれあれ，普通と普通じゃないという区別・境界線がなんだかあやふやなものに見えてきます。

　「自己とその他者」という短い章で，ゴフマンはこんなことをいいます。「常人のなかのもっとも幸運な人びとでも半ば隠れた欠点をもつのが普通であり，しかもどんな小さな欠点も……世人の目を避けたくなる乖離を生ずるようになる機会が社会には存在する」。どんな「常人」にも欠点があり，それが知られるとスティグマとなる可能性がある。だから「たまに不安定な人と，常時不安定な人とは一つの連続体の上にある」。とすればスティグマ化された人と，常人だが欠点をもつ人（≒常人ほぼ全員）は，同じ存在ではないか？

　ゴフマンは，社会には「理想」という基準があるといいます。それと照合してみると「誰一人としてそれに達することができない標準」（！）です。「アメリカにはある意味でたった一つの〔型の〕完全に無疵な男性しかいない」。若くて，白人で，都会に住み，北部出身で，大学出で，異性愛者で，プロテスタントで，子持ちで，定職に就き，中肉中背で，スポーツが得意な男。そして，「あらゆるアメリカの男性は誰も彼もこの世をこの視角から眺める傾向があ

る」。これがアメリカの「共通の価値体系」です（パーソンズ！）。でもほとんど（いやすべて）の人間はこの基準に達していない。そのとき「自分自身を取るに足らぬ，不完全で，劣等な者」と考えることになる。この基準から見て好ましくない自分の側面についてパッシングしたり，弁解したり，攻撃的になったりする。この「理想」は「完全な形でどこかに保存されているというわけではない」が，日常生活での人と人との出会いにいつも影を投じている。この「共通の価値」から見ると，全員がスティグマを帯びている‼⁇

　本書の最初を思い出してみましょう。社会には「すでに信頼を失った者（the discredited）」と「信頼を失う事情のある者（the discreditable）」がいるのでした。では「常人（the normals）」は？「普通の人」も誰もが，それが明らかになると「信頼を失う」可能性があるなにかをもっているのではないでしょうか。「逸脱点のある常人（The Normal Deviant）」というパートで彼は，「常人の役割とスティグマのある者の役割は同一複合体の部分をなし，同じ標準という布からの端切れではないのか」，つまり，「スティグマのある人びとと常人は，同じ精神構造をしている」と述べます。いいかえれば，みんな，「フツーに逸脱している」‼

　次の「スティグマと現実」で，ゴフマンはこう述べます。「スティグマのある者と常人は互いに相手の一部をなしている」。スティグマとは「スティグマのある者と常人」というふたつの集合に区別できる人間を意味するのではない。それは「広く行われている二つの役割による社会過程（a pervasive two-role social process）」を意味し，すべての人が人生のどれかの出会い・いずれかの局面で両方の役割をもってこの過程に参加している。「常人とか，スティグマのある者とは生ける人間全体（persons）ではない。むしろ視角（perspective）である。それらは，おそらくは出会いを機に具体的に作用することになる未だ現実化していない基準によって，さまざまな社会的場面で，両者が接触する間に産出されるものである」。ス

ティグマとは「出会い」における「パースペクティブ」なのだ。

　この結論は，スティグマ所有者と普通の人の境界を堅固な実在で
はなくパースペクティブへと解体します。いったい誰が「スティグ
マ所有者」で，誰が「普通」か？　ある人々が「逸脱者」と名指し
されて「アサイラム」に収容され，他の人々がそうされずに「常
人」として「日常」を送る，だがそれを分ける基準はなんなの
か??──本書で「信頼を失った人／失う事情のある人／常人」の3
者が相互作用する空間を考究したゴフマンは，それまでの「日常空
間」と「隔離空間」の分割と並存という構図から，その境界がつね
に揺れ動き，誰もが逸脱者になりうる，より繊細で脆弱な社会と自
己の姿を描く立場へと，さらに一歩踏み出しているようにも思いま
す。

4 壊れ物としてのリアリティ

●『フレイム分析』

「フレイム」と「転調」　　　この章では，「ダブル・ライフ」という
　　　　　　　　　　　　　キーワードから始めてゴフマンの社会学を
追ってきました。振り返ると，第2節で見たように，私たちはいつ
も「give する私」と「give off する私」，「表舞台」と「舞台裏」，
「役割」と「役割距離」の「二重生活」を送っています。そして，
第3節で見たように，「日常の儀礼空間」と「逸脱者の隔離空間」，
「常人の世界」と「スティグマ所有者の世界」とが分割され，並存
している。しかし，前節末で見たように，『スティグマの社会学』
によれば，この分割線は相互行為のなかでその都度引き直される
「パースペクティブ」なのであって，揺れ動く脆いものでした。第
1節最後の『日常生活の自己呈示』の引用にあるように，「あるパ
フォーマンスがリアリティについて人に抱かせた印象はささいな出
来事でこなごなになりかねない繊細な壊れ物」なのです。

『スティグマ』の11年後，1974年に刊行された『フレイム分析』は，このつねに揺れ動く壊れ物としてのリアリティを記述しようと，彼が全精力を傾けた作品だと思います。本書は570ページ以上ある大著で，まだ邦訳もなくゴフマンの英語は晦渋極まりないもので，私には適切に紹介する自信がないのですが，みなさん「ゴフマン節」のフルコースでもうお腹いっぱいだと思いますので，デザートのつもりで最後にごく一部でも触れておきましょう。

　第1章「イントロダクション」でゴフマンはまず，「現実と想定されているものは影にすぎない」とする哲学の伝統に言及します。リアリティは影にすぎない。W・I・トマスの公理「人が状況をリアルと定義すれば，結果において状況はリアルとなる」がその例ですが，ゴフマンはウィリアム・ジェイムズが1869年の『心理学原理』で提起した，「いかなる条件においてわれわれは物事が現実的と考えるか」という問いを取り上げます。ジェイムズは「選択的注意」を強調し，われわれの注意が現実的ととらえる複数の「下位宇宙」を分節しようとした。——そう，前章で見たシュッツの「多元的現実」論とまったく同じ出発点です。

　ジェイムズ＝シュッツ・ラインは多様な展開を見せますが，ゴフマンが高く評価するのがグレゴリー・ベイトソンの「遊びと空想の理論」（1954年）です。この論考でベイトソンは「まじめ」と「ふまじめ（遊び）」の問題を取り上げ，まじめな行為が同じ行為のふまじめ版のモデルとなり，いま起きていることが遊びかまじめかわからないこともある，という経験の不思議さを論じ，これを考えるのに「枠（frame）」という用語を導入します。

　ゴフマンは以上の議論を踏まえて，ある個人が別の個人といるとき直面する次の問いに照準したいと述べます。「いまここで起きていることはなにか？（What is it that's going on here?）」なんとやっかいな（≒「あたりまえ」すぎる）「謎」でしょう。「多元的現実」論からすると，「いまここ」で起きているのはAさんには「労働」（「平

行四辺形」）であり，Bさんには「遊び」（「台形」）である。それをゴフマンは，「いまここでなにが起きている？」と問うのです。彼は，「私たちの社会で出来事を意味とするのに使用可能な基礎的枠組を析出し，こうした参照枠に課せられる特殊な脆弱性（vulnerabilities）を分析したい」と述べます。リアリティがいかに「脆弱」で「傷つきやすい」か，これを分析しようというのです。

　第2章「第一次枠組（Primary Frameworks）」。「第一次」とは，その枠を用いるさいにそれ以上「オリジナルな」解釈に遡及することがないことを意味し，それがないと無意味な局面を有意味に変えるものをさします。「第一次枠組は一見して無限の具体的な出来事を位置づけ，知覚し，同一化し，ラベリングすることを可能にする」。日常生活には，2種類の第一次枠組があるとゴフマンはいいます。「自然（natural）枠組」と「社会（social）枠組」です。自然枠組は出来事を自然法則に従った「純粋に物理的」なものとみなします。対して社会枠組は，出来事を人間に「導かれた行為（guided doings）」とみなします。意味のない出来事を，「自然」によるか，「人間」によるか，という「枠」で意味づけるわけですね。

　第3章「調と転調（Keys and Keyings）」は，ベイトソンが1952年に動物園でカワウソを観察して「けんかごっこ（play at fighting）」しているのを発見したエピソードで始まります。ベイトソンはカワウソたちがある合図によって「遊び」の攻撃を始め，別の合図で遊ぶのをやめる，と指摘します。この合図自体に意味はなく，第一次枠組のように無意味な出来事に意味を与えるものではありません。遊びの活動はすでに意味を帯びたもの（「けんか」）と結びついており，これが「形式のための基礎」になる。だが「けんかごっこ」ではけんかのパターンが100％再現されるのではなく，体系的に変形されている（かみつくように見せながら，深くかみはしない）。ここには「けんか」から「遊び」への「書き換え（transcription）」「置き換え（transposition）」「変換（transformation）」が見られます。

動物の遊びを念頭に，ゴフマンは「調（the key）」（音楽の「ハ長調」とか「ト短調」とかですね）というフレイム分析の中心概念を導き出します。これは「なんらかの第一次枠組によってすでに有意味にされているある活動が，その活動上にパターン化されていながら，参加者にはそれ以外のなにかに見えるものに変換される慣習（conventions）のセット」と定義され，この書き換えのプロセスを「転調（keying）」と呼びます。これは遊びに限らず脅しや騙しや儀礼にも見られ，「そうであると見えるものが，それをモデルとしながらも／それ以外のものである」という共通点をもちます。人間の場合には「調」は動物より豊富で，人間はけんかを舞台で演じたり，幻想として想起したり，回想的に記述したり，分析したりすることができます。

　このあとゴフマンは「転調」を詳細に定義し，5つの「基本調性（basic keys）」として，「作りごと（make-believe）」，「競争（contests）」，「儀式（ceremonials）」，「技術上の見地からの再演や再現（technical redoings）」，「基盤を取り替えた活動（regrounding）」（中河伸俊「フレーム分析はどこまで実用的か」の訳語を借用しました）をあげるのですが，詳細は省略してしまいますね。残り3つの章にだけ，急いで触れようと思います。

「偽造」と「ミスフレイム」

　第4章「企図と偽造（Designs and Fabrications）」は，「偽造」という「変換上の脆弱性」を論じています。「偽造（fabrications）」とは，ひとりないし複数の個人が他の個人・人々にいまなにが起こっているかについて誤った信念をもたせるために意図的に試みる活動，です。一方に欺こうとする「操作者（operatives）」「偽造者（fabricators）」「騙し手（deceivers）」がおり，他方に偽造に「ハメられた人（contained）」，「間抜け（dupes）」，「カモ（mark）」，「犠牲者（victims）」などがいる。「転調」がいまなにが起こっているかについて全員が同じ見方をするのをめざすのに対し，「偽造」は両側で

違う見方をもつことをめざします（騙す側は「いま起きていること＝偽造」とわかっており，カモに「偽造されたもの＝いま起きていること」と信じさせようとする）。このあとゴフマンは「偽造」を細かく類型化しますが，ちょっと追い切れません。だいぶ飛ばして，第9章「通常のトラブル（Ordinary Troubles）」に移りますね。

　ゴフマンは，いまなにが起きているかについて，参加者が一致していて不信が生じない場合と，欺瞞を生む作り事がなされていて不信を招きうる「特別な脆弱さ」を帯びた場合がある，と論じます。しかし，誰も騙すことを意図していないのに，状況の定義が一致せずに不信を招くということもある。ゴフマンはこれを「ミスフレイム（misframings）」と呼びます。その第1の類型は「曖昧（ambiguity）」，いま起きていることがAかBかのどちらか（たとえば「まじめ」か「遊び」か）判断がつかない，というケースです。

　ゴフマンがずっと詳細に論じるのが第2の類型，「フレイム間違い（errors in framing）」，誤った前提によってある出来事を「ミスフレイム」する場合です。「転調ミス（miskeyings）」として，彼はこんなケースをあげます。ロンドンのトラファルガー広場近くの通りである男性が，警官に3人の男が追われているのを見かけ，市民の義務として逃げている男の頭を杖で叩き，静かに立ち去った（彼はヒーローとして目立ちたくなかった）。その夜，頭をけがした俳優のM氏は，今回の映画ロケはリアルすぎたと悲しげに語った。……つまり，「芝居」のフレイムと「現実」のフレイムの転調ミスですね。「演技」や「遊び」や「冗談」が「まじめ」に取り違えられることを，ゴフマンは「ダウンキーイング（downkeying）」と呼びます。

　逆のケースもあります。ロサンゼルス郊外に住む32歳のL氏はハロウィンの仮装パーティーから帰ろうとしたところ，銃をもった男に追いかけられた。みんなは大笑いし，「おもちゃの銃から火花が出たように見えた」。K氏は倒れ，みんなはそれを見てさらに笑った。しかし彼は起き上がらず，ひとりが近づいて脈をとると，

彼の脈はなく死んでいた。事件後刑事が尋ねても，誰も犯人の手がかりを話せなかった。……ここでパーティー客たちは，「まじめ」（殺人事件）を「遊び」（ひとつ上のキー）まで転調してしまう「アップキーイング（upkeying）」という転調ミスをしていたといえます。

　第3の類型は「フレイム論争（frame disputes）」。いまなにが起きているのかについての定義をめぐって，反対のヴァージョンをもつ人々が表だって争い合う，というケースです。第4は「フレイム明かし（clearing the frame）」。すべての参加者にどういうフレイムだったか種明かしすることです。これも，ただ触れるだけにしますね。

　続く第10章「フレイム破壊（Breaking Frame）」で，ゴフマンは「管理不能なもの（the unmanageable）」が生じ，それを無視することもいずれかのフレイムの適用もできない「破れ（break）」が生じる場合を論じます。「人間の身体（human body）」はフレイムを破壊する力をもっており，とくに「顔の表情（facial expression）」は素早く変化し微妙な陰影を映すので強烈な破壊力があります。ゴフマンは「顔フレイムの破れ（breaking of facial frame）」のひとつに，「あふれ出し（flooding out）」をあげます。個人が相互作用の一員として破綻してしまい，笑いや涙や怒りを抑えきれなくなったり，パニックや恐怖で逃げ出したりするケースです。また，フレイムの外にいるはずの傍観者が，不関与という外見を制御できなくなって，「あふれ込み（flooding in）」をする，という場合もあります。

　「あふれ出し」「あふれ込み」はフレイムを破壊する以外に，調をシフトする可能性もある，とゴフマンはいいます。「ダウンキーイング」として彼があげるのは，からかい（mock）がほんものになる，という例です。子どもが鬼ごっこをしていたのが「マジになる（turn real）」ことがあり，走るのがどんどん速くなり，笑いが消えて叫び続けるようになる。会議で議論が激しくなって，「けんか」になる。芝居での「演劇のキー」が，役柄に夢中になってしまった役者たちにより「ほんもの（real thing）」に変質することもあり，ラ

イブにおいては役者も観客もダウンキーイングに対して「脆弱」である，とゴフマンは指摘します……。

なにがリアルで，なにがフェイクか？

まだ200ページ以上残っていますが，「劇場の演技」の話題にきたので，フリダシに戻る（？）ということで，このあたりで。やはりこの大著を咀嚼できておらず，項目の羅列のようになってしまって，申しわけないかぎりです。

　みなさんはこの本の話をどう感じたでしょうか。私は，本章の副題＝「日常という謎」がいかに脆弱な「壊れ物」なのかが，本書でさらに浮き彫りになったように思います。一瞬一瞬リアリティのキーが転調され，人と人とのあいだで食い違い，ふとしたはずみで意図したのとは別のものになってしまう。私たちはいつも，リアリティの綱渡りをしているかのようです。

　たとえば，冒頭に引用した女子大学生は「自然のまま」のリアリティと「馬鹿なふり」のリアリティを生きていました。でもそれだけでなく「罪悪感」や「彼を恨めしく思う」リアリティも生きている。仮に彼女が，ボーヴォワールの引用にあったような女性だけの「舞台裏」で，友人にこのことを打ち明けたとしますね。その後，彼女とボーイフレンドと打ち明けた女友だちと3人で会うという場面になったと想像してみると，「いまここで起きていること」はなにか。彼女は恋人への「馬鹿なふり」フレイムを維持しながら，友人に目配せしてこの「偽造」で騙し通すね！という「アップキーイング」や，ほんとは「罪悪感」があるの……という「ダウンキーイング」を試みるかもしれません。友人も同じ「偽造」フレイムに従うかもしれませんが，ふと，あれ？ほんとはいまの彼の前の彼女の態度が「マジ」で，打ち明け話の「罪悪感」って私を騙す「ウソ」だったんじゃない？と，疑念をもつかもしれません。そして（たとえば，彼と女友だちがじつはこっそり付き合っていた（！）場合），誰かの「顔の表情」が「あふれ出し」を起こし「フレイム破壊」が生じ

る，かもしれない……。うーんややこしい～。

　考えてみれば，私たちはこうした「日常」を「見えているが気づ
かれない（seen but unnoticed）」ものとして生きています。前章の
シュッツは，流動的な「体験流」を「エポケー（判断停止）」，つま
りいったん「止める」ことで見えるようにしようとしました。ガー
フィンケルは「違背実験」によって，あたりまえの日常を「壊す」
ことで見ようとした。これに対し『フレイム分析』のゴフマンは，
瞬時に揺れ動くリアリティを超精細の解像度で腑分けして，ひとつ
ひとつに「名づける」作業をすることで noticeable にしているよう
です。だから，解剖した標本を並べて逐一名前を書いた付箋を貼る
ように，膨大で細かな分類と命名が必要だったのではないか。ただ，
アナログな「体験流」をデジタル化して解析するようなこの作業が
成功したのか，私はまだ判断がつきません。

　もしかしたら，これは SNS 上のコミュニケーションに応用でき
ると感じる人がいるかもしれません。誰かがあるつぶやきを投稿す
る。それに誰かが反応してまじめなやりとりが始まる。ところが，
誰かがそれをネタにしてツッコむ（「アップキーイング」）。そのコメ
ントに誰かが怒り出し，マジでコメントする（「ダウンキーイング」）。
それを煽るコメントが追加され，「炎上」する。その全体をネタと
してあざ笑うコメントがつく。──いったいなにがリアル（マジ）
で，なにが遊び（ネタ）なのか。それを切り替える「合図」を即座
に読み取る人，全然気づかない人，わざと「ミスフレイム」して混
乱させる人，「転調ミス」してさらし者になる人。こうした複数の
人が関与する「いまここ」で，起こっていることはなにか？

　あるいは，あるメディアに「銃で撃たれた遺体（human body）」
（たとえばゴフマンの両親の祖国に横たわる）の画像が掲載されたとし
ます。ある人々はそれをリアルととらえ，撃ったとされる側を非難
するコメントを寄せる。だが別の人々はそれが「遺体のふり」であ
り，「捏造」だと説明する。別の動画でこれについて証言する人々

の「顔の表情」が，制御不能な「破れ」として「あふれ出す」（これはリアルだ！）。その涙や怒りの表情を，さらに別の人は巧妙な「自作自演」の「偽造」としてフレイム化しようとする（これはフェイクだ！）。——私たちが生きる「複数の意志の空間」は，こうした「複数のリアリティの空間」「複数のフレイムの空間」なのかもしれません。なにがリアルで，なにがフェイクか？「いまここ」で起きていることは「戦争」なのか，「特別軍事演習」（戦争ごっこ）なのか？（マイアミビーチのガーフィンケル……！）

　私の連想が少し進みすぎたようです。「デザート」のつもりが，じつに苦い話になってしまいました。でも，ゴフマンの社会学を駆け足で見てきたきょうの講義には，ふさわしい後味なのかもしれませんね。まとまりませんが，今回はこれで終わりにしましょう。

第11章

ミシェル・フーコー

権力という謎

　ミシェル・フーコー。みなさんはこの哲学者について，いろいろな講義で聞いたことがあると思います。彼の名が「パノプティコン」（上の図ですね）と結びつけられ，「規律・訓練」という権力の形態を解明したとされるのも，すでによく知っているのではないでしょうか。

　ただ，彼がとらえた「権力」の姿はそれだけではありません。告白させる権力。生に対する権力。安全装置。統治性。技法中の技法。彼は縦横無尽に時代を行き来しながら膨大なテクストを精緻に読み抜いて，さまざまな「権力のテクノロジー」を浮かび上がらせるのです。それは私たちの周りにも張りめぐらされているものかもしれません。どうしたらそれから自由になることができるのか？――フーコーの刺激的な議論を追いかけることにしましょう。

1　はじめに

> **ふたつの刑罰**

きょうのフーコーについての講義は，1975年の『監獄の誕生——監視と処罰』の有名な冒頭部と，数ページあとにある資料の引用から始めましょう。

1757年3月2日，ダミヤンにたいしてつぎの有罪判決が下された。「手に重さ二斤の熱した蝋製松明（たいまつ）をもち，下着一枚の姿で，パリのノートルダム大寺院の正面大扉のまえに死刑囚護送車によって連れてこられ，公衆に謝罪すべし」，つぎに，「上記の護送車にてグレーヴ広場へはこびこまれたのち，そこへ設置される処刑台のうえで，胸，腕，腿，脹らはぎを灼熱したやっとこで懲らしめ，その右手は，国王殺害を犯した短刀を握らせたまま，硫黄の火で焼かれるべし，ついで，やっとこで懲らしめた箇所へ，溶かした鉛，煮えたぎる油，焼けつく松脂，蝋と硫黄との溶解物を浴びせかけ，さらに，体は四頭の馬に四裂きにさせたうえ，手足と体は焼きつくして，その灰はまき散らすべし」。（『監獄の誕生——監視と処罰』，9頁）

四分の三世紀のちになると，たとえば，レオン・フォーシェの起草した「パリ少年感化院のための」規則はつぎのとおりである。／第17条。在院者の日課は，冬期は午前6時，夏期は午前5時に始まるものとする。労働時間は季節をとわず1日9時間とする。1日に2時間は教化にあてる。労働ならびに日課は，冬期は午後9時，夏期は午後8時に終了するものとする。／第18条。起床。太鼓の第一の響きによって，在院者は静かに起床し着衣すべし，そのあいだに看守は独房の戸をあけるものとする。第二の響きによって，在院者は寝床から降りて

寝具を整頓すべし。第三の合図で，朝の祈りがおこなわれる礼拝堂へ行くため整列すべし。それぞれの合図は5分間隔とする。（中略）／第20条。労働。夏期には5時45分，冬期には6時45分に，在院者は中庭へおり，そこで手と顔を洗って第1回のパンの配布を受けとるべし。ついでただちに，仕事場ごとに整列して労働に出かけるものとする。それは夏期は6時，冬期は7時に開始されるべし。（同，11-12頁）

　フーコーはここで，この短期間に刑罰の様式が大きく変化したことに驚いてみせます。もちろん一方はルイ14世暗殺を企てた男への刑罰，他方は「少年感化院」の規則ですから時代の差異だけの反映とはいえませんが，前者のような身体刑は消滅し，後者のような処罰が広がっていくことは容易に想像がつくでしょう。そして，私たちが生きる現代社会は，刑罰だけでなく，日常の生活も後者に記されたような規則が支配している世界だと思います。

　ミシェル・フーコーはじつに巨大で多面的な思想家で，私には全貌をとらえることは到底できません。亡くなる直前の1984年5月に刊行された『性の歴史』第2巻『快楽の活用』の冒頭，彼は自らの仕事を振り返って，〈性〉に関連する「知」の形成というテーマは『狂気の歴史』（1961年）など「医学と精神医学」の研究で，〈性〉の実際面を規制する「権力体系」については『監獄の誕生』（1975年）などの「処罰権力と規律・訓練上の実践」の研究で扱い，自らを性の主体と認識する「主体性の諸形式」についてこの『性の歴史』第2巻以降で解明する，と述べています。「知」，「権力」，「主体性」。いずれも個人の生と社会構造を結ぶ重要な契機であり，「社会学的想像力」の試金石となる主題だと思います。

　これをどうとらえればいいのか。じつは，狂人の「大いなる閉じ込め」を論じた『狂気の歴史』と，同年刊行（！）のゴフマン『アサイラム』を対比して話を始められればとも考えたのですが，私の

実力ではとても無理で，挫折しました……。試行錯誤の結果，冒頭の引用から出発して，「権力」とはなにかというごく限られた問い（でもどう見ても巨大な「謎」！）を軸に講義を組み立てたいと思います。フーコーは「権力」があるところに誰よりも敏感に反応する感受性をもった人でした（筋金入りの「自由」の感覚をもっていた，ともいえます）。『監獄の誕生』が抽出した「規律・訓練」だけでなく，「権力」がもつ鵺のような多面性を，フーコーは生涯にわたって自らを変化させながら描き出していくのです。

　たとえばマックス・ヴェーバーは，「抵抗を排してまで自己の意志を貫徹するすべての可能性」＝「権力」のうち，「正当性根拠」に納得して服従が得られる可能性，つまり「支配」に照準を合わせて，「合法的支配」「伝統的支配」「カリスマ的支配」を類型化しました。彼にとっては，服従するという「行為の意味」がポイントだった。しかし，フーコーはこの水準については論じないといっていいと思います。先に引用した例も，一方は「身体刑」という剝き出しの暴力で，他方はヴェーバーが「習慣的態度によって，特定の多数者の敏速な自動的機械的な服従が得られる可能性」と定義した「規律」と重なるものでした。

　では，フーコーのセンサーはなにを感じとるのか。それは「権力のテクノロジー」と呼べるものではないか，と予告したいと思います。「意味」でも「正当性」でもなく，「技術」です。社会のいたるところに権力の「技術」が張りめぐらされている。そのあらゆる形態を，彼は驚くべき繊細さで描き分けていく。ためしに，以下で登場する「技術」や「技法」を列挙しておきましょう。「身体刑という技術」「効果に関する技術」「記号＝技術論」「配分の技術」（『監獄の誕生』），「権力の多形的な技術」「生に基づく政治的テクノロジー」（『知への意志』），「安全テクノロジー」「人口テクノロジー」「キリスト教的司牧の権力技術」（『安全・領土・人口』），「技法中の技法」（『肉の告白』）。──なんのことだろう？と思う言葉も多いと思

います。でも，それが私たちの生の周りにあることを，フーコーは気づかせてくれるのです。

| 生　涯 |

ポール゠ミシェル・フーコー（Paul-Michel Foucault）は，1926 年 10 月 15 日，フランス南西部のポワチエに外科医で解剖学教授のポール・フーコーの長男として生まれました。曾祖父，祖父，母の父親も医者で「ポール・フーコー」という名は代々引き継がれたものでしたが，母アンヌはそれを嫌って彼を「ポール゠ミシェル」という名にし，フーコー自身は嫌っていた父の名前を拒否して後年「ミシェル・フーコー」と名乗るようになります。

フーコーの幼少期は戦争と死が身近にある時代でした（ホブズボームがいう「破局の時代」です）。1934 年 7 月のオーストリア・ナチ党によるドルフス首相暗殺は，彼に「死についての私の最初の大きな恐怖」を引き起こします。1940 年 5 月，ドイツ軍のフランス侵攻にさいして母方の祖母の邸宅に疎開しますが，6 月にはその一部がドイツ将校宿舎として接収され，ドイツ占領下で多くを禁止される生活を送ります。彼が入学したリセはパリから疎開した生徒たちで混乱し，教師と合わなくなったフーコーを母はカトリックの修道士が営む聖スタニスラス中高等学校に転校させます。その後ポワチエの準備学校で受験勉強を進めますが，1945 年 5 月高等師範学校の筆記試験に落第，パリの準備学校に移り，翌年 7 月高等師範に合格します。そこで彼はモーリス・メルロ゠ポンティの心理学の講義や，哲学の復習教師ルイ・アルチュセールの影響を受けます。

ですが，高等師範学校でのエリートたちとの集団生活においてフーコーは精神的に不安定でした。孤独で人見知り，冷笑的で攻撃的な彼は同輩とトラブルを起こし，1948 年と 1950 年に自殺未遂を起こします。これは緊張した学校環境とともに，ディディエ・エリボンの伝記にある高等師範の医師の証言によれば，「こうした精神障害は，同性愛がひどく満たされず全然受け止められなかったため

に生じたのです」。彼は，同性愛者が経験する「the discreditable の苦境」（ゴフマン）に置かれていたのかもしれません。

　1951 年 8 月，フーコーは 2 度目の受験で大学教授資格試験に合格し，1952 年 10 月にリール大学文学部心理学助手に就きます。しかし，1955 年 8 月にはスウェーデン（私生活が制限されていたフランスより「もっと自由な国」）のウプサラ大学でフランス語講師（心理学者ではなく！）となります。彼は同大学の図書館に医学史の膨大なコレクションを発見し，その研究に没頭して博士論文『狂気と非理性』の執筆を進めますが，授業時間が増え論文準備ができなくなると，1958 年 10 月ポーランドのワルシャワ大学に移ってフランス文明センター新設の仕事に，翌年 10 月には西ドイツ・ハンブルクでフランス文化学院館長としての職務に取り組みます。

　1960 年 2 月博士論文が完成し，10 月にクレルモン゠フェラン大学に心理学准教授として赴任，博士論文は 1961 年に『狂気の歴史』として刊行されます。その後，『臨床医学の誕生』（フーコーによれば『狂気の歴史』の「裁ち屑」）を 1963 年に，『言葉と物』を 1966 年に刊行します（後者は 1 年で 2 万部を売るベストセラー！）。しかし 1966 年 9 月，フーコーはチュニジアのチュニス大学に移ります。パートナーのダニエル・ドゥフェールが兵役がわりにチュニジアで教育奉仕をすることになり，生活をともにすることを選んだのです。

　フーコーはチュニスで哲学の講義を熱心に進め，それまでの研究の方法論を記す『知の考古学』の執筆に注力しますが（1969 年 3 月刊行），この地である決定的な経験をします。1967 年 6 月第三次中東戦争を機にチュニスで反帝国主義デモと反ユダヤ主義の暴動が起こり，政治化した学生たちがフーコーの家で集会をもつようになるのです。翌年 3 月，投獄されていた学生たちの釈放を求めるデモが起こり，警察は大学に侵入して学生たちを殴り，拷問し，投獄します。フーコーはこの出来事に（とくに若い学生が「自由を剝奪される危険」を冒して政治活動をしていたことに）衝撃を受けたと述べています。

1968年夏，チュニジア警察から危険人物として帰国するよう脅されていたフーコーは，そのタイミングでフランスに戻るふたつのオファーを受け，新設のヴァンセンヌ大学を選び12月に哲学教授に任命されます。1969年1月，カルチェ・ラタンでの学生暴動に連帯してヴァンセンヌでも学生と教員が立てこもり，フーコーたちは突入した警官により逮捕，夜明けに釈放されます。ヴァンセンヌで彼はデモや抗議行動，大学行政に奔走します。

　1969年11月コレージュ・ド・フランスの教授会議は，フーコーをジャン・イポリットの講座の後継とする方針を決定します。このフランス最高の研究機関では大学行政も学生指導もなく，11月から5月まで12回・2時間の公開講義で自らの研究を報告することが課せられるだけです。フーコーは1970年12月の開講講演に始まる初年度の「知への意志」講義から1983〜84年度の「真理の勇気」講義まで，膨大なエネルギーを注いでこれを準備します。その内容は「講義集成」として出版されており，あとで一部に触れます。

　この時期フーコーは活発な政治活動・社会的発言を続けますが，拘留中の新左翼活動家の待遇改善要求に呼応して1971年2月に創設された「監獄情報グループ（GIP）」の活動は特筆に値します。フーコー執筆の創設宣言には「我々の誰もが監獄と無縁である保証はない」，だが「監獄に関して公表される情報はほとんどない……我々には知る権利がある」と記され，司法官，医師，弁護士，ジャーナリスト，心理学者，民生委員などを動員して監獄の実態を調査し，新聞とラジオの監獄内への持ち込みを可能にするなどの成果をあげました。この活動によって彼の関心は変化し，1975年の『監視と処罰 —— 監獄の誕生（*Surveiller et pumir: Naissance de la prison*）』刊行につながります。

　そして同じ時期，彼が頻繁に訪れたのはアメリカ，とくにサンフランシスコのゲイ共同体で，フランスにはない開放的な生活様式を経験します。1974年8月26日『監獄の誕生』の原稿を完成させた

翌日，フーコーは『性の歴史（*Histoire de la sexualité*）』第1巻の執筆を始めます。これは1976年12月『知への意志』として刊行されますが，彼は準備していた7巻にわたる膨大な草稿を棚上げし，『性の歴史』の計画を完全に変更してしまいます。

　1984年5月14日，7年半のインターバルを経て『性の歴史』第2巻『快楽の活用』が刊行されました。その直後の6月2日，フーコーは自宅で意識を失います。6月9日に入院，10日に集中治療室に移され，20日小康状態のときに刷り上がった第3巻『自己への配慮』を受け取ります（！）。そして25日に死去。死因は「悪性の敗血症を引き起こす神経学的徴候」と発表されましたが，HIVによる57歳のじつに早すぎる死でした。

2　身体刑から規律・訓練へ

●『監獄の誕生』

身体刑という技術　　『監獄の誕生』冒頭のダミヤンの処刑に戻りましょう。この描写を読んで，みなさんはこう思ったかもしれません。なんて残酷で野蛮なんだ！ こんな暴力的な刑罰が行われる，権力が剝き出しの社会なんて耐えられない！──ですが，フーコーはこの刑は「残酷」だが「野蛮」ではない，と繰り返します。権力が我を忘れて激怒するのではなく，一定の「規則」に則っており，「身体刑は一つの技術」だというのです。

　第2章「身体刑の華々しさ」で，彼はフランス革命まで処罰実務を支配した1670年の王令を引用します。そこには死刑，拷問，ガリー船での漕刑，鞭打ち，加辱刑，追放が記され，身体刑は細かく分類されていました。絞首刑，手を切断したのち絞首刑，自然な死まで車責め，絞首したのち車責め，生きたまま火刑，絞首したのち火刑，四裂き，斬首，頭割りの刑……。ただしじっさいの裁判では，相対的に重い犯罪を扱ったシャトレ裁判所で1755～85年の期間，

半分以上は追放刑ということです（「監禁」は存在しません）。

身体刑は次の3つの基準を満たさなければなりません。第1に，苦痛の量を比較・段階づけすること。死刑は生存権の剥奪だけではなく「生命を苦痛のなかに留めておく技術」であって，斬首刑（苦痛は一瞬なので，「身体刑の零度」とフーコーは呼びます）から四裂きの刑（なかなか死ねず苦痛を無限に高める）まで，精妙に計算される。第2に，苦痛を生じさせるには規則がともなうこと。鞭打ちの数，責め苦の時間，身体毀損のタイプなどが犯罪の軽重，犯罪者の地位身分などとの相関で決められ，「身体と刑罰にかんする果てしない知」が形成される。第3に，身体刑が「一種の祭式」を構成すること。犠牲者の身体に痕跡を残し，華々しい儀式をともなうことによって，「司法の栄光」を見せつける，のです。

拷問も規則正しく執行され，時間，道具，綱の長さ，重りの重さなどが細心に定められて，「残酷ではあるが野蛮ではない」ものでした。刑の執行は「公開の懲罰儀式」で，罪人の「身体の表面で」司法の行為が万人に読み取られねばならず，身体刑と犯罪に「ピンでとめるように」解読可能な関連をつくりだす必要があった。ダミヤンは国王殺傷事件のさいの短刀を手に結びつけられていましたが，刑の執行において犯罪のようすが再現されることもありました。刑の進行に従って処刑者が叫び声と苦悶を上げる，このこと自体が罪を証立てる。「身体は犯罪の真実を二度三度生み出すのである」。

こうした刑罰は，犯罪が法への違反，被害者への損害である以上に，法を布告した君主の権利を侵害するとの認識に裏づけられます。「犯罪者は君主の敵」で，傷つけられた君主権を再興するため華々しい儀式を行わねばならない。それを代行するのが死刑執行人ですが，彼は規則どおりの方法で罪人を殺さなければなりません（ダミヤンの執行人は「四裂き」にできず庖丁で手足を切り裂いたため，もらえるはずだった死刑執行用の馬を没収されました）。「超権力としての自分の現実態を祭式によって華々しく誇示することで活力をふたた

び得る権力」にとって，処罰の儀式は不可欠なイベントなのです。

　そして，この儀式において，「中心人物は民衆」であり，「民衆は観客として呼び出される」。民衆は晒し者の刑や加辱刑に参加するように招かれ，絞首台や晒し台に押し寄せます。身体刑は「彼らの目で見てもらわなければならない」。民衆が犯罪者に暴力をふるうことは頻繁で，統治者はある場合にはこれを黙認して国王への服従の印として強調し，ある場合にはそれを抑えて犯罪者を保護します。ただし，民衆が処罰権力に対する拒否あるいは反抗を行うこともあり，不当と考える処刑を妨害し，死刑執行人から死刑囚を奪い取り，執行人を攻撃し，判決に対して大騒ぎするケースもありました。このように身体刑は，犯罪者・死刑執行人（処罰権力）・民衆の3者が，まさに身体として出会う現場だったのです。

　さて，冒頭に述べたように，身体刑は18世紀末から19世紀初頭にかけて消滅していきます。一方で「処罰の見世物の消滅」が見られ，他方で身体への「苦痛の除去」が見られる。これはなぜか。どんな処罰が身体刑にとってかわるのか。

> **身体刑から監禁システムへ**

1789年，大法官職は身体刑にかんする請願書の全般的な立場をこう要約しています。「刑罰をゆるめて罪に応じたものにしていただきたい，死刑はもはや殺人犯にのみ課すようにしていただきたい，人間性にもとる身体刑は廃止していただきたい」。18世紀後半の「改革者」たちは身体刑への抗議を繰り返し表明し，より人間的な刑罰を求めます。なぜか。予想される答えは，「啓蒙時代」のヒューマニスティックな思想が身体刑を廃止させ，より人間的な刑罰（＝監禁？）をこれに代えた，というものでしょう。

　しかし，フーコーはこの答えに疑問を投げかけます。第2部「処罰」で彼は具体的な細部に留まり続け，異なる水脈を浮上させます。

　第1に，身体刑のもつ「二重の危険」です。身体刑は国王の暴力と民衆の暴力が直接出会う地点であって，国王の暴力が見世物とし

て提示され，民衆が魅惑される場合もあれば，それに歯向かう場合もある。死刑執行人はこのあいだの「歯車装置」です。一方で国王の暴力が正当な暴力行使を超える危険性が，他方で民衆による反抗に直面する危険性がある。

　第2に，フーコーは18世紀における犯罪の変化をあげます。17世紀末以降殺人，傷害，殴打のような流血の犯罪が減少し，盗みと詐欺のような所有権の侵害の犯罪に入れ替わる。18世紀における富の増大，人口の急増などが影響して，権利に対する侵害から財産に対する侵害に犯罪がシフトするのです。このとき，身体刑は過度とみなされ，「連続的に，社会の最小単位にまで行使されうる」懲罰権を開発する必要が生じるのではないか。

　ここで，君主の「超権力」と民衆の「下層権力」のあいだを埋めていく必要が生じる。それは，「君主による報復」から「社会の擁護（防衛）」に処罰権の位置が移動することでもあり，君主の権力を見せつけるのではなく，それを見る犯罪者以外の人々に対する「効果にかんする技術」として処罰は組み立て直されなければならない。処罰の「記号＝技術論」、つまり，あの犯罪をしたらこの刑罰になるという表象関係を体系化して人々に効果をもつようにする技術。どうすればこれができるでしょう。

　フーコーは，監獄はこれにふさわしくなく，「多数の改革者にとってはっきり批判されている」と指摘します（！）。なぜなら，ただ閉じ込めて時間の長さだけ異なる監禁は画一的で犯罪の種別性に対応できず，「暗闇」なので一般大衆には見えず，効果を欠くからです。現代のわれわれにとって自明の，死刑と軽度の刑罰との「処罰の全中間領域」を拘禁が覆い尽くしうるという考えは当時の改革者にとって考えもつかないことだったとフーコーはいいます。でも，それなのに「またたくまに 監 禁 が懲罰の本質的形態になった」。1810年の刑法典では，死刑と罰金刑のあいだの全領域を「監禁」が占めることになるのです。「監獄という大いなる画一的な装

置」がフランス全土（さらにヨーロッパ）に広がり，祖国を裏切って
も，父親を殺しても，一切の犯罪は画一的に「閉じ込められる」。

　どうして「この奇術はほとんど一瞬のうちに行われた」のか。
フーコーは「多くの場合の説明」として，「処罰としての監獄の大
いなる見本（モデル）」の形成をあげ，1596年アムステルダムに創設された
「研磨の獄舎」などのモデルと，改革者たちが想定した懲罰を比較
します。改革者たちの方法では，この犯罪とこの懲罰が結びつくと
いう「表象」の体系に「法主体としての個人」が定位される（「記
号＝技術論」です）。これに対してモデル施設は，「身体」「時間」
「毎日の動作と行動」「習慣の座である範囲での精神」に働きかける。
これは「表象の働き」ではなく「強制権（コエルシション）の諸形式」であり，
「記号（シーニュ）」でなく「訓練」あるいは拘束の繰り返しである。これらの
矯正技術で再構成しようとするものは「法的主体」でなく「服従す
る主体」であり，「習慣や規則や命令への服従を強制される個人」
である。

　フーコーの整理によれば，18世紀末に処罰権力を組織化する3
つの方法（「権力技術論」）があった。第1は，君主統治権の儀式と
しての「身体刑」。第2は，改革的法学者が計画した個人を法主体
として再規定する処罰。第3は，「モデル」に見られる監獄制度の
計画。では，いかにして第3のテクノロジーが最終的に圧倒的なも
のになったのか。第2部はこの問いを開いたまま終わります。

規律・訓練の技術　　第3部「規律・訓練」は「従順な身体」
「良き訓育の手段」「一望監視方式」の3章
からなります。ところが前2章の対象は「監獄」ではなく（！），
読者は別の話題に付き合わされることになります。そのテーマは，
規律・訓練のための細々した「技術」です。

　第1章「従順な身体」は，17世紀初頭の「兵士の理想像」の描
写から始まります（このあたりのフーコーのセンスは抜群です！）。「兵
士とは第一に，遠方から見分けのつく人物である」。兵士の身体は

頑健さ，誇り，勇ましさの記号でなければなりません。直立した頭，分厚い胸，広い肩，優美で堂々とした行進。ところが18世紀後半になると，こうした兵士の身体は「造りあげられる」ものになる。農民の物腰を追放して兵士の態度をもちこむ「計画にもとづく拘束」が姿勢を矯め直し，身体各部にいきわたることになります。

　こうして，この時代に「身体」が権力の対象・標的として発見された，とフーコーは指摘します。そこでは「服従させうる，役立たせうる，つくり替えて完成させうる身体」が「従順」とされ，「身体へおよぶ無限小の権力」に関心が寄せられる。身体への綿密な取り締まりをし，従順を強制する方法をフーコーは「規律・訓練（discipline）」と呼び，以前から修道院や軍隊や仕事場にあったこの方策が17〜18世紀に支配の一般方式になったというのです。

　フーコーは，これは突然発見・発明されたものではなく，「起源もさまざまな，出所もばらばらの，しばしば些細な過程の多種多様な集まり」として理解するべきだと強調します。学校で，軍隊で，仕事場でこまごまと些細なことが重視される。それが（たまたま）積み重なって，結果として身体を取り囲む「権力の新たな《微視的物理学》」が生まれる。「こうした些事から，おそらくは，近代ヒューマニズムにおける人間が誕生したにちがいない」。この「些事」を，フーコーは次のように4つの「技術」に分けて整理します。

　第1に，「配分の技術」。規律・訓練の最初の措置は「空間への各個人の配分」です。修道院の寄宿舎，兵営，工場は，①他の空間とのあいだを「閉鎖」し，②各個人の位置を「碁盤割りの原則」に基づいて定める。③その位置は，陸海軍の病院や18世紀末の工場のように機能的に区別，系列化される。④イエズス会の修道士学校のように，「学級」は10人単位の組に分けられて組長が置かれ，そのなかで各生徒が序列化され座席指定される（これで全員一斉の勉強が可能になる）。空間を閉鎖し，区別し，個人を序列化し，配置する。じつに些細な技術です。

第2に，「活動の取締り」。最初に修道院，次いで学校や仕事場や施療院や軍隊が採用した「時間割」によって所定の仕事が強制される。第3に，「段階的形成の編成」。時の流れを分割し，各段階で（1レッスン，1学期，1学年ごとに）習熟するべきものを定めて，段階を編成する。第4に，「さまざまな力の組立」。ひとつの身体が他の身体と連結しうる要素となり，部品としての各身体が注意深く計算された命令組織によって組み立てられる。──でもこれって，私たちの「学校」や「職場」のことではないでしょうか??

　第2章「良き訓育の手段」。身体刑の権力は「自らの極端さをもとにして自らの超 権 力を当てにできる勝ち誇った権力」でしたが，「規律・訓練」の権力は「計画的な，だが限りない経済策をもとに機能する，つつましやかで疑い深い権力」です。なぜこの権力が前者にとってかわるのに成功したのか。フーコーは「階層秩序的な視線」，「規格化をおこなう制裁」，「両者を組合せたる試験」という3つの「単純な道具」をあげて説明します。

　第1に，視線の作用，「見ること」が権力の効果を生む装置となる。「監視施設」の理想的モデルは軍の野営地で，通路やテントが正確に配置され，「全域におよぶ可視性の効果」によって造成される。学校の建物は放蕩や同性愛の防止のために監視の覗き穴を設け，仕事場では監視員が配置され，初等教育では優秀な生徒が他の生徒の監視係になる。「この権力はいたる所にあり，しかもつねに見張っている」，そして「取締る役目の者をもたえず取締る」。

　第2に，ささやかだが厳格な刑罰の機構が機能する。法律では空白のまま放置されている空間部分を碁盤割りにして取り締まる（仕事場に入るときは会釈すべし，とか，5分以上持ち場を離れたら半日欠勤扱い，とか）。こうした「微視的な刑罰制度」は，軽い体罰，軽度の没収，些細な加辱といった処罰を用い，処罰は「恩恵＝制裁の二重の体系の一要素」であって，さまざまな褒賞も用意されている（『アサイラム』の「特権体系」を思い出しますね）。

第3に，試験。これは「規格化の視線」であり，「資格付与と分類と処罰とを可能にする監視」です。試験は「可視性という経済策を転倒する」。かつての試験は豪華壮麗な「観兵式」のように権力が顕現される儀式でした。この「君主の可視性」に対して，「閲兵式」では兵の隊列が細かく視察され，「あべこべにされて臣下の不可避の可視性」に変わる。試験官が不可視になり，生徒のほうが「つねに見られる可能性がある」ことになるわけです。

　こうして，かつて権力の最高水準において最大限だった「個人化」（王が典型）が，規律・訓練的制度では「子供のほうが成人よりも……，病者が健康人以上に，狂人および犯罪非行者が普通人および非＝犯罪非行者よりも，いっそう個人化される」。フーコーは，「心・精神」を語根にもつ学問（それが彼の最初の専門でした）はすべて，この個人化の歴史的反転によって立場を獲得した，といいます。「人間にかんする諸科学が存立可能になった時期とは，権力の新しい技術論，および身体にかんする別種の政治的解剖学が用いられた時期なのである」。規律・訓練の権力は「排除する」「抑圧する」「取締る」「隠蔽する」否定的・消極的な効果ではなく，「生み出しの仕事」に属している，とフーコーは述べます。

> ペストとパノプティコン

いよいよ第3章「一望監視方式」です。この章は（意外にも？）ふたつの事例の対比で組み立てられます。ひとつは都市でペストが発生した場合の措置，もうひとつが「一望監視施設」です。

　第1の事例。17世紀末のある都市の規則（他の同時代・先行する時代の規則と合致する）によれば，ペストが発生したさい，まず都市の空間を厳重に碁盤割りにする。そこから外に出ることは禁止（違反すれば死刑），各街路は世話人により監視される（世話人も代官に監視され，立ち去れば死刑）。「巡視はたえず行なわれること。いたるところで視線が見張る」。40日の検疫期間に，世話人は各家庭で状態を調べ帳簿に記入する。こうして「閉鎖され，細分され，各所で監視

される」空間ができ，「人間の生存の最も細部への，しかも毛細管にも似た権力の運用を確保する完全な階層秩序を媒介する規則の浸透」，つまり「規律・訓練の図式」がもたらされます。

　これはかつての病への措置とは異なります。『狂気の歴史』第1部に記されているように，らい病患者（歴史用語としてこう表記します）は社会の外へ追放され，閉じ込められました。対してペストは社会の細分化された空間に配分されます。フーコーはらい病への措置には「清浄純粋な共同体への夢想」，ペストへの措置には「規律・訓練が加わる社会への夢想」が見られる，と述べます。

　第2の事例は，功利主義哲学者ジェレミー・ベンサム（1748〜1832）が19世紀初頭に考案した「一望監視施設（panopticon）」です。本章扉絵を見てください。中心に塔が，周囲に円環状の建物があり，後者は独房に区分される。独房には塔に向かった窓と外側に面する窓があり，塔に監視人をひとり配置すると，外から入る光で独房内の囚人を把握することができ，「完全に個人化され，たえず可視的」にすることができる。以前の土牢は「閉じ込める，光を絶つ，隠す」機能だったが，この監獄は充分な光と視線によって囚人を捕捉でき，「今や，可視性が一つの罠」となる。

　この結果，多数の人間が密集しうごめいていた状態から，各人が独房内に閉じ込められ同輩と接触できない状態に置かれます。「群衆が解消されて，そのかわりに，区別された個々人の集まり」が生まれる。そこから一望監視装置の主要な効果，「権力の自動的な作用を確保する可視性への永続的な自覚状態を，閉じ込められる者にうえつけること」が生じます。囚人は，いつも見られているのではないかと自動的に感じるようになる。ベンサムは監視者が囚人から見えないように工夫を凝らします（塔を暗くすればよい）。「権力は可視的でしかも確証されえないものでなければならない」という原則により，「囚人は現実には監視される必要がな」く，「現実に凝視されているかどうかを決して知ってはならない」が「自分が凝視され

る見込みであることを確実に承知している」状態に置かれるのです。

そしてこの装置は、「権力を自動的なものにし、権力を没個人化する」。権力はある人格に存在するのではなく、「身体・表面・光・視線などの慎重な配置のなか」にあり、偶然採用された者や家族や友人が監視者の代理を務めてもかまいません。一望監視装置は行使者がどんな人であっても、権力として同質的な効果を生む「絶妙な機械仕掛」なのです。

規律・訓練をめざすふたつの事例のうち、ペストへの措置は例外状況に対して立ち上がった「生か死かの単純な二元論」、「動くものは殺される」権力でした。対して一望監視施設は「建築ならびに視覚的効果の純粋な仕組」で、囚人の素行を改めさせる、病人を看護する、生徒を教育する、狂人を見張る、労働者を監視するなどあらゆる施設に「一般化」できます。この権力は生産を増大し、経済を発展させ、教育を広げ、公衆道徳の水準を高め、「社会の諸力を一段と強くすること」ができる。「機構としての規律・訓練」は権力行使を「より速かな、より軽快な、より有効な」ものにする機能的な仕掛であり、「規律訓練的な社会の形成」を帰結するのです。

「監獄の失敗」と「監獄都市」

第2部の終わりでフーコーは、どうして身体刑でも改革者たちの計画でもなく、監獄という技術が圧倒的になったのか、なぜ「この奇術」が短期間で行われたかを問うていました。第3部を経て、どんな答えが示されることになるのでしょう。

第4部「監獄」の第1章「完全で厳格な制度」の冒頭で、彼はこう述べます。監獄はナポレオン法典とともに創設されたと当時いわれたが、それ以上に古い。「形式としての監獄」は司法制度の外部で組み立てられていた。個々人を空間的に配分し、調教し、見張り、記録し、個々人についての知をつくりあげる手続きが「全社会体を貫いて磨きあげられた」時期があり、拘禁中心の刑罰制度への移行は「すでに他の場所で磨きあげられてきた強制権の機構」に刑罰制

度を招き入れた程度のことである。監獄＝懲罰は社会の作用と密接に最深部で結びついていたので，18世紀の改革者が想定した他の処罰を忘却させ，自明の理として即座に受け入れられた。なぜならそれは，人を閉じ込め矯正し従順にする社会体にあるすべての機構を「いくらか強調しつつも再生産するにすぎないから」である。

　「監獄とは，いささか厳重な兵営，寛大さの欠ける学校，陰鬱な工場だが，極端な場合でも質的な差異は何ら存在しない」。——これを読んで，私はなるほど！と思いながら，因果関係はどうなの？といささか肩透かしの答えのようにも感じます。起源も出所も違う些細な技術が社会の各所に成立していた，だから監獄も急速に広がり自明となった。ただ，もしかしたらこの肩透かし感（？）が重要なのかもしれません。監獄が主要な刑罰になったのは改革者の理念や合理性などによるのではない。社会に広がっていた些細な技術がたまたま結びついた程度のことなのだ。そして，その程度のことが，その後の社会を深く支配しているのだ。

　フーコーは次の章「違法行為と非行性」でこんなことをいいだします。「監獄はその現実とその目立った影響のせいで，刑事司法の大失敗として告発された」。失敗のリストは，①監獄により犯罪発生率が減少するわけではない。②監獄を出たあとの人のほうが犯罪率が高い。③監獄での生活様式は非行者をつくりだす。④監獄は非行者が連帯し，将来共謀関係をする環境となる。⑤被拘禁者は釈放後に課せられる諸条件により再犯が避けがたくなる。⑥監獄は非拘禁者の家族を貧困状態に置き，間接的に非行者をつくりだす。

　フーコーは，「いったい監獄の失敗はどんな役に立っているのかと問う必要がある」と問いを立て替え，こう述べます。「監獄は……法律違反（アンフラクション）を除去する役目ではなく，むしろそれらを区別し活用する役目を与えられている」と想定すべきではないか。刑罰制度とは違法行為を「抑制」するのではなく，この人間たちは排除し，この人間たちは利用すると「差異化」するものではないか。監獄は

「非行性」を種別化し，切り離す。政治的に危険がない「無力化された違法行為」をする人々を社会の辺境につくりだし，監視し続ける。あるいは非行者を密偵・密告者・おとりとして，治安警察の手下として活用する。こうした非行者が監獄により生産され続けることで，「それを口実に……住民に対する永続的な監視をおこなう手段を組立てる」。監獄を契機に，監獄の外の社会全体が監視される。

　最終章「監禁的なるもの」で，フーコーは監禁が刑法による有罪・無罪を踏み越えて広がり，その技術はいわば「監禁連続体（コンティニュオム）」として孤児や極貧の子のための施設，徒弟のための施設，工場＝修道院の形で全社会体に連続的に広がっていると指摘します。そこでは法律による判断が解体されて，「規格的なもの（ノルマール）と規格外のもの（アノルマール）」を診断し見分けようとする欲求が増大していく。そして，監獄は権力の諸装置や戦略のなかにうまくはまりこむため，つねに非難されながら「極端な永続性」をもつ。

　本書最後の引用は，1836 年『ラ・ファランジュ』紙に載った次の記事です。「道徳家たちよ，哲学者たちよ，立法家たちよ，……諸君のいわゆる整備されたパリの見取図とは次のとおりだ。……中央部にある第一の囲いのなかには，万病を診る施療院，あらゆる貧困に対処する救済院，狂人施設，監獄，男子と女子と未成年者のための徒刑監獄。この第一の囲いのまわりには，兵営，裁判所，警察庁舎，見張人住居，処刑場，死刑執行人ならびにその助手の住居……」。ダミヤン処刑から約 80 年後のパリのこの見取り図を，フーコーは「監獄都市」と呼びます。ここで監獄は孤立しているのではなく，他の監禁装置とつながっており，どれもが「規格化の権力」をふるう。この「監獄都市」の中心部に集められた人々は権力の多様な装置と戦略によって強制服従された身体であり，力である。「こうした人々のなかに戦いのとどろきを聞かなければならない」。この一文で本書は結ばれます。

いやはや，『監獄の誕生』は物凄い作品で
したね。膨大な資料の積み重ねから，私た
ちの周囲に張りめぐらされた「権力のテク
ノロジー」を描き切ってしまいました。それは「華々しい身体刑」
と結びつく自らを見せつける権力でも，「正当性根拠」によって
人々が納得していうことをきく権力でもありません。修道院，学校，
工場，病院，監獄など「監禁連続体」として社会を覆う「監視のテ
クノロジー」であり，私たちはその「まなざし」により自動的に自
らを規律してしまう。フーコーは監獄情報グループ（GIP）創設宣
言で「我々の誰もが監獄と無縁である保証はない」と記していまし
たが，私たちがいつ監禁されるかわからない収容所内部の姿と，そ
の外の空間の連続性を，彼は見事に浮かび上がらせます。

おそらく，この本をゴフマンの社会学と結びつけて考えたらどう
かと（当初の私の計画のように）考える人もいるのでないかと思いま
す。監獄という「アサイラム」はどんな空間か。それが「日常」の
空間とどう関係し，収容される人と収容されない人（「常人＝ノル
マール」）はどう区別され，どう連続するのか。あるいは，さらに
遡って「犯罪」と「処罰」を「社会的事実」ととらえたデュルケー
ムの社会学を連想する人もいるでしょう。機械的連帯の社会におけ
る「抑止的制裁」は，「贖罪的儀礼」として「集合的沸騰」を生み
出し，社会をひとつの共同体とする（華やかな身体刑！）。では，有
機的連帯における「制裁」はいかなるものか。などなど。

ただ，私が真っ先に思い出したのは（筋違いかもと思いつつ），哲
学者ジャン＝ポール・サルトル（1905〜80）が『存在と無』（1943
年）の第3部「対他存在」で展開した「まなざし」論です。ある灯
りのついた部屋の鍵穴を，暗い廊下で覗き見する男がいる。夢中で
覗いている彼の背後でガサガサッと音がした。それは風だったかも，
猫かもしれないが，誰かが見ていたのかもしれない。でも背後は深
い暗闇で，確かめようがない。彼はふたたび鍵穴に目を近づけるが，

もう覗き見に没頭できない。私は見られていたかもしれない。「見る主体」だと思い上がっていた私は「見られる客体」だった。この「根本的な失墜の感情」が「羞恥」であり，私は羞恥において私になる。「他者は，私の気のせいだとわかったときに，同時に消失してしまったどころか，いまや，いたるところに，私の下に，私の上に，隣の部屋に，存在する」。

　「いたるところ」に存在する「まなざし」＝パン・オプティコン。いつも誰かに見られているかもしれない。でも誰もいないかもしれない。それは確かめようがない。この他者のまなざしによって人は「私」になり，「まなざし」を折り返すように自分を律するようになる。サルトルが論じたのは「対他存在」（他者を前にした自己）でしたが，フーコーはこの状況が光や空間の配置による「装置」「技術」「制度」となった社会の姿を描きます。この装置では監視する「人格」は不要です。暗い監視塔に誰もいなくても，いま誰がどの方向を監視しているとわからせるより，効率的に人にいうことをきかせることができる。じつは誰もいない，のに。

　フーコーが本書で抽出した「権力」はヴェーバーの「支配」とは水準が違う，と述べましたが，むしろヴェーバーが『プロテスタンティズムの倫理と資本主義の精神』で論じた次の仕組みと類比できるでしょう。ピューリタンたちは，神が自分を「永遠の生命」に選んでいるかいないかを知りえない。だからこそ，どんな時にも選ばれているか捨てられているかの「組織的な自己審査」を神の目を折り返すように行い，「生涯を通じて修道士」であるかのように世俗内的禁欲を遂行する。——神が私をどう見ているかは決してわからない。でも，だからこそ，神のまなざしのもと自分を律する。ただ，ヴェーバーのピューリタンたちは「神がいる」ことを前提にしていました。対して，フーコーが引く監視塔は「誰もいない」かもしれません。「誰もいない」なら従わなくてもよいはずです。それなのに，それに「自動的な機械的な服従」をしてしまう……。

少し長くなりましたが，『監獄の誕生』でフーコーが提起した「規律・訓練」という「権力のテクノロジー」の説明は終わりにします。でも彼が描く技術はこれだけではない。次に進みましょう。

3 生権力，安全装置，統治性
●『知への意志』と『安全・領土・人口』

権力の再定義？

『監獄の誕生』完成の翌日着手された『性の歴史』は，1976年にその第1巻『知への意志』が刊行されます。多くの人が名著だという本書ですが，困ったことに私は何回読んでもうまく理解した気持ちにならないのです。私に感受性が欠けているのだと思うのですが，でも，膨大な資料に足をつけて一歩一歩進む『監獄の誕生』と比べて，超高速で爆走するフーコー（？）に追いついていけない感じ，なのです。

たとえば，第4章「性的欲望の装置」でフーコーが権力の再定義を行おうとする箇所があります。「1　目的」でフーコーは，これから進める「権力の『分析学』」は「法律的－言説的」な権力の表象から自由でなければならないと主張し，その特徴をこう述べます。①権力と性とのあいだに拒絶，排除，隠蔽，仮面など否定的な関係しか成立させないこと。②権力は合法と非合法，許可と禁止といった二項対立による，性についての規律の決定機関ととらえること。③「近づいてはならぬ，触れてはならぬ，味わってはならぬ，快楽を覚えてはならぬ，語ってはならぬ，姿を見せてはならぬ」とする禁忌のサイクルとして権力をとらえること。④検閲の論理として権力をとらえること。⑤性に対する権力を一様で一塊の装置の統一性ととらえること。こんな見方ではダメだ！というわけですね。

フーコーは，結局のところ現在も「権力の表象は相変わらず王政のイメージに取り憑かれたままでいる」，人はまだ「王の首を切り落してはいないのだ」と指摘します。しかし，18世紀以降「人間

の生命を，人間の生きた身体として引き受けてきた」権力メカニズムは，法律的権利ではなく技術によって，法ではなく標準化によって，刑罰でなく統制によって作動してきた。権力を法や禁忌や自由や主権といった言葉で考えるのをやめて，性にかんする「テクノロジー」の存在（禁止よりもはるかに複雑で積極的な）を明らかにしようではないか。「法なしで性を，王なしで権力を考えることだ」。

　ではどうすればよいか。「2　方法」でフーコーは次々と命題を繰り出します。国家主権，法，支配の統一性は権力の終端的形態であって，まず理解すべきは「無数の力関係」，「絶えざる闘争と衝突によって，それらを変形し，強化し，逆転させる勝負＝ゲームである」。「権力があらゆる瞬間に，あらゆる地点で，というかむしろ，一つの点から他の点への関係のあるところならどこにでも発生する」。「権力は至る所にある。すべてを統轄するからではなく，至る所から生じるからである」。そして，5点の「提言」を行います。

　①権力は獲得，分割，保有，放棄できる何物かではなく，無数の点を出発点とし，不平等かつ可動的な勝負（ゲーム）のなかで行使される。②権力の関係は経済や知識や性などの関係に内在しており，これらを禁止・拒絶する上部構造ではなく生産的役割をもつ。③権力は下から来る。権力関係は支配する者と支配される者の二項的対立ではなく，生産機関，家族，集団，諸制度のなかで作動する。④権力の関係は意図的であると同時に非主観的であり，権力の司令部のようなものはなく，誰も権力の網の目の総体を管理・運営することはない。⑤権力のあるところには抵抗がある。権力の関係は無数の多様な抵抗点との関係においてしか存在しえず，抵抗は権力の関係の戦略的場においてしか存在しえない。……

　うーん，じつに刺激的なスローガンなのですが，やはり具体性に欠ける気がします。この立場から「性」について問うとすれば，どうなるか。それは国家権力が性についての知をどう制度化したか，法が性的行動の違法性をどう制御してきたか，ではなく，「少年の

身体のまわりに，女の性に関して，産児制限の実行について」作動
する「最も直接的で最も局地的な権力の関係とはいかなるものか」
を問うこと，「性に対して働くすべての極小的暴力」を多様かつ流
動的な権力関係の場に沈めてみることだ，とフーコーはいい，「女
の身体のヒステリー化」「子どもの性の教育化」「生殖行為の社会的
管理化」「倒錯的快楽の精神医学への組み込み」がテーマとして取
り上げられます。——でも，これらの計画は第2巻刊行までに放棄
されてしまったものです。軌道修正が必要なのかもしれません。

「抑圧」から「告白」
へ

ここでは，『知への意志』で以上の提言よ
りもっと具体的に記された論点を2つ検討
しようと思います。まず前半3章です。こ
こでフーコーは，性を「抑圧する権力」という見方から「告白させ
る権力」への反転を図っていると思います。

　第1章「我らヴィクトリア朝の人間」でフーコーは，「抑圧の仮
説」を取り上げます。17世紀までは性をめぐる率直さが認められ
たが，ヴィクトリア期に性は閉じ込められて，家族内での生殖に限
定されて人々は口を閉ざすようになり，性について公開の行動や言
及をする者は「異常者」とみなされるようになる，という仮説。で
もフーコーはこの仮説は「言うに易しい」から「まだよく保ってい
る」にすぎないと述べ，別の問いを立てます。なぜ人は性現象につ
いて語り，なにを語ったか。人が語ることで誘導される権力作用と
はどんなものだったか。「性について語る」，それにより「性につい
ての知」が生産される，つまり「性の言説化」によって「権力とい
うものが，最も細かくかつ最も個人的な行動の水脈にまで忍び込ん
でくる」，この「権力の多形的な技術」を明らかにしよう。

　第2章「抑圧の仮説」で，過去3世紀で起きた変化は「性につい
ての，文字どおりの言説の爆発」だったと主張します。確かに性を
めぐる語彙の厳格な洗練やいつどこで語るかの統制はあったが，言
説そのものは「増殖することを止めなかった」。トリエント公会議

（1545 ～ 63 年）後のカトリック司教規律と告解・悔悛の秘蹟の変化を見ると，年間の告白のリズムは早まり，肉欲の告白の範囲はひたすら拡大してきた。そこでは，伝統的な告解が要求していた性の掟への違反を告白する義務ではなく，快楽の作用と関係ありそうな「自分のすべての欲望を，言説にしようと努める」ことが求められる。「検閲」ではなく，「性についての言説を生産する仕組み」がこの 3 世紀につくりあげられた，とフーコーはいうのです。

「性について，人は語らねばならぬ，語らねばならぬのだ，公に」。18 世紀には，人口を維持するための問題の核心として「性」が語られるようになる。学寮は子どもの性を監視することを注意して設計され，「思春期の性の言説化」が爆発的に進む。19 世紀半ばには，村の若者が娘たちに行わせた愛撫と射精という「取るに足らぬほどの小ささ」の行為が語るべきなにものかになる。18 世紀以来性は「全般的な言説的異常興奮」を惹起し，いたるところで「聴きとり，記録するための装置」，「観察し，問いかけ，文章化するための手続き」がつくられた。この権力は身体のあらゆる快楽に好奇心をもつ。「質問し，監視し，様子を窺い，観察し，下までまさぐり，明るみに出す，そういう働きをする一つの権力を行使する快楽」。こうした権力によって，両親の寝室と子どもの寝室，男児と女児が隔離され，手淫への不断の監視がなされ，家族は「性的欲望の飽満した複雑な網の目」に仕立てられる。

第 3 章「性の科学」ではヨーロッパ文明における「告白」の契機が論じられます。1215 年のラテラーノ公会議で，全キリスト教徒が 1 年に 1 回はひざまずいて自分の過ちを見落とすことなく告白せねばならないと義務づけられた。「真実の告白」が「権力による個人の形成という社会的手続きの核心」に登場し，この社会は「異常なほど告白を好む社会」になった。自分の犯罪を告白する。宗教上の罪を告白する。欲望を告白する。過去と夢を告白する。病と悲惨を告白する。「公の場で，私の場で，両親に，教師に，医師に，愛

する者たちに告白する」。「西洋世界における人間は告白の獣となった」。これが，人間の「服従＝主体‐化（assujettissement）」＝ sujet（臣下／主体）となる機制なのである。

「抑圧・禁止・検閲する権力」でも，「監視・規律する権力」でもなく，「告白させる権力」。それによって人は主体となり，服従する。——この「告白」という契機は，第4節で1980年代のコレージュ・ド・フランス講義を検討するとき，再度論じたいと思います。

生に対する権力　もうひとつの論点は，第5章「死に対する権利と生に対する権力」で試みられた権力像の反転です。一方に，君主の生殺与奪の権利に代表される「死に対する権利」があります。君主は生存を脅かされる場合その人の生命に直接権力を行使でき（ダミヤンの例），外敵に攻められる場合は臣下の生命を危険にさらしても戦争することができる。君主は臣下を「殺す権利」を機能させるか（とくに必要がないときは）それを控えるかどちらかです。これが「死なせるか，それとも生きるままにしておくかの権利」です。

しかし，西洋世界では古典主義の時代以降，こうした権力のメカニズムは深い変更を被ってきた。「死に対する権利」は，「生に対する権力」，すなわち生命に対して積極的に働きかけ，生命を経営・管理・増大・増殖させ，管理統制と調整を行おうとする権力の補完物になる，というのです。君主の自衛権のためではなく，「国民全体の生存」の名において「戦争や大量虐殺」が行われる。権力は「生命と種と種族」「人口という厖大な問題のレベル」に位置して行使されるようになり，主権の法的な生存ではなく，ひとつの国民の生物学的な生存が問題になるようになる。「死なせるか生きるままにしておくか」ではなく，「生きさせるか死の中へ廃棄するかという権力」が生まれる，とフーコーはいいます。

「生に対する権力」は17世紀以降ふたつの形態で発展してきました。第1は「機械としての身体」に働きかける「人間の身体の

解剖 - 政治学」です。学校，学寮，兵営，工房における身体の調教，
有用性と従順さの増強など，つまりは「規律・訓練」ですね。第2
の形態は，「生物学的プロセスの支えとなる身体」に働きかけ，繁
殖・誕生，死亡率，健康の水準，寿命などの条件に介入し調整する
「人口の生 - 政治学」とされます。人口統計学や富とその循環，平
均寿命の図表化の試みに代表されるこの権力（「生 - 権力」）は，身
体を生産機関に管理された形で組み込み，資本主義の発達の不可欠
の要因となる「権力の技術」となった，とフーコーはいいます。

　そして，「性」はこの「生に基づく政治的テクノロジー」のふた
つの軸のつなぎ目に位置します。性は一方で「身体の性」として
「身体の規律」に属し，他方で「種の性」として「住民人口の調
整・制御」に属する。この両方に属することで，性は無限に細かい
監視，管理統制，空間的配慮，医学的・心理学的検査など「身体に
対する一連の〈微小権力〉」を引き起こすとともに，統計学的測定
や社会全体・集団全体を対象とした介入も引き起こす。性の政治の
「4つの大きな攻撃ライン」は規律の技術と調整の技法が結びつく
ところにあり，「種と子孫と集団的健康」の課題に支えられて規律
レベルで効果を上げようとしたのが「少年の性への組み込み」と
「女のヒステリー化」，個人の規律と調教を支えに調整的介入を行お
うとしたのが「産児制限」と「性倒錯の精神医学への組み込み」で
した。性は「身体」と「人口問題」の接点にあり，生 - 権力にとっ
て中心的標的となった，のです。

　……さて，どうでしょう。ここでフーコーは「殺す権力」から
「生きさせる権力」への反転を図っているように見えます。そして
後者には，「身体」をターゲットとする「規律」の権力と，「人口」
をターゲットとする「調整」の権力がある。すでに「規律」につい
ては『監獄の誕生』で見ました。とすると，次のステップは，「人
口」をめぐる「生 - 政治学」とはなにか，です。でも私には，『知
への意志』はこうした論点の交通整理で終わっているように思えま

す。やっぱり速足すぎると感じるのです。そしてフーコーは，この新しい権力論を時間をかけて精緻化しようと試みます。そのひとつが1978年のコレージュ・ド・フランス講義です。

安全装置とはなにか

フーコーは1971年から1984年の期間（研究休暇の1977年以外），コレージュ・ド・フランスの「思考システムの歴史」講座で1月から3月まで毎週水曜に講義を行いました。そこから著書に組み込まれた内容も多いのですが，そうされなかった重要な（そしてじつにスリリングな）講義が研究休暇明け1977～78年度の『安全・領土・人口（*Sécurité, territoire, population*）』です。

第1回（1978年1月11日）は，「以前軽はずみに生権力と呼んだものの研究を始めたい」と開始されます。ここでフーコーは，「生権力」という言葉が生煮えだったという思いを率直に表明しているのだと思います。その暫定的定義は「ヒトという種における基本的な生物学上の特徴が，ある政治……の内部に入り込めるようになるにあたって用いられる，さまざまなメカニズムからなる総体」とされ，近代西洋社会が18世紀以来「『人間はヒトという種を構成する』という基本的な生物学上の事実」を改めてどう考慮に入れたかを論じたい，と問題設定します。

そこで登場するのが「安全（sécurité）」という概念です。これを彼は次のようにとてもわかりやすく例示します。まず，犯罪への対応の事例。第1に，「殺すな，盗むな」といった禁止の形をした単純な刑法があり，絞首刑・追放刑・罰金刑などが付属する。「法典メカニズム」です。第2に，さまざまな監視・制御・まなざし・碁盤割りがあり，拘禁によって罪人をつくりかえようと労働が課せられる。「監視メカニズム」と「矯正メカニズム」，つまり「規律メカニズム」ですね。だが，第3の変調がある。刑法と罰，監視と矯正の整備や組織化が次の一連の問いによって指揮される場合です。あるタイプの犯罪の発生率の平均はどれくらいか？　ある地域・社会

階層でどれだけの盗みが発生するか（それを統計学的に予見することは可能か）？　その犯罪の発生率の平均が増加したり減少したりする時点・地域・刑罰システムはあるか？　そして，その犯罪は社会にとってどれほどコストがかかるものか？

　フーコーは，この第3の形式が「安全装置」を特徴づける，と論じます。対象となる現象（たとえば犯罪）を蓋然的な出来事の内部に挿入し，権力の対応の「コストの計算」がなされ，許可と禁止の二項分割ではなく「最適と見なされる平均値」が定められる。「法典システム」が古い処罰で17〜18世紀まで見られ，「規律」が18世紀から設置された近代システムとするならば，「安全装置」は「現代のシステム」で，いま組織されつつある。ただし，規律が法に，安全が規律にとってかわるのではなく，3者の複合物としてなにが主調になるか，その相関システムがどう変わるのか，という「技術の歴史」が問題だ，とフーコーはいいます。

　もうひとつの事例。中世のらい病患者は法，儀礼，宗教により排除されていました。かかっている者とかかっていない者の二項的分割が行われていたわけです。ペストへの統制は，都市を碁盤割りにし，視察官が監視する規律システムによるものでした。これに対する第3の例として，天然痘があげられます。これには規律も援用されるが，何人が罹患しているか，それは何歳か，死亡率はどの程度か，接種のリスクはどうか，接種の統計上の効果はどの程度かが問題になる。これが「安全テクノロジー」というものだ。

　少し先でフーコーは18世紀ナントの都市計画を詳細に論じます。都市は主権（法典システム）にとって「領土」であり，どんな陣営の形をとりうるかが問題になる。規律にとっては，都市をどう閉じた空間として構成し，人々をいかに規律化するかが問題になる。これに対してナントの都市計画に見られる「安全の問題によって整序されるような技術」は，衛生・換気の機能，都市内部での通商の機能，都市外の道につながる道路による商品の物流の機能を問題にす

る。これは現在の機能の完璧化を構想するのではなく，制御・計測できない未来に開かれ，「出来事やありうべき諸要素に応じて環境を整備しようとする」。「環境」とは人々が密集すれば瘴気が増え，瘴気が増えると疾病にかかりやすくなり，病にかかると死にやすくなり，死体が多くなると瘴気が増える，という「原因と結果の循環」ですが，安全装置はこれに介入しようとする。そこでは「人口」＝「自らが身を置く物質性に根底的・本質的・生物学的に結びつくという形でのみ存在するような個人の群れ」が到達されるべきターゲットとなり，「ヒトという種の『自然性』」が浮上する。

第2回講義（1月18日）でフーコーは，「規律」と「安全」をこう対比します。第1に，「規律はその本質上，求心的」であり，「空間を分離し……集中させ，中心を定め，閉じこめる」。対して「安全装置はその反対に，つねに外に向かって拡大しようという傾向」をもつ，「遠心的」なものである。第2に，規律は「あらゆるものを統制する」。「最も些細な事柄でも放置してはならない」というのが規律の原則です。逆に，安全装置は「放任する」。たとえば食糧の価格がある程度上昇しても不足が起こるにまかせ，細部それ自体を善とも悪とも評価せず，不可避で自然なプロセスとして受容する。

第3に，規律は許可・禁止という法典に従ってあらゆるものを割り振る。ただし「否定的な思考・技術」である法典とは異なり，「してはならないこと」よりも「すべきこと」にかかわります。「良い規律とは，あらゆる瞬間にすべきことを言ってくれるものです」。法は禁止する。規律は命令する。対して，安全は「禁止も命令もせず……ある現実に応答するということを機能とする」。現実の水準で応答し，調整することが安全装置の根本で，「人々を放任すること，事物を起こるにまかせること，物事をなるにまかせ，放任し，放置すること」という「自由主義」の原則と結びつくことになる。

第3回（1月25日）でフーコーはふたたび天然痘を取り上げます。18世紀に天然痘は新生児の3分の2がかかり，死亡率はほぼ8分

の1でしたが、1720年からの天然痘接種、1800年からの牛痘接種によりほぼ完全に予防されました。天然痘接種とは接種された個人に天然痘自体を引き起こします。年齢層や職業などによりどれだけの確率で罹患・死亡するかの統計学的計算があり、それぞれのリスクが示される。規律システムでは、疾病は各個人において取り扱われ、かかっていない人を隔離することで感染をなくそうとします。対して天然痘・牛痘接種ではかかっている人・いない人はまったく分割されず、両方を含む全体（つまり「人口」！）を不連続や断絶なしに考慮する。この人口における蓋然的な罹病率・死亡率はどの程度か、各集団の罹病率を計算して正常カーブに近づけようとする。「規律」では「規範」から「正常・異常」が判定されました。これに対して「安全」では、「正常」が先にあり、「規範はそこから演繹される」。「規範化」ではなく「正常化」が問題になるのです。

　このように、「安全メカニズム」は上位の意志と服従する意志のあいだで従属関係を働かせるものではありません。一望監視は中心に「一つの目、まなざし、監視の原則」を置いて諸個人すべてに主権を行使させる仕組みで、「いかなる臣民のいかなる身ぶりも私の知らぬところであってはならない」という「古い夢」でした。これに対して、「安全」とは、「個人的現象ではないような特有の現象を統治（および統治者たち）にとって適切なものとするメカニズムの総体」であり、「人口と呼ばれるものにおいて働くことになる」。統治者は「ヒトという種」の自然に抗するのではなく、「人口の自然」を「その自然の内部で、その自然の助けによって、その自然について」統治の手続きを展開するべきである。

　ここでフーコーはこういい始めます。「人口」について語るうちに頭に浮かんで離れない言葉がある、それは「統治（gouvernement）」だ。「統治」は「人口」と絶対的な仕方で結びついており、「安全メカニズム－人口－統治」と政治の関係を分析しなければならないのではないか。そして、フーコーは講義計画を変えます（えー、シラ

バスと違う〜！）。「安全，領土，人口」とは別の主題を論じ始める
のです。それは，「統治」あるいは「統治性」です。

「人口」を統治する
第4回（2月1日），フーコーは「統治」という問題は16世紀に突如出現したとします。自己統治，魂の統治，操行の統治，子どもの統治，君主による国家統治。「どのように自己統治するか」，「どのように他の者たちを統治するべきか」，「最良の統治者であるにはどのようにすればよいか」という「統治一般」の問題が16世紀に強烈に設定されたというのです。そして，これを考えるのに「反マキャヴェッリ文献」が検討されます（このあたりのセンスも凄い！）。

1532年刊行のマキャヴェッリ『君主論』は同時代と19世紀初頭には賞賛されましたが，このあいだに膨大な反対文献が著されました。これはなにを意味するか。マキャヴェッリの論じる「君主」は第1に，自分の領国に対して「単数性・外在性・超越性」という関係にあります。君主は領国を継承・獲得・征服により受け取りますが，領国の一部ではなくその外部に位置し，根本的・自然的・法的な帰属関係はない。だから第2に，この外在的な関係は脆弱で，絶えず脅かされます。外部の敵が領国を奪い取ろうとし，領国内部からも脅かされる。第3に，君主の権力の行使は，それゆえに自分の領国を維持・強化・保護することを目標とします。君主たる術は君主と領国の脆弱な結びつきをターゲットにし，危険を標定し力関係を操作して，自分の領国を保守する巧みさが必要となるわけです。

「反マキャヴェッリ文献」は，これとは異なる「統治術」をめざします。たとえば1555年のラ・ペリエール『政治の鑑』は（『君主論』と比べると「がっかりさせられる」とフーコーはいいますが），君主は「統治者」と呼ばれるとし，「魂を統治する」「子どもを統治する」「地方を統治する」「修道院を統治する」「家族を統治する」のが「統治」だと繰り返します。マキャヴェッリの「君主」が領国に外部性・超越性をもつのに対して，「統治者」は社会ないし国家の

「内部」にいて，じつに多様な実践を行います。統治は，君主の「超越的単数性」とは正反対に「複数的かつ内在的」なのです。

　ラ・ペリエールは「統治とは物事の正しい処置であり，その物事をふさわしい目的まで操導するという任務を人は負う」といいます。統治がかかわるのは「領土」ではなく「人間と事物とからなる一種の複合体」＝「物事」です。風土や旱魃や豊穣を備えた領土と風習・習慣・病・死をもつ人間とがかかわる「物事」全体を正しく処置する。「君主」が領土を（内外の敵から）守ることと，「統治者」が物事を統治することはまったく違う。主権にとっては主権自体が目的であり，法を道具とする。統治にとっては統治が導くプロセスの完成・最適化・強化が目的であり，さまざまな戦術が道具になる。よい統治者は「忍耐，智恵，勤勉さ」をもって「一家の父」のように統治しなければならない，のです。

　では，「家族を統治する」ように「国家を統治する」にはどうしたらよいか。このあいだを結びつけるのが「人口」です。統治の目標を人口の境遇を改善すること，人口の富・寿命・健康を増大させることとし，人口を観察して統治の目的・道具とする。そして，これらを測定する「統計学」と，人口をめぐるあらゆるプロセスについての知である「政治経済学」がその手段となる。ここでフーコーは「統治性（gouvernementalité）」という概念をもちだし，「人口」を主要な標的とし，「政治経済学」を知の主要な形態とし，「安全装置」を技術的道具とする特有の権力行使を可能にする制度・手続き・分析・考察・計算・戦術からなる全体，と定義します。近現代において重要なのは「国家の『統治性化』」であり，私たちは18世紀に発見された「統治性の時代」にいるのである。

　　　　　　　　　　　　この「統治性」はいかに誕生したのか。

「司牧制」と「ポリス」

フーコーは起源として「キリスト教的司牧制」，「外交的・軍事的なモデル（というか技術）」，17・18世紀の意味での「内政（police）」の3つをあげ，第5回（2月8日）から第9

回（3月8日）まで「司牧制（pastrale）」について猛烈にスリリングな議論を展開するのですが，ここではごく短く。

「統治」は国家や領土ではなく，「人々」「人間たち」を対象とします。フーコーは，「人間たちが統治されるべきものだ」という考えは「明らかにギリシアの考えかたではない」とし，その起源はキリスト教以前およびキリスト教における「東方」にあり，そこには「司牧的なタイプの権力という考え方・組織」と「良心の指導や魂の指導」という形が見られると指摘します。「司牧的権力」とは第1に，王・神・首長が人間に対する牧者で，人間たちは牧者に対する群れだとする，エジプト，メソポタミア，ヘブライなど地中海の東方全域で見られる考え方です。この権力は「ある点から別の点へと移動・運動している群れ」に行使される権力です。ギリシアの神はポリスの人間たちをどこかに連れていくことはなく，「領土的な神，城壁の内部の神」で，「都市を護るために城壁の上に現れる」。対してヘブライの神は「歩く神，移動する神，彷徨する神」であり，「人が都市を離れるとき，城壁を出たところに現れる」。

「司牧的権力」は第2に，根本的に善行を旨にする権力です。敵への勝利とか土地の征服とかではなく「善をなすという以外の存在理由」はなく，その目標は「群れの救済」にある。救済とはまず「食糧のこと」であって，よい放牧とは食糧が確保されることを意味します。だから，「司牧的権力とは気配りの権力」である。群れに気を配り，個々の羊に気を配り，はぐれた羊は探しにいき，傷ついた羊には手当てをする。「牧者とは見守る者である」。よい牧者は「群れのことだけを考え，その他のことは何も考えない」。

そして司牧的権力は「個人化をおこなう権力」です。牧者は群れ全体を導きますが，羊たちを（朝草原に導くときも，夜小屋に戻るときも）一頭一頭数えます。牧者は全体に目を光らせるとともに，それぞれの羊にも目を光らせる。これをフーコーは「全体にかつ個別に」（オムネス・エト・シングラティム）と呼び，これが「キリスト教的司牧の権力技術の大問題」であり，

同時に人口テクノロジーが整備した「近代的技術の大問題」となると指摘します。ここでは「キリスト教的司牧」と「人口テクノロジー」がじかに結びつけられるのです。……ね，おもしろいでしょ。でも長くなったので，「内政」についてひとことだけ。

「ポリス」は 15 〜 16 世紀には公的権威に支配された共同体・団体を意味したが，17 世紀以降「良い国家秩序を維持する国力を増強しうる諸手段の総体」をさすようになります。それに必要な道具が「統計学」で，以下を測定します。第 1 に「人間たちの数」，つまり人口。第 2 に「生活必需品」。食糧，衣服，住居，暖房など。第 3 に「健康」。第 4 に「人間たちの活動を見張る」こと。健康な者を労働させ，障害者には必要な給付を行う。第 5 に商品・生産物の「流通」。つまり内政の対象とは「人間たちの共存の形式全体」です。

最終回（4 月 5 日）でフーコーは，18 世紀初頭ドイツのニコラス・ドゥラマールの選集を引き，内政が引き受けるべき領域をこうまとめます。宗教と良俗（「生の良さ」の確保のため）。健康と食糧（「生の保守」という機能）。公共の静穏，建造物，公共広場，道の手入れ，諸科学と自由七学科（リベラル・アーツですね），通商，手工業と工芸，使用人と労働者（これらは「生の便宜」のため）。演劇と遊戯（「生の快適」のため）。貧民への配慮と規律（「公共善の相当の部分」）。つまり，内政が引き受けるのは，「生きるということ，それに加えてただ生きるということ以上のこと」，「良く存在」することであり，生の良さ，保守，便宜，快適が問題となるのです。

人の群れを数え，「よく生きる」ことができるようにする権力。『知への意志』で「生権力」と呼ばれ，この講義では「安全装置」，「統治性」と呼ばれたこれは，法典＝華々しい身体刑とも，規律＝監禁システムとも異なる，人々に配慮し，奉仕する権力です。「殺されたくなければいうことをきけ」でも，「見張っているからいうことをきけ」でもない，「よく生きさせてやるからいうことをきけ」

という権力。──どうでしょう。「服従すればよく生きさせてやるぞ」と私たちに迫る権力は、「服従しないと殺すぞ」と脅す権力とは正反対のように見えます。でもそれは、私たちの生の細部にもっとも深く入り込む、もっとも陰険なものかもしれない。

　重田園江はこの講義を丹念に論じた『統治の抗争史』で、「ここでは人民ではなく人口が、統治のターゲットであり調整と介入の対象」とされることを強調しています。「人民（peuple）」とは「食糧難に抗議し反乱を起こす」ような存在です。対して「人口（population）」は環境のなかに生存する「ヒトという種」であり、数え上げられる「人の数」でしかありません。1月18日の講義でフーコーは食糧難を論じた重農主義者ルイ゠ポール・アベイユを引きながら、反乱を起こす人々は「人口ではなく人民」であり、人口を対象とする管理に対して「その外部に身を置いているかのように振る舞う者のこと」である、と述べます。「したがって彼らこそ、自分が人口であることを拒否する人民として、システムを狂わせる者たちなのだ」。

　「殺すぞ」という「法典システム」は人間を「法主体」として形づくり、「監視されている」と思わせる「規律メカニズム」は人間を「心理」として規律・訓練する。これに対して「安全装置」による「統治」は「人口＝人間の群れ」を「数字」として支配する、といえるかもしれません。人間はもはや数字としてしか顧慮されず、「人口＝数字」であることをはみ出さないかぎり「よく生きさせてやる」と扱われる。フーコーは最終回をこう結びます。「微小権力の水準と巨大権力の水準のあいだには切断のようなものはない」、「じつは微小権力に関する分析は、統治や国家の問題のような分析に難なくたどりつくものなのです」。

4 「真実を語ること」の反転

● 1980 年代の講義と『肉の告白』

計画の変更

1984 年 5 月，『性の歴史』第 2 巻『快楽の活用』が，冒頭の「さまざまの変更」に記されたように，「予想してきた以上に手間どってしまい，すっかり別のかたち」で刊行されました。性をめぐる「知」「権力」「主体性」という主題のうち，第 3 の「いかにして近代の個人が《性》の主体として自分自身を経験することができたか」を理解するために，フーコーは「当初の計画からすっかり離れ」，「自己にかんする解釈理論の，古典期古代におけるゆるやかな形成を中心に研究全体を再構成する」という迂回路を選択したのです。

この「欲望本位の人間の系譜学」の研究を，フーコーは時代順に各巻に配置します。第 2 巻は，紀元前 4 世紀のギリシアで哲学者と医師によって性の活動がどう問題として構成されたか，が扱われる。第 3 巻は，1 〜 2 世紀のギリシア・ラテンのテクストでの同じ問題の解明にあてられる。最後の第 4 巻は，肉体にかんするキリスト教教義と司牧者準則の形成を取り扱う。第 3 巻『自己への配慮』は 1984 年に刊行され，第 4 巻『肉の告白』は 1981 〜 82 年に執筆された手稿とタイプ原稿が遺されました。この原稿はフーコーの遺志で 30 年以上未完でしたが，権利承継者の許可により 2018 年（邦訳は 2020 年）に刊行されます。

私も最後の節で話せたらと思って第 2・3 巻を再読し，第 4 巻は邦訳刊行後読んでみました。ですが，どう整理をしたらよいか方針が立たないのです（泣）。ただ，『安全・領土・人口』のように，私は「書くフーコー」より「語るフーコー」と相性がいいのかも（？）と思い，同じ時期のコレージュ・ド・フランス講義録を読んだのですが，こっちは猛烈におもしろいのです。そこでフーコーの

<ruby>顰<rt>ひそみ</rt></ruby>に倣って計画変更（すみません！），晩年の講義をメインに話します。キータームは「パレーシア」，これは『知への意志』での「告白」の主題を引き継いだ議論でもあり，『肉の告白』をこれとの関係で位置づけられるかもしれません。今回も不十分な最終節ですが，「最後のフーコー」のごく一部を私なりにお話ししてみます。

「自己への配慮」から「パレーシア」へ

1982年1月6日からの講義『主体の解釈学』を見てみましょう。講義の出発点は，「自己への配慮（souci de soi-même）」という観念です。自分自身に配慮する，自分自身の世話をする，自分自身を気にかける。『ソクラテスの弁明』で，ソクラテスは告発者や裁判官に，君たちは財産や評判を気にかけているが自分自身のことは気にかけない，私は神々から，人々に「汝自身に配慮せよ」と呼びかける使命を与えられた，と述べます。自分の「付属物」に配慮するのではなく，自分自身を優先して気づかう。これは，ギリシア，ヘレニズム，ローマ時代の哲学的態度に一貫する根本的原理であり，紀元前5世紀のギリシア哲学から紀元5世紀のキリスト教的禁欲主義にいたる「千年の長きにわたる変遷の過程」を再検討できる，とフーコーは指摘します。

　あれ哲学の話？と思う人がいるかもしれません。でも続けます。どんなときに「自己への配慮」が問題になるか。フーコーは，名家出身の美貌の青年アルキビアデスにソクラテスがはじめて言い寄る対話篇『アルキビアデス』を検討します。なぜこのときソクラテスは言い寄ったか。それはアルキビアデスがその特権的身分を「他者の統治」に転化しようとする年齢に達したからであり，この瞬間「自己への配慮の問題」が生じてくる。ソクラテスは彼に都市のよい統治とはなにかと尋ね，君には「自分の世話をする」ための「<ruby>技法 tekhnê<rt>テクネー</rt></ruby>」が欠けていると述べます。フーコーは「自己への配慮の必要性は権力の行使と」結びつくと述べ，「配慮の対象としての自己から，他者の統治としての統治の知へ」向かう円環こそ，こ

の対話篇の中心テーマだったと論じます。……ね，前の節の「統治」の主題とつながったでしょ。

2週目1月13日の講義でフーコーは，「〈自己への配慮〉における師の位置」に言及します。自己への配慮は誰か別の人への関係を通る必要があり，それは「師」である。「師の存在なき自己への配慮はありえない」。医者や父親が若者の身体や財産に配慮し，教師が技能や能力，話し方を教えるのに対して，「師」は弟子の自分自身への配慮のみを配慮する。1月27日講義ではプラトン対話篇に現れる3種類の師弟関係が区別されます。第1に「模範の師弟関係」。偉大な年長者や英雄や偉人の「行動のモデル」が伝達される。第2に「能力の師弟関係」。知識や能力，腕前を伝える関係です。第3はソクラテス的な師弟関係，「困惑と発見の師弟関係」。これは「自分が知っていることを知らないということ」を示す関係で，だから師の存在と問いかけは不可欠で，他者なしにはなされえない。

ここでフーコーはローマのエピクロス派・フィロデモスの「パレーシアについて」というテクストを参照します。エピクロス派の学校では個人的な指導を行う案内人（ヘーゲモーン）を必要としますが，この指導はある種の「ものの言い方」「言葉の倫理」を含意し，「パレーシア（parrhêsia）」と呼ばれました。これは「心を開いていること，二人のパートナーが互いに考えていることを包み隠さず，率直に話し合うことの必要」をさします。

3月10日の講義でフーコーは，パレーシアを「真実の言説を持っている主体と，それを受け取り，生涯にわたる備えにするような主体とのコミュニケーション」の技術的・倫理的問題と位置づけます。弟子には沈黙が課せられ，彼が真実の言説を受け取るために，師には「エートス」（道徳）と「テクネ―」（技術）としてパレーシアが求められる。パレーシアとは語源的に「すべてを語ること」を意味し，「率直さ，自由，あけっぴろげであること」「言うべきことを言いたいときに言いたいように」いうことをさすとされます。

パレーシアはふたつの敵をもつ。ひとつは「道徳的な敵」で，それは「追従」です。フィロデモスやプルタルコスやセネカなど当時の文献には追従にかんする考察が満ちていますが，追従とは「下の者が，この上の者の権力の過剰さを取り込み，その恩恵や好意を勝ち取ろうとする方法」です。下の者は上の者にじっさいよりも豊かで美しく強力だと語ることで，上の者の権力に取り入ります。対してパレーシアは「反追従」です。追従は「語りかけられる人を語る人に依存させる」ことになりますが，パレーシアでは語られる他者は「自立的で独立的で完全かつ十分な自己との関係を構成する」ことができ，「他者の言説を必要としなくなってしまう」ことを目的とします。師は弟子が自分を必要としなくなることを目的に，真実を語る，のです。また「追従／パレーシア」は「君主に対する率直さの問題」がかかわってもきます。誰が君主に忠告するのか。誰が君主を育て，世界を統治する君主の魂を統治するか。誰が君主に真を語ることができるのか。この論点は少し先でまた改めて。

　パレーシアの第2の「技術的な敵」は「弁論術」です。フーコーはアリストテレス『弁論術』から，レトリックとは「説得するための方法を見つける能力」であり，内容の問題や演説の真理の問題は提起されない，とします。これに対しパレーシアには「真理しかありえません」。弁論術は「規則立った手続きによって組織される術」「教えられるべき術」だが，「真理そのもののいわば直接的な伝達」であるパレーシアは「術ではありません」。そして，弁論術の役割が「他者に働きかけること」にあり，最大の利益を得るのは「語っているその人」であるのに対して，パレーシアの目的は「他者が自分自身に対して……至上権（＝主権）の関係を打ち立てること」にある。だから，パレーシアを実践する人（「師」）は私的な利害関心をもつことはない，とフーコーは明言します。

「パレーシア」と「民主制」

『自己と他者の統治』と題された最後の2年間の講義に移りましょう。1983年1月5日の1回目でフーコーは,「パレーシア」を研究することで「自己を統治することと他者と統治することの関係」を問題にでき,2〜3年前に話した「16世紀における統治の術」(つまり『安全・領土・人口』の内容)をふたたび扱えるのではないか,と述べます。1月12日には,「統治の諸手続きの中で本当のことを言うという義務と可能性」が個人をいかに主体として構成するかという問い,「統治」と「パレーシア」と「主体」の関係の問題を提起します。以下,いくつかの例だけをピックアップしますね。

まず,プルタルコス『英雄伝』でプラトンとシュラクサイの暴君ディオニュシオス,その妃の弟ディオンが議論する場面。ディオンは,独裁者ディオニュシオスが「思う通りのことを率直に言うことを許した唯一の人物」,「パレーシアスト」(パレーシアを用いる人)でした。この事例(詳しく紹介できませんが)からフーコーは,パレーシアがあるのは「真実を言うこと」が「真実を言った人の身に大きな犠牲を引き起こす,あるいはその可能性や必然性があるような条件において,〈真実の語り〉がなされる場面」だといいます。怒れる暴君に真実を語ることで「話し手の存在自体が賭けられるような危機を開く」ことが,パレーシアを構成する要件である。この例は「真実の語りが自分自身の存在を犠牲にする」ことを受け入れたうえで「主体が進んで本当のことを語ろうとするような瞬間」であり,極端にいえばパレーシアストとは「本当のことを言ったことによって死ぬことを受け入れる者」である。

1月19日から2月2日,フーコーはエウリピデス(紀元前490?〜460)の戯曲『イオン』を検討します(この作品は1983年10・11月カリフォルニア大学バークレー校での講義『真理とディスクール』でも扱われ,とてもおもしろいです)。議論の終わりでフーコーは「パレーシアは何よりもまず,根本的に民主制と結びついています」とし,ふ

たつには一種の「循環性」があるといいます。「民主制が存在するためには、パレーシアが存在しなくてはならない」、そして「パレーシアが存在するためには、民主制が存在しなくてはならない」。

　その後エウリピデスの他の4つの作品でのパレーシアの用法を分析しますが、一箇所だけ。『フェニキアの女たち』で、テーバイを追放されたポリュネイケスが祖国を追われるのはどんなことかと問われて、「パレーシアがない」状態だと答えます。セリフを辿りながらフーコーは、「パレーシアを持たなくなった時から、人はあたかも奴隷のように」なり、「主人の愚行に堪えなければならなくなる」、そして「狂った人たちに合わせて狂い、愚かな人たちに合わせて愚かであること以上に辛いことはない」と畳みかけます。パレーシアがなければ「主人の愚行に従わされてしまう」。ということは、パレーシアには「主人の権力を制限しうる働きがある」。愚かな主人が愚行を押しつけようとする場合、パレーシアストは「立ち上がり、立ち向かい、発言して真実を語り」、「主人の愚行、愚かさ、盲目に対して本当のことを語り」、「主人の愚行を制限する」。「パレーシアがない状態になった瞬間から、人々、市民、すべての人々はそうした主人の愚かさのなすがままになってしまいます」。──みなさん、ほんとにそうですよね!!

　このあとの『オレステス』の分析もすばらしいのですが、時間がありません。3月2日講義の『ソクラテスの弁明』についてだけ見ておきましょう。ソクラテスは告発者の弁論に答えて、自らを「あらゆるテクネー〔技術〕の外部で本当のことを語る人間」と表現し、私は民会や法廷の場で語ったことはないから政治的領域では「外国人（xenos）」のようなものだ、と述べます。これに対して、お前は民会で話していないからほんとうのことを語る役割を果たしたことがないではないか、との問いが投げかけられますが、ソクラテスはもし私が政治に携わっていたらとっくに命を失っていただろうからだ、と答えます。アテナイの民主制は機能しておらず、「パレーシ

アストの役割を演じるという義務を感じうる人々，あるいは感じるべき人々が，あまりにも彼らの命そのものが脅かされていたので，その役割を諦めることを選んだからです」。「多数派に対立すれば罰せられる」ところで危険を冒すことは望まない。

　だが彼はアテナイの国制により評議員や議員の役職に就かされており，専制政治内部でも役割を命じられていた。フーコーはこのとき，「パレーシアが可能になる」，いや「必要になる」といいます。「パレーシアを用いなかったとしたら……彼自身が，何らかの不正を行うことになるでしょう」，だから「自分自身に配慮するがゆえに……彼はそうした不正を行うことを拒否するのです」。これによって，「彼はひとつの真実を炸裂させる」。国家に属してなにかをしなければならなくなったとき，「哲学者は〈否〉と言わねばならないし，その拒否の原則を働かせねばならない。そしてその拒否は同時に，真実の表明ともなるのです」。

　フーコーはこれを古代哲学における「哲学的な態度という問題」であり，「生のあり方としてのパレーシア」と表現します。ソクラテスは神の命じるところに従って，自分が出会う人に名誉や富や栄光を気遣うのではなく，自己自身に配慮するように説き勧める。自己自身に配慮するとは，自分がなにを知っているか，なにを知らないかをきちんと知っているかどうかを知ることであり，他者に自己自身に配慮するよう説き勧めるとは，他の人々が知っていることと知らないことを探り，試練にさらすことである。「それが哲学的パレーシアというものであり，そうした自己自身と他者に関する試練こそが国家にとって有用なのです。というのも，国家のただ中でそのようなパレーシアストであることにより，〔ソクラテスは〕国家が眠り込むのを防いでいるからです」。彼が果たした「国家に対する不寝番」が政治に必要であり，それが「哲学的パレーシア」の特徴だ，とフーコーは論じます。

1984 年の講義『真理の勇気』は，最後の 3
月 28 日講義だけを見ます。この年は，ソ
クラテスのパレーシアへの考察を深めるとともに，キュニコス派で
のパレーシアを検討しますが，最終回で紀元後数世紀のキリスト教
徒におけるパレーシアという用語の変化を論じます。キリスト教と
「パレーシア」が結びつくとき，なにが起こるか。

　キリスト教以前のユダヤ・ヘレニズム的テクストでは，パレーシ
アは「大胆さと勇気という形態における〈真なることを語ること〉」
を意味し，古典期ギリシアの用法と近いものでした。ですが，七十
人訳聖書ではこの言葉は「神の視線に自らを差し出す心の開示」，
「魂の透明性」といった「神との関係という垂直軸」に位置づけら
れるようになり，魂は「透明になって神に開かれ」るものとなりま
す。そして新約聖書でパレーシアは「言語を用いた活動」ではなく
なり，「言説や発言のなかで自らを表明する必要のない心の態
度」＝「神への信頼」という意味になっていく。神の意志に適うこ
と以外を神に願うことのないキリスト教徒に神は耳を傾けてくださ
るという「神の愛への信頼」，これが新約聖書における「パレーシ
ア」であり，ここには「服従の原則」による「循環」が見られます。

　紀元後最初の数世紀の修徳テクストにおいて，パレーシアは「両
義的な価値」をもち始めます。ポジティブな価値を帯びたパレーシ
アは，キリスト教徒の「人間たちに対する態度」と「神に対する存
在の仕方」のあいだの「蝶番的な徳」として現れます。人間たちに
対するパレーシアは「自分が証言したいと望む真理を，あらゆる脅
威にもかかわらず主張する勇気」です（迫害の前の「殉教者」のよう
な）。ただしこの対人間パレーシアは「神への信頼」から切り離せ
ない。ソクラテスの勇気は「他の人々に言葉を向ける一人の人間の
勇気」でしたが，キリスト教殉教者の勇気は「神への信頼」，「魂と
神との直接のコミュニケーション」をよりどころにするのです。と
ころがキリスト教のなかで「震えおののく服従の原則」が明確に

なってくると，「人間の自分自身に対する信頼関係」は曇っていくことになる。信頼できるのは神のみであり，「自分自身に対する不信というテーマ」や「沈黙の規則」が発達すると，「心の開示としてのパレーシア」が次第にネガティブな「傲慢さや思い上がりのようなもの」として現れるという意味転換が生じるのです。

　キリスト教内の権威の構造が発達した5・6世紀，修徳主義は「共住修道院制度や共同修道生活制度」および「魂の指導を司祭や司教といった導き手に委ねる司牧制度」にはめ込まれていきます。このとき，個人は神との関係を「自分の心の開示」ではなく，「権威の構造」を介してしかもちえないと考えられるようになる。個人が自分で神への道を見出すと信じることは傲慢であり，人間が救いに値するよう生きられるのは「自己を放棄し，服従の一般的原則を実行に移すことによってのみ」である。ここで，神への信頼関係と心の開示としての「パレーシア」は消え去って，むしろ「悪徳に照らされた信頼」として現れることになり，パレーシアは「思い上がり，なれなれしさ，自分自身への傲慢な信頼という，咎められるべき行動様式」とみなされるようになるのです。

　フーコーは『砂漠の師父の言葉』の「アガトンの格言」から，共同生活を始める修道士に与えられた「パレーシアより悪いものなどあるだろうか」（！）という言葉を引きます。修道士は仲間たちと打ち解け，自分にも他人たちにも信頼をもって生きるようになると，「パレーシアを実践することによって本当の修徳主義的生においてなすべきことを忘れてしまう危険」がある。フーコーはここに「反パレーシア」の要素を見出します。「かつては自己への配慮であったパレーシアが，今や，自分自身をなおざりにすること」に反転し，「神を恐れぬこと，自己に対して不信を抱かぬこと，世界に対して不信を抱かぬこと」，「傲慢な信頼」とみなされる。フーコーは「服従のあるところには，パレーシアはありえない」とし，「服従の問題がパレーシアの価値の転倒の核心にある」と指摘します。

この「パレーシア概念の分裂」から，フーコーは「キリスト教的経験の大きな二つの母型」を抽出して，講義を終えようとします。一方に，「キリスト教のパレーシア的な極」がある。この極ではパレーシアは「神への信頼」を表現し，これにより使徒や殉教者は自分に委ねられた真理を語るという責務を果たすことができます。真理との関係が「神との向かい合い」「神の愛の発露に答える人間の信頼」の形で打ち立てられる極，これが「キリスト教の大いなる神秘主義的伝統」の起源にあったものである，とフーコーは論じます。

　他方に，キリスト教の「修徳主義的伝統」を創設する「反パレーシア的な極」がある。この極で真理との関係は「神への恐れと畏敬による服従」，「誘惑や試練を通した疑い深い自己の解読」においてのみ打ち立てられます。「自分自身に対する不信と神に対する恐れ」からなるこの極から，「キリスト教のあらゆる司牧制度」が発展した，とフーコーは考えます。一方に「神への全面的な信頼＋自己と他者への配慮」からなるパレーシアの極がある。他方に「神への恐れと服従＋自己と他者への不信」からなる反パレーシアの極がある。この二極からキリスト教は成り立つ。そして前者を肯定していた「古代の修練主義」は，「キリスト教的修徳主義」によって根本的に変容させられ，後者の優位への逆転が生じた。……

　ここで私は，ヴェーバーがいう「神の容器」と「神の道具」を連想します。世界にはすでに神がおり「神秘主義」によってそれを発見しようとする態度と，それ自体は無価値な世界を「禁欲」によって神に近づけようとする態度。前者を「パレーシア」，後者を「反パレーシア」に直接結びつけるのは単純すぎますが，「神への恐れと服従＋自己と他者への不信」＝反パレーシアの延長上に「禁欲のエートス」（生涯通じて修道士！）があるのかもしれません。

　話が逸れました。「こうした分析の一般的枠組みについてみなさんにお話しすべきことがあったのですが，しかしもう遅いのでここまでにしましょう。どうもありがとうございました」。この言葉で

フーコーの最後のコレージュ・ド・フランス講義は閉じられます。

彼の死から30年以上後に刊行された『性の歴史』第4巻『肉の告白』は，2世紀から5世紀のキリスト教教父たちのテクストをもとに「司牧制」を検討しています。その第1章「新たな経験の形成」の第4節「技法中の技法」では，修道制における「指導」が分析されます。いま述べた「反パレーシア」と重なるこの論点を，最後に短く見ます。

「指導」は「羊たちの群れと各々の羊とを同時に救済の草地へと導くべき牧者というテーマ」としてキリスト教のもっとも古い形態でも存在しましたが，4世紀の「共住修道院」ではじめて組織化されました。ナジアンゾスのグレゴリオスは「動物のなかで最も多様で最も変わりやすい人間を導くこと」は「技法中の技法（テクネー・テクノーン）」だと述べたとされますが，フーコーはおもにヨハネス・カッシアヌスの『共住修道制規約』『霊的談話集』などのテクストに依拠してこれを検討していきます。

カッシアヌスは「いかなる魂であれすべての魂には指導が必要であるという原則」，修道士は「生の終わりに至るまで指導される必要性を感じているという原則」を強調します。聖者とは「自分で『自分を指導する』者のことではなく，神によって指導されるままになる者」をさす。指導には2側面があり，第1は「他人の意志への服従によって自分自身の意志を放棄することとしての従順」を教え込むこと，そして「完璧で徹底的な従順」に達するのに必要な第2が「絶えざる検討および不断の告白」である。従順と告白。

第1の「従順」について。古代ギリシア・ローマの哲学的生でも弟子は師の言葉に忠実に従う必要がありましたが，目標に到達したら終わりになるべき「一時的な服従」でした。しかし，修道制における従順は「すべてにおいて従わなければならない」のであって，「従順の関係は，生存を，その最小部分に至るまで貫かねばならない」。服従の価値は服従して行う行為の内容にではなく，「他者の意

志に服従するという事実」そのものにある。カッシアヌスが報告する修道生活での「忍耐（patientia）」の試練には、「馬鹿げたことの試練」（無意味な命令でも完全に実行に移さねばならない）、「即時性の試練」（与えられた命令は即座に果たされなければならない）、「無反抗の試練」（命令が不当で真理や自然に反するものでも実行が妨げられてはならない）の数々の具体例が含まれます（まるでブラック企業ですね……）。

　カッシアヌスは、修道士は「気の緩み」や「小さな自惚れ」や「過剰の献身」を避けねばならず、そのために指導が必要だといいます。これを見分ける「思慮分別」は、「自分自身の良心の外」に探さなければならない。なぜか。「悪霊」がいつ魂に入り込むかわからず、「修道士は常に欺かれるおそれがある」からです。だから修道士は、一方で「自己自身に対して不断の検討」を行い、思考のなかで展開される動きを入念に観察する必要がある。他方、「一人の他者に——自分が委ねられた指導者、上長に——自らの魂を開くこと、その他者に何も隠しておかないようにする」必要がある。「自己自身に対して視線を注ぎ」（監視！）、「自己自身に関して真を語る」（告白！）務めによって思慮分別を獲得するために、指導は「検討–告白」を主要な道具にすることになるのです。

　第2の務め、「検討–告白（exagoreusis）」について。これは、たとえばセネカの『怒りについて』に見られる、眠りにつく前の一日の行為の想起とはまったく異なります。先述のようにいつ悪霊が入り込んでくるかわかりませんから、いまの「思考の動き（cogitatio）」それ自体を検討しなくてはなりません。思考の流れは「多数多様性、変動性、無秩序」の様相にあり、つねに監督し選別しなければならない。

　この選別作業は「内的な検討」だけではできません。自分の思考が欺かれていないと自分で確信するのは不可能だからです。「まさしくここに、告白の必要性が根拠づけられる」。検討した内容とできるかぎり近似した告白を他人に行わねばならない。「自己自身の

視線」（見ること）と「自分が把握することの言説化」（語ること）を一致させることが修練士の理想であり，入門者には「自分の心を苛むいかなる思考も偽りの羞恥によって隠さない」こと，「そうした思考が生まれたらすぐにそれを上長に現し出す」ことが教えられる。

その他者とは誰か。フーコーによれば，カッシアヌスは「言葉を……一人の他者に──他者でありさえすればある程度までは誰でも構わないので──差し向けること」が，「幻惑を一掃し，内部の誘惑者によるごまかしを払いのける力」を保持するといっています。え，他者でありさえすれば誰でもよい誰かに告白する?? カッシアヌスによれば，「告白する言葉とともに，悪魔自身が身体から追い払われる」。告白は「秘密の暗がりのなかに隠されていたものを明るみにもたらす」。これは「光の作用」であり，「力をめぐる逆転」である。「告白は，語り，示し，追放し，解放する」。これをカッシアヌスは，「コンフェッションの力（virtus confessionis）」と呼ぶ。

こうして，「自己の自己に関する検討」と「絶え間ない告白」がともに必要となる。この「検討－告白＝エクサゴレウシス」は，古代の実践に見られた「哲学者の弟子が真理と知恵の師に対して示さねばならなかった信頼」からはかけ離れたものです。検討－告白は永続的な「従順さの義務」に結びつき，魂のなかで起きるほんの些細な動きまで「他者に明かされねばならない」。検討－告白は過ちや違反などの明確なカテゴリーを対象とするのではなく，魂の秘密のなかにつねにより深く，できるかぎり早く入り込み，秘密の背後に隠されている秘密を奪取しようとします。「エクサゴレシウスは，心の神秘のなかで，そして心の不明瞭な暗がりのなかで起こることを，他者に対してのみならず自己自身に対しても明かすための作業である」。闇から光へ，誘惑する混合から厳密な分割へ。ここにあるのは「自分自身も知らない秘密に関する『真理陳述』」なのです。

最後の段落でフーコーはこう述べます。エクサゴレウシスの絶え間ない自己検討は，「主体の意志を他者の意志に従わせるものとし

ての指導」という形式をとる。そこでめざされる「心の清らかさ」とは「自己自身の復元」や「主体の解放」ではなく、「自分自身のあらゆる意志の決定的な棄却」であり、「自己自身でなくなるための、さらにはいかなる絆によっても自己自身につなぎとめられないようにするための」技法なのです。キリスト教的霊性の実践のもつ逆説は「自己自身に関する真理陳述」が「自己の放棄」に結びついていることであり、エクサゴレウシスでは「自己の真理の探究が、自己自身との決別のある種のやり方を構成しなければならない」。「技法中の技法」はこう結ばれます。

「誰でもいい他者＝Ｘ」の権力

ありゃりゃ～、最晩年のフーコーの世界に魅了されて話していたら、とんでもないことになってしまいました。ごく簡単なまとめをして終わりにします。

『肉の告白』のこの箇所を読んで、『知への意志』で提起された「告白させる権力」の具体像がつかめた、という人もいるでしょう（私もです）。性にかかわる無数の感覚と想念を自分と他者に対してできるだけ頻繁に語ることを求め、「質問し、監視し、様子を窺い、観察し、下までまさぐり、明るみに出す」権力。この権力が人間の「服従＝主体化」を生み出す機制だとするフーコーのアイデアは、この「修道制」の分析に具現化されているともいえます。

また、『快楽の活用』冒頭で提起された、古典期ギリシアからキリスト教司牧制にいたる約千年間の「主体性の諸形式」の変遷を振り返ることも可能でしょう。それは、「自己への配慮」から「自己の放棄」へと跡づけることも、「真実を語ること」をめぐる「パレーシア」から「エクサゴレウシス」への反転として位置づけることもできます。「民主制」と循環関係にあった「私を告白すること」から、「服従・従順」と堅く結びついた「私を告白すること」へ。さらに、「告白」が生み出される自己と他者の関係、とくに師と弟子の関係のまったく異なるあり方に強い印象を受ける人もいると思

います。一方に信頼する師が率直に問いかけ，弟子は「困惑と発見」から自己統御を学ぶという関係があり，他方に「他者でありさえすれば誰でもよい誰か」に弟子が自己の検討を告白し，永続的に師に従順である（服従自体が目的となる）関係がある。こうしたふたつの世界の距離を，この作品は確かな手触りをもって伝えています。

　ただ，こう感じた人もいるのではないでしょうか。あれ？　この「検討‐告白」ってパノプティコンのことじゃない？「内的な検討」を些細なことまですべて他者に不断に「告白」する。そうすることで「秘密の暗がり」に隠された思考は「光の作用」のもとに差し出される。パノプティコンでも，囚人のいる独房は外からの光によって可視化されていました。そして監視者は囚人に見えないよう暗闇にいる。だから監視塔にいるのは「誰でもよかった」のです。

　じつは「技法中の技法」の内容は 1980 年のコレージュ講義『生者たちの統治』や，1981 年のルーヴァン・カトリック大学での講義『悪をなし真実を言う』でも語られていて，フーコーはエクサゴレシウスを「誰か＝x に向けて」の発話，「すべてをたえず誰かに語ること」であり「他者とは任意の誰か，X」だと述べています。「語りかけられる相手である他者＝x」をこうも換言できるでしょう。「自分の真理」を求めてくるのは，「私たちが属している制度的なシステム全体，文化的システム全体，宗教的システム全体であり，そしてやがては社会システム全体がそれを求めてくるでしょう」。「私たちは，自分自身について真理を語ることを強いられるために……だれでもいい他者への従順さの構造の内部で自分自身を尋問しさえすればよいのです」。──システムへの自己の告白と誰でもいい他者への服従。でも，これはいまの私たちを網の目のように包んでいる権力の姿ではないか??

　では，この「権力」に向けてどんな「戦いのとどろき」を響かせることができるのか。「パレーシア」がその答えなのかもしれません。しかし，「真実を語ること」自体が反転することがありうると

すれば……。フーコーの圧倒的な議論をなんとか追いかけてきた私には，まだわかりません。ただ，ソクラテスとフーコーというふたりの哲学者の提言は，社会学者はいったいどんな「権力に対する不寝番」になるのかね？と問いかけているような気がします。

第 12 章

ジェンダーと社会学

性という謎

　今学期の講義も折り返し点です。でも，これまでの講義（『社会学の歴史 I 』と『 II 』の前半）を受けてきて，みなさんはなにか変だなと思いませんか？──そう，この「歴史」には女性がほとんど登場していないのです。おそらく第 6 章にハンナ・アーレント，第 10 章にシモーヌ・ド・ボードワールが出てきたくらいではないかと思います。こんな「社会学史」でよいのでしょうか？

　同じサイコロを男の立場から見ると「2」と「3」が見えるが，女の側からだと「4」と「5」の面が見える，なのにその視点が消え落ちているのではないか。ゴフマンの章に登場した女子大学生が語る「私的問題」は，社会構造が「女性」に強いる「公的問題」ではないのか。この章では，このあいだをつなぐ「社会学的想像力」の形を，わずかでも見てみたいと思います。

1 はじめに

●「女」は入っているか

女性がいない社会学史　　　今回は，アメリカのある社会学教科書の引
　　　　　　　　　　　　用から始めましょう。

　　いま述べたシカゴ大学における発展と同時期……またデュル
　ケーム，ヴェーバー，ジンメルによるヨーロッパ社会学の創造
　と同時期に……，社会改革者の広汎なネットワークを構築した
　一群の女性たちが，画期的な社会学理論を展開させてもいた。
　ジェイン・アダムズ（1860 ～ 1935），シャーロット・パーキン
　ス・ギルマン（1860 ～ 1935），アンナ・ジュリア・クーパー
　（1858 ～ 1964），アイダ・ウェルズ = バーネット（1862 ～ 1931），
　マリアンネ・ヴェーバー（1870 ～ 1953），ビアトリス・ポッ
　ター・ウエッブ（1858 ～ 1943）などである。……こんにち彼女
　たちは通例の社会学史では，社会学者・社会学理論家として認
　知されないが，これは社会学というディシプリン内のジェン
　ダー・ポリティクスの力の，また社会学が自身の実践を本質的
　に無反省・無批判に解釈していることの，冷酷な証言である。
　（*Sociological Theory*, p.204）

　これは，2008 年刊行のジョージ・リッツア『社会学理論』第 7
版の，「シカゴ学派の衰退」のパートに続く「初期社会学における
女性」の冒頭です。「社会学という学問内のジェンダーの政治」。こ
の表現は，このリストにある人々の仕事をほとんど知らず，読んだ
ことがある著作はマリアンネ・ヴェーバーによるマックス・ヴェー
バー伝だけ，という私を強烈に痛打します。いや，「社会学の歴史」
について考えてきた多くの社会学者にとって，この文章は突き刺す
ような力をもつのではないでしょうか。

なぜ女性が「社会学の歴史」に登場しないのか。――この「謎」に答えることは私にとって容易ではありません。ヒントを求めて，たとえば科学史家ロンダ・シービンガーの『科学史から消された女性たち』を読むと，ノーベル賞を2回受賞した物理学者マリー・キュリーが，1911年にパリの科学アカデミーの会員資格を「女だからという理由で断られた」ということが記されています。アカデミー・フランセーズが1635年に創立されてまもなく，マドレーヌ・ド・スキュデリなど「文芸上の優秀さは疑うべくもない」女性たちが会員に推挙されましたが，「女性であった」ことが問題となり入会が認められませんでした。シービンガーは，女性が同アカデミーの正式会員にはじめて選出されたのが1979年だと付記しながら，こう問いかけます。「なぜ《私たちが知っている》女性の科学者がこんなにも少ないのか」。

　王侯の宮廷，サロン，職人の工房など，中世の大学の外側で（むしろその反対勢力として）起こった近代科学は多くの女性が参加できる包容力をもっていたが，大学やアカデミーで自然科学が制度化される過程で女性が排斥されていった。この歴史的プロセスを詳細に描く本書は，社会科学を対象とはしていません。だから登場する社会学者はわずかですが，そのひとりがロバート・マートンです。シービンガーは，近代科学の社会的起源を探究した「先進的な仕事」である1938年の『17世紀イングランドにおける科学，技術，社会』をこう論評します。ここでマートンは，王立協会創立当時の会員の62％がピューリタンだったと指摘した。だがそれが「100％男性であったという衝撃的な事実」についてはなにも調べていない。「ジェンダーの問題はまったく眼中になかったのだ」。本書終わり近くにオーギュスト・コントも登場します。シービンガーによれば，彼は1839年の『実証哲学講義』第4巻で「根拠の確実な生物学」は男女平等について結論を出せるだろうとし，1843年10月5日のJ・S・ミルへの手紙で「女性の従属は『生得に劣っていることに起

因するのだから』永遠に続く，と予想した」のです……。

　コントは，シモーヌ・ド・ボーヴォワールの『第二の性』（1949年）にも登場します。「人は女に生まれない。女になるのだ」という言葉で有名なこの本の，第1巻「事実と神話」第2部「歴史」のフランス革命以後の部分で，ボーヴォワールは彼が「男女の序列」を論じたのを引きます。コントによれば，「女であることは『幼児期の延長』のようなもので……この生物学的幼児性は知能の低さとして現われる」。女性が果たす役割は妻と主婦のふたつで，男との競争に加わるのは無理，「人を指導することも，教育することも女には向いていない」。だから，「実証主義の説によれば女は家庭に閉じ込められてしまう」。あ〜あ。

　ボーヴォワールは本書の序文で「女は〈他者〉なのだ」と論じます。どんな集団も自分を〈一者〉（l'un）として定めるとき，必ず〈他者〉（l'artre）を対置させる。村人には村に所属しない者が，ある国に生まれた人には他国の住人が，反ユダヤ主義者にはユダヤ人が〈他者〉である。「〈他者〉が，自分で自分を〈他者〉として定義し，相手を〈一者〉と定義するのではない。〈一者〉が，自分を〈一者〉として定めるときに，〈他者〉を〈他者〉として定めるのだ」。「男は〈主体〉であり，〈絶対者〉である」，このとき女は他者化される。

　さきほど見たコントやマートンの事例だけから，社会学が女を「他者化」してきた，と一般化することはもちろんできないと思います。しかし，社会学は，この「他者」の声を聴いてきたのだろうか。私が書いた『社会学の歴史I』には，その声はまったく書きとめられていませんでした。この「他者」の声は，どのようにして社会学のなかに響くようになったのか。

　　　5つの「宣言」　　　この講義では，それぞれの社会学者が，自らが発見した「わからない！」にどう向き合い，どう格闘したかを辿る試みをしてきました。第1章ではフラ

ンス革命後，王や貴族ではなく市民が社会の主人公になり，その「よき意志」によって自由で平等な社会になるはずだったのが，民主化の「意図せざる結果」として誰の意志にも帰責できない変動や混乱が生じた，と論じましたね。この「社会という謎」を前に，たとえばコントは「動揺と無政府状態を食い止めるにはどうすればよいか」を問うために「社会学」を構想したのでした。

　では，同じ革命後の社会において「女性」にとっての「謎」はなんだったか。たとえばオランプ・ドゥ・グージュ（1748年フランス南部モントーバン生まれ，コントより50歳年上です）が1791年9月に発表した「女性および女性市民の権利宣言」を見ると，次の「謎」が浮かび上がります。1789年の人権宣言（「人および市民の権利宣言」）の「人／市民」とは「男性」のことではないか。この宣言は「人＝男性」の権利をうたったにすぎず，「市民」に「女性」は入っていないではないか。その第1条「人は，自由，かつ，権利において平等なものとして生まれ，生存する」に対して，グージュの宣言の第1条は「女性は，自由なものとして生まれ，かつ，権利において男性と平等なものとして生存する」とうたいます。第10条には，自分の意見を不安なく表明できる権利が記されたあと，「女性は，処刑台にのぼる権利をもつ。同時に……演壇にのぼる権利をもたなければならない」と政治参加の権利が主張されます。革命で解放されたのは男性だけで，女性に「自由と平等」はない，それはなぜか。──女性にとってまだ「革命」など起きていなかったのかもしれません。グージュは1793年11月，統治形態を国民投票で選択することを提案する「三つの投票箱」というビラが「人民主権を侵害する著作」だとして死刑判決を受け，ギロチンで処刑されます。

　あるいは，第2章に登場したマルクスは1848年の『共産党宣言』で，「あらゆる社会の歴史は，階級闘争の歴史である」と述べていました。資本主義社会で労働者＝プロレタリアは「貧窮者」となっていく，これはなぜか。彼はこの「謎」と格闘し，『資本論』を残

したのでした。ですが，ここに「女性」は入っているのか。水田珠枝は『女性解放思想の歩み』（1973 年）でこれに「否」と答えます。『共産党宣言』で記された被抑圧者の立場は女性にはあてはまらず，「階級闘争の歴史，これもまた男性の歴史なのだ」。「自由民も奴隷も，貴族も平民も，ギルドの親方も農民も，ブルジョワジーもプロレタリアートも，その主力はすべて男性であって，闘争をしたのも闘争によって直接解放されたのも，男性である」。女性は「かれらの妻であり娘であるにすぎない」。そして，「支配階級に属していようと被支配階級に属していようと，女性は女性であるという理由で差別され抑圧されてきたのである」。

　この水田の「声」を聴きながら，『共産党宣言』と同じ 1848 年にアメリカ・ニューヨーク州で開かれたある会合での「宣言」を紹介しましょう。開催地の名から「セネカフォールズ会議」と呼ばれるこの会合の開催は，1840 年ロンドンの「世界奴隷反対大会」でのエリザベス・キャディ・スタントンとルクリシア・モットの出会いをきっかけとしています。1815 年生まれ（マルクスより 3 歳年上）のスタントンは保守的な上流階級に育ちましたが，奴隷制廃止運動指導者のヘンリー・スタントン（共和党創設者のひとり）と結婚して急速に運動にかかわるようになり，1840 年新婚旅行をかねてロンドンに夫と同行します。このとき，アメリカ代表の一員だったモットが女であるために排除される出来事（女性は男性参加者の視界に入らない一角に移された！）があり，スタントンはモットと女性の地位の現状を語り合います。8 年後再会したふたりは，1848 年 7 月 19・20 日にセネカフォールズで初の女性権利大会を開催，約 300 人の男女が参加して，スタントンが起草した「所感宣言（Declaration of Sentiments）」が採決され，男 32 人，女 68 人が署名します。

　「所感宣言」はアメリカ独立宣言を引き写して，こう述べます。「男と女はすべて平等につくられ，創造主によって，一定の譲ることのできない権利を授けられている。これらのうちには，生命，自

由，幸福の追求があり，これらの権利を保障するために，まさにその権力が治められる者の合意から派生する政府が樹立される」。『フェミニストの理論』でこれを引くジョゼフィン・ドノヴァンは，この逐語的コピーは，女性に参政権がなく「その政府に合意していなかった」ことを浮かび上がらせる，と指摘します。女たちの合意がない＝自然権が侵害されている状態を修復するには「女たちが，公共の事柄に，自分たちにこれまで否定されてきた声をもつことが要求される」。この宣言は独立宣言での抑圧者「英国王」を「男性」に置き換え，「人類の歴史は，女性に対する男性側の権利侵害と権利簒奪とのくり返しの歴史」であるとして，男が女をどう抑圧してきたかを列挙し，会議では11の決議案が全員一致で採択されました。ただ，12番目の「神聖な権利である参政権を得ることはこの国の女性の神聖な義務である」は，「当時としてはあまりに過激であった」ために多くの反対にあい，ごく少差での採択でした。

　1789年の「人および市民の権利宣言」と1791年の「女性および女性市民の権利宣言」，1776年のアメリカ独立宣言と1848年の「所感宣言」，そして同年の『共産党宣言』。この5つの「宣言」を並べると，同じ「複数の意志の空間」に向き合ってなにを「謎」として発見するかがまったく異なることがはっきりわかると思います。市民はなぜ王と貴族に抑圧されているのか，労働者はなぜ資本家に抑圧されているのか。しかし，これらの「謎」はすべて「男性」のことでした。グージュとスタントンは「人」に「女性」が入っていないのはなぜかと問いかけ，女性はなぜ男性に抑圧されているのか，という「謎」を浮かび上がらせるのです。

名前のない「謎」　アメリカで女性参政権が獲得されるのは，1919年に上下両院を通過した憲法修正第19条が，1920年8月26日に各州の批准を経て成立したときでした。セネカフォールズ会議から72年後，スタントンが1902年に87歳で亡くなってから18年後のことです。「講義再開にあたって」で触

れたホブズボームがいう「短い20世紀」の「破局の時代」が始まったばかり，マックス・ヴェーバーが没した年にあたります（なお，フランスの女性参政権成立は1945年4月30日，グージュの宣言から150年以上あとです！）。

本来ならここで，リッツァがリスト化した女性社会学者たちがなにを論じたかを検討するべきなのですが，私にその知識がないことはみなさんも推測されているとおりです（泣）。このリストの女性たちは1858年から1870年の生まれで，「1890年の世代」=「社会学第一世代」にあたります。デュルケームやジンメルやヴェーバーが生きた時代を，彼女たちがどう生き，どんな「謎」と格闘したのか，伝えられればよいのですが，申しわけありません。

みなさんは，18世紀末から参政権獲得にいたる女性解放運動の高まりを「第一波フェミニズム」と呼ぶと聞いたことがあると思います。「人間は生まれながらに自由で平等である」という自然権の思想≒「リベラリズム」によって被抑圧者が解放された。しかしそれには「女性」は入っていなかった。自然権やリベラリズムを女性にも拡張しようとし，女性参政権獲得を主要目標とするこの運動は，「公的領域」への女性の参入をめざしたと特徴づけて間違いないでしょう。そのおもな担い手は，スタントンのような裕福で教育を受けた女性でした。

その後，1960年代まで女性解放運動は停滞したといわれます。有賀夏紀は『アメリカ・フェミニズムの社会史』で，「婦人参政権成立によってアメリカのフェミニズムの運動は目標を失ってしまった」と端的に指摘したうえで，こう述べます。参政権成立は参政権獲得運動だけでなく，現実の女性の役割と地位に変化が起こっていたこと，第一次世界大戦下で女性が生産の場に動員され，能力が認められるようになったことも要因だった。だが，1920年代の保守的ムードのなかフェミニズムは敬遠され，投票権を得たあとも女性の政治的・経済的地位は変化しなかった。1930年代の大恐慌で家

計を助けて働く女性は増え，第二次世界大戦が起こるとその社会進出は劇的に進行したが，働く女性の大部分は家庭が女性本来の場と信じており，戦争が終わると当然のことのように家庭に戻った。戦後女性就業率は落ちたが，1948年からふたたび上昇，60年に戦時の水準に戻り，70年には43％に達した……。

女性参政権という「法」は変わり，女性の就業も進みました。でも，有賀によれば，「女の場は家庭にあり」とする伝統的女性像が社会を支配したままで，この「理念」と多くの女性が外に出て働くという「現実」のあいだに矛盾が生じる。このとき，「当時のアメリカ社会の保守的な空気の中で，伝統的な女性像が強調されることになった」。――ですが，40年以上の沈滞を経た1960年代，「法」の及ばぬ領域で男性による女性の抑圧や差別を「謎」として問う動きが生まれます。そのきっかけが，ベティ・フリーダン（Betty Friedan, 1921～2006）が1963年に刊行した『女性らしさの神話（*The Feminine Mystique*）』（邦題『新しい女性の創造』）です。パーソンズやシュッツら「第二世代」をスキップして，ゴフマンより1歳年上（強引にいえば「社会学第三世代」）のフリーダンが新しい形の「謎」を発見し，それと格闘する道を開いたのです。その「謎」を彼女は「名前のない問題（the problem that has no name）」と名づけます。

それはどんな「謎」か。フリーダンは本書を，「いつからともなく私は，近頃のアメリカ女性の生き方は，どこかひどく狂っていると思うように」なったと書き始めます。名門女子大学スミス・カレッジとカリフォルニア大学バークレー校大学院で心理学を専攻したものの研究者の道を諦め，雑誌記者をしながら26歳で結婚，3人の子をもうけた彼女は，「私自身の生き方はこれでいいのかという疑問」を感じていた。大学を卒業して15年後の1957年，彼女は同期生200人にアンケート調査を行い（その89％が主婦），「女性の現実の生活」と「理想とされている女性像」の乖離に気づきます。女性たちは「どういうわけか無意味に感じるのです」「生きている

ような気がしないのです」と語り，フリーダンはこの「まだ名もついていない一種のノイローゼ」について，「女性は，現代の主婦に課せられた大変な役割を果たそうとして，罠にかかったのだろうか」と問いかけます。ある大学卒の牧師の妻はいつも「牧師の妻」か「子供のママ」であって「自分ではない」ことが悩みと語り，鎮静剤を服用する郊外の主婦は「目をさますと，今日もまた同じようなことをしてなにになるのかと思う」と語る。フリーダンは彼女たちが陥っている「罠」は「自分の時間がもてない」ことであり，縛られている「鎖」は「彼女自身の心と精神」だ，と指摘します。

「罠」という表現から，私はちょうど同じ時期，1959年に刊行されたミルズの『社会学的想像力』を思い出します。この本でミルズは，「自分の私的生活は罠の連なりなのではないかという感覚」に当時の人々が囚われていることを指摘しました。それがどんな「罠」かわからないまま，不安と無関心が広がっている。ミルズとフリーダンが指摘した「罠」はすべて重なるものではないと思いますが（ミルズの本に登場する女性は私が確認したかぎり精神分析家のカレン・ホーナイひとりです……），その正体を解明するために，ミルズがいう「社会学的想像力」が要請されるのは間違いないでしょう。「私的問題（personal trouble）」を「公的問題（public issue）」と，「個人の生」を「社会構造」と結びつける想像力，です。

フリーダンによる「名前のない問題」の提起をきっかけに，1960年代から70年代にかけて「第二波フェミニズム」が激しく進展していきます。この「謎」を解くために，どんな「社会学的想像力」が開かれていったのか。以下，この新しい想像力の形を見ていきましょう。

2 「私的領域」における政治

●ラディカル・フェミニズム

> ## 女らしさの「罠」

まず，フリーダンが『女らしさの神話』で
どんな「罠」を問題にしたかを確認しま
しょう。フリーダンは1960年代はじめにもっとも読まれていた女
性雑誌『マッコールズ』の記事に描かれた女性像が「女らしく従
順」で，「寝室，台所，セックス，赤ん坊，家という世界で満足」
しており，その情熱は「男性を得ることに限られている」と指摘し
ます。1949年頃の女性雑誌の小説のヒロインは3人に1人が職業
婦人でしたが，1958・59年には「主婦業」以外の職業や，社会へ
の使命感をもつヒロインは皆無でした。戦後15年で「意気盛んな
『新しい女』が『幸福な主婦』」と交代した。しかし，「社会で男性
の仲間になることを禁じられて，女性は人間であり得るのだろう
か？」とフリーダンは問いかけます。

フリーダンと同世代の女性たちも，母校スミス・カレッジの現役
学生たちも「本当のところ何になりたいのか」という問題に脅かさ
れている。「女らしさを賛美する人たちは，『私は何なのだろう』と
いう問いに，『トムの妻，メアリーの母』と答えればよい」という。
だが「女性がもっているかくれた才能を十二分にのばし発揮するこ
とを禁じている」この社会で，女性たちは「役割の危機」を経験す
ることになる。なぜそうなるのか。

ひとつの要因として，フリーダンは「精神分析」の影響を指摘し
ます。フロイトが女性の特徴とした「ペニス羨望」が「男性のよう
になりたいという願い」として理解され，女性が治療を受けてこれ
を克服できれば「妻として母として自分をまっとうできる」と考え
られた。現代女性を待ち受けるさまざまなチャンスは「ペニス羨
望」の名で禁じられ，この「フロイトの思想」（カッコつきの）をう

のみにした機能主義者が，「結婚講座」などで女子大学生たちに「女性の役割」を教え，女らしさを賛美する風潮を熱心に宣伝している。フリーダンは，「機能主義者と呼ばれるアメリカの社会科学者たち」が「女の役割」に「絶対的な意味と神聖な価値を与え」，「社会学の大家であり機能主義の理論家であるタルコット・パーソンズ」（！）は「女性が男性と均等の機会を得ることは，家庭のまとまりを妨げる」として，妻が主婦業か非競争的な仕事に就くことで現状を維持することができ"機能的"である（男女同権は"機能的"でない）と考えた，と論じます。

　このあとフリーダンは大学教育の変化を検討し，母校スミス・カレッジでの学生の「声」を集めます。「職業なんかほしくありません。みんな大学に行きますし，行かないと社会の除け者にされます。でも勉強を一生懸命したり，研究生活にはいったりするのは女らしくないことなんです」。「役にたたない勉強をしても仕方がありません。平凡なサラリーマンを夫にするのなら，教育がありすぎても困りますもの」。フリーダンによれば，いくつかの女子大学は「学生が磨かれた知性を将来使う事より，"女"として満ち足りた生活ができる」ことを教育の目的とし，「物事に対する批判的な考え方」を教えなくなっている。

　「人間らしさを奪う"収容所"」という章で，フリーダンは主婦に順応している女性は「ナチ収容所で，死だけを待って生きた数百万人の人々と同じ運命にある」とたとえます。「よく考えれば，彼女の家は，住み心地のよい収容所なのだ。女らしさを賛美する風潮に従って生きている主婦は，罠にかかっているのではないか。……主婦の仕事に才能は必要ない。仕事はだらだらと続き，単調で，昇格もなんの報いもない。アメリカの女性は，捕虜のように虐殺されることはない。しかし，彼女たちは，悩み苦しんで，精神的な死へと一歩一歩近づいている」。これに対して「死に抵抗している女性もいる」。この女性たちは「自己を持ち続け，外界との接触を常に保

ち，創造的な目的のために才能を用いている。彼女たちは，主婦の役目に順応しなかった，勇ましい，知性の高い女性である」。郊外住宅の主婦たちが「罠」から逃れるためには「人間に与えられた自由を行使して，自己を取り戻さなければならない」。彼女たち主婦は，「どうしても成長しなければならないのだ」。

「リベラル」から「ラディカル」へ

いまから約60年前のこの「声」をみなさんはどう聴いたでしょう。フリーダンの文章はじつに力強く，女性の「名前のない問題」に言葉を与えて「新しい女性の創造」（邦訳タイトルどおり！）へとエンパワーする力をもつように思います。訳者の三浦富美子による1970年のあとがきによれば，本書は当時までに150万部を売るベストセラーとなり，フリーダン自身が女性解放運動に加わっていきます。1966年，同志300人と「全米女性機構（National Organization for Women, NOW）」を設立し，女性が男性と平等の権利と責任をもちアメリカ社会の「主流」に加わるべく活動を始めます。

他方，本書が女性が囚われている「罠」をどれだけ明らかにしたかというと，私自身は物足りない気持ちがします。マス・メディアがつくる女性像，（俗流）フロイト派精神分析や機能主義社会学の影響などは，「女らしさの神話」を広げ，女性を家庭に閉じ込めた要因に含まれるのかもしれないが，彼女たちの「名前のない問題」＝「私的問題」を生み出すにいたった「公的問題」＝「社会構造」の正体なのだろうか。第二次大戦後の名門女子大学の学生や郊外の主婦のことはわかったが，そもそも「なぜ女が入っていないか」という「謎」の答えにどこまで近づいたのだろうか。この本は運動を導くパワーに満ちた問題提起の書ではありましたが，より射程の長い「社会学的想像力」が必要ではないか，と率直に思うのです。

フリーダンの立場が，女性参政権を求めた「第一波フェミニズム」と同じ構図に位置づけられるのはわかりますよね。男性と同じ能力がある女性が「公的領域」から排除されている。すべての人間

は平等なのだから，女性も「公的領域」に参入できるようにすべきである。——男性に与えられている「自由と平等」を担保する自然権を，同じ人間である女性にも与えるというロジックです。さきに「第一波」と呼びましたが，「リベラリズム」の理想に女性も加わることをめざすこの立場が「リベラル・フェミニズム」と呼ばれるのもよくわかることですし，その支持者が教育ある中産階級以上の女性だったということも共通しています。

　上野千鶴子は『家父長制と資本制』（1990 年）で，「近代主義的なブルジョア女性解放思想」（つまり「リベラル・フェミニズム」）を「解放の思想」だが「解放の理論」ではない，と位置づけます。確かにこの立場に立脚した女性参政権運動や廃娼運動は大衆的基盤をもち，「こうした運動があるからこそ，私たちは，私たちの先輩が女性解放のために闘ってきた，と言いうる輝かしい歴史を持つ」。だが，「ブルジョア女性解放思想は，『女性の権利』という『正義』が行われることは要求するけれども，この『正義』がなぜ達成されないかの社会的メカニズムについてのどんな解明もしない」。この思想は「自由」と「平等」という「市民革命」の原理を共有し，「市民革命をより徹底しておしすすめること」で女性の解放が達成されると考えるが，重要なのは「女も男もともに『自由な市民』として解放するはずだった市民革命が，なぜ男だけを解放し，女を解放しなかったかについて，構造的な解明」をすることではないか。必要なのは，性差別が「それなしには『近代』が成り立たない構造的な要因として，組みこまれていたこと」を解明する理論である。

　ではどのような理論がありうるのか。上野は「女性の抑圧を解明するフェミニズムの解放理論」には３つがあり，３つしかなかった，と断言します。第１は「社会主義婦人解放論」。伝統的な社会主義婦人解放論は，女性の抑圧は階級支配の従属変数であり，資本制に対する闘いが女性解放の闘いであって，階級支配が廃絶されれば女性は自動的に解放される，と考えます。しかし「近代市民革命」が

そうであったように，「社会主義革命」も「自由と平等」を約束しながら「プロレタリアの男の解放」のみを達成する「裏切られた革命」に終わりました。ここで女性は「自分たちを男から分かつ『性』という独立の変数に行きあたり，その理論化の必要に迫られた」。この第2の理論的立場が「ラディカル・フェミニズム」です。そして，「ラディカル・フェミニズム」の問題提起を受けて，第1と第2の立場の「統合もしくは止揚」として登場したのが，第3の理論的立場「マルクス主義フェミニズム」です（上野のこの本は第3の立場のじつにクリアな見取り図です）。

　この講義では，この節の残りで「ラディカル・フェミニズム」を，次の第3節で「マルクス主義フェミニズム」を検討してみたいと思います。このふたつの理論的立場が，明らかに，それまでの社会学にはなかった「社会学的想像力」を切り開いたと考えるからです。

　さて，「ラディカル・フェミニズム」です。上野は，その初期の担い手が共通して「裏切られた女社会主義者」であり，「新左翼の運動の中にある性差別に対する批判や告発」を行ったと指摘します。たとえば1969年ワシントンでのニクソン大統領就任式への反対集会で，男性指導者は戦争と人種差別に対する非難声明を提起しますが，「女性解放」については一言も触れず，女性活動家が立ち上がって発言すると男たちはブーイングをし，「女をあっちへつれてってファックしろ」などと野次を飛ばします。エレン・ウィリスによるこの報告を1971年の『女性論（Woman's Estate）』で引用するジュリエット・ミッチェルは，「労働者階級の運動でも，黒人，学生の運動でも，こういう経験と逆のことを示すことのできる左翼運動は一つもない」と記しています。

　ドノヴァンによれば，ラディカル・フェミニズムの理論は主としてニューヨークとボストンで「元『女活動家』」によって展開されました。シュラミス・ファイアストーンらの「ニューヨーク・ラディカル・フェミニスツ」が1969年12月に発表したマニフェスト

「自我の政治」は，女の抑圧は第一に心理的な要素に根ざし，「男は，女の自我をふみにじる自我の能力に正比例してその『男らしさ』を確立し，このプロセスから，彼の強さと自己評価をひきだしている」と指摘します。こうした心理的抑圧への視点は，1970年の『二年目からの報告（*Notes from the Second Year*）』に掲載されたキャロル・ハニッシュの論考「個人的なことは政治的である（The Personal is Political）」でも強調されます。

　ここでは，1970年に刊行され，ラディカル・フェミニズムのバイブルとも呼ばれたケイト・ミレット（Kate Millett, 1934～2017）の『性の政治学（*Sexual Politics*）』を検討してみましょう。藤枝澪子の訳者あとがきによれば，ミレットはミネソタ州セントポールでアイルランド系カトリックの家庭に3人姉妹の長女として生まれました。父親は家族に暴力をふるう大酒飲みで，ミレットが14歳のとき家族を棄て，母親は生計を立てるために苦労します。ミレットはミネソタ大学で英文学を専攻，オックスフォード大学に留学して優秀な成績で学位を取得しますが，学者としての就職先はなくアメリカに帰国します。帰国後は彫刻を勉強，1961年から2年間早稲田大学で英語教師をし，そこで出会った彫刻家の吉村二三生と1965年に結婚，コロンビア大学で英文学を講じるとともに彫刻の仕事も続け，女性解放運動に参加します。『性の政治学』は1968年11月にコーネル大学で女子学生向けにした講演を萌芽とし，1969年2月執筆を開始した博士論文の増補版です。「性の政治」「歴史的背景」「文学への反映」の3部からなりますが，ここでは第1部を中心に見ることにします。

| 「性の政治」の事例 |

第1部「性の政治」の「Ⅰ　性の政治の諸例」は，ヘンリー・ミラーの小説『セクサス』（1945年完成，当初パリで出版され1965年までアメリカでは禁書）の長い引用から始まります。主人公ヴァル（ミラー本人）が友人の妻アイダと風呂場でセックスをするシーンの描写です。着衣のまま彼

女を浴槽に引き入れ，繰り返し性交するようすを描く「この彩り豊かな叙述文」（ミレットによれば）は，性交という「単なる生物学的行為の枠を越えた，注目すべき内容」を含むとミレットはいいます。

「ヴァルのほうがまず行動を起こす。『わたしはひざで立って，女の恥毛に頭を埋めた』」。ミレットは，「恥毛」という言葉が男同士で女をものにした手柄話を「男の語彙で，男の見方で話す調子」を生み，これに続く「女には抵抗するひまもなかった」という描写は「力の行使による性交の描写」であると指摘します。ヴァルは抗しがたい性的魅力を備えた性的に強い男として描かれ，「弱くて人がよく，いくぶんおろかな女にたいする男性優位の主張」によって読者は（もし男性ならば）「超自然的ともいえる力の感覚」を体験するだろうとミレットは述べます。「それは交接という根元的レベルにおける性の政治の一例である」。セックスにおける政治。主人公ヴァルは「人間的な意思疎通のことばを一語も発することなく」，この一連の行為をやりとげ，終わらせるのです。

ミレットはフランスの作家ジャン・ジュネの作品も検討します。1949 年の自伝小説『泥棒日記』で，ジュネは「見くだされる男娼」であり「同性愛行為で女役を務めるがゆえに卑しめられるおかま」としての自らの経験を描写します。ミレットによれば，「ジュネは男性であり，また女性である」。彼の小説に描かれる「聖職階級組織的な同性愛社会」では「性別役割は生物学的実体の問題ではなく，階級ないしカーストの問題」であって，登場人物たちは「異性愛社会の『男性的』と『女性的』をとことん模倣し誇張」しているので，異性愛社会の通念を洞察させてくれる。つまり，「同性愛社会という鏡に映った，女であるとはいかなることか……男であるとはいかなることか」，「『男性的』，『女性的』なる権力構造」を読み取ることができる。

売春宿を舞台にした戯曲『バルコニー』でジュネは，「性の結合という根本的人間関係」を「社会的構築物の核モデル」と解し，

「制度化された不平等のまさに原型をなしている」ことを表現します。たとえばガス検針を仕事にするある男が「金で買える唯一の人間——娼婦としての女——を通じて，支配のよろこびにあずかる」ことができ，娼婦の役割は「男の支配欲に奉仕するだけ」である。ジュネの戯曲は，「男らしさのイデオロギー」と「男性優位主義」が廃棄されないかぎり，「あらゆる抑圧体制は，根源的人間状況を論理的，情緒的に支配する力によって」機能し続けるということを暗示している。「人類を二つの集団に分裂させ，一方が生得権によって他方を支配するものと定めることによって，社会秩序は，あらゆる領域の思想，経験ばかりでなく他の一切の人間関係の基礎となり，またそれらを腐敗させる抑圧体制をすでに確立し，是認している」とジュネは確信している……。

これを読んでどう感じたでしょう。ここには，女性が参政権を与えられず「公的領域」から排除されてきたのとも，家庭に閉じ込められた女性が「名前のない問題」に悩むのとも違う，男と女の非対称な関係，いや文字どおりの「力関係」が描かれています。ミレットは「Ⅱ　性の政治の理論」の冒頭，これらの性描写では「支配と権力の観念」が大きな役割を演じており，「交接（コイタス）が真空の中でおこなわれることはまずありえない」と述べます。性交は生物学的・肉体的行為に見えるが，「文化が是認するさまざまな態度や価値の充満する縮図」であり，なにものにもまして「個人的ないし私的領域における性の政治のモデル」としての役割をもちうる。私的領域における性の政治。ミレットがなにを問うているかわかりますね。

これらの例は「男女のむつみ合いの場面」ともいえますが，ここから「政治」という文脈に移るのは大きな飛躍である，とミレットは認めます。問題は「政治」をどう定義するかにかかっている。ここでは「政治」を「会議や議長や党派といった，相対的にせまく排他的な世界」とはとらえずに，「権力構造的諸関係，すなわち一群の人間が他の一群の人間に支配される仕組み」をさすこととする。

ミレットによれば「理想的政治」とは「合意しうる理にかなった基本原理に立つ人間生活上の仕組み」であるが，われわれの知る現状はこうした理想的状況からはほど遠い。だからこれに取り組もう。

ミレットは以下の議論を「家父長制理論についての覚え書き」（邦訳は「父権制理論」ですが，以下 patriarchy を「家父長制」と統一します）と性格づけ，「性」が政治的意味をもつ地位カテゴリーであることを証明したい，と述べます。この「開拓的な作業」は「必然的に不完全な，試みの域を出ないもの」になると彼女自身断るのですが，ここには前人未踏の「社会学的想像力」が（粗削りだが，だからこそ力強く）展開されているように思います。では，性の政治の「理論」として彼女がなにを語るかを見ていくことにしましょう。

「家父長制」の基盤　じつは，「家父長制」の概念にはこの講義で一度触れたことがあります。第4章で見たヴェーバーの「支配の3類型」で，です。3つの類型のうち「伝統的支配」，つまり「昔からそうだったから」という正当性根拠によって服従する類型の例として，「いちばん年長の男のいうことをきく」という「家父長制的支配」があがっていました。

ミレットも，両性間の関係は，ヴェーバーが「ヘルシャフト（Herrschaft）と定義した現象」，「支配と従属の関係の事例」である，と確認します。ただ，いまの紹介が「昔からそうだったから」という「正当性根拠」に力点を置いたのに対し，彼女の議論のポイントは「男と女」の関係に「社会的権威による支配」と「経済力による支配」が結びついていることにあります。「われわれの社会秩序の中で，ほとんど検討されることもなく，いや気づかれることさえなく（にもかかわらず制度化されて）まかりとおっているのが，生得権による優位であり，これによって男が女を支配しているのだ」。

「家父長制の支配を制度ととらえ，この制度によって人口の半ばをしめる女が残り半分の男に支配されるものとするならば，家父長制の原則は，男が女を支配し，また年長の男が年若い男を支配する

というように二重に働く」。軍隊，産業，技術，大学，科学，行政，経済などあらゆる権力の通路は男性の手中にあり，われわれの社会は「他のあらゆる歴史上の文明と同じく，家父長制」である。この権力は巧妙で頑強で永続的であって，「性による支配はわれわれの文化のおそらくもっともいきわたったイデオロギーとして通用し，またわれわれの文化のもっとも基本的な権力概念を与えている」。

ミレットは「家父長制」を支える8つの「基盤」を列挙していきます。第1は「イデオロギー的基盤」です。「性の政治は，気質，役割，地位について，両性を基本的に家父長制の政治形態へと『社会化』することをとおして，合意を獲得する」。「地位」（＝政治学的構成要素）については，男性＝優越した地位／女性＝劣った地位が保障される。「気質」（＝心理学的構成要素）には，ステレオタイプの性別カテゴリーにそったパーソナリティ形成（男性＝攻撃性，知力，力，有能さ／女性＝受動性，無知，従順さ，貞節，無能さ）が包含される。そして「性別役割」（＝社会学的構成要素）は，ふるまい，ジェスチュア，態度について複雑な掟を両性それぞれに定めており，女に家事と育児を課し，それ以外の業績，関心，野心は男に割り当てる。

第2は「生物学的基盤」ですが，このパートは家父長制的宗教も世間の態度も科学も，いま見た「気質，役割，地位」の心理的・社会的区別を「両性の生物学的相違」に由来し，「本性に合わせているにすぎない」としているが，そうではない！とする批判的検討にあてられます。第二次性徴で男性のたくましい筋肉組織はできあがるが，「男性優位主義は……最終的には体力に宿るものではなく，生物学とは無縁の価値体系を受け入れるところにある」とミレットは論じます。だって，人種や階級の関係を考えると，過去も現在も体力が必要でより強い体力を備えているのは「底辺」の人々であり，文明は体力とは別の方法（技術，武器，知識）を用いるようにし，「現代の文明はもはやこれ以上の体力を必要としない」のですから。家父長制は「人間の生理」を根拠とする避けがたいものという仮定

は妥当ではなく，気質も役割も地位も「文化的基盤」に立つものと認められなければならない。

　ここでミレットは，当時の性科学の新しい研究成果を参照します。R・J・ストーラー『セックスとジェンダー』（1968年）は，「セックス（sex）」と「ジェンダー（gender）」を次のように区別している。ここで「セックス」という言葉は，「あるものの雄雌をきめる構成要素となる生物学的部分」をさすものとし，「性的（sexual）」という語は解剖学・生理学の意味合いで用いることにする。そうすると「両性にかかわりはするが一義的には生物学の含みをもたない行動，感情，思想，空想の広大な領域」が見落とされることになるので，こうした「心理的現象」をさすのに「ジェンダー」を用いよう。セックスとジェンダーは「常識的には不可分」と見えるが，「一対一関係のように不可避的に結合」しているものではなく，「それぞれ全く独立した方向に進むこともある」。カリフォルニアジェンダー研究センターの研究によれば，生物学的実体が生まれてから条件づけられてきたジェンダーと逆だとわかった青年期の人物の性を変えるには，外科手術によるほうがやさしく，長年の教育の結果を取り除くほうが難しい，と判明した。ジョン・マネーによれば，出生時から数カ月は「性心理的には未分化の状態」であり，「性心理的パーソナリティ」は出生後に学習によって形成されるものであって，性別は「母国語の習得とともに」確立される。

　ここからミレットは，「家父長制の生物学的基礎」はきわめて不安定なもので，「既得の価値体系」による「社会化（socialization）」の力」に依拠している，と主張します。男女の気質の違いに決定的なのは「初期幼年期の条件づけ」であり，男性は攻撃性を期待されるから攻撃的になるよう社会化され，女性はそうでないよう期待されるから攻撃的衝動をくじくように社会化される，その結果「攻撃性は男性」「受動性は女性」という整理がされる。そして，「交接行為そのものさえ，長い一連の学習された反応の産物なのだ」（ミ

ラーのセックスの仕方も学習の産物，である！）。このようにして課せられた「男性的」と「女性的」というふたつの範疇の後ろ盾によって，各々のパーソナリティは「その人間としての可能性(ポテンシャル)の半分程度」いや「半分以下」になる，のです。

　第3の「社会学的基盤」で，ミレットは「家父長制の主要な制度は家族である」とします。家父長制は伝統的に父親に妻（または妻たち）と子どもたちに対するほとんど完全な所有権（肉体的虐待，殺害，売りとばすことを含めて）を与え，父親は「子どもの所有者」でした。徹底した家父長制では親族は男系とのかかわりを通してのみ認められ，男系親族は女系の子孫を財産権から除外します。ヘンリー・メインの『古代法』（1861年）によれば，古代ローマの家父長権では「最年長の男親が一家のなかで絶対の優位」に立ち，「その支配権は生殺与奪にまで及び」，奴隷に対すると同様，子どもやその家族に対しても無制限だった。現代の家父長制では女性に離婚の保障，市民権，財産権を認めることで男性の法的優先権は修正を加えられていますが，「姓を失うこと」「夫の住所を用いる義務」「結婚とは経済的扶養の代償として女性の家事労働と（性的）配偶の役を果たすことを意味するという一般的な法的仮定」など「女の動産的地位は今もつづいている」とミレットはいいます。

　家父長制における家族のおもな寄与は，「未成年者を社会化」し，「家父長制イデオロギーが処方する役割，気質，地位の範疇(カテゴリー)にたいする態度」を身につけさせることにあります。もうひとつの寄与は「子女の再生産」ですが，この機能を家族の枠内のみで行われるようにするために「家父長制家族は嫡出に固執する」。ミレットは，「社会化」と「再生産」の2機能が「家族と不可分であるとか，家族の内部でおこなわれる必要があるとかする生物学的理由は何もない」と明言します。しかし，これらの機能を家族から取り外そうとする「革命的もしくはユートピア的努力」はこれまでさまざまな困難によって挫折しており，ずるずると伝統に復帰する道を辿ってき

た。これは家父長制があらゆる社会でどれほど基本的な形態である
かを示す証左となっている。「だが，家父長制に影響を及ぼさない
ような根底的な社会変革はありえない」。なぜなら家父長制は「こ
れほど多数の人口（女と子ども）を従属させている政治形態」であ
るとともに，「私有財産と伝統的利益を守るとりで」であるからで
す。これを変革するには，この「制度」を理解せねばならない！

　続く第4の「階級的基盤」では，「家父長制」自体の基盤という
よりも，「家父長制」と他の制度の交差するさまが描かれています。
「階級の領域」では，一部の女が一部の男より高い地位にあると見
える場合もある。だが，黒人の医者や弁護士のほうがプア・ホワイ
トの小作農よりも社会的地位は高いが，後者が「白人だから」より
高い序列に属すると信じ込まれるように，「トラックの運転手もし
くは肉屋は，常に『男であること』を拠りどころとしている」。こ
のうぬぼれを傷つけられると，彼は「もっと暴力的な方法」を考え
るだろう。「過去30年の文学作品は，男らしさを誇るカーストが，
富裕な女や教育のある女の社会的地位に凱歌をあげる事例を気も遠
くなるほど数多く取り上げている」。このパートの末尾には，人種
差別イデオロギーが浸食されるとき，「男性優位主義を維持するほ
うが，白人優先主義を維持するよりも優先される」のではないかと
記されます。「どうやら性差別主義のほうが人種差別主義よりもわ
れわれの社会に固有なのであろう」。

　第5の「経済的，教育的基盤」では，女性を「経済的に支配する
働き」が論じられます。かつての家父長制では女たちは独自に所得
を得たり財産を所有したりすることはできず，法的には非人格だっ
た。現代的な家父長制では女性は一定の経済的権利をもっているが，
先進国の女性の約3分の2が従事する「女の仕事」は無報酬で，残
り3分の1の女性の仕事の平均賃金は男性の半額にすぎない。教育
については，伝統的に家父長制は女性を高等教育から締め出し，最
小限度の読み書きだけを認める程度だったが，現代の家父長制はか

なり最近になって教育の全段階を女性に解放した（ミレットが学んだオックスフォード大学で女性に男性と同等の学位を与えるようになったのは，ようやく 1920 年です！）。ただ，女子高等教育は現代社会に必要とされる技術より人文主義の教育に近く，「男性的」教科と「女性的」教科に分けられて後者が女子に割り当てられている。このように，「女を従属的位置におく大きな要因は，家父長制が故意に押しつけている無知にある」。

| 「暴力」と「神話」 |

家父長制の第 6 の基盤，それは「暴力」です。ミレットは，「われわれは家父長制と暴力とを結びつけて考えることには慣れていない」と語り始めます。それは，家父長制が「暴力を使う必要はほとんどないと思えるほどに，その社会化の体制は完璧であり，その価値観にたいする一般の同意ぶりは徹底して」いるからです。家父長制はあまりにも自明であるから，その維持に暴力を必要としないように見える。だから過去の家父長制の「蛮行」を原始的習慣とみなし，現在生じている暴力を例外的・病理的な「個人的逸脱行為」とみなす。だが他の全体主義的イデオロギー（人種差別主義や植民地主義）と同様，家父長制における統制は「緊急事態にも，恒常的な威嚇の道具としても，暴力支配によらずしては貫徹しないだろうし，操作不能にすら陥るだろう」とミレットは指摘します。

　歴史的に家父長制は私生児を産むことや女性の性の自律を禁止し，これを犯す者には死刑を科してきました。ミレットは，現代のアメリカでも「死刑」が間接的な形で続いているといいます。家父長制的法体系は女性が自分の身体を自分で管理する権利を奪い，非合法な堕胎で死亡する女性は年間 2000 〜 5000 人と推定される。より一般的に，「暴力それ自体が男に専有され，男だけが肉体的暴力をふるう備えを，心理的にも技術的にももっている」。武器を用いれば体力差が問題にならない場合でも，女性は社会化によって「無害化」されており，暴行を受けても防御のすべを知らない。家父長制

の暴力は「強姦行為」においてもっとも完全に実現されるが，女性は恥の意識から公の場での告発を躊躇し，報告される強姦件数は実数よりはるかに少ない。伝統的に強姦は「他人の女」を凌辱する行為とみなされ，アメリカ南部での「仇討ち」は男の満足，人種憎悪，所有権と虚栄のために行われるもので，「強姦では，攻撃，憎しみ，侮蔑の情動，および相手の人格をこわし，ないし冒瀆しようとする欲望が，性の政治にまことにふさわしいかたちをとる」。

　この剝き出しの暴力に続いて，ミレットが第7の基盤とするのは「人類学的基盤——神話と宗教」というシンボリックな要素です。家父長制のもとでは女自身が女についての「象徴」を発展させることはなく，「女性像は男によってつくられ，男の欲求にかなうようにかたちづくられた姿になっている」。そしてその欲求は，「女の『他者性』にたいする男のおそれから生じている」。男が自らを「人間の規範」とするとき，女を「他者」として対象化する。そしてこの象徴によって「低い序列にある者の劣った位置を正当化し，彼らの被抑圧状態を『説明する』論理的拠りどころを与える」。男にとって，女は〈他者〉である！

　たとえば「女の性機能を不潔だとする感情」は世界中に根強くいきわたっていて，月経のタブーは原始社会からあり，こんにちもなお持続している。ほとんどの家父長制は戦争や宗教の儀式に使う祭器や食物に女が触れることをタブーにしており，この発想は「汚染の恐怖」に由来する。そして，「家父長制は〈神〉を味方につけている」。ミレットは，性欲ゆえに女を悪とするギリシアの「パンドラの神話」，女を人間の苦しみ，知識，罪の原因とするユダヤ・キリスト教の「楽園追放の神話」を分析します。アダムとイブの物語において，アダムは「人間の典型」であり，イブは「性の典型」なのであって，イブの登場によりエデンの園という夢の世界は破壊される。「災厄をもち込んだ，中途半端な生きものとしての女の責任」によって，「女は従属者の地位にあってしかるべき」とされる。こ

の「女と性と罪の結びつき」は，ヨーロッパの家父長制思想の基本パターンを構成する。

　最後に置かれた，第8の「心理的基盤」。以上で論じた家父長制の諸側面は両性の心理に作用を及ぼし，そのおもな結果は「家父長制イデオロギーの内在化」である。第1の基盤として述べた「地位，気質，役割」を「際限もなく心理的に細分化する価値体系」が，男女それぞれに内在化されるのです。この心理的基盤はいかなる影響をもたらすか。ミレットはこう列挙します。女は不断に監督を受けているため，高等教育のような場でも「小児性」を維持させる傾向があり，権力を握る男の承認を得ることによって生存や昇進を求めざるをえない。扶養されたり地位を与えてもらったりする代償として，女は男の機嫌をとるか，性を提供することになる。家父長制的文化の女の描かれ方が女の自己イメージに影響を及ぼし，「女は尊厳や自尊心の拠りどころとなるものをまずほとんど奪われている」。女たちは日々個人的な対人関係で「多くの場合微妙ではあるが執拗な侮辱」にぶつかり，「女はみずからに与えられた軽侮を内面化していて，自分を軽蔑し，女同志互いに軽蔑し合うのだ」。

　家父長制下の女たちは「ともかくも市民と認められている場合でも，たいていは周辺的市民」であり，他の「少数者集団」と同じく，「集団的自己嫌悪と自己放棄」と「自分の仲間にたいする軽蔑」をもつ。「女は，自分が劣等であることを巧妙な仕方で絶えず叩き込まれる結果，しまいには劣等性を事実として受け入れるにいたる」。また，他の周辺集団と同様に，一握りの女が高い地位を与えられ，他の同性に「一種の文化的統治」を行うよう仕向けられる場合がある。エヴェレット・ヒューズによれば，女性，黒人，移民二世が経験する「地位のジレンマ」は共通しており，新しい教育を受けた女性たちは「その上昇を正当化するために，儀式的な，しばしばこっけいな服従宣言」をせざるをえなくなる。その宣言は，「女らしさ」を誓い，「従順であること」を喜び，「男性支配を大歓

迎する」。

　家父長制の最大の心理的武器は,「その普遍性と生命の長さ」に
ある。ミレットによれば, 家父長制と対比しうるもの, それを楯に
家父長制を論破しうるようなものは「まず存在しない」。階級につ
いても同様かもしれないが,「家父長制はそれ自体すでに自然なこ
ととしてまかりとおっているために, 階級制よりもさらに執拗かつ
強力に人をつかんでいる」。「一つの権力体制が全面的に支配してい
る場合には, みずからについて声高に論じ立てる必要はあまりな
い」。「家父長制」あるいは「性の政治」は, それほど自明となって
おり, だからこそ強力な支配である。「その体制のからくりがあば
かれ, 疑問視されるようになって初めて, それは議論の対象となる
だけでなく, 変革の対象にさえなる」。ではそれはどんな時代なの
か, それを次に論じよう。第1部「性の政治」はこう結ばれます。

> 「図」と「地」の反転

　このあとミレットは, 第2部「歴史的背
景」と第3部「文学への反映」を置いてい
ます。「歴史的背景」では,「性革命　第一期」として1830年から
1930年までの「婦人運動」(セネカフォールズ会議前から女性参政権獲
得以後まで), ミルとラスキンの女性をめぐる論争, エンゲルスの革
命理論における女性を詳細に論じ,「反革命」の章では1930年から
1960年を対象にナチス・ドイツとソヴィエト連邦における「反動
的政策」, フロイトと精神分析思想, 機能主義の影響という「イデ
オロギーにおける反動」を検討します。また第3部で, D・H・ロ
レンス, ミラー, ノーマン・メイラー, ジュネの作品を丁寧に検討
するのですが, 残念ながら省略せざるをえません。

　1点だけ,「イデオロギーにおける反動」で言及された「機能主
義の影響」について短く触れることにします。ここでミレットは,
パーソンズに代表される「機能主義社会学」に辛辣な批判をしてい
るからです。ミレットの批判のひとつは,「機能主義」が価値判断
を排除する客観的記述を装いながら, あるパターンが「機能する」

ならば「正常」とする傾向があり，「社会の現状」を準拠枠として
現在を記述している，というものです。気質や役割の「性別分化」
は社会の現状に機能的とされることで正当化され，「性別差」は有
用かつ必要とみなされて，これに「同調性に欠ける行動」は「偏倚
的」で問題を生むととらえられる。パーソンズとベイルズの『家
族』を読むと，男は「道具的」で，攻撃性・独創性などが道具的特
性とされ，それは「男の役割に属す」から「男のもの」であるべき
とされる。女は「表現的」とされるが，その内実は従順，明朗，友
好的など「情緒的」なものであり，「道具的」＝「知的能力と統御」
の正反対をさす。ミレットは，パーソンズは既存の性役割に「上
品」な「言語的クッション」を与えているにすぎない，と断じます。

　ミレットの次の文はより重要な批判だと思います。「機能主義は
家父長制について語らない……か，もしくは社会統治の一形態とし
ての家父長制を全く認めないか，さもなくば家父長制は人間集団の
最初の形態，すなわちあらゆる社会の起源であり，ゆえに基本的す
ぎてわざわざ論議するには及ばない，という態度をとる」。機能主
義はそもそも家族のなかに「家父長制」があることに気づかない。
だから，「性の政治」が「謎」として浮かび上がることはない。ミ
レットが「支配」や「暴力」を発見する「家族」という対象に，
パーソンズは道具的役割と表出的役割を分担して子どもの「社会
化」に勤しむ父と母の姿を発見します。彼には，ふたりのあいだの
「性差別」や「支配」や「暴力」は「地」となって見えることはあ
りません。ミレットたちラディカル・フェミニストはこの「地」を
「図」へと反転させて見えるようにするのです。

　しかしながら，パーソンズだけが鈍感だったわけではなく（また，
本章冒頭のコントとマートンだけでもなく），社会学者たちはラディカ
ル・フェミニストが「図」とするものを一顧もしてこなかったので
はないでしょうか。ミレットがヴェーバーの「支配」概念を引いた
のを見ましたが，彼は家族のなかの男と女の関係にそれを適用しは

しませんでした（自分の父親の「家父長的」態度には憤りながら……）。

私はミレットが、「性の政治」の基盤として「暴力」をリストに加えたことはとても重要だと思います。つまり、男女の関係には、正当性根拠がある「支配」だけではなく、剝き出しの暴力による「権力（Macht）」（「抵抗を排してまで自己の意志を貫徹するすべての可能性」！）が含まれる、ということです。ヴェーバーは、「正当な物理的暴力行使」を独占するのが「国家」だととらえていました。これは、国家がつねに暴力をふるうということではなく、それを集中的に独占して領土内に平均化された圧力を及ぼしている、ということです。だから国家の支配領域は平和で安全な空間となる。でも、ミレットによる「暴力的基盤」の抽出は、その平和で安全な空間のなかに暴力が作動する空間があることを示しています。それは「私的空間」です。国家が「正当な暴力」を独占したはずなのに、家族という私的空間には男から女や子どもへの暴力が残されている。それがじっさいに行使されなくても、平均化された圧力によって男は女や子どもの「抵抗を排してまで」自己の意志を貫徹する可能性をもつ。男たちにとって「地」でしかない私的空間での暴力（の可能性）を、女たちは「性の政治」の基盤として「図」へと反転する。

さらにいえば、この反転は参政権獲得にいたる（そしてフリーダンが唱えた）「リベラル・フェミニズム」にとっての「図と地」の構図に対するものでもありました。リベラル・フェミニズムにとって「図」は「公的領域」からの女性の排除にあり、「私的領域」あるいは「家族」は「地」であって、この領域での男による女の支配を直接問うことはありませんでした。ラディカル・フェミニストは「私的領域」での男と女のあいだの「政治」に問いを立て、「個人的なものは政治的である」と声を上げます。いま述べたように、国家装置による「暴力」ではなく、家族を含めた男女の関係に組み込まれた「暴力」を、問題として（図として、謎として）発見する。

ミレットは第2部「歴史」の「性革命」のパートで、「第一期性

革命」（つまり第一波フェミニズム）における政治的焦点は女性参政権の主張だったとし，1920 年にそれが勝ち取られたとき「フェミニズム運動は疲労困憊としかいいようのない形で瓦解してしまった」との評価を下しています。その原因はなにか。それはこの運動が「地位，気質，役割という条件づけの過程そのものを打ち破るほど深く根底的に，家父長制イデオロギーに挑戦できなかったところにある」。投票権のような「最小限の目的」に固執した「改革運動」は，「性革命の達成に必要な広範囲に及び根底的な社会変革——社会の態度や社会構造，パーソナリティや諸制度の変革——を提起することはまずありそうもない」。参政権を獲得しても，私的領域における男女の「政治」はなにも変わらない。だから，「いつ果てるとも知れない参政権のたたかいに参加できるだけの余暇と教育」をもつ中産階級の女性たちだけがこの運動にかかわることができ，「最大の被搾取集団である働く女たちを十分に巻き込むことができなかった」。ミレットをはじめとするラディカルズが提起した「図と地」の反転のポイントは明らかだと思います。

ラディカル・フェミニズムの困難

これをどう評価すればよいか。ここで，日本の社会学者による周到な考察を参照しましょう。吉澤夏子は『フェミニズムの困難——どういう社会が平等な社会か』（1993 年）で，フェミニズムにはふたつの志向があると論じます。ひとつは「平等」志向で，「すぐれて近代の思想」であるフェミニズムは「平等の規範」に立脚した「男女の『平等』」を志向します。吉澤の鮮やかな表現では，「『人間はみんな平等』という基本的なテーゼに立脚して成立した社会が，人類の半分を占める女性というカテゴリーを，『平等性』の及ぶ範囲から除外することに何の疑問も感じなかったことこそ，驚嘆すべき事実である」。「公的領域」における「男なみの平等」を求めることが，参政権獲得運動など「リベラル・フェミニズム」の立場でした。これが第 1 の「平等」志向です。

しかし,「平等な人間」のうちに「差異」は存在する。「性的差異」は社会が成立した当初からいかなる社会も無関心ではいられず,無視しえなかった「基本的な対立」である。そして,近代以前の社会が身分や門地などの差異に依拠しており,平等性を社会全域に及ぶ規範として採用していなかったのに対し,近代社会で「さまざまな差異が放棄されていっても……なお放棄されずに残った」差異が「性的差異」であった。「近代社会は,その基本的な論理からして,性的な差異——すなわち性差別——の上に成立することになった」。

　ラディカル・フェミニズムはこの「差異」に照準します。「女も男と同じように人間なのだ」という主張のうえに,「女と男は異なり,そのあいだに性差別が存在する」とし,「男性と女性の異質性を強調する差異志向」をもつ。フェミニズムの思想と運動は,「平等」志向と「差異」志向の両極のあいだの「諸潮流の複雑な絡まりあいとして描き出せる」のです。

　そして,ラディカル・フェミニズムは「制度から性愛へ」という画期的な視座転換を果たします。性差別とは「男性が女性を劣ったもの汚れたもの取るに足りないものとして認知し扱うという,その視線,態度」にこそ見出されるものであり,「男性と女性のきわめて個人的な性愛関係それ自体の中にこそ,潜んでいる」。「制度が不平等になるのはあくまでその結果」なのであって,どのように制度を改革し,女性に政治的・経済的・社会的権利が与えられても「それだけで女性差別という現象は解消されない」。ミレットの『性の政治学』は法や経済など制度的領域のみならず,「男性と女性の性関係を含むあらゆる社会領域のすみずみにまで浸透している性差別体験,すなわち男性優位主義の社会構造を,その根底から暴き出している」。ラディカル・フェミニズムはこの点に攻撃の的を絞ったことによって,「革命的・画期的思想としての衝撃性」をもった。

　この吉澤の評価は,これまで述べてきた「反転」を明快に解説してくれていると思います。しかし吉澤は,「差異」と「性愛」を強

調するラディカル・フェミニズムが、ある「困難」を孕むことも鋭く抽出します。「性の政治」という考え方は「性差別の根源を制度ではなく性愛に見出そう」とするものです。女性が差別されるのは制度の上で女性が低く価値づけされているから、ではなく、制度の上で女性が低く価値づけられるのは女性が蔑視され低く見られそう扱われているから、なのだ。でもなぜ女性がそう扱われているのか（生物学的な基盤がないにもかかわらず）。吉澤によれば、「それは、女性だからそうなのだ、としか言いようがない、ということになる」。ラディカル・フェミニズムは「女性は女性だから差別される、と言っているのだ」。これはほんとうに「ラディカル」な主張です。この主張は「男性と女性のあらゆるレベルの関係性を根本から革新することなしに、性差別の問題を解消することはできない」ということをはっきりとわれわれに突きつける、と吉澤はいいます。

　しかしこの根本的な認識は、吉澤によれば、次のような「破壊的」な帰結を導きます。「もし女性が女性であるということだけで差別されるとすれば、女性である限り差別されるしかなく、差別されたくなければ女性であることをやめるしかない」。したがってラディカル・フェミニズムの展開のなかで、「科学技術によって女性を妊娠・出産の重荷から解放し、性差そのものを解消するとする志向性」（シュラミス・ファイアストーンの『性の弁証法』（1970年）はこの方向をとります）と、「男性をひたすら敵視・排斥し『女だけのユートピア』を建設しようとする志向性」（レズビアン・フェミニズムの「分離主義」がその典型です）が論理必然的に現れることになる（それぞれ「平等」志向、「差異」志向の極北、といえるでしょう）。吉澤は、この「破壊的な性格」は、ラディカル・フェミニズムが「それまでのフェミニズムの思想が自明としてきた男女平等の理念に対して根源的な問いを発した結果として出てきたものだといえる」と位置づけます。近代の思想として「平等」を志向して出発したフェミニズムは「男性と女性は人間として基本的に同じ」という考えに立っ

ており，「男性とは何か，女性とは何か，性的差異とは何か，といった根源的な問い」を不問に付してきた。ラディカル・フェミニズムは「性という存在様式の根源性」に他のどのフェミニズムの思想よりも敏感であり，従来のフェミニズムにこうした根源的な問いの不可避性を真正面から突きつけた。吉澤のこの表現は，最大級の賛辞だと思います。そして，続く「ラディカル・フェミニズム自身は，この問いに，ただ絶望だけを示して，答えない」は，この思想が孕む困難を必死に言語化した一文だと思います。

　吉澤の鋭い問題提起の声を聴きながら，私がいえることは，ここで照準されている「謎」は「複数の意志の空間」としての社会，「平等」でありつつ「差異」をもつ人々が形づくる社会がもつ，もっとも根源的な水準での「謎」であるだろう，ということです。そして，この「謎」は，それまで自明なものとして「地」としてまったく見えない（あるいは「見えているが気づかれない」？）ものであった。ラディカル・フェミニストたちはこれを「図」として浮上させ，この「謎」と格闘した。しかし，それはあまりに根源的であり，もしかしたら答えを出せない「謎」なのかもしれない。

　さて，この章では女たちによる何段階かの「図と地の反転」を見てきました。第9章末で引用した真木悠介によれば，「いったんうがたれた窓は，やがて視覚を反転する」。ラディカル・フェミニストたちが開いた窓は，さらにどんな反転を導くのか。次の節に移りましょう。

3 「家事」と「資本」のあいだ
●マルクス主義フェミニズム

「家事」という謎　　マルクス主義フェミニズムとはなにか。上野千鶴子は『家父長制と資本制』で，次のように明快に位置づけます。社会主義婦人解放論は女性解放を社会

主義革命に還元し，「階級支配一元論」をとった。ラディカル・フェミニズムは性革命を最重要視し，「性支配一元論」をとった。これに対して，「マルクス主義フェミニズムは，階級支配一元論も性支配一元論もとらない」。両者は排他的な二者択一ではないのであって，「マルクス主義に対する批判を通過したフェミニズム」は社会領域の「市場」と「家族」への分割自体を問題視し，その相互依存関係を問おうとする。そのためとりあえず階級支配と性支配をそれぞれ独立変数とみなして，その相互関係の歴史的な形態を解明しようとし，近代社会の固有の抑圧の形態を「家父長制的資本制 (patriarchal capitalism)」と性格づける。

　でも少し難しい表現だったかもしれません。私なりにいいかえてみますね。マルクスを扱った第2章で経済学史家ロバート・ハイルブローナーを引いて，マルクスが『資本論』で描き出した資本主義は「純粋資本主義」だった，しかし現実の資本主義は他の仕組み（たとえば国家）と結びついた「不純」なものだった，と論じたのを覚えているでしょうか。「市場」（ないし「公的領域」）において資本を蓄積し，階級支配を生み出す「資本主義」は純粋にそれだけで存在するのではない。同様に，ラディカル・フェミニズムが発見した「家族」（ないし「私的領域」）において男が女を「性の政治」で支配する「家父長制」もまた純粋にそれだけで存在するのではない。このふたつが関係し合い，ときに矛盾し，ときに強化し合いながら，互いを存続させているのだ。資本主義と家父長制というふたつの仕組み，マルキシズムとフェミニズムというふたつの思想，いずれも異質なものですが，ふたつの仕組みの関係を「謎」として解明しようとするとき，ふたつの思想とも根底的な変化を求められることになる。いわば，この，いってみれば「不純な関係」に正面から問いを立てるのが，マルクス主義フェミニズムなのです。

　では，それが問う「謎」の焦点とはなにか。上野は「マルクス主義フェミニズムの最大の理論的貢献は，『家事労働 (domestic labor)』

という概念の発見である」とします。家事労働は「『市場』と『家族』の相互依存関係をつなぐミッシング・リンク」であり，この2領域の「分離」が生じた近代産業社会において「この分離をつなぐ要の位置」に存在する。家事労働は近代が生み出したものであって「超歴史的な概念」ではなく，マルクス主義フェミニズムは「家事労働の歴史性」を問うことで，近代社会固有の女性の抑圧のあり方を明らかにした。——「家事」を謎として浮かび上がらせることによって，「家父長制の物質的土台」と，「資本主義の性的土台」を解明できるのではないか。

　「家事」。これまでこの講義にはまったく登場してこなかった活動です。でも私たちの生活にとって（つまり社会にとって）不可欠な活動です。それが「見えているが気づかれない」ものだった。ラディカル・フェミニズムが発見した「私的領域」のなかに，「家事」という「労働」を発見することが，まったく新しい「社会学的想像力」を開く，というのです。

　では，これまで「家事」はどうとらえられてきたのか。マルクスの考えを，ナタリー・ソコロフ『お金と愛情の間——マルクス主義フェミニズムの展開』（1980年）に導かれながら見てみましょう。ソコロフはこう述べます。マルクス自身の検討は「労働の社会的分業」に焦点を当てており，「女性の立場それ自体を詳しく取り上げたことはない」。『資本論』でマルクスは資本自体の生産と再生産に関心をもっていた。そして，そこでの女性の役割にも，「家事」にも関心を払っていなかった。まったくそのとおりだと思います。

　ここで，第2章にある「『資本主義』の社会の仕組み」という図（『社会学の歴史Ⅰ』39ページ）を久しぶりに見てみますね。マルクスが注目したのは，労働者が工場で労働して商品を生産する（P）ことで価値が増大する（W→W'）過程でした。ここで資本＝貨幣はG→G'に増殖し，次の生産サイクルに資本として投資されます（「資本の再生産過程」です）。では，この図で「家事」はどこに位置

づけられるか。すぐにわかりますね。労働者が賃金（G）で生活手段（WⅡβ）を購入し，それを消費する（K），というプロセスに「家事」はあります。たとえば，賃金の一部を払ってお店で肉や野菜を買い，それを料理し，配膳して，食べる（さらに食器を洗って片づける）。でも第2章の私の説明は「買い物」や「料理」や「配膳」や「食器洗い」のことには一切触れていませんでした。誰かがそれをやらなければならないのに，です。

　ソコロフはマルクスが『資本論』で単純な再生産を論じるにあたって，この過程が剰余価値とともに「一方には資本家を，他方には賃金労働者を，生産し，再生産する」と述べたのを引用します。つまり，「消費」は，「賃金労働者の再生産」であり「労働力の再生産」であるわけです。工場で8時間働いて疲れたからだを，食事を摂り，休息することで，翌日も労働できるよう「再生産」する。この過程についてマルクスはこう述べています。「労働力を交換して手放された資本は，生活手段に転化され，この生活手段の消費は，現存の労働者の筋肉，神経，骨，脳髄を再生産し，新たな労働者を産むのに役立つ。……したがって，労働者の個人的消費は，その行われるのが作業場，工場等の内部であるか外部であるかを問わず，……資本の生産および再生産過程の一要因である。……労働者階級の不断の維持と再生産とは，依然として資本の再生産のための恒常的条件である。資本家は，この条件の充足を，安んじて労働者の自己保存本能と生殖本能とにまかせておくことができる」。

　この引用で，マルクスは「労働力の再生産」を「労働者の個人的消費」としてだけ理解しています。つまり，工場で誰かの労働によって「商品」が生産されるのと同じように，家庭で誰かの活動によって「労働力商品」が生産（再生産）される過程を考慮に入れていないわけです。ソコロフは，マルクスが「社会生産の外での——家庭での——労働者階級の日常的，かつ世代的再生産における女性の役割を所与のものとみていた」から，賃金の消費への転換を「主

として女性が担っている」ことを認識したことがない，と鋭く批判します。工場で働く人間が翌日「労働力商品」となるには，誰かがそれを生産しないといけない。また，次の世代（子どもたち）が労働力商品になるには「種の再生産」が必要で，誰かがそれをケアする必要がある。しかし，マルクスはそれを「労働者の自己保存本能と生殖本能」にまかせておけばよい，放っておいたら自然にできるものととらえていた。それを誰が担うかは彼にとって「地」であり，決して「図」とはならなかった。それを「図」として浮かび上がらせ，「個人的消費」を「家事労働」へと描き直すのが，マルクス主義フェミニズムの試みなのです。

労働力の／人間の／生命の再生産

ソコロフによれば，「前期マルクス主義フェミニズム」はマルクス＝エンゲルスが「中止したところから出発している」。その最初にして最重要なテーマは，「家庭において女性が資本に対してしている経済的貢献の大きさを示すこと」でした。家庭における女性は「資本生産の外」にいるのではなく，「女性の家庭における労働なしには，現在資本家階級がつくりだしているような利潤を生み出すことはできない」。端的にいえば，家事労働なしに資本主義は存立できない！というのです。

ソコロフがまず紹介するマーガレット・ベンストンの「女性解放の政治経済学」（1973年）は，資本主義がふたつの生産様式を含むと主張します。商品生産か／自家消費のための生産か，賃金が支払われるか／支払われないか，交換価値か／使用価値か。ベンストンは，家庭における女性は「使用価値」を生産していると論じます。食料の購入，食事の準備，洗濯，育児，男性と子どもの後始末，心理的な支え，これらは使用価値があるからなされ，利潤を目的にはしていない。ベンストンはこれが交換価値生産の外にありながらそれと関係があり，それなのに賃金が支払われないため，「貨幣が価値を決定する社会」において「貨幣経済の外で働く集団」として女

性が劣位に置かれる物質的基礎となる，と分析します。

　でも家事が「使用価値の生産」であって「交換価値の生産」の外にある，ととらえることで，家事と資本の関係は説明できるのか。イタリアのマリアローザ・ダラ・コスタは「女性のパワーと社会の変革」（1972年）でこう考えます。女性は使用価値以上のもの，つまり剰余価値そのものを生産している。ではどんな剰余価値を？「家庭における女性の労働」は「商品である労働力」を生産する。夫と子ども（未来の労働力）という「売却可能な労働能力」を女性が生産することなしには，資本家が搾取できるものはなにもない。「労働力は商品であり，女性により家庭で生産されるので，主婦は使用価値だけでなく，交換価値や剰余価値を生産する——この剰余価値の生産こそ社会的生産に含められるべき最も重要な試金石である」。家事とは，利潤の源泉である「労働力商品」を生産・再生産する労働，なのだ‼

　この論考で，ダラ・コスタはさらに，こう述べます。商品一般の生産については技術革新が必要労働を低減させることができ，労働者は自由時間を勝ち取りうる。だがこれは「労働力という特殊な商品の生産にはあてはまらない」。「女が孤立して出産し，育て，子どもに対して責任をもたねばならない限り，家庭の雑用が高度に機械化されても，女にとって少しも時間を解放してはくれない。……女の労働日は，永遠に終わらない」。この労働は「家庭の外であろうと内であろうと，やはり労働である」。だが資本主義のもとでは，「女が生産しているのに，賃金が支払われない」，だから「女がどれだけ搾取されているか」を知りえない。

　ここから次の主張が導かれます。「家事労働の対価を支払え」，「家事労働に賃金を」！　もしそうなったら？　たとえば「妻」や「母」が無償で行う「家事」や「育児」を，家族以外の誰かを雇って有償で行ってもらうのを想像すればいいでしょう。仮にその対価を労働者の賃金に上乗せするとすれば，莫大な賃上げが必要となり，

資本が剰余価値を蓄積することは難しくなりますよね。これを無償の労働にすることによって，資本主義は成り立っている。でもなんだかおかしいですよね。家族がやればタダで，他人がやれば高額なお金が支払われなければならない（たとえば，シェフが勤めているレストランで料理をつくると収入が得られ，同じ料理を家族に食べさせるのは無償）。ダラ・コスタは報酬が支払われることもなく，女を家にとどまらせ1日に12〜13時間ものバカげた時間働くことを強いる家事を拒否しよう，と訴えます。「われわれは家から出なくてはならない。そして家庭を拒否すべきである」。「万国の労働者」じゃなくて，「他の女たちと団結して」闘い，連帯しよう‼

　……少し進みすぎました。マルクスの章の「『資本主義』の社会の仕組み」の図に戻りましょう。マルクスにとってこの図は，「生産過程（P）」で「価値」が増大し，「消費過程（K）」でそれが減少することを示します。「価値」の増加とはつまり「モノの価値」の増加，ですね。しかし，「労働力」の視点で考えてみると，「P」は労働力が減殺される過程であり，「K」は労働力を増大させる過程です。そして，労働力という価値の増大を担う労働が「家事労働」です。しかし，「市場」における価値（≒モノ）の生産には賃金が支払われるが，「家族」における労働力の再生産労働は支払われることがなく，それは価値がない活動とみなされてきたのです。

　1978年の『フェミニズムと唯物主義』（邦題『マルクス主義フェミニズムの挑戦』）収録の「家父長制と生産関係」で，ロイジン・マクダナウとレイチェル・ハリソンはこれを「人間の再生産」と表現します。「モノの生産」と「人間の再生産」のふたつの過程が存在し，マルクス主義者は前者を分析してきたが，フェミニストは後者をも分析せねばならない。マルクスは女性特有の従属に関心をほぼもたず，彼が呼びかけた「万国の労働者」とは「間違いなく男性たち」だった。だが，人間の再生産という過程がなければ資本主義は（社会そのものは）存立しえない。そこには「出産過程」も含まれ，そ

れは家父長制に支配されてきた。

『女性解放思想の歩み』を書いた水田珠枝は 1979 年の『女性解放思想史』で，社会科学は「物的生産を中心とする社会関係だけでなく，生命の生産がつくりだす社会関係も問題にしなければ，社会の総体を把握し，現実の諸問題に答えることができないのではないか」，だがこれまで思想史では「生命の生産」という視点は無視されてきた，と論じています。階級関係は生活資料（≒モノ）の生産と分配をめぐる社会関係だが，人間の生活過程には「生命の生産と維持という活動」が存在し，階級関係とは異質な「性を媒介とした支配服従の関係がつくられる」。そして，「生命の生産と家事労働が，生活資料の生産におとらず重要な問題であることは，男性中心の思想では注目されなかった」，これは「女性解放思想によって正面からとりあげられた問題」である。——「家事労働＝労働力の／人間の／生命の再生産」は男の目にはまったく見えなかった。それが，1970 年代にアメリカやイギリスやイタリアや日本の女性たちによって「同時期に，それぞれ別個に」発見された。

「生産男」と「家事女」？

でもまだ「謎」があります。なぜモノの生産は男が，労働力／人間／生命の再生産＝家事は女がやる，のでしょう？ ここである論争を紹介してみます。

イヴァン・イリイチ（Ivan Illich）という思想家の名前を聞いたことがあるでしょうか。1926 年（社会学第三世代ですね），ウィーンで貴族出身の富裕な地主の家に生まれた彼は，フィレンツェとローマで自然科学，神学，哲学を学び，ザルツブルク大学で歴史学の博士号をとったあと，1973 年にメキシコで国際文化資料センターを創設して，現代社会への鋭い批判を行い続けました。彼は 1981 年に『シャドウ・ワーク』という論集を著します。このうち論考「公的選択の三つの次元」で，彼は伝統的な経済分析が「賃金をかせぐ生産者としての労働者」に関心を集中し，雇用されない者の行う活動，

女性や子どもの仕事を看過してきた，と指摘します。しかし，「支払われない活動」が産業システムにおいて果たす役割の重要性はようやく気づかれ始めている。フェミニストたちによる仕事にかんする歴史的・人類学的研究の結果，産業社会の労働が他のいかなる社会にもまして「セックスに特有な（sex-specific）方法で深く分極化されている事実」を無視できなくなり，「支払われる仕事」と「支払われない仕事」のあいだの対立と，後者が女性に負わされ新たな隷属となっていることが明らかになった。

　イリイチは，既知の社会ではすべて性別に仕事の役割が割り振られている，とします。干し草を刈るのは男，熊手で集めるのは女，束ねるのは男，積むのは女，荷車で運ぶのは男，牛に餌をやるのは女，といった具合です。でも「賃金の支払われるもの対支払われないもの」「生産的だとみなされるもの対再生産と消費にかかわるもの」「高い社会的権威を与えられるもの対『私事』に属するもの」という分裂は現代社会以外には見出すことができない。イリイチは，産業社会における「ホモ・エコノミクス」は最初から「生産男（vir laborians）」と「家事女（femina domesitica）」のカップルでつくられたといい，支払われる「賃金労働」と支払われない「シャドウ・ワーク」の分割がこの社会の特徴だと論じます。

　「シャドウ・ワーク（shadow work）」。卓抜なネーミングです。「産業経済の影の面，労働の影の面」としての「支払われない労働」。論考「シャドウ・ワーク」で，イリイチはこの言葉を「産業社会が財とサーヴィスの生産を必然的に補足するものとして要求する労働」と定義します。これには「大部分の家事，買い物に関係する諸活動，家で学生たちがやたらにつめこむ試験勉強，通勤に費される骨折り」などが含まれます。これらがなければ産業社会は成り立たず，多くのエネルギーが投入されている。そしてこれらは「不払い」です。シャドウ・ワークは「名前もなく，検証もされないまま，あらゆる産業社会で多数者を差別する主要な領域になってきてい

る」。そしてその歴史は賃労働の歴史とともに進んできた。

　じつは，「シャドウ・ワーク」のアイデアはドイツのフェミニストによる2本の論文に示唆を受けたとイリイチ自身が注記しています。バーバラ・ドゥーデンとG・ボックの共同論文「愛の労働──労働としての愛──資本主義における家事労働の成立」（1977年）と，クラウディア・フォン・ヴェールホーフの「女性と周辺──政治経済学批判における見えざる論点」（1978年）です。これらを編んだ『家事労働と資本主義』の邦訳から，前者のドゥーデン執筆部「資本主義と家事労働の起源」を少し見てみます。

　ドゥーデンによれば，「『古い社会』の生産様式」はおもに「家族経済」に依存していました。農業でも農村の工業でも都市の営業でも，男，女，子ども，老人，血縁者とそれ以外の者を含む「共同の家政のもとでおこなわれる共同労働」に依拠しており，生業（なりわい）と家事労働は空間的にも経済的にも一体だった。ここでは「生産」と「消費」は分離しておらず，家政が切り離されて存在することはありませんでした。家族は子どもや使用人を含めて，性別と年齢に応じて補完して働いていた。たとえば18世紀の農民や職人の家政では炊事は蝋燭や石鹸の製造と同じ「営業」経費に属し，家政全体の計算に入っていました。さまざまな分業形態があったが，「家の外での男性の賃労働」と「家の中での女性の無報酬の家事労働」の分業という形態は存在することがなかった，とドゥーデンは強調します。

　都市の家政では「男が家にいて女性が家の外で活動するという分業」も可能でした。18世紀の都市は耕地と牧草地をもっていることが多く，男性が生業を営むあいだ（家の内），女性がその管理を行う（家の外）こともあり，手工業でも女性は経営者として働いたり，行商で売り歩いたりしていました。そして「家事労働」には副次的意義しかなく，下層の家族の場合なんの意味もなかったとドゥーデンはいいます。「炊事」はパンスープやオートミールをかきまぜるだけで，貧しい家庭では「洗練された労働集約的な食事提供の準

備」など問題にならず，当時の衛生観念や清潔感，住居の狭さ，仕事場・炊事場・寝室の混在から「掃除」が重要な仕事になることもない。衣類の洗濯も年に数回しかされなかったといいます。

　育児はどうか。18世紀半ばまで大人の領域から隔絶された子どもの領域はなく，8歳か10歳で他の家族に見習いに出され，それ以前から自分の家で労働力に組み込まれていた。だから，子どもは「大人たちのあいだで一人前に生活した」のであって，私たちが考えるような「母の役割」は存在しなかった。フランスでは女性が労働と子どもの養育を両立できない場合には田舎の乳母のもとへ費用を払って預けたり，市民階層の女性は乳母を呼び寄せたりした。19世紀に入るまで，乳児は頭から足まで布帯でぐるぐる巻きにされる「帯状産衣（swaddling）」で育てられました（長時間子どもを放っておけるわけですね）。「母としての使命，つまり社会化」は存在せず，小さき者を「母の立場で扱う」こともなかった。

　このドゥーデンの研究から，イリイチが「シャドウ・ワーク」を導き出したことはよく理解できることですよね。この歴史的事実を見て私はこんなふうにも思います。マルクスがいう「資本の本源的蓄積」は，「領主─農民」という生産関係が中心だった社会から，農民から耕作地を奪って工場で働く「労働力」にすることを意味していました。しかし「古い社会」にあったのは「領主─農民」関係だけでなく，家族という経済単位（男も女も子どもも使用人も共働する仕組み）だった。「資本の本源的蓄積」は家族という経済単位を解体し，一方に市場での賃労働を（「生産男」を），他方に家庭での家事労働＝労働力再生産労働を（「家事女」を）生み出すことだった。しかし，マルクスは「賃労働」を資本主義の条件ととらえたが，「家事労働」が「本源的蓄積」の不可欠の契機とは気づかなかった。

　興味深いことに，ドゥーデンはこの「古い社会」の経済体制（「モラル・エコノミー」）が「資本の本源的蓄積」の過程で消滅していき，たとえば18世紀後半に穀物価格が急騰したさいに抵抗した

のは女性だったと指摘します。1740年10月にベルサイユへの行進，1789，92，93，95年にもパンを求めて闘う女性の反乱が生じ，フランス革命を駆動した。「『原始的蓄積』には敵対者，すなわち女性が存在した」とドゥーデンは述べ，「古い社会」で女性は繰り返し反乱を起こす「反抗的態度」を見せたといいます。これと対照的に，17世紀以来「受身的で温和で友好的な妻，主婦，そして母の理想像」が普及しますが，それは当初「イギリスの清教徒たちによって定式化された」。「イギリスのピューリタニズムは，まず家庭的幸福という観念，奥様，主婦，母としての女性の新しい評価，高度の様式化，そして恋愛結婚の要請をもたらした」。だとすればこの宗教の倫理はヴェーバーがいう「資本主義の精神」（「生産男」の）だけでなく，「家事労働の精神」（女性を「家事女」にする）を生み出して，「私的領域」でも資本主義の条件を整えたのかもしれません。

　ただ，イリイチの概念設定にマルクスやヴェーバーと似た無神経さを感じる人もいるのではないかと思います。端的にいって，家事労働を「受験勉強」や「通勤」と同じ概念でまとめるってどうなの？という違和感です。イリイチが参照した第2の論文の著者ヴェールホーフは「『シャドウ・ワーク』か家事労働か：労働の現在と未来——イヴァン・イリイチにたいするフェミニストの批判」（1984年）で，「『シャドウ・ワーク』概念には，家事労働と（その他の）シャドウ・ワークとを質的に区別するものが欠けている」と批判します。それは，彼がシャドウ・ワークを「賃労働と対比」させたが「家事労働とは比較」しなかったからであり，彼はいまだ「経済的・社会的『基底』には到達していない」。「シャドウ・ワーク」では「出産能力，性生活，精神^{プシケー}，子供をめぐって一言も説明がなされていない」，だがこれらに結びついた労働こそが「家事労働をそもそも最初に家事労働たらしめる」。

　ヴェールホーフは，現代経済の主要矛盾は「賃労働と資本」のあいだの矛盾といわれるが，それは誤りで，「かつて一度も支払われ

たことのないような労働」こそが資本との矛盾関係にある，と論じます。資本と対立するのは「生きた人間の労働能力」であり，「結局はすべて生きとし生けるもの，要するに人間の生命」である。そして，「誰がこの生命を提供するかと言えば，それは女性なのである」。女性だけがもち，資本には与えられておらず，しかも資本が絶対に必要とする能力，それは「新しい生命をつくり出す能力」である。家事労働は言葉のもっとも広い意味で「人間の生産」であり，イリイチは「男性として，このことを過小評価し，この社会において女性であるということが何を意味するかを理解していない」。だから彼は家事労働ではなく，「シャドウ・ワーク」という別の概念を求めてしまったのだ。

　おそらく「家事労働」がなにを生み出すか，はよくわかったと思います。資本主義社会でそれが見えないものとされてきたことも。でも「賃労働」のほうは？　それを担うのがなぜ「生産男」なのか？「万国の労働者」が男性だったのは，なぜなのでしょうか？

資本主義と家父長制の「妥協」

　『お金と愛情の間』に戻りましょう。ソコロフは，「前期マルクス主義フェミニスト」はマルクスとエンゲルスが前提にした次のことを指摘も批判もしなかった，と述べます。「資本主義社会において，育児と家事に一次的な責任をもつのが女性であるのはなぜか」。「性別分業それ自体」は問題視されてこなかった，のです。

　これに対して「後期マルクス主義フェミニスト」は次のように考えます。産業資本主義段階に達した資本主義が市場と家庭の分化を強め，ふたつが「公的領域」と「私的領域」と区別されるようになったのは間違いない。だが，「女性を家庭にとどめ，男性を労働市場に位置づけ，それぞれの一次的な責任がそこにあると決めつけたのは資本主義ではない」。この役割分担は資本主義が生み出したものではない。としたら，なにが？「むしろ，支配階級と労働者階級の男性との連合および闘争のなかから生み出されてきた家父長制

が，そうしたのである」。男性資本家＋男性労働者による「家父長制」が，この役割分担を生み出したのだ！

　ソコロフは，キャロル・ブラウンやハイディ・ハートマンの研究から，19世紀半ばにアメリカで工業化が進展したころ，最初の工場労働者には女性や子どもが多かった（とくにニューイングランドの織物工場などで）事実を指摘します。だって，工場が発達しつつあった（＝主流な産業でなかった）段階では男性はメイン産業の農業に従事していたわけです。そして，機械化された工場には女性や児童がまず雇われることになる（肉体的に弱くても働け，再生産費用≒賃金が安い）。だが19世紀後半から20世紀初頭に賃労働の重要性が増すと，賃金労働者は女性から男性へと移る。最初から男が工場＝「公的領域」に参入したのではなく，まず女と子どもが参入し，のちに逆転して男性が賃労働を担うようになったのです。

　ソコロフはより詳細に，19〜20世紀のイギリスとアメリカでのふたつの現象を検討します。第1に「家族賃金」の発達です。18世紀のイギリスでは，労働者階級の既婚女性は金を稼ぐか物をつくるかして家計に貢献しており，男性の賃金は女性と子どもが自分を養うだけ稼ぐことを前提に支払われていた。ところが「家族賃金」，つまり「女性が子どもを育て，家族を維持していくために働かず家庭にいても充分な程度の賃金」が男性に与えられるようになると，家族全体が働きに行く必要がなくなります。この事態をソコロフはこう説明します。産業革命は，はじめのうちは男性，女性，大人，子どもなどの労働者としての雇用を促進した。しかし産業革命が進行するにつれ，男性労働者は子どもや女性が大量に労働力に参入することを経済的脅威と考えるようになる。労働力の供給が多いため，男性の賃金が低下するからです。考えてみれば，資本家にはそのほうがありがたいですよね（もし「純粋資本主義」ならば）。しかし，男性労働者たちは「家族賃金」を確立しようと努力し，資本家たちもそれを受け入れた。ソコロフは，労働者階級の男性に「男性として

の物質的・感情的利害」がないのだったら，「男が家庭に残り，女性が一家の稼ぎ手となった」としてもなにも問題ないはずだった，と指摘します。家族賃金が発達してはじめて「男性は自分の妻の消費／再生産労働を通して自分の労働力を再生産できる程度の賃金を支払われる」ようになり，「現在の性別分業」が可能になった。家族賃金を通して「家父長制と資本主義とのあいだの矛盾が解消」され，それにより「女性の家族内での『自然な』役割が定着したということができる」。もし資本主義が純粋であれば，もっとも安い労働力を雇えばよい。しかし「家父長制」と不純に結びつくことで，男が家族全員を養う賃金（資本にとっては不合理な）を支払われ，女を家事労働に閉じ込めることが可能になった。

　ソコロフは，アメリカで「家族賃金」が制度化された時期と「保護立法」が発達した時期はちょうど同じであり，20世紀初頭に双方を求める声が生じたと指摘します。第2の現象「保護立法」は，イギリスについての上野千鶴子の要約を見てみましょう。1802年にイギリスで最初の工場法が制定されますが，これは9歳以下の少年労働を禁止し，9〜13歳の少年の労働時間を週48時間に制限したものでした。労働者保護政策は少年労働から婦人労働に拡張されますが，これは一方で子どもや女性の「労働者」を「保護」する法制度であり，他方現実的には「女・子どもの労働市場からの排除」と「成人＝男性労働者による労働市場の独占」を帰結します。ソコロフが引用するアメリカの労働組合についてのハートマンの研究によれば，組合は「女性に対する保護立法」は支持しましたが，「男性に対する保護立法」は支持しなかった。男性労働者たちは「『自分たちの妻』を工場から家庭に戻したい」と考えた。そして，それは「中産階級の革新主義者や資本家の男性」も同様であり，児童の雇用が禁止されると，彼らは「女性を工場から排除し，子どもの養育に専念させるべきだと主張しはじめた」。

　もちろん「家族賃金」と「保護立法」は労働者階級が抵抗し，生

活水準を守る階級闘争をした結果勝ち取ったものともいえます。しかしソコロフは，階級闘争が「女性を犠牲にしていた」事実を理解しなければならない，と厳しく論じます。「保護立法を用いて，家族賃金を闘いとることにより，男性は自分の労働の価格を女性のそれより高く保ち，家庭と市場の両分野で女性を支配し，家族をも支配するなど，望んだものをすべて手に入れた」。ここでもまた，「資本家対労働者」の構図が「男性対女性」の構図へと反転します。

ソコロフはハートマンの見解をこうまとめます。「労働者階級の男性と支配階級の男性は，労資関係においては相互に敵対している」が，「女性に対する彼らの特権的地位を維持するという点に関しては相互に協力しあっている」。資本家の男性は「資本家として」は，低廉な女性と子どもの労働力が労働市場に豊富にあることが好ましい。しかしこれは労働者階級の男性に不利になり，「男性の仕事や家父長制的家庭生活」に対する脅威だと考えられる。だから「男性としての男性」として，労働者階級と支配階級の男性が協力し合い，女性を引き続き従属的な立場に置く。それが「両階級の男性にとって物質的な利益になるからである」。資本主義と家父長制はまったく別の仕組みです。しかし両者がここで「妥協」する。その結果，労働者男性は労働力の再生産という無償で価値が低いとされる仕事をする必要がなくなり，妻が夫に経済的に依存しているため家庭内で大きな権力を有することができる。資本家男性は，労働者とその子の労働力を再生産する労働者の妻を搾取することを通じて（労働力の再生産労働に十分な支払いをする必要がないため），剰余価値を自由に蓄積することができる。

こうして，後期マルクス主義フェミニストによる分析は「家父長制と資本が，それぞれの利益のために相互調整してきたか」に焦点を当てた。ですが，このふたつのあいだには「相互強化的関係」だけでなく「矛盾的関係」がある。そしてその矛盾こそ，女性の生活を変化させ，家父長制と資本主義の双方を変化させることになる。

最後にこのことを短く見てみます。

「二重労働」は，なお続く……

ソコロフは，1960年代と70年代に（つまり，第二波フェミニズムが巻き起こった時代に），より多くの女性が労働人口に参加し，労働力としての女性の存在を否定することはできなくなった，と述べています。にもかかわらず「女性はいまだ女として，特に母親として雇用されている」。つまり，女性は私的領域で家事労働を担いながら，公的領域で賃労働も行い，とくに既婚女性は「母親」として2種類の労働を行っている。

これはどういうことか。まず，既婚女性は労働市場に「母親としての仕事に必要な財やサーヴィス」を購入するために参加します。かつて女性は家庭内でさまざまな家庭用品を生産・加工していましたが，資本主義はこれを市場化していきます（かつて家庭で裁縫された衣類は既製品にとってかわられ，小麦粉を買って家庭でパンを焼き，家庭菜園の野菜を酢漬けの瓶詰にしていたのが，商店でパンやピクルスを購入するようになる）。こうした商品は大量生産されて安価になり，家庭で生産・供給されていた財やサーヴィスを追放する。生活はこれらの「商品」に依存するようになり，その支払いをするために女性たちは職を必要とするようになる。あるいは，「成長した息子や娘の大学教育」のために働きにいかなければならなくなる，ということもある。母親業を果たすために賃労働する，わけです。

ソコロフは，1970年代半ばからの経済危機のあいだに，企業にとって女性をパートタイム労働者として搾取することが経済的に有益になった，と指摘します。学齢期の子どもの母親は，家族のスケジュールに労働時間を適応させるパートタイムの働き方を選び，「信頼できる労働者」でありながら「低賃金労働者」であり続ける。「女性は，まず母親であって，男性だけが家族賃金を支払われているゆえに，女性は常に家族のなかの副次的労働者として分類される」。つまり，男が家計を「支え」，女は家計を「助ける」，という

役割分担です。この前提は独身でも，結婚していても離婚していても適用され，女性が「母親」として位置づけられることが「すべての女性の全ライフ・サイクルを通じての低賃金を合理化している」。

　もうひとつの変化。家父長制と資本主義が「妥協」して導入した「家族賃金」は，賃金を男性労働力の再生産だけでなく，妻や子どもたちの労働力を再生産するために支払う（そのもとで妻の再生産労働が不払いとされる）という仕組みでした。しかし，「20世紀の独占資本主義は，家族賃金契約の範囲で生活することを不可能にした」。さきほど見たように商品化された財やサーヴィスの購入のために支出がかさむ。また，賃金の安い他の国の工場と競争しなければならなくなり，賃金を低く抑えざるをえない。こうして「家族賃金が破壊され労働力の低廉化が生じる」。このとき，女性たちは「男性一人の収入では家族を支えることができないがゆえに，労働力に参入」します。資本主義は，以前は家族のなかでひとりの労働者しか必要としなかったが，次第にふたりの成人労働者を必要とするようになる。にもかかわらず「家族賃金原則」は，女性の「家計補助的収入の神話」を正当化し，女性の市場労働者は「副次的労働者」と考えられているから低い賃金しか支払われない。

　そして，女性は「賃金労働者になっても家族への義務から実質的には解放されない」のです。夫が「妻の家事」を「手伝う」ことはあるものの，雇用されている配偶者をもつ男性が平等ないし平等に近い形で妻と家事・育児を分担してはいない。ひとつは「家事・育児に責任をもつのは女性」とされるからである。もうひとつは，女性が賃労働しても「家計補助」のためとされ，「低賃金」だからである。このとき，「女性が被雇用労働者になるということは，女性が二重労働することを意味する」。女性が支払われる労働に参加する場合でも，「個々の男性と子どもたちのために働き続けており，その結果，資本が市場労働から剰余価値を引き出すことが可能になっているのである」。「女性は二重労働をしている」。女性は一方

では夫に，他方では資本によって，「二重に搾取されている」。

　このことを上野は日本について次のように指摘しています。日本では1960年代の高度成長期に，「結婚したら主婦」という性別役割分業規範が成立した。ところが，女を家庭に封じこめたとたん，資本主義は女性を家庭から労働市場へと引っ張り出す動きを見せた。それは性別役割規範と抵触しない形，「主婦労働者」の誕生としてであった。賃労働と家事労働の分割を生んだ資本主義と家父長制の「第一次の妥協」は，「夫を100％の生産者，妻を100％の再生産者」に配当し，「フルタイムの専業主婦を成立させた近代型『性別役割分担』」でした。これに対して，1960年代以降の「第二次の妥協」は，女性を「賃労働者にして家事労働者」「パートタイム主婦でもパートタイム労働者でも」ある「主婦労働者」にし，その役割を二重化した「新・性別役割分担」を確立した。これは，資本主義にとって次のメリットもありました。彼女たちは「労働力予備軍」（「相対的過剰人口」）として機能するのです。不況になれば「家計補助」が目的の彼女たちを解雇すればよいし，つねに「過剰人口」が存在するから労働条件を低く抑えることができる。こうして「生産男／家事女」の分割とは別の形の「妥協」によって，資本主義と家父長制は生き延びることができ，男は賃労働だけして家庭のなかでいばり続け，女は賃労働と家事労働の二重負担を負わされる。

　以上のソコロフの本は1980年，上野のは1990年の刊行ですが，それから30年，あるいは40年以上たった現在，「マルクス主義フェミニスト」による分析を私たちの社会はどれだけ超えているでしょうか。──（チャイムが鳴る）…あー，時間になりました〜。もう少し話したいことがあるのですが，私は「規律訓練」された従順な教員なので（笑），きょうはこれで。次回はきょうの話を引き継いでお話ししようと思います。

世界という謎

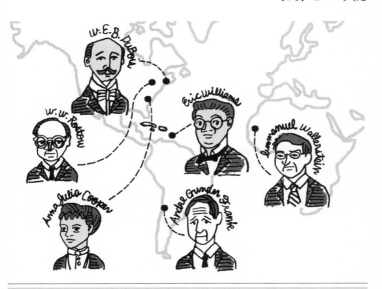

中間考察で見たホブズボーム『20世紀の歴史』は，女性たちによる「革命」の次の章で「第三世界」を論じていました。前回に続いてこれまでの講義を振り返ると，またおかしなことに気づきます。ヨーロッパと北アメリカ出身の白人社会学者しか登場していない，のです！

上の地図を見てください。アフリカ系アメリカ人社会学者のクーパーとデュボイス。トリニダード・トバゴの歴史家ウィリアムズ。「発展段階」を論じアメリカ政府の一員だったロストウと，チリの現実を踏まえて「従属理論」を唱えたフランク。西アフリカ研究から出発して「世界システム論」を展開したウォーラーステイン。——これらの人々が切り開いた「窓」からは，「世界」がどのように見えるのか。この章では，「周辺」からの反転の試みを辿りたいと思います。

1 はじめに

●「周辺」からの声

私は女性ではないの？　　　きょうは前回の講義を引き継いで，ベル・
フックスというアメリカのフェミニストの
著作の引用から始めてみます。

> 1851 年，オハイオ州アクロンで女権拡張運動の第 2 回年次
> 総会が開かれ，ソジャーナ・トゥルースが聴衆の前に立ったと
> きには，「しゃべらせるな！　しゃべらせるな！　しゃべらせる
> な！」という声が上がった。白人女性たちの声であった。黒人
> 女性が自分たちの面前で演壇に立ち，演説するのはふさわしく
> ないと思ったのである。ソジャーナはこうした白人女性の抗議
> をものともせず，逆に彼女たちの目を黒人奴隷の女性の境遇に
> 向けさせた革命的なフェミニストとなった。……ある白人男性
> が発言し，女性に平等な権利を与えるべきでないとする根拠を，
> 女性が肉体労働をこなすにはかよわすぎる，つまり生まれつき
> 男性より劣ることに求めた。すると，ソジャーナは……聴衆に
> 次のように語りかけた。「……ここで話されていることは一体，
> 何のことですか？　あちらにいるあの男性ときたら，女性は馬
> 車に乗るとき手を貸してもらわなきゃならないとか……言いま
> すけど……じゃあ，私は女性じゃないんですか？　見てくださ
> い，この私を！　見てください，この腕を！……私は男性に負
> けないくらいたくさん働けたし……鞭打ちにだって耐えられま
> した――じゃあ，私は女性じゃないんですか？……」（『アメリ
> カ黒人女性とフェミニズム』，247-49 頁）

ソジャーナ・トゥルース（1797 ？～ 1883）は奴隷として生まれて
自由の身になった女性で，奴隷制廃止と女性参政権運動に携わった

人でした。ここで彼女は,「畑を耕し,植え付けをして,収穫を納屋に運び……子どもを5人生んで,ほとんどが奴隷として売られていくのを見送った」私は「女性ではないのか?」と「白人男性」に向けて問いかけています。「女らしさの神話」に従ったか弱い女だけが女ではない,たくましい腕をもった女もいる,と。

　そして彼女の声は「白人女性たち」にも向けられています。あなたたちは参政権を求めて運動しているが,黒人である私は入っているのか? これは前回の冒頭で見た「人間」に「女性」が入っていない,というグージュやスタントンと同型の問いかけです。そして彼女の発言に対する「しゃべらせるな!」という白人女性たちの声は,1969年のニクソン大統領就任式反対集会で「女たちをあっちへつれていけ」と叫んだ男たちの声を思い出させます。ここで黒人女性にとっての「白人女性」は,女性にとっての「男性」と同じ位置にあるのではないか。

　これを引用するフックスは,1952年南部ケンタッキー州生まれの黒人フェミニストで,1981年刊行の本書の原題は *Ain't I a Woman*,トゥルースの言葉そのままです。ここでフックスが強調するのは,白人のフェミニストが黒人女性を排除してきた事実です。

　フックスによれば,「あんたが女だなんて信じないぞ」という白人男性の野次は,黒人女性は「女性に値しない生きもの」で「単なる動産」ととらえる「19世紀の白人たち」の見方を反映していました。そして,初期の白人の女権拡張論者は「白人女性だけの社会的平等を求めていた」とフックスはいいます。スタントンたちの運動は奴隷制廃止運動を契機としたが,この人々が攻撃したのは「奴隷制」であって「人種差別」ではなかった。黒人の権利獲得運動が起こると「白人女性は,自分たちの権利拡張より先に黒人の社会的地位が向上すること」に我慢ならず,白人男性が白人女性より先に黒人男性に選挙権を与えようとしたとき(1869年憲法修正第15条によって黒人男性の参政権が保証された),スタントンでさえ「劣った

『黒ん坊』が参政権を与えられ、『優れた』白人女性が選挙権をもたないまま」なのに怒りを露わにした。歴史家ロザリン・ペンによれば、「1830 年代から 1920 年までの女権拡張運動の内部では、アフリカ系アメリカ人女性改革論者への差別は当たり前のように」見られ、北部の女性たちも「人種分離」を支持したといいます。

　1960 年代後半「現代のフェミニズム運動」が始まったときも、運動を組織する白人女性は「『自分たちの』運動」だと思い、「白人以外の女性もアメリカの女性である」という事実を認めようとせず、ほとんどの場合「自らの人種差別を意識していなかった」とフックスは述べます。フリーダン『女性らしさの神話』が描くのは中上流階級の白人女性で、女性解放運動は彼女たちが同じ階級の白人男性との社会的平等を求める運動として「意識的かつ意図的に」構築されていた。白人女性が「女性」と「黒人」を等値するのを聞くたびに多くの黒人女性は「女性運動から締め出されている」と感じ、白人女性たちに「人種差別や階級差別」が見られるからこそ大多数の黒人女性は女性運動から距離を置いてきた。

　1984 年の『フェミニズム理論——周辺から中心へ』でフックスはこういいます。「アメリカのフェミニズムは、性差別主義的な抑圧にもっとも苦しめられている女性たちから生まれたことはない」。彼女たちは「沈黙の民」である。フリーダンの本は「そうした女性たちはまるで存在していないかのように書かれている」。「名前のない問題」に悩む中上流階級の白人既婚女性が家事から解放され専門職に就いたとき、「誰がそうした女性の子供の面倒を見るために……駆り出される」のか。これについてフリーダンは論じない。

　軽率な比喩は慎むべきですが、第 9 章のサイコロを思い出すと、こういえるかもしれません。白人男性には「1」と「2」と「3」の面が見えていたサイコロを、その「他者」だった白人女性たちは「4」と「5」が見えるように視界を反転させた。だが、それでも見えないままの面（「1」の面と対となる、地面に接する「6」の面）があり、

黒人女性たちはそれを見えるようにすることを主張する。それが「4」や「5」と同じとどうしていえるのか，と問いかける。では，底面を見ろ，というこの「他者」の声をどう聴けばいいのか。

クーパーとデュボイス

フックスは『私は女性ではないの』で，声を発してきた黒人女性たちを紹介していますが，前章冒頭の「初期女性社会学者」リストにあるアンナ・ジュリア・クーパー（Anna Julia Cooper）の声も記されています。1858 年（デュルケームやジンメルと同年）ノースカロライナ州で奴隷を母として生まれた彼女は，1893 年の世界女性代表者会議でこう演説します。「黒人女性の歴史は――まだ書かれてはいませんが――この国で最悪の迫害が行なわれた時代をも通じて，勇敢な闘いに満ちあふれています。それはほとんど勝ち目のない闘いであり，多くの場合，むごたらしい死で終わりました。……わが黒人女性たちの大半は歴史の主人公ではありません。もっとも，いかなる人種であっても，大半の女性が歴史の主人公になることなどありません。……白人女性の場合，少なくとも自分を解放してほしいと嘆願することは可能でした。しかし，二重の意味で奴隷にされていた黒人女性は，ただ耐えて闘い，しかも沈黙しているしかなかったのです」。

フックスはこれを「被抑圧者特有の沈黙」と呼びます。性差別と人種差別の二重の差別を受け，「自分が置かれた境遇への諦念から生まれる，あの深い沈黙」。クーパーは 1892 年の『南部からの声（*A Voice from the South*）』で，「黒人女性は女性の問題と人種問題に直面している。しかし，どちらの問題においても黒人女性の存在はまだ知られていないか，認められていない」と述べ，黒人女性に自らの経験を語るように呼びかけます。さらに，すべての女性が高等教育を受けて成長する権利を手にするべきで，黒人女性は黒人男性に受け身で従属的な立場をとるべきではないと繰り返し訴えます。

トゥルースやクーパーやフックスという黒人女性の声を聴きながら，私は考え込んでしまいます。前回は，なぜ女性が「社会学の歴

史」に登場しないのか，という「謎」から話を始めました。では，「社会学の歴史」に黒人は，あるいは非白人は登場してきたのか？——前回と同様に，私のこれまでの講義を振り返ると，いない，のです。そして，これまでの講義はヨーロッパと北アメリカでなされた議論にほぼ限定されています。うーん……。

リッツァとともに私が参考にしているランドル・コリンズとマイケル・マコウスキの『社会の発見（The Discovery of Society）』を見ると，1998年刊行の第6版から追加された章があります。題名は「アフリカ系アメリカ人社会学の出現（The Emergence of African-American Sociology）」。この版の表紙には3人の顔写真が載っています。コントとジンメルと黒人社会学者デュボイスです。これを見て，「社会学の歴史」が絶えず更新されるべきだと痛感するとともに，ふたたび私自身の無知に恥ずかしくなってしまいます。

コリンズたちは，20世紀はじめのデュボイスによる次の予言は，1世紀後のいまも想起に値すると述べます。「20世紀の問題はカラー・ライン（color line）の問題である」。カラー・ライン＝肌の色の境界線という「謎」。アメリカで人種による階層化は存続し，それはイギリス，フランス，ドイツなど西側の豊かな社会にも広がっていて，アフリカやアジアや中東からの移民は増加している。世界は富める国々と貧しい国々に分割され，それは北半球にある（おもに「白い」）国々と南半球にある（「白くない」）国々と重なっている。デュボイスのいう「カラー・ラインの問題」は，現代社会でも「鍵となる問題」を指し示している。

本来ならここで，コリンズたちが「最初の偉大なアフリカ系アメリカ人社会学者」と呼ぶデュボイスについて詳説すべきなのでしょう。W・E・B・デュボイス（William Edward Burghardt DuBois）は1868年（ヴェーバーの4歳年下，社会学第一世代です）マサチューセッツ州グレイト・バリントンに生まれ，17歳で南部のフィスク大学，20歳でハーヴァード大学に学び，1895年に奴隷貿易にかんする博

士論文で学位を取得しました（ハーヴァードで黒人初の博士号）。24歳から2年間ベルリン大学に留学，ヴェーバーの「理解」の方法に強い影響を受けます。1896年にペンシルヴェニア大学にポストを得た彼は，フィラデルフィアのスラム近隣に移り住み，参与観察，統計的解析，人口マッピングなどの調査手法を用いて1899年に『フィラデルフィアの黒人』を刊行します（コリンズいわく「アメリカ社会学の最初の主要な実証的作品」，シカゴ学派よりだいぶ前ですね）。1897年にアトランタ大学で社会学を教え始め，黒人社会のさまざまな側面について膨大な調査プロジェクトを敢行します。

　1903年の『黒人のたましい（*The Souls of Black Folk*）』で，デュボイスは「カラー・ラインの問題」を提起したあとこう述べます。幼少期，彼は教会や学校に通う唯一の黒人少年で，ある日他の子どもたちの世界から「巨大なヴェールでへだてられている」と気がついた。「アメリカの世界」は黒人にとって白人という他者の目を通して自分を見る世界であり，軽蔑と憐憫をもちつつ傍観者として眺める彼らの物差しで自分の魂を測る，という感覚を抱かせる世界である。黒人は「いつでも自己の二重性を感じている」。アメリカ人であり黒人である，ひとつの黒い身体のなかで闘っているふたつの魂，ふたつの理想，それを解体から防ぐのは頑強な体力だけである。「ヴェール」と「二重意識（double consciousness）」。

　この繊細な自己観察を記すデュボイスは，本書で黒人指導者ブッカー・T・ワシントン（1856～1915）を強烈に批判します。ワシントンはタスキーギ学院（ヴェーバーが1904年に訪れ，パークが広報担当者を務めた）で黒人の職業教育（農作業や手仕事など）を進め，政治的権利を一時的に断念して労働力として白人社会に受容されることをめざしますが，デュボイスはこれを低級市民として扱われることを正当化し，黒人青年の高等教育を不要とするものだと批判するのです。彼は1905年この理念を「ナイアガラ宣言」として発表し，1909年には全米有色人種地位向上協会（National Association for the

Advancement of Colored People, NAACP）の結成に加わります。しかし
ワシントンとその支持者からの彼への攻撃は激しさを増し、アトラ
ンタ大学でも「好ましからざる人物」とみなされてデュボイスは
1910年に大学を去り、NAACPの調査出版部長に就任、機関誌『危
機（*The Crisis*）』でメッセージを発し続けます。

　以降も黒人解放のための運動を続け、1963年にガーナ市民と
なって95歳で同地で死去するまでの彼の業績を追うことは、明ら
かに私の力を超えています。また、デュボイスの「カラー・ライン
の問題」を引き継いだアフリカ系アメリカ人社会学者たちの仕事を
論じることも、申しわけないのですが、準備が足りません。ここか
らは、カラー・ラインの延長上にある別の「問題」ないし「謎」に
視線を向け替えたいと思います。それは「世界という謎」です。

| 「奴隷制」と資本主義 |
　きょうの講義を準備していてはじめて出
会った本があります。歴史家エリック・
ウィリアムズの『資本主義と奴隷制（*Capitalism and Slavery*）』です。

　ウィリアムズ（Eric Williams）は、1911年イギリス自治領トリニ
ダードで郵便局員の息子として生まれました。彼は幼時から優秀で、
現地政府などの奨学金で学業を継続し、オックスフォード大学に送
り出されます。歴史学でのポストを模索しますが、1930年代の
オックスフォードには「ニグロの植民地人」（『コロンブスからカスト
ロまで——カリブ海域史、1492-1969』（1970年）、川北稔の訳者あとがき）
にそれを与える雰囲気はなく、彼はイギリスでの職を諦めるととも
に、西インド諸島の歴史研究に傾倒していきます。1938年に完成
した博士論文『西インド諸島の奴隷貿易および奴隷制廃止の経済的
側面』はイギリスの出版社からは刊行を拒否され、彼は1939年に
アメリカのハワード大学（黒人大学）に助教授ポストを得て1948年
までアメリカに滞在します（博士論文は1944年に出版、ほとんど注目
されませんでした）。

　1942年からは「英・米カリブ海域委員会」に参加、カリブ海地

域の現実に接してより鮮明な問題意識を獲得し，1948年に同委員会付属の「カリブ海域問題研究会議」副議長としてトリニダードに戻り，研究・教育と行政の仕事を進めます。ですが，この委員会の帝国主義的性格と対立した彼は1955年6月に辞任，1956年1月に政党PNM（People's National Movement）を結成し，同年9月にトリニダード首相となります。1962年にトリニダード・トバゴ共和国が独立すると彼は初代首相となり，1981年の死までその職にありました。

　さてここでひとつ復習です。「資本主義」ってどうやってできたのでしたっけ。みなさんは，もちろんヴェーバーによる答えを憶えていますよね。プロテスタンティズムの「予定説」によって救いを確証しようと「世俗内的禁欲」を実践した人々が，その「意図せざる結果」として資本主義を生み出した。当初は信仰のためだった「禁欲のエートス」が，宗教的意味を失って，富と合理化を帰結する。次節で見るアンドレ・グンダー・フランクはこれを「ヴェーバー・テーゼ」と呼びますが，ヴェーバー自身とパーソンズなどの追随者がこの説明の「支配権」を広げてきました。

　でもウィリアムズの本を読むと，この満点答案がだいぶ怪しくなってきます。「ウィリアムズ・テーゼ」はこうです。なぜイギリスが世界で最初の工業化に成功したのか。それは西インド諸島の奴隷が生産した砂糖によって巨万の富を蓄積していたからだ。アフリカから西インド諸島への奴隷貿易と，黒人奴隷の強制労働の上に「資本主義」は成立したのだ。――「禁欲のエートス」があったとしても，この条件なしに「資本主義」は可能だったのか??

　ウィリアムズは，イギリス植民地は小農による多角的な自給自足経済の植民地と輸出用主要商品作物（ステイプル）の大規模生産に大別され，前者にはアメリカ大陸北部の諸植民地（ニューイングランドなど），後者にはアメリカ大陸のタバコ植民地やカリブ海の砂糖島嶼（とうしょ）があげられる，といいます。後者の植民地では労働を一定に統御・協業させる

必要があり，これには「マサチューセッツ型農民の厳格な個人主義」（「禁欲のエートス」！）より，大きな土地に統制された労働力を配するほうがずっと経済的です。これを解決したのが「奴隷制」でした。1492年のコロンブスのアメリカ到達以降，ヨーロッパ人はまずアメリカ先住民を使役しようとしますが，彼らはそれに耐えられず死滅していく。次に労働力と期待されたのは「白人貧困層」（年季契約奉公人，囚人，政治的・宗教的異端者など）ですが，トラブルが多く，アフリカ人奴隷がより安価で生産上の要請にずっとよく応えることがわかってきます。優秀かつ低廉な黒人を「アフリカから強奪」し，先住民から「強奪されたアメリカの土地」を耕させる。ウィリアムズは「奴隷制は西欧にティーとコーヒー・カップのための砂糖を供給し……近代資本主義の基礎の一つとなった」と述べますが，まことに黒人奴隷は「西欧の力であり，筋肉であった」のです。

　17・18世紀のイギリスの富は「三角貿易」を源泉としていました。イギリスを出港するさいイギリス産のマニュファクチュア製品を積んだ「奴隷船」は，アフリカ沿岸でそれを黒人と交換して利益を上げます。買い取られた黒人奴隷は西インド諸島など新大陸のプランテーションに移送され，砂糖，綿花，インディゴなどの熱帯産物を生産します。黒人奴隷を売った奴隷船は植民地物産を購入して本国に戻りますが，これを加工処理する新しい産業がイギリスに造出されます（製糖業や綿織物産業などです）。そして，アフリカと奴隷労働プランテーションは，イギリスの工業，ニューイングランドの農業，ニューファンドランドの漁業（＝ヴェーバーが想定した「資本主義」の舞台ですね）にとって新たな市場（ラム酒，奴隷船に黒人を固定する足かせ，鎖，南京錠，銃器なども売る！）となります。

　ウィリアムズによれば，1750年までに三角貿易や植民地との直接貿易に結びついていない商業・工業都市はイギリスにはほとんどなく，「イギリスに流入した利潤は，産業革命の資金需要をまかな

う資本蓄積の主要な源泉の一つとなった」。ジェイムズ・ワットの
蒸気機関に融資された金は西インド貿易で蓄積された資本から出た
ものであり，リヴァプール―マンチェスター間鉄道敷設計画の中心
人物たちも三角貿易と密接に関係していました。いや，もともとリ
ヴァプールは1709年にはじめて奴隷貿易船を出港させてから18世
紀末まで「旧世界における最大の奴隷貿易港」として発展した都市
で，当時の俚諺にもリヴァプールの主要街路は「アフリカ人奴隷の
鎖によって区画され，家並の壁はアフリカ人奴隷の血によって固め
られている」といわれていたそうです……。

　ちょっと長くなってしまいました。ヴェーバーの目には「資本主
義」（「1」の面としましょう）を帰結することになった「プロテスタ
ンティズム」や「世俗内的禁欲」（「2」と「3」の面）が見えました。
これに対して，前章で見たフェミニストたちは「1」を支えた「家
父長制」や「家事労働」を発見します（「4」や「5」の面，でしょう
か）。しかし，カリブ海出身の歴史家ウィリアムズのまなざしは，
「資本主義」がその正反対の底面＝「6」の面にある「奴隷制」なし
には存立しえなかったことを私たちにはっきりと見せてくれます。

　この章では，いわば「6」の面から「世界」をとらえる社会学的
想像力を少しだけ見たいと思います。たとえばそれを，クーパーに
ならって「南 the South」からの社会学，と呼べるかもしれません
が，ここではフックスが「周辺から中心へ」と述べたのを受けて
（また，次の節から繰り返し使われる言葉なので），「周辺」からの社会
学，と呼んでおきましょう。

　『資本主義と奴隷制』は1961年に再刊され，1964年にも別の版
元から出版されます。これはこの時代にようやく「周辺からの声」
が聴かれるようになったことを反映しているのだと思います。第2
節では，この1960年代に「中心と周辺」を含む「世界」について
どんな見方がされたかを簡単に見てみます。そして第3・4節では，
その影響を受けながら「世界システム論」を創造したイマニュエ

ル・ウォーラーステインの試みを検討したいと思います。

2 「中心」から見た世界／「周辺」から見た世界

●成長段階論と従属理論

「成長段階」の理論　　1960 年代に「世界という謎」をめぐって
いかなる議論がなされたのか。ここでは，
コリンズたちがいう，世界全体は富める国々と貧しい国々に分割さ
れている，それはなぜか，というシンプルで重大な「謎」に絞って
考えてみましょう。その答えは，「中心」から見るのと「周辺」か
ら見るのとでは大きく異なるものになると予想されますね。

　まず，「中心」からの答えの代表として，1960 年刊行の W・W・
ロストウ『経済成長の諸段階（*The Stages of Economic Growth*）』を取
り上げます。ロストウ（Walt Whitman Rostow）は 1916 年（ミルズと
同年），ニューヨークでロシア系ユダヤ人の移民の家族に生まれま
した。彼は驚異的な秀才で，15 歳でイエール大学に入学し 19 歳で
卒業，ローズ奨学金を受けてオックスフォード大学に留学し，帰国
後 1940 年にイエール大学で博士号取得，コロンビア大学で経済学
を教え始めます。第二次世界大戦中は戦略情報局でドイツへの空爆
作戦に加わり，1954 年にはアイゼンハワー大統領の経済外交政策
顧問兼スピーチライター，本書執筆当時はマサチューセッツ工科大
学教授で，研究休暇でケンブリッジ大学に滞在中でした。最終章の
表現では「1959 年に地球の民主主義的な北部」（！）で書かれたこ
の本は，「世界」をどう見るのでしょうか。

　その答えは「成長段階」という用語にすでに表れていると思いま
す。第 2 章「5 つの成長段階」で，彼は「すべての社会」は次の 5
段階のいずれかにあると論じます。①伝統的社会，②離陸のための
先行条件期，③離陸（take off），④成熟への前進，⑤高度大衆消費
社会，の 5 つです。

「伝統的社会」とは，「ニュートン以前の科学と技術」と「外的世界に対するニュートン以前的な態度」に基づいた，限られた生産の枠内にとどまっている社会です。この社会では近代科学とその思考様式が浸透しておらず，1人当たり産出高の水準には上限があり，農業を中心とし，土地所有者に権力が集中した階層的社会である，とロストウはいいます。

　伝統的社会が経済成長を可能にする形へと変わる「過渡期」が，第2の「離陸のための先行条件期」です。この条件は17世紀末から18世紀はじめの西ヨーロッパで特徴的に発展し，近代科学の知識が農・工業の新しい生産を促したとロストウは述べます。その背景には「世界市場の横への拡大とその市場をめざす国際競争」がありましたが，地理的条件，自然資源，貿易の可能性，社会・政治構造などが幸いしてイギリスがこの条件を完全に発展させた最初の国となった，とされます。ここでは近代的経済活動の要求に沿った教育が広がり，新しい型の起業家精神に富んだ人間，銀行など資本動員のための制度が出現します。

　第3段階が「離陸期」です。「成長が社会の正常な状態となる」期間と定義されますが，新しい工業が急速に発展して利潤を生み，それが工場設備に再投資され，工場労働者に対する需要の増大を生み出す，という循環が生まれる時期です。ロストウは，イギリスのテイク・オフは1783年以後の20年間，フランスとアメリカは1860年までの数十年間，ドイツは19世紀の第3・四半期，日本は19世紀第4・四半期，ロシアとカナダは1914年以前の25年ほどで，1950年代にインドと中国が離陸を開始していると述べます。

　「離陸」の条件をもう少し見ましょう。「経済的側面」として投資率を引き上げること，近代科学とコスト削減型の発明を応用できることが必要です。その土台には食糧供給の増大が必要で，鉄道網など社会間接資本を政府が建設しなければならない。「非経済的側面」としては「新しい選良（エリート）」が出現し，近代工業社会の建設を開始する

自由をもつことが必要です。このエリートには近代化を「倫理的善」「責務」とみなす価値観が不可欠で,「プロテスタンティズム」が（唯一ではないにしても）ふさわしい価値体系だ, とロストウは指摘します。それゆえイギリス, アメリカ, オーストラリア, カナダなどは経済的・技術的条件が揃えば離陸できたが, 他のヨーロッパ, アジア, 中東, アフリカなどは生産技術だけでなく伝統的社会の「根本的な変化」が離陸に必要だった, というのです。

　離陸後の「成熟への前進」が第4の段階です。この期間に経済は常時成長し, 近代的技術が経済活動の全領域に広がって, 離陸が始まって約60年後に「成熟期」に達します。第5段階が「高度大衆消費時代」で, 経済の主導部門が耐久消費財とサービスに移り, 多数の人々が基礎的な衣食住を超える消費をできるようになる。ロストウは, アメリカでは1920年代と1946〜56年がこの段階, 西ヨーロッパと日本は1950年代にこの局面に入り, ソ連は技術的にはいつでもこの段階に入れる用意ができている, と診断しています。

| 国際援助とベトナム戦争 |

さて, なぜある国々は豊かで, ある国々は貧しいのか, という「謎」へのロストウの答えは, 細かな議論をしなくてもわかりますよね。「離陸」のための条件を備え, 近代的科学技術を経済に応用できるようになった社会は段階を経て豊かになる。つまり, 先に「離陸」した社会はあとから「離陸」した（まだ「離陸」できない）社会よりも豊かである。彼が考える離陸の決定的条件は「科学技術」です。そして, 技術革新を受け入れるグループが成功できる条件が重要であり, この「新しいエリート」の価値観は「プロテスタント倫理」を参照すると理解できる, とロストウは強調します。

　ではどうすればよいか。第9章「相対的にみた成長段階と平和問題」で, ロストウは現在アジア・アフリカ・ラテンアメリカに進行中の発展過程を, 上述の社会の先行条件期・離陸期と類似したものとみなすことが「有用」で,「おおむね正確」だとしてこう述べま

す。この国々は社会的間接資本や農業や近代技術に基づく製造業に多くの投資をしなければならないが、まだ資本形成一般に問題を抱えている。ただ、過去の離陸と比べると「公衆衛生の技術を含む諸技術の巨大な予備的蓄積」をいつでも利用できることが異なる。とすれば、技術援助や緩やかな条件の借款・供与などの国際援助があれば、離陸できるのではないか。「先進国」が技術や資本の援助をすれば、「発展途上国」も離陸できる‼

　ただし、「発展という仕事」は現地の人々の手でなされねばならない、とロストウは強調します。「過渡的地域における非共産主義的な教育ある選良たちは、彼らの国民に対して重い責任を担っている」。彼らは「西欧的価値観を彼ら自身の社会と文化の中に実現せしめるという責任」を引き受けねばならない。あれ？「非共産主義的エリート」？　──じつは本書の副題は『一つの非共産主義宣言（*A Non-Communist Manifesto*)』です（前回に続いて、また「宣言」！)。ロストウは第7章「ロシアの成長とアメリカの成長」で米ソの経済成長を比較し、第10章「マルクス主義・共産主義および成長段階説」ではマルクス理論とロストウ理論（！）を対比するのです。ロシアの現在の経済成長率はアメリカより高いが、その成長は重工業と軍事に偏りを見せ、「秘密警察」によって統治されている。共産主義は「過渡期の病」であり、われわれは「低開発国──共産主義の現在の希望の主な焦点──が共産主義の甘言と誘惑とに抵抗しつつ民主主義世界圏内にとどまって、……確固とした離陸期へと成功裡に移行しうる」ことをはっきりと示さねばならない。

　もうわかりますね。貧しい国々が海外援助で離陸できるとする本書は、援助によってそれらの国々が社会主義陣営に加わるのを防ごうとする、当時の冷戦構造を反映したものでした。ロストウは楽観的に「成長の秘訣はそれほど困難なものではない」と述べ、「民主主義的北部」に住むわれわれが道義的責任を果たさなければ「文明はついにその名残りをとどめなくなってしまうであろう」、と自ら

のミッションを記して本書を結びます。

　ロストウはこの「理論」を実践に移す能力と意欲をもった人物でした。1960年の大統領選挙ではジョン・F・ケネディ候補のスピーチライターとなり（「ニュー・フロンティア」は彼の発案です），その大統領就任後に国家安全保障担当特別補佐官代理となります。彼は一方で，アメリカが総額200億ドルをラテンアメリカ8か国に援助する「進歩のための連盟」（1961年8月調印）を推進します。他方，南ベトナムが共産主義化すれば周囲も次々に赤化するとする「ドミノ理論」を支持し，1961年10月テイラー将軍と南ベトナムを視察，「テイラー＝ロストウ報告」は6000～8000人の米軍部隊を派遣すべきと勧告してベトナム戦争へのアメリカの軍事的コミットメントのきっかけとなります。ケネディ暗殺後はジョンソン政権の国家安全保障担当補佐官を務め，ベトコンへの補給路を断つべく北ベトナム空爆を主張して，ベトナム戦争の泥沼化に加担しました。この戦争でのエリートたちの愚行を暴いたハルバースタム『ベスト＆ブライテスト』は，これは第二次大戦中ドイツへの空爆目標設定を任務としたロストウの「空軍力への妄信」によるとしています。

　この「中心」（「民主的北」！）の最優秀エリートによる「世界という謎」への想像力の「意図せざる結果」には，慄然とするものがあります。では，この「1」の側から見た像に対し，「6」の面からの像はどうか。1960年代の「周辺」での議論を見てみましょう。

「低開発」の発展

次節で扱うウォーラーステインによれば，「中心」（ないし「中核」）と「周辺」という対概念は，1950年代にアルゼンチンの経済学者ラウール・プレビッシュ（1901～1986）と，彼のもと国連ラテンアメリカ委員会（ECLA）で働いたラテンアメリカ出身の「急進分子」たちがはじめて主題化したものでした。その基本的発想は，国際貿易には経済的に強い「中核諸国」が経済的に弱い「周辺諸国」から剰余価値を得られるような条件で貿易を行う「不等価交換」が存在し，これが

「豊かな国」と「貧しい国」の格差の要因である，だから交易条件の平等化を制度化できれば不平等は是正される，というものでした。でも現実の問題を考えるには理論の精緻化が必要で，これを展開したのがいわゆる「従属理論（dependency theory）」です。エジプト出身のサミール・アミン（1931 ～ 2018）などがいますが，ここではアンドレ・グンダー・フランクの議論を紹介してみましょう。

　フランク（Andre Gunder Frank）は 1929 年（社会学第三世代）ベルリン生まれのドイツ人です。彼の家族はユダヤ系で，1933 年ナチス政権成立後スイスに脱出，1941 年アメリカに移住します。フランクはシカゴ大学大学院で経済学を学び，1957 年に『1928 年から1955 年までのウクライナの農業における発展と生産性』で博士号を取得します（指導教授は新自由主義経済学者ミルトン・フリードマン）。アメリカ，カナダ，ベルギーの大学で教えますが，アメリカの開発研究が途上国の問題解決に寄与しうるかに疑問をもち，キューバ，ガーナ，ギニアを訪れて現場の実態を確かめようとします。1962 年にラテンアメリカに移住，ブラジリア大学，メキシコ国立自治大学，チリ大学で社会学，人類学，経済史を教え，とくに 1968 年からのチリ大学時代はサルバドール・アジェンデ率いる社会主義政権の諸改革にかかわり，サンチャゴでは彼を中心に「従属理論」が花開きました。しかし 1973 年 9 月のクーデターで同政権は転覆，フランクはヨーロッパに逃れてドイツ，イギリスなどで教授職を務め，2005 年に死去しました。

　北米で 9 つ，ラテンアメリカで 3 つ，ヨーロッパで 5 つの大学を転々とした彼は，「中心」で生まれた白人で，「周辺」には約 10 年滞在したにすぎません。ですが，「周辺」での経験は彼に決定的な視座転換をもたらしたといえるでしょう。1966 年の論考「低開発の発展」，1967 年の『ラテンアメリカにおける資本主義と低開発』，1978 年の『従属的蓄積と低開発』を，同じユダヤ系移民の息子ロストウの本と比べると，認識の違いにめまいを感じるほどです。

1966年執筆の「低開発の発展（The Development of Underdevelopment）」
を見てみましょう。冒頭，彼はこう述べます。低開発に苦しむ世界
の大半の人々にとって適切な発展理論や政策は，過去の経済社会史
がどのようにして現代の低開発をもたらしたかを知らずには生まれ
えない。だがほとんどの歴史家はヨーロッパや北アメリカの歴史的
経験のみに目を向け，植民地や低開発地域にはほとんど注意を払っ
ておらず，その歴史的経験がまったく異なることを理解していない。
だから，現存の理論は「資本主義体制総体」の構造と発展を説明で
きず，ある部分の低開発と他の部分の経済的発展との「同時的発
生」も説明できない。

　たとえば，「経済成長は資本主義の諸段階を連続的に追って進む」
ものであり，現代の低開発諸国は先進諸国がずっと以前に通過した
歴史段階にある，という説がある（「ロストウ理論」ですね！）。だが，
低開発諸国の過去や現在は，現代先進社会の過去とはいささかも似
ておらず，低開発は原始的段階でも伝統的段階でもない。「現代の
先進諸国は，かつて未開発（*undeveloped*）だったということはある
かもしれないが，低開発（*under*developed）だったということは決し
てないのである」。現代における一国の低開発はその国の経済，政
治，社会，文化の諸特質や構造の反映・産物と理解すべきとする説
があるが，現代の低開発は大部分，過去も現在も続いてきている
「低開発的衛星諸国と先進的中枢諸国」の諸関係の歴史的所産にほ
かならない。そしてこれらの諸関係こそ「世界的規模での資本主義
体制の構造と発展の本質的部分をなしている」。

　すでに立場の違いは明確ですね。ロストウは，どの社会も同じよ
うな「成長の諸段階」に従って発展すると考えます。いわばセパ
レート・コースのトラックでの競争で，先に離陸した社会＝「先進
国（developed countries）」は豊かで，離陸が遅かった・まだ離陸し
ていない社会＝「発展途上国（developing countries）」は貧しいのだ。
対してフランクは，各社会の歴史的経験はまったく異なり同じ段階

を踏むとは考えられない，むしろある社会の「豊かさ」と他の社会
の「貧しさ」は「同時に発生」したものであり，このあいだの「諸
関係」をとらえねばならない，とします。「中枢」社会が「離陸」
するさいに（セパレート・コースなどではなく）「衛星」社会の「離
陸」の条件を奪い取り，発展を抑える関係がある。後者は「まだ発
展していない（*undeveloped*）」のではなく，「より低く発展させられ
た（*under*developed）」のだ！

　フランクは，ラテンアメリカ諸国や植民地の首都や輸出部門が中
枢国に対する「衛星」となり，内陸の生産部門と人口に対して「中
枢」となるという関係を指摘します。「中枢と衛星の星座のような
結びつきが，ヨーロッパやアメリカ合衆国の中枢からラテンアメリ
カの片田舎にいたる全体系を構成するすべての部分を関係づけてい
る」。低開発国の「中枢」は，「衛星」から資本や経済剰余を吸い上
げて一部を世界的中枢国へ運び，中枢国の「衛星」としてこの体制
の独占構造と搾取関係を維持する。中枢国は全世界に浸透したこの
構造を利用して，自らの発展と支配階級の富裕化を図る。この「ラ
テンアメリカの中枢と衛星の発展」と「低開発」の関係を研究する
ことで，低開発は遺制の残存や資本不足が原因ではなく，「資本主
義の発展そのものによって創出されてきた」ことが理解できる。

　フランクはここからいくつかの仮説を導きます。第1の仮説。他
のどの地域に対しても衛星的地位にない中枢国と比べ，「従属的な
中枢」の発展はその衛星的地位のために制約されている。たとえば
ブエノスアイレスやサンパウロといったラテンアメリカの中枢は，
（当初はイギリス，のちにアメリカという）「国外中枢国に依存した衛星
的発展」を見せている。

　第2の仮説。中枢国との絆が非常に弱い場合，衛星国はめざまし
い経済発展（古典的な資本主義的工業発展）を経験する。この仮説は
ラテンアメリカが経験した2種類の相対的孤立によって証明される。
ひとつは中枢国の戦争と不況による一時的な孤立で，とくに第一

次・第二次世界大戦と戦間期の大不況時，先進国からの貿易と投資が弱まったおかげで（！）アルゼンチン，ブラジル，メキシコ，チリなどは自立的工業化と成長を開始できた。さらに遡れば，17 世紀のヨーロッパの不況時にはラテンアメリカ諸国にマニュファクチュアが育った。

　もうひとつは，資本主義体制との絆が比較的弱く，それに包摂されることがなかった地域の地理的経済的孤立で，18 世紀末から 19 世紀はじめにパラグアイとアルゼンチンの内陸部はこの条件のもと有望な自生的経済発展の端緒を経験した。逆に中枢国が危機を克服し，貿易と投資を再開して衛星国を体制に再包摂すると，各地域の発展と工業化は抑制されるか非自立的なものになる。17 世紀ラテンアメリカに存在したマニュファクチュアの発展は 18・19 世紀に中枢国が回復すると抑制・逆転させられ，第一次大戦後ブラジルの民族工業はアメリカの経済侵略により深刻な打撃を受けた。また，第二次大戦後に中枢国が復興・拡張期を迎えると，ラテンアメリカの成長率と工業化の発展は停滞することになった。

　第 3 の仮説。現在もっとも低開発の状態にある地域は，かつて中枢国との絆がもっとも密接だった地域である。この地域は中枢国への最重要な第一次産品輸出地であり，中枢国にとって最大の資本の源泉になっていたが，景気が落ち込みを見せると中枢国によって放棄された。かつて砂糖輸出地域だった西インド諸島やブラジル東北部，鉱業で栄えたブラジルのミナスジェライス州，ペルー高原，ボリビア，メキシコ中央部などの過去の全面的衛星化と現在の極端な低開発がその証左である。「この地域はすべて，インドのベンガル地方と同様，中枢国での重商資本主義，産業主義の発展に生血を供えてきた」。これらの地域は資本主義的輸出経済という典型的な低開発構造を背負わされ，中枢国がこれを放棄すると自立的経済発展は不可能で，現在の極度の低開発に転落するほかなかった。

　……急ぎすぎた紹介だったかもしれません。フランクは『ラテン

アメリカにおける資本主義と低開発』でチリ（1964 年執筆）とブラジル（1965 年執筆）の「低開発の発展」の過程を詳述するのですが，ここでは省略します。チリもブラジルもセパレート・コースを走るのではない。「中枢の発展」と「衛星の低開発」の同時的発生の過程のなかにいる，のです。

インドにおける「奪工業化」

「従属理論」には多くの批判が寄せられます。フランク自身の分類によると，第 1 に，「内的」生産関係を事実上排除して「外的」交換関係を強調した，との批判。第 2 に，ラテンアメリカと世界の他地域の相違や発展段階を適切に考慮していない，との批判。第 3 に，中枢の経済発展と周辺の低開発を単一の過程としてとらえる世界的規模でのダイナミックな分析ができていない，との批判。フランクも第 3 の批判を自ら認めますが，これらは妥当な批判だと思います。「従属理論」は「図」と「地」を反転させ，新しい「窓」をうがったが，そこから見える景色をすべて描くにはいたらなかった。

彼は批判に応答すべく苦闘を続けます。「資本の蓄積ないし奪蓄積（de-accumulation）の歴史的過程」のダイナミズムを検討し，すべての要因を「単一の資本主義体制の発展」の「単一の歴史的過程」に位置づけたい。1978 年の『従属的蓄積と低開発（*Dependent Accumulation and Underdevelopment*)』（1969 ～ 70 年執筆の草稿を 1972 ～ 73 年に補筆）はこの課題を果たそうとした試みです。ただ，重商主義（1500 ～ 1770 年），産業資本主義（1770 ～ 1870 年），帝国主義（1870 ～ 1930 年）の「資本蓄積の世界過程」を辿った本書は，彼自身「部分的にのみ成功したにすぎない」と評価するもので，次節で見るウォーラーステインによる精緻化と理論化を待つものだったと思います。

ここでは 1 点だけ触れておきましょう。いま「奪蓄積」という言葉がありましたが，「奪工業化（de-industrialization）」について，つまり中枢と周辺の関係が生じるまでの期間に周辺社会に育っていた

工業が中枢との関係で破壊され，工業化がより低い水準に押し下げられる現象について，です。論考「低開発の発展」では中枢国に「生血を供えてきた」と評された「インドのベンガル地方」とイギリスの関係を事例に，フランクの見解を短く見てみます。

フランクは「産業革命」をめぐって，「イギリスが何において進んでいたにせよ，科学的技術的優越性において進んでいたのではなかったことだけは確かである」というエリック・ホブズボームの（ロストウとは正反対の！）言葉を引きます。エリック・ウィリアムズがいうように，ワットの蒸気機関は「西インド貿易で集積された資本」によって可能になった。そして，1757年のプラッシーの戦いでイギリスがインドに勝利して「ベンガルの略奪品がロンドンに到着」し，「産業革命」はその直後の「1760年に始まった」。

17世紀末にはインドは大量の織物を輸出していました。まず，この「東方織物品」をイギリスが再輸出することでラテンアメリカなどの各地域で現地市場向け製造業が破壊され，イギリス製造業の市場が創出される。続くナポレオン戦争後の段階では，インドの織物工業，鉄鋼業が破壊された，とフランクはいいます。1815年から32年のあいだにインドの綿製品輸出額は130万ポンドから10万ポンド以下に落ち，イギリス綿製品のインドへの輸出額は2万6000ポンドから40万ポンドに増加，数世紀にわたり世界に綿製品を輸出していたインドは1850年までにイギリスの綿製品輸出の4分の1を輸入することになる。そしてこれは，イギリスが，インドからイギリスへの輸入に高い関税（イギリスからインドへの輸入の5倍から20倍の！）を課したことによる，とフランクは指摘します。

この過程で，「かつての高度に発展した農村手工業」は破壊され，インド農村での農業と製造業の社会的均衡は失われていきます。手工業者や農民たちが工業発展に再吸収されることはなく，「プランテーション」へと転形した農業の労働力となっていく。原綿（それまではインドで織物に加工されていた）の輸出は1813年の900万ポン

ド（重量）から 1833 年の 3200 万ポンド，1844 年の 8800 万ポンド，1914 年の 9 億 6300 万ポンドへと増加し，穀物（おもに米と小麦）の輸出額も 1849 年の 85 万 8000 ポンドから 1914 年の 1930 万ポンドに増加する。インド亜大陸は原料・食糧を生産する「ラテンアメリカのそれと違わないプランテーション経済」に変わった（変えられた）のです。この輸出向け生産は「現地消費用基礎食糧」の生産を犠牲に増加しており，1800 〜 50 年には推計 140 万人，1875 〜 1900 年には 1500 万人の餓死者を生んだという「飢饉の頻度と深度の恐るべき増加」をもたらします。

「中心」の「離陸」は，「周辺」から略奪した富を成立条件とする。いやそれだけでなく，「周辺」を「奪工業化」して，「中心」の製造業の市場を創出し，「周辺」を一次産品産出国に変えていく。フランクが，中枢諸国の「開発の発展（the development of development）」を可能にした過程は，植民地諸国の「低開発の発展（the development of underdevelopment）」必要とした，と述べるのは，このインドの例を見るとより肯けるように思います。

じつは，マルクスは『資本論』第 1 巻第 13 章「機械と工業化」でこのことに触れています。イギリスの綿業機械はインドに急激に作用し，インド総督は 1834 〜 35 年にこう報告した。「困窮は商業史上にほとんど比類のないものである。綿織物工の骨はインドの野をまっ白にしている」。フランクは，『資本論』第 24 章「いわゆる本源的蓄積」から長い引用をしています。「資本の近代史は，16 世紀における世界商業と世界市場の創造と共に始まる。……植民地は，成長する製造業のために市場を保証し，そして市場の独占を通じて蓄積の進展を保証した。ヨーロッパの外部でむき出しの略奪や奴隷化や殺人によって獲得された財宝が，母国に流れ込んで資本に転化した。……アメリカにおける金銀の発見，原住民の絶滅，奴隷化，鉱山への埋没，東インドの征服と略奪の開始，アフリカの商業的黒人奴隷狩猟場への転化，これらの出来事が資本主義的生産の時代の

バラ色の夜明けを告げ知らせた。これらの牧歌的な過程が本源的蓄積の主要契機である。……資本は，頭から爪先まであらゆる毛穴から，血と汚物をしたたらせながら，この世に生まれてくるのである」。――明らかにマルクスは，「本源的蓄積」での「奴隷制」や「植民地」の役割に鋭い問題意識をもっていたのです（「バラ色の夜明け」とか「牧歌的」という表現は皮肉ですね）。

　ただ，フランクによれば，マルクスの主要な関心は「中枢での生産関係」にあり，周辺の問題を「決して書くに至らなかった」。『資本論』第25章のタイトルは「近代植民理論」（！）ですが，10頁ほどのごく短い章の末尾には「われわれはここでは植民地の状態については関わらない」と記されます。「われわれの関心のある唯一のこと」は「資本主義的生産・蓄積様式はその根本条件として労働者の搾取を要する」ということであり，これが「新世界で発見された秘密」である。マルクスにとって「中心／周辺」の関係は気づかれない「地」ではなかった。だが，彼が「図」として描いたのは「中心」での労働者階級の搾取だった。……この論点についても，ウォーラーステインによる再論を待ちましょう。

　1点だけ，といったのに遠回りしました。本書『従属的蓄積と低開発』は1973年までの改稿ののち，1976年に西ドイツ・フランクフルトでまえがきが書かれ，フランクがイギリスに移住した1978年に刊行されました。最後にこの背景に触れておきましょう。

　チリでは1970年9月に，国内の貧困問題に取り組んできた医師出身の政治家サルバドール・アジェンデが大統領に選出されました。これは世界ではじめて自由選挙により合法的に選出された社会主義政権で，アメリカ政府はこれに危機感を抱き，CIAがチリ陸軍総司令官アウグスト・ピノチェトをけしかけて，1973年9月11日に首都サンチャゴで軍事クーデターが発生します。軍に大統領官邸を襲撃されたアジェンデは自決，クーデター直後から社会主義勢力に対する大量虐殺（死者は数万人とされる）が行われます。ニクソン政権

の国家安全保障問題担当補佐官ヘンリー・キッシンジャー（ロストウの後任！ 1923年生まれの彼も，15歳で両親と渡米したドイツ出身のユダヤ人です）は経済学者フリードマン（フランクの指導教授！）にピノチェト政権を支援させます。規制緩和と国営企業民営化を推進し，海外投資を呼び込むフリードマンたち「シカゴ・ボーイズ」の経済政策は，一時はチリのGDPを伸ばし「チリの奇跡」と称されましたが，猛烈なインフレをともない，1980年代にバブルが崩壊すると後遺症ばかりを残す結果（1987年の貧困率は45％）となりました（この段落は，池上彰・佐藤優『漂流日本左翼史』と中山智香子『経済ジェノサイド──フリードマンと世界経済の半世紀』を参照しました）。

　このクーデターで大学も軍隊が掌握，フランクはチリ大学を解雇され，身の危険を感じてヨーロッパに逃れざるをえませんでした。本書まえがきにはチリでの友人，同僚，学生（「今なお生きている人たち」は名をあげないほうがよいと付記）への謝辞に加え，1975年10月に軍部評議会に暗殺された友人ダゴベルト・ペレス・ヴァルガスの名が記されています。ここでは，フランクの「想像力」がこうした場所からのものだったことを，共有しておきたいと思います。

3 「世界システム」とはなにか
● 『近代世界システム』

生　涯

　　　　　イマニュエル・ウォーラーステイン（Immanuel Wallerstein）は，1930年9月28日にニューヨークで生まれました。両親はポーランド・ガリシア地方出身のユダヤ人で，1919年にベルリンに移住，1923年にニューヨークに渡っています（ロストウ，フランクとよく似たファミリー・ヒストリーですね）。いつも世界情勢を議論し合う政治意識の高い一家に育った彼は，高校生時代から近代インド史に惹かれ，ガンジーやネルーの著作に親しみました。1947年コロンビア大学に入学，

1951 年にある国際青年会議でアフリカ代表の参加者と親交をもち，翌年セネガルでの青年会議に参加して独立運動の渦中を経験して，アフリカ研究を志します。1955 年アフリカに留学，ガーナとコートジボワールの民族解放運動をテーマに博士論文を書き（1959 年学位取得），1961 年に初の単著『アフリカ——独立の政治学』を刊行しました。1960 年代にはフランツ・ファノンの業績をアメリカに紹介し，アメリカのアフリカ研究者として指導的地位に立ちます（1973 年に 43 歳の若さで米国アフリカ学会会長）。

　この生い立ちを記す山下範久は，初期のウォーラーステインをアフリカ学者としてとらえるだけでなく，当時の冷戦構造が前提とするイデオロギー的二項対立図式への拒否の姿勢を重視すべきだと指摘します。1954 年の修士論文「マッカーシズムと保守主義者たち」は，共産主義者排斥の運動としてアメリカを震撼させたマッカーシズムが，反共産主義というイデオロギー的外観をもちながら，じっさいは右寄りの政治勢力内部の権力闘争のプログラムとして機能し，共産主義自体にはあまり関心を払わなかったことを論じています。東西の二項対立図式によって隠蔽・歪曲されているものがある，この図式とは別のように考えられないか。ロストウとフランクの議論を見たばかりの私たちにとって，重要な示唆のように思います。

　ウォーラーステインは 1958 年に母校コロンビア大学で教職に就きますが，1968 年 4 月に「コロンビア学園紛争」に遭遇します。大学の新体育館建設や防衛分析研究所との協力などに対して学生の反対デモと構内占拠が生じ，警察力の導入で解決されたこの紛争で，彼は教授団人権委員会委員長として学生との対話に参加します。この「1968 年」をどう考えればいいのか。世界で同時多発的に生じた既存勢力への全面的批判を，ウォーラーステインは総体としての「世界システム」の視点から分析しなければならないと確信します。同時に彼はコロンビア大学にいるのが「窮屈」になり（山下による表現），1971 年モントリオールのマギル大学に席を置くことになり

ます。1974年に『近代世界システム』第1巻を刊行したあと，彼は友人のテレンス・K・ホプキンスがニューヨーク州立大学ビンガムトン校に設立した「経済・史的システム・文明研究のためのフェルナン・ブローデル・センター」に所長として着任します。

『近代世界システム』第1巻は多くの好意的評価と激しい批判を巻き起こしましたが，彼はそれに対峙しつつ第2巻以降を刊行していきます。ただし，第2巻刊行は6年後の1980年，第3巻は1989年，第4巻は2011年（このとき他の巻の新版も刊行）と作業は難航を極め，予告していた第1巻＝1450〜1640年／第2巻＝1640〜1815年／第3巻＝1815〜1917年／第4巻＝1917年〜現在，というプランは，以下で見ていくように大きく変更されました。1994年から1998年まで国際社会学会会長を務め，1999年にはビンガムトン校の教職から引退，2000年以降はイエール大学の上級研究員として研究を続け，2019年8月31日に88歳で死去しました。

この節では主著『近代世界システム』の浩瀚な叙述からいくつかの箇所を紹介し，彼が提起した「世界システム論」の基本枠組みを理解したいと思います。次節では1983年の『史的システムとしての資本主義』から，彼の発想のエッセンスをさらに抽出してみます。

| 「帝国」と「世界経済」 | 『近代世界システムⅠ──農業資本主義と「ヨーロッパ世界経済」の成立』の第1章 |

「近代への序曲」は，「15世紀末から16世紀初頭にかけて，ここにいう『ヨーロッパ世界経済』が出現した」と開始されます。「ヨーロッパ世界経済」とは，「帝国ではない」が「大帝国と同じ規模」を有する「帝国とは別の，新たな何か」，世界が従来まったく知らなかった「一種の社会システム」である，とウォーラーステインは記します。

「帝国」とはなにか。それは，広大な領域をカバーする「中央集権化された政治システム」です。これは過去5000年の世界史でつねに見られたもので，政治的に中央集権化されていることで周辺部

から中央への富の流れを強制力（貢租と租税）と交易の独占によって確保できるという強みをもちます。ただこれには官僚制が不可欠で，官僚制は利益の多くを飲み込み，抑圧や搾取から反乱が起こると軍事支出が増大するという弱点があります。この「やっかいな政治的上部構造による『無駄』」を排して下層から上層，周辺から中央，多数から少数へ向かう経済的余剰の流れを増やす技術，これが近代世界の発明物である「世界経済（world-economy）」です。

　では，「世界経済」とはどんなものか。それはあくまで「経済上の統一体」であって，帝国や都市国家，国民国家のような政治的統一体ではありません。「世界経済」はその域内に複数の政治体を包含しており，どんな政治単位をも凌駕しているという意味で「世界システム」なのです。近代以前にもいくつも「世界経済」はありましたが，すべて（中国もペルシアもローマも）「帝国」に変身してしまった。また16世紀に存在した「世界経済」はヨーロッパだけではなかったが，ヨーロッパだけが資本主義的発展のコースへ踏み出し，結果として他の「世界経済」を圧倒することができた。

　資本主義的「世界経済」とは，貢納や封建地代など直接的収奪を前提とせず，一方で農業，次いで工業の「高い生産性を前提としたもっと効率のよい余剰収奪形態」であり，他方で「国家機構」という人工的・非市場的手段を援用するもの，と規定されます（もともと「市場」と「国家」が結合している不純さに注意！）。その確立に決定的な条件は3つあり，第1は当該世界の地理的拡大と「世界経済」が生み出す多様な生産物，です。つまりは「ヨーロッパの領土的拡大」で，これは「封建制の危機」からの脱出の鍵でした。ヨーロッパの拡大はアジアの高級奢侈品（香料や宝石）のために地金を求めることも重要な動機でしたが，14・15世紀の西ヨーロッパがより必要としたのは食糧（カロリーと栄養）と燃料という「基礎商品」で，小麦，砂糖，木材などを求めて海外進出がなされます。この第1の条件に，第2の条件＝「世界経済」を構成する各地域に適した多様

な労働管理方法の開発，第3の条件＝比較的強力な国家機構の創出，の成否がかかる，とされます。

　第2の条件，「世界経済」の各地域に適した多様な労働管理の方法は，第2章「新たなヨーロッパ分業体制の確立──1450年頃から1640年頃まで」で検討されます。ヨーロッパの海外進出は，基礎的な資本蓄積を可能にして農業生産の合理化に必要な資金を与えました。ウォーラーステインは，なぜこの「世界経済」だけが近代的工業化を達成できたかと問い，こう論じます。対外進出の成功には，国内で社会的連帯を維持する能力（報酬分配メカニズムで決まる）と遠隔地の安価な労働力を利用可能にする構造（輸送コストを考えると遠距離ほど労働コストが安い必要がある）が不可欠である。つまりヨーロッパ中核と周辺の差異，中核内部の地域や階層による差異などの「不均等発展」が生じ，違った形態の労働者（砂糖プランテーションの「奴隷」，穀物栽培や木材伐採をする「農奴」，各種換金作物を栽培する「借地農」，さらに「賃金労働者」）が含まれることが必要になる。特定タイプの生産には特定の労働管理様式が適合的であり，「世界経済」は異なる労働管理様式が同時に存在することを成立条件とする。これが「ヨーロッパ世界経済」の「分業体制」です。

　「奴隷制」は熟練を要する職種では役立たず，収穫に熟練が不要で労働管理にコストがかからない砂糖と綿花の生産で苛酷な労働をさせるのに適していました。カリブ海諸島ではインディオは絶滅，ヌエバエスパーニャではその人口が1100万人（1519年）から150万人（1650年ごろ）に激減しており，奴隷は西アフリカに求められます（「ヨーロッパ世界経済」の外部なら大量の人間を連れ去り，地域経済に深刻な影響を与えても「ヨーロッパは無関心でおれたから」（！），です）。しかし，穀物を生産して西ヨーロッパに輸出するようになった東ヨーロッパでは，熟練の必要性と反乱などに対応するコストのため「奴隷制」は採用されず，「再版農奴制」が導入されます。これら「周辺」では地金採取のための鉱山業と食糧生産のための農業が主

要な経済活動となり，モノカルチュアに向かう趨勢を見せる。これに対して，「中核部」である西ヨーロッパでは人口密度が高く，農業は集約的となり，職業の多様化と専門化が見られる。この中間に位置する「半周辺」では，中間形態にあたる「分益小作制」が広範囲に採用される。

　重要なのは，「ヨーロッパ世界経済」というシステムは複数の異なる「生産関係」によって構成されるということであり，「資本主義的生産関係」という単一の生産関係に支配されたのではない，ということです。「自由な労働」は「世界経済」の中核での熟練労働の管理形態であり，同じシステムの周辺で熟練度の低い労働者を管理するには「強制労働」が用いられる。「資本主義の真髄はまさに両者の結合にこそある」。もうわかりますよね。「奴隷制」から「封建制」へ，さらに「資本主義」へと段階的に移行するのではなく，「世界経済」というシステムが「奴隷制」と「封建制」と「賃労働」を同時に含んでおり，「奴隷制」や「封建制」による余剰が「資本主義システム」全体に組み込まれている，のです。マルクスを論じた『I』の第2章で私は，「前近代」は領主と農民の，「近代」は資本家と労働者の関係で構成されると話しましたが，ここで明らかにこの図式を修正しないといけません。「近代資本主義」は，ある地域に資本家と労働者が，別の地域に領主と小作人が，他の地域に奴隷主と奴隷が同時に存在し，それが「結合」することでひとつのシステムとして成り立っているのです。

　第3の条件，「比較的強力な国家機構の創出」は簡単に。第3章「絶対王政と国家機構の強化」でウォーラーステインは，「ヨーロッパ世界経済」の成立期が西ヨーロッパに絶対王政が成立した時期と一致すると指摘し，どちらが原因とも結果ともいいうる，とします。商業発展と農業資本主義の発達がなければ国家官僚機構の拡大を支える財政基盤は確立できず，逆に国家機構自体が新たな資本主義体制の主要な経済的支柱だった。フェルナン・ブローデルがいうよう

に国家は「16世紀最大の企業者」であり、16〜18世紀の「ヨーロッパ世界経済」では国家が経済活動の主役でした。16世紀に国王は、官僚制の整備、武力の独占、合法性の主張、国民の均質化の4つの方法で自らの権力を強化しました。国王は官僚を「売官制度」で買い、官僚集団によって従来以上に重税を課したり国債を発行したりできるようになる。そうやって蓄積した資金を、常備軍の創設費に回す（「傭兵」を買う）。ウォーラーステインは中核部（西ヨーロッパ）では国家機構が強化され、周辺部（たとえばポーランド）ではそれが弱体化する、というのですが、これはのちほど見ます。

「帝国」から「半周辺」
へ＝スペイン

すでにさらっと「中核（core）／半周辺（semi-periphery）／周辺（periphery）」という言葉に触れてしまいました。これらがどのように分かれ、世界システムのなかでいかなる役割を果たすのか。第1巻の後半3章でウォーラーステインは「半周辺」→「中核」→「周辺」の順にこれを論じます。まず「半周辺」です。

第4章「セビーリャからアムステルダムへ──帝国の挫折」で扱うのはスペイン、あるいはカール5世（1516〜56年スペイン王、1519〜59年神聖ローマ皇帝）のハプスブルク家の繁栄と没落です。ここでウォーラーステインは、「世界経済」の中心に躍り上がった地域がその成功ゆえに衰退し、「半周辺」の地位に落ちていく姿を繰り返し描き出します。

もともと15世紀に対外進出を主導したのはポルトガルでしたが、「強国になったため」発想の転換ができませんでした。発想の転換とは「一時的にこれまでのチャネルを止められた」人々が「いくらか長期的な見通しでの利潤を求めて行動する」ところから生じるものであって、チャネルが止められないかぎり生じません。ポルトガルは西アフリカで十分成功しており、危険な西方航海に手を染める必要はなかった。対して15世紀スペインは不況期で、政治的にも「国土回復運動」を進める危機にあった。ただこの過程で国家を建

設したスペインは強力な官僚制による政治体制を築き，銀地金が不足して深刻な財政危機が生じたとき，新しい地金供給源を求めていたジェノヴァ商人と結ぶことができた（ポルトガルはできなかった）。

　1450年ごろから経済が上向くと伝統的な商業の中心地（フランドル，南ドイツ，北イタリア）は活況を呈し，なかでも16世紀大西洋貿易の中心セビーリャは著しい繁栄を見せます。この時代のスペインは新世界に広大な帝国を形成し，大西洋貿易は1510〜50年に8倍，1610年までにさらに3倍成長します。その根幹をなす商品は地金で，セビーリャでの国家独占貿易はスペイン官僚組織の中核ともなりました。神聖ローマ皇帝カール5世の領地はネーデルラント，南ドイツ，ボヘミア，ミラノなどを含み，ヨーロッパの全政治空間を飲み込む勢いを示します。が，これら領地のど真ん中にフランスが位置するため，フランスとスペインはとくに北イタリアの都市国家（当時の商・工業「最先進」地域）をめぐって軍事的抗争を続けます（1494〜1516年のフランス・スペイン戦争，1559年まで続くハプスブルク家とヴァロワ家の抗争）。この戦いは双方が疲弊の極に達して終わりを告げます。

　ウォーラーステインは，スペインが支配的地位を喪失し「半周辺」と化したのはこれが理由だと考えます。「ヨーロッパ世界経済」を政治的に支配する「帝国支配の道」はなじみ深い「古典的な道」で，それをめざしてフランスとスペインは50年間も戦争を続けた。だがこれはあまりにコストが高かった。「帝国」は広大すぎ，収入以上の財政支出が必要となり，財政破綻を避けるのは難しい。「帝国が拡大しすぎて」限界を超えた大規模な官僚制が必要だが，「官僚機構もすみずみまでは行き届かず，思うように搾取ができなかった」。ドイツでは領邦国家間に混乱が生じ，ネーデルラントでは独立の動きが起こる。これに対応しながら巨大なイベリア半島を統治し，新世界の帝国を維持する。いやー，これは無理ですね。「帝国」はこれで「ほとんどの精力を使い果たしていた」のです。

1556 年に帝国は分裂し，カール 5 世は退位します。ハプスブル
ク家とヴァロワ家は共倒れになり，1557 年スペインとフランスは
自ら破産を宣告する。これはつまり，「帝国という形態をとったシ
ステムが生きのびられなかったという事実」を意味します。「帝国
には構造的な限界があった」。16 世紀後半スペインは「帝国支配の
政治コスト」を負担し続け，スペイン領新世界からの経済利益は他
のヨーロッパ諸国が刈り取ることになる。こうして，スペインは
「半周辺」への，次いで「純粋の周辺」への道を歩み，その趨勢が
逆転するのはやっと 20 世紀にスペイン人が自ら努力し始めてから
である……。

　「半周辺」概念についてひとつ補足を。第 2 巻（1600 ～ 1750 年が
対象）の第 5 章「岐路に立つ半周辺」で，ウォーラーステインは
「半周辺」に没落したスペイン，ワインを主要産品とする小国と
なったポルトガル，伝統的工業が衰退していった北イタリアなどの
17 世紀における「下降」を描きます。ただ，章の後半では「周辺」
から「上昇」してこの時代に「半周辺」となった地域（スウェーデ
ン，ブランデンブルク＝プロイセン，英領北米大陸の「北部」植民地）が
扱われます。つまり，「半周辺」には「中核」から下降している地
域と「周辺」から上昇している地域があり，「中核／周辺」は固定
的ではなくダイナミックに変動する。「半周辺」とはこのダイナミ
ズムを反映する概念なのです。

「周辺」と「外部世界」
の境界

　スペイン没落のあと「中核」となったのは
どこか。1600 年までに圧倒的地位を得た
のは「1450 年には思いもかけなかった都
市，アムステルダム」でした。この過程は第 2 巻で論じられるので
次の項で話しますね。第 5 章「強力な中核諸国家」によれば，1550
年頃からヨーロッパの工業活動は北西ヨーロッパのいくつかの国に
集中し，他のヨーロッパ諸国（とくにカール 5 世の帝国領）は衰退し
ていきます。

第6章「ヨーロッパ世界経済」では，この社会システムの「周辺」と「外部世界」の境界，つまりどこまでがこのシステムの範囲に入るか，が論じられます。ウォーラーステインは明確に，16世紀段階でスペイン領新世界はその「周辺」（境界の内側）でインド洋地域は「外部」，東ヨーロッパは「周辺」でロシアは「外部」だったと論じます。その違いはなにか。「世界経済」の「周辺」とは，労働報酬が低いが日用消費財として重要な産品を生産することで「世界経済」の分業体制の重要な一環をなす地域であり，「外部」は「世界経済」とのあいだに貿易関係があったとしても主として奢侈品の交易の関係しかもたない地域である，とされます。

　たとえば15・16世紀のポーランドとロシアでは，ともに小麦生産の発展が見られました。このうちポーランドは16世紀までに「ヨーロッパ世界経済」に組み込まれ，小麦はこの市場目当てに生産されて，ポーランドはヨーロッパにとっての「最大の穀物供給国」となります。これは強制労働による直営大所領の勃興を意味し，巨利を得た地主貴族の政治権力は増大します。逆に国家の租税基盤は先細りになって国王の軍隊は弱体化し，貴族は自衛のために私兵団を備えるようになる（さらには，国王が選挙で選ばれるようにさえなる）。ポーランドなどの東ヨーロッパでは，16世紀が国家権力の衰退期となったとされます。

　これに対して，ロシアでの16世紀の小麦生産は国内市場向けでした（ロシア中央部で生産され，ヨーロッパロシアの北部・北東部およびシベリアで売られた）。17世紀末までロシアはヨーロッパにとって「穀倉」でも「森林資源の供給源」でもなかったのです。西方との貿易はありましたが決定的な意味をもつ規模ではなく，主要輸出品の毛皮は「権威と富の象徴」＝奢侈品だった。そして，ロシアでは絶対王政が強化されます。「換金作物栽培のための強制労働」（＝農奴制）は，国家による征服事業とツァーリが支持者に与えた軍禄に結びつき，イヴァン雷帝は特別近衛兵団により貴族階級の敵対者を

一掃，警察権を強化していく。これが「世界経済」の内と外，「周辺」と「外部」の違いです。

　スペイン領新世界とアジアの違いはどうか。すでに何回か見たように，新世界は地金，材木，皮革，砂糖などの物産によってヨーロッパと結びつき，16世紀のうちに低廉な労働力をヨーロッパ人の監督下で使役する方式の生産が行われるようになりました。このプロセスで現地の社会構造は大きく変化し，「ヨーロッパ世界経済」に組み込まれる，つまりこのシステムの「周辺」になります。これはアステカやインカのような組織化された国家でもヨーロッパの武器の敵ではなく，容易に征服されたことにもよります。

　対してアジアは，一方で新世界の植民よりも報酬が大きくなく，他方で植民が新世界よりずっと困難でした。インド洋アジアに進出したのはポルトガルでしたが，そこにはすでに繁栄している「世界経済」があった。ポルトガル人は香料を求めたが，胡椒は一度植え付けると手入れ不要でほとんど労働力を要さず，この地域の社会構造や生活様式には本質的変化を与えなかった。また胡椒や香料は食糧ほどの意味をもたず，地金ほどの重要性はない。そして，アジアには各地の支配者たちがいて，火器を使って征服するわけにはいかなかった。16世紀段階でアジアの一次産品がヨーロッパの分業体制の一部をなしていたとはいえず，アジアはヨーロッパの「外部世界」にとどまったのです。

　第7章「理論的総括」で，「世界経済」と「世界帝国」についてウォーラーステインはこう論じます。近代以前の「世界経済」はどれも構造的にきわめて不安定で，「世界帝国」に転化するか，完全に分解するかいずれかの道を辿った。ひとつの「世界経済」が500年も生きながらえながら「世界帝国」に転化しなかったのは，「近代世界システム」の特性だった。それは「資本主義という名の経済組織」が有する政治的特性であって，「『世界経済』はその内部に単一のではなく，多数の政治システムを含んでいたからこそ，資本主

義は繁栄しえたのである」。単数の「経済システム」が，複数の「政治システム」を内包する，というユニークなシステム。彼によれば，「資本主義」とは，経済的損失を「政治体」が絶えず吸収しながら，経済的利得は「私人」に分配されるような仕組みを基礎とします。システムのコストを「国家」が吸収し，メリットは「企業」に分配する。「経済の形態としての資本主義は，経済的要因がいかなる政治体にも完全に支配しきれないほど広い範囲にわたって作用しているという事実にもとづいて成立する」。いいかえれば，「世界経済」には「中央の政治機構」がない。だから，地理的分業の秩序において高位の地域に高度な技術と資本が集中することになり，報酬の不均等な配分を是正することは至難で，「世界経済」の発展過程で地域間の経済的・社会的格差が拡大する傾向がある……。

　さて，「世界帝国」と「世界経済」の違いと，カール5世の「世界帝国」の挫折のあと「中核／半周辺／周辺」を含む「ヨーロッパ世界経済」というシステムが成立したことは，ある程度理解できたのではないかと思います。でもまだ現在の「1」と「6」の面の関係とはずいぶん距離がありますね（「中核」の説明もまだです）。以下，第2巻以降を見てみましょう。

| 「ヘゲモニー国家」とその衰退＝オランダ |

1980年刊行の第2巻は「重商主義と『ヨーロッパ世界経済』の凝集」という副題で，1600年から1750年までを対象としています。序章「『17世紀の危機』は実在したか？」でウォーラーステインは経済社会学者フランソワ・シミアンによる長期経済循環の研究などから，16世紀には発展があり（シミアンは「A局面」と呼ぶ），17世紀には収縮，不況，危機があった（「B局面」）と論じ始めます（フランクも，17世紀ヨーロッパは不況だったとしていましたね）。同時にこの時期は，成立直後の資本主義的世界経済というシステムが「凝集」する建設的な時代でもあり，中核諸国はヨーロッパ全体の収縮に対応すべく国家機構を強化した。そして17世紀において

最強の国家は「もっとも安上がりに支配のできた国家」オランダであり，イギリスがその次，フランスは3番目だとされます。

　第2章「『世界経済』におけるオランダのヘゲモニー」で，「ヘゲモニー国家」という概念が登場します。1600〜1750年は「重商主義」（＝「経済上の国民主義」^{エコノミック・ナショナリズム}というべき国家の政策と，商品流通への関心を中心に展開したもの）の時代とされますが，重商主義諸国の競争は生産効率にかかっており，国家政策の目的は中期的には生産部門で全般的に効率を高めることにありました。「ヘゲモニー国家」は，ある中核国家の生産性がきわめて高くなり，その国の生産物がおおむね他の中核諸国でも競争力をもちうる状態となって，世界市場をもっとも自由な状態にしておくこと（＝「自由貿易」）がその国が最大の利益を享受できる状態であること，と定義されます。生産力の優位を維持するには自由な流通を妨げる政治的障壁を排する必要があるため，この国家は強力でなければならず，文化的推進力，イデオロギーなどでも優位に立つ。ウォーラーステインは資本主義的「世界経済」の歴史を通じて，ヘゲモニー国家となったのはオランダ（1648〜60年代），イギリス（1815〜48年かもう少しあと），アメリカ（1945〜67年ないし73年）だけだと概括します。

　オランダは，「世界経済」を「世界帝国」に転換させようとしたカール5世の失敗以降，はじめて出現したヘゲモニー国家でした。一般にヘゲモニーのパターンは，①農＝工業の生産効率における圧倒的な優位，②その結果世界商業で優越し，運輸・通信・保険など貿易外収益を獲得，③商業上の覇権による，銀行業務と投資活動を含む金融部門での支配権，という3つの次元からなります。オランダの場合，①農＝工業では，北海のニシン漁，タラ漁や捕鯨漁で高い効率を達成，干拓地での集約農業で農業技術を高度化し，繊維産業，造船業，製糖業，醸造業，化学工業，軍需産業でも優位に立った。②オランダの海運業は，船の建造費が安く船賃が安価だったため17世紀の輸送業を支配し，東インドとの貿易，大西洋の三角貿

易で利益をあげる。これによってバルト海貿易を掌握して安い木材を入手でき，だから安く安全な船舶を所有，だから取扱量が増え保険料率を抑えられる，という「累積効果」が見られた。そして，③生産と商業の力により国家財政が健全で，世界商業のネットワークの中心に位置したことからアムステルダムは国際決済機構と金融市場の中心となった。

だが，このヘゲモニーは「確立したとみえたとたんに，崩壊がはじまる」。ウォーラーステインは1672年までにアムステルダムの最盛期は過ぎ去ったとし，1651年のイギリス航海法発布から1672年のフランスによるオランダほぼ全土の征服までを詳細に論じるのですが，私の知識では追い切れません。また，第3章と第6章でイギリスとフランスの「中核における抗争」を1651〜89年の第1局面，1689〜1763年の第2局面に分けて描きますが，これも私にはまとめられず，です（泣）。ここでは「効率化」（オランダに倣って！）のため（というかズルなのですが），別の説明を参照してみます。第2巻の「2011年版への序」と，2004年刊行の『入門・世界システム分析』がとても見通しがよいのです。

『入門』の「覇権の自己解体メカニズム」で，ウォーラーステインはこう述べます。ヘゲモニー国家は緩やかだが，必然的に衰退する。なぜか。ヘゲモニー国家になるには，基礎となる生産の効率性を向上させることが決定的に重要だ。ところがヘゲモニーを維持するには，政治的・軍事的役割（コストが高く，消耗が激しい）に資力を分散させねばならない。だから，遅かれ早かれ他の国家が経済的効率性を向上させ，ヘゲモニー国家の優位を減殺（最終的に消滅）させる。それにともなってヘゲモニー国家の政治的な力も失われてくる。すると，その国家は軍事力の行使（単なる脅しではなく）に踏み切らなくてはならなくなる。軍事力行使はヘゲモニーの弱体化の最初の兆候であるだけでなく，さらなる衰退の原因にもなる。こうして「帝国」的な力の行使は，ヘゲモニー国家の経済的・政治的な

土台を掘り崩していく。スペインもそうでしたね。衰退しつつある とき軍事力が行使され，それでさらに衰退する，のです。

　第2巻の「2011年版への序」では，ヘゲモニー国家が衰退する 時期に後継争いをする2つの強国が現れる，と指摘します。この抗 争のあと，ヘゲモニー国家の衰退が決定的になる（まず生産面，次い で商業面，最後に金融面の優位を失うという順に）。この第2の時期は世 界システムに「勢力均衡」が保たれる時代で，後継候補の2大強国 は地政学的にも世界経済的にも優位を求めて争う。続く第3の時期 はヘゲモニーを争う両国の抗争が猖獗を極め，秩序が破壊されて 両国は「三十年戦争」に突入する。第4の時期には，一方の国が決 定的に勝利し真のヘゲモニーを確立する（が，このヘゲモニーもやが て衰退を始め，第1局面に戻る）。

　「三十年戦争」とは歴史用語としては1618年から48年の戦争の ことですが，その結果オランダのヘゲモニーが成立しました。第2 の「三十年戦争」は1792年から1815年までのフランス革命・ナポ レオン戦争で，その後イギリスがヘゲモニー国家として現れます。 第3のそれは1914年から45年のふたつの世界大戦で（ホブズボー ムも「20世紀の31年戦争」と呼んでいましたね），アメリカがヘゲモ ニー国家となります。『入門』によれば，これらの「世界戦争」は， 「世界帝国」の構築をめざす勢力の陣営と，「ヘゲモニー国家」をめ ざす勢力の陣営との対立に収斂していきました。過去5世紀間で 「世界帝国」を創出しようとした本格的な試みは，16世紀のカール 5世（とその後継者），19世紀はじめのナポレオン，20世紀半ばのヒ トラーの3つであり，このいずれもが挫折しました。それは，「世 界帝国」が資本主義を窒息させてしまうのに対して，単一の分業と 複数の国家組織からなる「世界経済」の特異な構造が資本主義シス テムの必要に合致していたことに由来する。「世界帝国」には無限 の資本蓄積を優先する行動を抑えつけうる政治組織が存在するため， 最終的に「世界経済」の資本主義的企業の大半からの敵対に直面す

ることになる，のです。

　さらにズル（効率化？）ついでに，『入門』からヘゲモニーの移行と「中核／周辺」関係にかかわる重要論点を紹介します。「独占」と「主導産品」です。

　さきほどオランダの優位について，「生産の効率化」をあげましたね。たとえば（仮の例です），ニシンをより「効率的」に採れれば価格競争に勝って大きな利潤をあげられます。でもニシンをおいしく加工する他国にはない技術をもっていたり，他の漁場にない種類のおいしい魚を採ったりできれば，価格を吊り上げて大きな利ザヤを生み，高い利潤率を実現できます。つまり（競争に勝つことではなくて）「独占」ないし「独占に準ずる状況」を生むことによってこそ最大の利益をあげられる（コストカットではなくイノベーション！）。これに必要なのは「特許システム」などの「国家機構からの支援」です。特許を与えられた「新しい」産品は消費者にはもっとも高価，生産者にはもっとも収益のあがる商品になる。もちろん類似の商品が現れる可能性があるので「独占」ではなく「寡占」されるのが普通ですが，望ましい利潤率を上げるには寡占で十分です。

　こうした商品を「主導産品（leading product）」と呼びます。市場には「独占」のメカニズムと他の生産者が独占的地位を掘り崩そうとする「反独占」のメカニズムが共存し，時間の経過とともに「主導産品」の独占（に準ずる）状況は必ず掘り崩されます。そうなれば，大規模な資本蓄積者は資本を新たな「主導産品」ないし「主導産業」に丸ごと移転させるでしょう。これが「主導産品の周期」です。主導産品は短命で（ただし短すぎてはいけない），その役割はたえず他の主導産品に引き継がれます。全盛を過ぎたかつての主導産業は次第に「競争的」に（収益性が低く）なっていくわけです。

　このことは「中核／周辺」の関係に密接にかかわります。資本主義的世界経済の垂直的分業は，生産を「中核的な産品」と「周辺的な産品」に分割する。「中核的な産品」を生産する「中核的生産過

程」は独占に準ずる状況にあり，利潤率が高い。対して「周辺的生産過程」は「真に競争的な生産過程」であって（競争相手がいっぱいいる），交換のさいに弱い立場に置かれる。結果として，周辺的産品生産者から中核的産品生産者への絶え間ない剰余価値の移動が起こる。これが「中核」と「周辺」のあいだの「不等価交換」です。地理的には中核的生産過程は少数の国に集まり，周辺的生産過程は多数の国に散在することになります（中核的産品と周辺的産品の生産が相半ばして立地するのが「半周辺国家」です）。

　重要なことは，独占に準ずる状況は自己消滅するので，きょうの中核的生産過程はあすの周辺的生産過程になる，ということです。だから近代世界システムの歴史において，主導産品が中核諸国からまず半周辺諸国に，次いで周辺諸国に移転・格下げされる過程が繰り返されてきました。1800 年ごろの中核的生産過程の頂点は織物業で，ごく少数の国（イギリスと北西ヨーロッパの数国）しか生産していなかったが，2000 年にはもっとも利潤率の低い周辺的な産品となり，世界のあらゆる地域で生産されるようになる。鉄鋼も自動車もコンピュータも同様の過程を辿り，2000 年には別の中核的産品（航空機製造や遺伝子工学）が少数の国に集中する。

　『近代世界システム』第 3 巻の「2011 年版への序」でも，低利潤で競争的な「『周辺』の生産する基礎的産品」と高利潤で半ば独占的な「『中核』の生産物」の分業と周期的変動が論じられます。多少とも独占的に生産される「主導産品」は思うままに価格を決められ膨大な利潤が確保されるため，資本が蓄積されるのはこうした生産物からだった。本巻第 1 章「工業とブルジョワ」で，マルクスは「競争が資本主義の常態」で「独占は逸脱」とする偏見をもっており，これは彼の大きな欠陥だったとしますが，卓見だと思います。

　……少し先走ってしまいました。ほんとうなら，この構図をもとにオランダ→イギリス→アメリカのヘゲモニーの移行を丁寧に検討しないといけないのですが，視点をそろそろ「6」の面，「周辺」の

ほうに移す必要がありそうです（またズルしてすみません！）。

いま触れた第3巻（副題は「『資本主義的世界経済』の再拡大 1730s-1840s」）の「2011 年版への序」で，ウォーラーステインはこう述べます。「資本主義的『世界経済』には循環の過程があったために，『周辺』部の商品の生産コストを低く維持するためには，たえず新たな地域をこの『世界経済』に取り込む必要があった」。第1巻第6章「ヨーロッパ世界経済」で16世紀当時の「周辺」と「外部世界」の境界について見ましたが，16世紀にはヨーロッパの軍事力を結集してもインドの「征服」には不十分でした。ですが「組み込み（incorporation）」プロセスは長期の時間をかけて進み，18世紀末にインドは「世界経済」に組み込まれ「周辺化」されます（中国はまだです）。各時期の「世界経済」がどれだけの新しい領域を組み込みえたかは，その地域がどれくらい遠く，軍事的手段で組み込むのにどれほどの困難をともなうかにもかかっていました。

第2巻に遡ると，17世紀初頭に「組み込み」を経験したのがカリブ海諸島です。1604年から1640年までに突如としてイギリス人，フランス人，オランダ人がカリブ海に進出し，中核諸国で新たな嗜好が生み出されたために需要が高まった「成長」商品たる砂糖が栽培されるようになります。カリブ海は 1600 〜 1750 年の時期に新たに「周辺化」された地域であり，ここで「奴隷制」が最適の労働形態として組織されていったのです。

では，第3巻が対象とする「1730 〜 1840 年代」に組み込まれた地域はどこか。第3章「広大な新地域の『世界経済』への組み込み」で，ウォーラーステインはインド亜大陸，オスマン帝国，ロシア帝国，西アフリカがそうなったと指摘します。彼はここで 1750 年頃から始まり 1850 年まで（西アフリカだけ 1880 年まで）には完了した「組み込み」過程を地域ごとに描くのですが，ここではフランクのパートで論じたのと同じ，インドを見てみます。

インドの「世界経済」への組み込みは1757年以後のことで，19世紀前半までにヨーロッパに向けたインディゴ，生糸，中国に向けたアヘン，綿がインドの輸出品の60％を占めるようになります。同時に，製造工業部門の衰退が進み，1800年以前にはインド亜大陸は繊維生産の一大中心地でしたが，1828年から1840年までに綿織物の輸出は半減します。これは「禁止的な高関税」によってインド産製品をイギリスから追放する政策による。この理解はフランクのいう「奪工業化」とほぼ一致するもので，ウォーラーステインは，イギリスが「インドを意識的に非工業化した」ということは否定しようがないと述べます。

輸出志向型の作物の生産はプランテーションでなされるようになりますが，インディゴの場合は「前貸制度」により小規模生産者から土地が没収され，土地集中が行われる。原綿生産も高利貸・商人資本に生産が掌握され，地代や利子の負担が過重になっていく。データによれば，1600年にインドの1人当たり農業生産は同時期の西ヨーロッパや1900年（！）のインドと遜色ないのですが，1750年以降「世界経済」への組み込みが始まると，ベンガルの農民は「怠惰だ」とイギリス人から非難され，「前貸制度」によって労働を強制され，土地を奪われ，「貧窮化」することになります。

こうしてインドが「世界経済」に組み込まれると，隣接した外部の地域＝中国が「外延部」に引き込まれることになる，とウォーラーステインは強調します。「外延部」とは，「世界経済」がその地域の商品を求めているものの，対価となる工業製品を輸入するのに抵抗している（その選択を維持しうる）地域で，当時中国はそうした地域でした。ヨーロッパは18世紀初頭以来中国の茶を買い続けたが，銀以外に支払い手段がなかった。ですがインドが「世界経済」に組み込まれると，銀の代替物が見つかります。これがインド―中国―イギリスを結ぶ「三角貿易」の起源とされます。

どういうことか。1757年以降東インド会社は中国製の茶を購入

するためベンガルの銀を輸出し，70年余りで中国からの輸入（90％が茶）は5倍に膨れ上がっていました。この解決策として，一方でインド綿工業を抑圧し，イギリス産綿布に置き換える過程が進む。その結果インド産綿花の販路が問題になりますが，中国にこれを輸出するという策がとられます。ただ中国自身も綿花を生産しており，インド綿花の価格は中国綿花の作況により変動してしまう。そこで，イギリス人が綿花に代わるものとして見つけたのが，インドで生産されていたアヘンです。中国皇帝はアヘン輸入を公式には禁止していたが，官吏の腐敗と海軍の脆弱さにより中国の港はアヘン貿易に開かれており，アヘン輸入は増大して代金を支払うため中国は銀を輸出し始める。1836年皇帝はアヘン輸入禁止の強化を図るが，1840年アヘン戦争が勃発，1842年の南京条約で中国は「世界経済」に組み込まれる過程を歩み始める。——インドが「世界経済」に組み込まれたことで，インドの綿織物工業の衰退という帰結が生じ，その結果インドの綿花生産に問題が生じるが，「外延部」＝中国に綿花の販路を求め，さらにインドのアヘンを輸出することで解決される。問題は「周辺」から「外延部」へと移転される……。

　では，トルコ，ロシア，西アフリカ（ウォーラーステインの出発点です）の「周辺」への組み込み過程はどうか。残念ながらこれも追うことはできません。ただ，絹製品や綿糸の輸出国だったトルコが奪工業化されて生糸と綿花の輸出国となり，ロシアでは18世紀末に主要輸出品だった鉄輸出が崩壊した，ということは共有しておきましょう（ロシアは繊維品の国内市場を維持でき，甜菜糖工業を起こして完全な奪工業化に対する「抵抗力」を保持した，と付記されています）。

　第3巻最後の第4章「南北アメリカにおける定住植民地の解放1763年から1833年まで」は，「半周辺」だったアメリカ「北部」植民地，「周辺」だったカリブ海や南アメリカの植民地の独立を描きます。ここでは，これら植民地の「独立」は「白人定住者たち」によるもので，黒人と先住民は排除されていた（例外は1791年の黒

人奴隷暴動に始まり，1804年に黒人共和国として独立した「ハイチ革命」），ということだけを記しておきます。

　『近代世界システム』第4巻「中道自由主義の勝利 1789–1914」は第3巻の22年後，2011年に刊行されました。ウォーラーステインはこの巻の主題を「フランス革命が全体として近代世界システムに与えた文化的影響」に限定して，「中道自由主義」が勝利する過程とそれに対抗する「反システム運動」を描くことにします。序章で彼は，本来なら書くべきだった次の3つの「物語」を次巻に先送りせざるをえなくなったと記します。第1に，列強によるアフリカ分割と民族解放運動の勃興。第2に，イギリスに代わるアメリカとドイツのヘゲモニー争いとアメリカのヘゲモニーの確立。第3に，東アジアの近代世界システムへの組み込みと20世紀末以来の再興。そして「目下計画中」の第5巻は1873年から1968年か89年までを扱い，第6巻は「資本主義的世界経済の構造的危機」を主題として，1945年か68年から21世紀中頃のどこか（たとえば2050年くらい）までが対象となるだろう，と予告されます。

　みなさん，どの「物語」も読んでみたい！と思いますよね。なんといっても1914年以降（「短い20世紀」！）はまだ書かれておらず，ロシア革命も，アメリカのヘゲモニー確立と衰退も，ソ連の崩壊も（そして日本を含む東アジアも！）検討されていないのですから。ですが，第5巻は未刊のままウォーラーステインは2019年に逝去します。その後の「世界」はどのように変化してきたのか，「世界帝国」と「世界経済」はどう対峙し，「中核／半周辺／周辺／外部」の相互関係は現在どうなっているのか。――これらの「謎」を論じることは，彼に続く世代に委ねられているのです。

4 資本主義的世界経済のゆくえ

●『史的システムとしての資本主義』

「万物の商品化」とその外部

『史的システムとしての資本主義 (*Historical Capitalism*)』は，1982 年のハワイ大学での集中講義をもとに 1983 年に刊行された，原著で 110 ページほどのコンパクトな本です。私がこれを紹介しようと思ったのは，ひとつは前節末で『近代世界システム』第 6 巻のテーマとして触れた，「資本主義的世界経済」がどんな「構造的危機」を迎えるか，という問いに可能なかぎり明確な答えを出そうとしていると思うからです。そしてもうひとつ，本書でウォーラーステインは，マルクス『資本論』の出発点に立ち戻って「世界システム論」に一貫した理論的見通しを与えようと試みています。その出発点とは「商品」ないし「労働力の商品化」です。

「はじめに」で彼は，本書では「資本主義」を「ひとつの歴史的システムとして」見ることが重要だと述べます。資本主義の実態を叙述し，「絶え間なく変化するもの」と「まったく変化しないもの」を描き分ける仕事を行わねばならない。そして，マルクスをこう評します。マルクスは多くの自称マルクス主義者と違って，自分が 19 世紀の人間であり，自分の描くヴィジョンが必然的にその社会の現実に制約されていることをよく知っていた。さらに彼は，自分の著作のなかに「(歴史上，現実には一度も存在したことのない) 完全なシステムとしての資本主義の解釈」と「そのときどきの具体的な資本主義世界の現状分析」との緊張関係があることも知っていた。——ここで私は第 2 章で見たハイルブローナーの表現を (前章に続いて) 思い出します。マルクスがモデル化したのは「純粋資本主義」だった。だが現実の資本主義は「不純」だった。これと同様にウォーラーステインは「完全なシステムとしての資本主義」と

「そのときどきの具体的な資本主義」を結びつけ，「歴史的に実在する（historical）資本主義」の見取り図（おそらく不純な！）を描こうとするのです。

「I　万物の商品化——資本の生産」で，「資本主義」がこう定義されます。それは「資本」という言葉に由来するが，「史的システムとしての資本主義」では資本は「投資される」という特異な方法で自己増殖を第一目的として使用される。だから「資本主義的」とは，資本保有者たちの「よりいっそうの資本蓄積」という目標とそのために人々と取り結ぶ関係，端的にいって「資本蓄積がつねに他の諸目標より優先されている」ことをさす。これには労働者，流通機構と購買力をもつ買い手，利潤を得た者が投資できる条件の3つが必要だが，近代まではどれかが欠けていて「資本の循環」の過程が完結することはめったになかった。それらがまったく「商品化」されていないか，「商品化」が不十分なことが多いからである。それゆえ「史的システムとしての資本主義」は従来「市場」を経由しなかった交換・生産・投資過程の「広範な商品化」を意味し，資本主義の発達史には「万物の商品化」への抗しがたい圧力が内包されていた。——ここまでの議論は，マルクスも同意しますよね！

「万物の商品化」の最大のポイントが「労働力の商品化」であることは，『資本論』でも論じられたとおりです。労働力が固定されているとき（たとえば「領主‐農民」の関係），生産物の市場が安定的な（大きくも小さくもならない）場合は安定した労働力が得られてコストが抑えられますが，市場が拡大している場合は労働力が入手しにくいため利益拡大のチャンスを失うことになり，市場が縮小傾向にある場合にはコストの上昇を意味します。商品化された（生産手段をもたず賃労働しないと生きられない）「自由な労働力」こそ，資本蓄積に必要だったわけです。ところが，ウォーラーステインは「自由な労働力」が固定された労働力よりコストが高くつくこともしばしばある，と注意を促します。固定されない労働力は特定の生産者

のために継続して働くとは限らず，報酬が得られない期間もカバーできる（平均して十分な）報酬を要求せざるをえない，というのです。

奴隷制，債務奴隷制，農奴制など固定された労働力は特定の生産者に緊縛されており，生産の拡大には限度があります。だから，他人より高い賃金を支払いさえすれば雇える労働力＝賃金労働制度が勃興し，史的システムとしての資本主義のもとでは「労働力のプロレタリア化」が進行してきた。しかしながら，ウォーラーステインはこう指摘します。「驚くべきは，いかにプロレタリア化が進行したかではなく，いかにそれが進行しなかったか，ということなのだ」。「純粋資本主義」においてはきっと労働力はすべて商品化され，プロレタリア化されるでしょうが，現実の「史的システムとしての資本主義」ではむしろプロレタリア化は進まなかった。このシステムは 400 年を超える歴史があるにもかかわらず，「完全にプロレタリア化された労働力というのは，今日の『資本主義的世界経済』においても，なお 50 パーセントに達しているとは到底いえない」，こう彼は強調するのです。

彼はまず，「経済的に稼働可能な労働力」の公式統計を使うと「賃金労働者となりうる成人男性のみ」を数えることになって賃金労働者比率が高くなるが，成人女性，未成年，老人を含めるとプロレタリア比率は激減する，とします。さらにこういいます。「史的システムとしての資本主義」のもとでは（それ以前のいくつかの史的システムと同様に），「個人」は収入と資産を共有する比較的安定した構造体＝「世帯（household）」という枠組みのなかで生活しているのが普通である。生き延びたいと願う個人はあらゆる収入の可能性を考えて支出にあてようとするから，活動の主体となる経済単位は（「個人」よりも）「世帯」である。

ここでピンときた人もいるでしょう。そう，「世帯」への注目は前章で見たマルクス主義フェミニストの問題提起と重なります。労働には，プロレタリアの自由な賃労働＝現金収入を得る「生産的労

働」と，必要不可欠だが自給的な活動であり搾取可能な余剰を生ま
ない（とされる）「不生産的労働」がある。賃労働は成人男性の仕事，
自給的労働は主として成人女性の仕事という分業が「史的システム
としての資本主義」成立後に決定的となり，女性労働（「主婦」）へ
の価値評価はどんどん下がり，成人男性の労働（「パンの稼ぎ手」）の
評価は上昇する。「性差別は，こうして制度化された」。この差別が
ひとつのイデオロギーになって，一方で「労働力の商品化」に寄与
し，他方でその限界を画する役割をも果たしてきた。

　このことは賃金水準と密接にかかわります。賃金労働者が受け入
れ可能な賃金の最低水準は，その人が全生涯で身を置く「世帯」が
どんなものかにかかっている。同じ職種と効率の労働者が「プロレ
タリア世帯」（賃金収入が高い比率を占める世帯）に属する場合，「半
プロレタリア世帯」（賃金収入への依存度が低い世帯）の労働者と比べ
て，ぎりぎりと思う賃金の下限はかなり高い水準にくる。プロレタ
リア世帯では賃金で自らの生存と再生産のコスト全部をカバーしな
ければならないが，半プロレタリア世帯では自家消費用の家内生産
や局地的市場での販売によって賃金収入が少なくてもがまんして働
けるわけです。この非賃金労働の存在によって雇用主は労働力をよ
り安価に調達でき，生産コストを引き下げうる。だから，雇い主に
とって，労働者が完全にプロレタリア化した世帯より半プロレタリ
ア世帯に属するほうが望ましい。「史的システムとしての資本主義」
の全史を全地球的規模で検討してみると，「プロレタリア世帯に属
する賃金労働者よりも，半プロレタリア世帯の賃金労働者の方が，
その人数からいっても，より正常なあり方であった」のです！

　逆に労働者階級から見ると，実質所得を増やすもっとも効果的・
直接的方法のひとつは「自身の労働をさらにいっそう商品化するこ
と」でした。ウォーラーステインは，プロレタリア化の背後にあっ
た大きな力は「ほかならぬ世界の労働者層」であり，彼らは「完全
にプロレタリア化した世帯よりも，半プロレタリア的な世帯の方が

遥かに厳しく搾取されること」を十分理解していた，といいます。とすれば「プロレタリア化」は長い目で見ると「資本主義的世界経済」の利潤率を下げる役割を果たしてきた，ともいえます。

さて，「史的システムとしての資本主義」は「その地理的範囲が時間の経過に伴って絶え間なく拡大してきた」のでした。ウォーラーステインはこの「経験的事実」と，いま述べた議論とを結びつけます。この地理的膨張は，資本家が新たな「市場」を求めるから，といわれることがあるが，この説明は史実に合わない。なぜなら，システム外の地域は概して資本主義的生産物の積極的な買い手ではなかったからだ（前節で見た中国のように）。そうではなく，地理的膨張は「低コストの労働力」を求めて，とするほうが説得的である。

ある地域が新たに「世界経済」に組み込まれる場合，その地域の労働者が受け取る報酬はこのシステムの実質賃金の階梯で最低の水準を記録する。なぜなら，そうした地域で労働者世帯が完全にプロレタリア化されることはまずなかったし，歓迎もされなかったからです。それどころか，植民地諸国の政策は「半プロレタリア世帯」の出現を促進することをめざした。典型的には税制を利用して全世帯がいくらか賃金収入を必要にするよう仕向けつつ，労働移動を制限したり世帯構成員の別居を強制したりして（たとえば農村に家族が残り，若者ひとりが離村してプランテーションで働く），完全なプロレタリア化があまり起きないようにする政策でした。

いいかえればこうです。「世界システムの地理的拡大が，半プロレタリア的な状態にとどまるべき運命にある新たな労働力をもたらすことによって，〔旧来の地域の労働者の〕プロレタリア化の進行に伴う利潤率の低下傾向を緩和する意味をもった」。それまで進んだ「プロレタリア化」が及ぼした影響が，「組み込み」による逆方向への衝撃により相殺された。だから，工場制度のような労働過程が全体に占める比率は普通主張されるほど上昇しておらず，それは分母となるシステム全体の総労働者数が着実に増大したことによる。

ウォーラーステインのこの透徹した認識にはほんとうに驚かされます。資本主義は労働力を商品化し尽くさず，労働者をプロレタリア化し尽くさないことによって利潤をあげる。だから，まだ労働力が商品化されていない地域を発見し，システムに次々と「組み込む」ことで，プロレタリア化した労働者以下の低賃金を確保する（そうしないとシステムは存続できない）。このシステムは「外部」を探し続ける。これは15世紀以来このシステムが繰り返し，21世紀の現在も続けていることでしょう。では，システムの「外」がなくなったらどうなるのか？

「人種差別」と「普遍主義」

この議論は「Ⅲ　真理はアヘンである——合理主義と合理化」で，次のように引き継がれます。上述の「半プロレタリア世帯」によって「世界経済」の周辺における報酬が抑えられてきたが，こうした世帯を「つくり出す」（家族の再編を強制する）ひとつの方法があった。それは，システム内部の経済生活を「民族集団別」に編成するという方法である。「民族集団（ethnic group）」とは，近接して居住する他の同種の集団との関係で，特定の職業・経済的役割を割り当てられた人間集団をさす。このような「労働力編成」の外に現れたシンボルが，各民族集団固有の「文化」とされるものである。

　ここでウォーラーステインは「エスニシティ」を（民族としての特徴や文化などではなく），資本主義的世界経済の「労働力の配置」に結びつけて論じます。「史的システムとしての資本主義」の全時代・全地域を通じて民族集団と職業・経済的役割にはかなり高い相関が認められたし，いまも認められる。民族集団別労働力編成は，「世界経済」にとって3つの機能を果たしてきた。第1に，「労働力の再生産」が可能になった。民族集団ごとの所得水準によって異なる種類の労働力が供給可能であり，労働者の配置替えもしやすい。第2に，労働の社会化がエスニシティによって特徴づけられた世帯の枠組みでなされ，雇い主や国家の負担なしに「労働力の教育・訓

練装置」の役割を果たした。そして第3に，民族集団化によって職業・経済的役割の階梯に「『伝統』という名の外被をかぶせて，正統性を装わせた」。この第3の機能をウォーラーステインは「制度としての人種差別」と呼びます。

「人種差別（racism）」は，資本主義に先行する社会でも見られた「排外主義（xenophobia）」とは異なる，とウォーラーステインは強調します。「排外主義」は文字通り「よそ者」への恐怖ですが，「史的システムとしての資本主義」における「人種差別」とは「労働者の階層化ときわめて不公平な分配とを正当化するためのイデオロギー装置」であり，「民族集団と労働力配置の高い相関性を一貫して維持する効果をもつ一連の習慣と結びついたイデオロギー的主張」である。ある集団が他の集団より「優れている」との信念が成立するのは，その集団の労働力としての位置づけが決まったあとのことであって，それ以前ではなかった。労働力を民族集団ごとに配置し，そのあとそれは民族集団の優劣によると思い込む，じっさいはこの順序なのだ。「人種差別」の意識は「不平等を正当化する万能のイデオロギー」として作用し，同時に諸集団を社会化して個人の行動決定に影響し，「性差別の意識」と同じように自己の欲望を型にはめ制限する「自己抑圧的イデオロギー」として機能してきた。

こうして，世界システム全体での相対的地位を画する「肌の色」による区分線ができあがる。「カラー・ライン」（デュボイス！）です。この区分線は全世界にまたがって引かれましたが，そもそも誰が「白人」＝上流階級かは「生理学的」に決まっているのではなく，分業の変化であっさり変更される不安定なものです。だからこのイデオロギーは「知的には空疎」だが，「その恐ろしいほどの残酷さ」が軽減されるものではなく，「人種差別」こそ「史的システムとしての資本主義の唯一のイデオロギー的支柱」なのである。

ですが，このシステムにはもうひとつの（正反対に見える）「文化」ないし「イデオロギー」が存在する，とウォーラーステインは議論

を転回させます。「労働力」は「人種差別」によって再生産される。だが、資本蓄積を進めるには「幹部層 (cadre)」によって労働力が統制されなければならない。では幹部層はいかに生み出され、社会化され、再生産されるのか。それは、「人種主義」ではなく、「普遍主義のイデオロギー」によってなされてきた。普遍主義？ この考えの基本は物理的意味でも社会的意味でも「世界」に「普遍的かつ恒久的に正しい、何か意味のある一般論ができるという信念」にあり、普遍主義への信奉が「史的システムとしての資本主義」が組み上げたイデオロギーのアーチの頂点の要石だった、というのです。

「普遍主義」のイデオロギーの製造工場であり、その信仰の神殿が「大学」です。ここでは「真理の探究」がなされ、これは「公平無私な徳」「進歩の基礎」「福祉の基礎」であって、不平等な階層社会とは相容れないと主張されてきた。だが「資本主義的世界経済」が新しい地域を「周辺」に組み込む過程に作用してきた「文化的圧力」は「真理の探究」であり、「普遍主義」ではなかったか。「教育者たち」はキリスト教への改宗、ヨーロッパ語の押しつけ、特定技術や生活習慣の強要などの変革を行ってきた（それが「西欧化」、ときには「もっと傲慢に『近代化』」と称されてきた）が、この複合的過程は「普遍主義のイデオロギー」を共有するのは望ましいとの理由で正当化されてきたのではなかったか。

「人種差別」が世界的な直接生産者の管理機構として作用したのに対して、「普遍主義」は「世界的分業体制における幹部層」を生産過程に徹底的に統合します。これは、資本主義にとって重要な「合理化の過程」（ヴェーバー！）を実践する専門家からなる中間層（官僚、技術者、科学者、教育者）をつくりだすのにも必要でした。この人々は「科学的な文化」を教育され、技術革新を促進し、生産効率改善への障害を取り除く仕事を進めていきます（ロストウ!!）。「科学的な文化」を「共通の言語」とする幹部層は上流階級として結束を固め、自分たちが「才能に基づく自由競争」による「能力主

義社会 (meritocracy)」で選抜されて特別な報酬を得ていると「正当化」もできる。こうして，「科学的文化」の合理性を徹底的に強調することで，「あくなき資本蓄積の不合理性が被い隠された」。

　「普遍主義」と「人種主義」とはいかにも奇妙な組み合わせです。だって前者は開放的で平等化を主張する理性的議論，後者は閉鎖的で両極化をめざす偏見なのですから。しかしこのふたつの教義は「史的システムとしての資本主義の発展とときを同じくして」普及しており，両立しえたものと理解すべきではないか，とウォーラーステインは問いかけます。「普遍主義」は自然に広がったイデオロギーではなく，「経済と政治の実権を握ってきた人びと」によって広められ，「強者から弱者への贈り物としてこの世界にもたらされた」ものである。しかも，この「贈り物自体には，人種差別が隠されていたといえる」。というのも，普遍主義を贈られた側は「この贈り物を拒絶する」か，「受け取ることによって，知的実力のハイアラーキーにおいて自らが劣位にあることを認める」か，の二者択一を迫られることになるからです。前者を選ぶと，現在の不平等を逆転させるのに役立つ武器を自ら放棄することになる。後者を選ぶと，間違いなく劣位に置かれる。だから新たな幹部層も「普遍主義の呼びかけ」に対して「熱狂的にこれを信奉したいという気持ち」と，そこに潜む「傲慢な人種差別に対する反感からこれを拒否したいという気持ち」のあいだで揺れ動くことになる。これは「周辺」のエリートの（オックスフォードに送られたウィリアムズのような）板挟みを的確に表現していると思います。そしてこの議論は，私たちの「世界システム」のイデオロギー的構造を鋭くえぐりだします。いま私たちは「大学」で「人種主義」を非難し，「普遍主義」を称揚する。だが，ふたつは構造的に結びついているのではないか??

近代世界システムの
「構造的危機」　本章後半でウォーラーステインは「史的システムとしての資本主義」の「構造的危機」を論じます。マルクスは『資本論』で

「純粋資本主義」が危機を孕むロジックを析出しましたが，ふたりの認識はどう重なり，どう異なるのでしょうか。

　ウォーラーステインは，危機の根本的な局面は「いまや万物の商品化は完結の域に近づいている」ことにある，といきなり焦点に迫ります。このシステムはあくなき資本蓄積を追求してきた結果，商品化を促進する力にほとんど抑制が効かなくなって，これまで触れなかった分野や地域にも染み渡り，「歴史的にはいまだかつて存在したことのない状態」に近づきつつある。このシステムは労働力が「すべてプロレタリア化されていない」ことで，利潤をあげてきたのでした。そうした「外部」をどんどん組み込み商品化してゆく。これが「完結の域」に達したときシステムは利潤をあげられるか。

　ウォーラーステインは，商品化されていないことで隠蔽されてきた「搾取の実態」が，労働の商品化が進行し「世帯が商品関係の結節点」になるにつれて「余剰の流れ」として人目につきやすくなり，資本主義的経済構造そのものが政治的抵抗のターゲットになる，と指摘します。だから資本蓄積者は「労働のプロレタリア化」をできるだけ遅らせようとするが，この過程は「世界経済」が資本蓄積に突き動かされるかぎり着実に進行する。「資本主義という世界システムは，疲弊の原因となる行動を抑えて寿命をいくらか延ばすことはできるかもしれないが，すでに死の影が絶えず地平線のあたりに漂っている」。それは大成功を収めたがゆえに，「良くなるどころか，どんどん悪くなってきているというのが，私の率直な見解である」。

　「Ⅳ　結論——進歩と移行について」で，彼は大胆にもこう述べます。私はいまやオーソドックスなマルクス主義者でも恥ずかしくて知らん顔するだろう一命題を擁護しようと思う，すなわち，「プロレタリアートの絶対的——相対的ではない——窮乏化法則を弁護したいのだ」。マルクスが，「純粋資本主義」では労働者は絶対的に窮乏化する，とした法則を，です。

　いや，1800年の工業労働者と比べるといまの労働者はずっとよ

い暮らしをしているのではないか？　この反論にウォーラーステインは，工業労働者については確かにそうもいえるだろうが，工業に従事する労働者など現在の世界人口の少数派でしかない，と応じます。世界の労働人口の大多数は農村地区に住むか農村と都市のスラムを往復する人々で，その生活は 500 年前の祖先と比べて悪化している。食糧は不足し，労働は文句なしに厳しくなり，1 日当たり・1 年当たり・生涯全体の労働時間は長くなっている。こうした労働に従事しながら以前より少ない報酬しか得ていないのだから，「搾取率」は急カーブで上昇しているのだ。

　資本主義以前の社会システムではほとんどの人々が小さな共同体のなかで生活しており，これを「抑圧」と感じることももちろんあった。「史的システムとしての資本主義」を打ち立てるにはこの小共同体機構の果たす役割を縮小し，最終的に完全に廃棄することが必要だった。ではこれに代わったものはなにか。ウォーラーステインは多くの地域で「プランテーション」が代行した，と論じます。資本主義的世界経済におけるプランテーション，それは奴隷制によるものでも，囚人労働でも分益小作制でも賃金労働によるものでも，企業家によるじつに効率よい剰余価値収奪の形式であって，共同体機構の比較的緩やかな管理に比べ「直接的で権威主義的」な管理である。共同体の崩壊は「国家機構による管理の強化」にも道を開き，国家機構は直接生産者が地域内で自立的に決定を行うことを次第に拒否するようになる。

　さらに，史的システムとしての資本主義は「性差別」と「人種差別」という「差別（oppressive humiliation）のためのイデオロギー装置」を発展させてきた。男性の女性に対する優位も一般的な外国人嫌いもそれ以前のシステムに存在した。だが，史的システムとしての資本主義における「性差別」は女性を非生産的労働の領域に追いやって，このシステムで「人類史上はじめて」生産的労働こそ権利の正当性の基礎とされたため，「女性は二重に貶められ」た。「人種

差別」はよそ者（システムの外にいる誰か）への嫌悪感や抑圧ではなく，反対に「史的システムの内部にいる労働者集団」に対するものであり，「抑圧された集団をシステムから追い出すのではなく，システム内にとどめておくことこそが人種差別の目標」だった。このどちらの過程にも「生物学」が重要な役割を果たし，社会的には解消できない構造が成立したような見かけをつくりだす。こうして，「性差別」と「人種差別」が生み出す「二重の束縛」は，資本主義というシステムの内部では解決できないものだった。

　このようにこの史的システムでは，「物質的」にも「精神的」にも「絶対的窮乏化」が生じてきた。このことは，「資本主義的世界経済」の総人口の上から10〜15％の人々と残りの人々の格差がどんどん広がったことを意味します。だが，一見したところそうは見えない。その要因には3つの事実がある。第1に，「能力主義社会」イデオロギーが機能して，個人の流動性，ときには特定の民族・職業集団にも流動性が生じたことである。だが，こうした流動性は下層部分の人口増加（新しい労働者人口の「世界経済」への組み込み，階層間の人口増加率の差による）で相殺され，「世界経済」の全体像に根本的な変化は生じなかった。第2に，従来の歴史学や社会科学は「世界経済」の人口の約10〜15％だけの現象に目を奪われてきた。ここだけ見れば最上位層部と「中産的」部分との平準化が見られるが，残りの85％の人々との格差が開いている現実が見え難くなる。第3に，この10〜20年の世界中の反システム運動の圧力（公民権運動やフェミニズムなど）と経済が成熟点に近づいている事実とによって，「絶対的両極化の速度」はいくらか鈍りつつあるかもしれない。ただ，これが事実か否かはより慎重に検討されるべきだし，絶対的両極化が進行してきた「過去500年」の歴史的文脈から見る必要がある，とウォーラーステインは断ります。

　では，この「構造的危機」を抱えたシステムはこれからどうなるのか。彼はさらに大胆にこう述べます。「史的システムとしての資

本主義から別の何かへの移行が生じるか否か」は「現代政治の問題
点」ではなく、「そうした移行は、当然、いずれは起こるに違いな
いのである」。争点となるべきは、この移行の結果である「別の何
か」が、「現下のシステムと比べて倫理的にまったく違った……進
歩」といえるものになるか否か、である。この「別の何か」を求め
る闘いは「社会主義対資本主義」の闘いではなくて、「比較的階級
性の薄い社会への移行」か、「階級を前提とした何か新しい生産様
式――史的システムとしての資本主義とは違うが、さりとてそれよ
りも必ずしも良いとはいえないもの――への移行」か、のあいだの
闘いなのである。――史的システムとしての資本主義からの移行は
必ず起こる。問題はなにへの移行か、なのだ。

　さらに彼はこう述べます。「世界のブルジョワジーが迫られてい
るのは、史的システムとしての資本主義を維持するか、自殺をする
かの選択なのではない」。そうではなくて、「『保守的』な態度を
とって現在のシステムが崩壊してゆくのを傍観し、結局、なお確か
ではないが、おそらくはより平等な世界秩序に変容するのを許す」
か、「勇気をもって移行過程を自ら管理し……世界の労働者の搾取
過程がそのまま温存されるような別の史的システムをつくり出そう
とする」か、の選択である。そして後者の選択では、彼らは「自ら
『社会主義者』の衣裳をまとうことになろう」。難解な表現ですが、
前者は現行システムを維持しようとしてずるずると崩壊にいたる選
択肢、後者は一見「社会主義」と思える政策により移行過程を管理
して自らに利益になる新システムをつくるという選択肢です。

　この選択肢を念頭に置いたとき、「世界の社会主義運動」や「現
に社会主義を自称する政権が権力の座についている諸国の歴史」を
どう評価できるのか。彼は次の点に注意を促します。もっとも重要
な事実は、世界の社会主義運動、すべての「社会主義的国家」はほ
かならぬ史的システムとしての資本主義が生み出したものであり、
現行システムにとって外生的なものではなくその内部過程から生み

出された「排泄物」（！）だったことである。これらの運動や国家には，資本主義的世界システムの矛盾や束縛が反映しており，それから逃れることはできない。たとえば，これらの国家で「労働の搾取が強化されていること，政治的自由が否定されていること，性差別や人種差別が根強く残っていること」は史的システムとしての資本主義のバランス・シートの一部であって，「未だ存在していない仮説上の史的システム，つまり社会主義的世界秩序」の属性ではない。むしろこうした現象は，これらの国々が「『資本主義的世界経済』の周辺ないし半周辺地域に位置し続けている」事実との関係でとらえるべき問題である。──「現存する社会主義」は資本主義的世界経済内部で生成したこのシステムの一部であり，システムの「周辺・半周辺」に位置することがこれらの国家での（「中核」の資本主義以上に激しい）搾取や抑圧や差別と関係しているのだ！

　ウォーラーステインは末尾の2段落でこう述べます。史的システムとしての資本主義がその発展の極に近づいているいまこそ，真の危険が生じている。万物の商品化がいっそう進み，世界中の反システム運動の力が強まり，合理主義的な考え方が広がり続けているいまこそ，「危機」なのだ。現在の史的システムは，これまでのところ，その論理が部分的にしか貫徹していなかったゆえに繁栄してきたが，それがほぼ完全に開花しきることはシステムの崩壊を早める結果になる。「共産主義」はユートピアであり，「現代の神話」であった。これに対して「社会主義」は「いつの日かこの世界に実現するかもしれない史的システム」であり，われわれが関心をもつのは「歴史具体的なシステムとしての社会主義」だけである。ではそれはどんなシステムなのか。ウォーラーステインは少なくとも次の特徴をもった史的システムでなければならない，と記します。「すなわちそれは，平等や公正の度合いを最大限に高め，また人間自身による人間生活の管理能力を高め（すなわち民主主義をすすめ），創造力を解放するような史的システムでなければならないであろう」。

「2050 年の世界」に向けて

1983 年，つまりマルクスの死からちょうど 100 年後（！）に著されたこの「資本主義」への診断と「社会主義」への見通しは，40 年ほどたったいま，どう評価できるでしょうか。このとき世界はまだ「歴史的に実在する社会主義」の崩壊を目撃しておらず，「短い 20 世紀」に後続する時代を経験していません。ウォーラーステインは 1995 年（ソ連崩壊後）に「資本主義の文明」という文章を本書に加え，資本主義的世界経済の「バランス・シート」と「将来の見通し」を記します。ここでも彼は「資本主義の文明の世界」は「すでに両極化しており，さらに分解していく」と述べ，「資本蓄積の矛盾，政治的正当性の矛盾，地政文化的な課題に含まれる矛盾」に直面する近代世界システムは，「すでに危機に近づいている，というより，すでに危機に陥っている」と述べています。

私には，ウォーラーステインの「世界システム論」は，山下範久がマッカーシズムをめぐる彼の修士論文を評したように，「資本主義対社会主義」のイデオロギー的対立を超えて，この二項図式で見えなかった社会の姿を描くのに成功していると思います。ロストウとフランクが示した正反対の「世界」像はこの図式とほぼ重なるものでしたが，それはロストウが「1」の立場から「6」の面を，フランクが「6」の立場から「1」と「6」の関係を見る，限られた視線をもっていたことに由来するともいえます。それに対して，ウォーラーステインは，「1」から「6」までのすべての面を関係づける稀有のまなざしを保ち続けられたように思うのです。

そして，これは「資本主義」を「歴史的に実在するシステム」として，マルクスの理論を出発点にしながら，彼の理論を踏み越えて分析していると思います。マルクスは 19 世紀の資本主義を見ながら，「純粋資本主義」の論理を見事に抽出しました。これに対してウォーラーステインは，15 世紀末の出発時からすでに「国家機構」と結びつき，奴隷制や再版農奴制といった「自由な労働力」以外の

労働管理様式をつねに内包し、「世帯」や「エスニック・グループ」という社会単位と「性差別」と「人種差別」のイデオロギーを活用しながら発展してきた「史的システムとしての資本主義」、つまり「歴史的に実在する不純な資本主義」を解明しようと試みたのです。

そして彼は、「歴史的に実在した社会主義」を見ることができました。それが「近代世界システム」の「周辺」と「半周辺」だけに成立し、労働搾取の強化と政治的自由の否定と性差別・人種差別の深化をもたらしたことを彼は知っています。あるいは、複数の政治体（≒複数の意志）からなる「世界経済」との関係を構築しようとして挫折し、「世界帝国」（≒単数の意志）の方向に突き進んでいくことがあったことも目撃していました。この「現実の社会主義」とは異なる、「いつの日か実現するかもしれない史的システムとしての社会主義」への見通しは、1世紀前のマルクスのそれとは違った意味で、未完の「呼びかけ」であり「空白」（今村仁司、第2章参照）であるのかもしれません。ただし、そうした「他でありうる可能性」への「呼びかけ」が存在しうる空間と、それが存在しえず単一の「史的システム」にすべてが覆われる空間とがまったく異なるものだということは、繰り返し確認しておきたいと思います。

2011年の『近代世界システム』第4巻の序章の最後に、「第6巻」は21世紀中頃のどこか（2050年？）までが対象だろう、と記したあと、ウォーラーステインはこう述べます。「私の考えでは、その頃には世界の状況はすっかり変わっているはずで、近代世界システムは決定的な終焉を迎え、代わりのシステムに譲位しているはずである。いまだ知られていない、知りようもない、この後継となるシステムは、単一であるのか、複数になるのかもわからないし、その特徴がどういうものになるのか、まだ素描する段階にもない」。

それから10年以上たった現在、「2050年の世界」がどのようなものになるか、私たちが見通しをもっているとは到底思えません。ただ、ウォーラーステインの挑戦が創造した多くの理論装置が、重

要なヒントを与えてくれることは間違いないと思います。彼が埋めずに終わったピースは多く，「短い20世紀」以降の変化はじつに複雑です。ですが，1851年にオハイオ州アクロンで「性差別」と「人種差別」を告発したひとりの女性の声と，15世紀末から2050年までの「世界」の構造変動とを結びつけて理解することを可能にする（あるいは，結びつけて理解するよう要求する）彼の緻密で粘り強い「社会学的想像力」を，私たちがいま「世界」のどこにいてどんな「謎」に直面していようとも，手放してはならないと思うのです。

第 14 章

ピエール・ブルデュー

階級という謎

　この講義もあと 2 回になりました。きょうはフランスの社会学者ピエール・ブルデューについて話します。なんだか，前回の「周辺」から「中心」に話が戻ったような気がするかもしれませんね。

　でもブルデューは，「周辺」に生きる，ということをよく知っていた人だと思います。彼はフランス南西部スペイン国境近くの農村の出身で，アルジェリア戦争への派遣をきっかけに哲学から社会学に転じました。そこからパリへと移動するなかで，さまざまな階級を生きる身体に出会います。田舎のダンスパーティーでの農民と都会出身の男女，地方都市のリセやパリの名門校でのブルジョワ子弟と庶民出身者，大学教授，遺産を相続した経営者，高学歴のエリート官僚。こうした異なる人々が生きる社会空間を彼がどう描き出すか，見ていくことにしましょう。

1 はじめに

●分裂したハビトゥス

生涯

ピエール・ブルデュー（Pierre Bourdieu）は，1930 年 8 月 1 日フランス南西部のベアルン地方（現在のピレネー゠アトランティック県の一部）ダンガンに生まれ，2002 年 1 月 23 日肺癌でパリの病院で亡くなりました。死の直前に病床で書かれた『自己分析』（2004 年）をもとに，彼の生涯を辿ってみましょう。

ブルデューの父は小作人の息子で，30 歳頃郵便配達夫になり，辺鄙な小村の「貧しい小公務員」としての生涯を送りました。彼は恩給や年金の書類で困っている農民たちを助けて信頼を得ていましたが，彼らとの距離も感じていました。母は「大家」の農家出身で，ふたりは「身分違い」の結婚でした。ブルデュー自身は「農民の身から下級公務員に転身した離反者の息子」として級友から侮蔑や嘲笑を受けたといいますが，成績は別格で，「目に見えない柵で彼らと隔てられていた」感覚を抱いたといいます。

1941 年から 47 年まで，ブルデューはベアルン地方の中心地ポーの高等中学校（リセ）の寄宿舎で過ごします。寄宿舎は都会のブルジョワ子弟との社会的差異を発見する場所で，「追従，密告，裏切り」など「社会的リアリズムの恐るべき学校」でした。彼は規律違反によって「教室留置」や「外出禁止」の処分を在学中 300 回以上食らい，小学校教員や医者の子どもなど通学生から名前を農民訛りで呼ばれたり，村の名を馬鹿にされたりします。他方，教室の世界は彼にとって「知的な発見と豊かな人間関係」が得られる「魅せられた魔法の世界」でもありました。1948 年に進学したパリの受験準備学校では寄宿生と通学生の身体的外見や服装に決定的境界を感じ，「二つの世界の調和できない価値の間の板挟み」を経験して，

彼は「学校世界に対する深い両義的感情」を育てていきます。

　ブルデューはこの「二つの世界」の経験が，学校世界での高い評価と社会的出自の低さの隔たりの結果である，緊張と矛盾を孕んだ「分裂ハビトゥス（habitus clivé/cleft habitus）」の形成を促した，と述べます。知識を渇望しアカデミックなゲームの規則に熱心に服従する態度（哲学の模擬試験でいつも１位！）と，学校システムへの反骨性向（学位審査論文という儀式に従うことの拒否）。自力で成り上がった者の謙虚さと，「奇跡を受けた者」の誇りや自信。

　３年間の受験準備課程在籍後，ブルデューは高等師範学校（エコール・ノルマル・シュペリウール）に合格，哲学専攻の学生になります。彼は「50年代フランスのノルマリアン哲学者」を体現するサルトルのイメージに逆らって自己形成しようとし，「正反対の人物」だったフランス南部の農家出身の科学哲学者ジョルジュ・カンギレムをその大学での「不協和」ゆえにモデルと感じ，指導教授を依頼します。1954年，哲学教授資格試験に合格した彼にカンギレムはトゥールーズの高等学校を勧めましたが，彼は中部アリエ県ムーラン市の高等中学校に赴任し，哲学史を熱心に教えます。ですが教師生活は１年間で終わります。兵役で召集され，北アフリカ・アルジェリアへと向かうのです。

　大学生は予備士官学校で訓練を受ければ兵役を免除されましたが，彼は「自分を普通の兵士たちと切り離すという考え」に耐えられずにこれを拒否し，アルジェリア戦争（1954～62年，フランスの植民地支配からの独立戦争）に派遣され，オルレアンヴィル市近くの弾薬庫の守備に当てられます。彼はアルジェリア社会に関心をもち始め，その現状をフランスに説明しようと『アルジェリアの社会学』を執筆，1958年クセジュ文庫から刊行されます。兵役終了後，彼はアルジェ大学文学部助手のポストを得て，アルジェリア社会の研究を続けます。「アルジェリアで過ごした期間，わたしはずっとフィールドにいた」，その情熱は「あのように大きな苦しみと不正義を目の当たりにして抱いた鈍く恒常的な罪責感と反抗心」に根を下ろし

た知識欲による。戦争が続くなか,「何ひとつ自明なことがない,すべてが絶えず問題化される状況で進められたアルジェリアでの研究体験」は,彼の「哲学から社会学への移行」の臨界となります。フーコーのチュニジア経験と重なるかもしれませんね。

これと同時期,故郷ベアルン地方で行った調査もまた社会学者への「認識論的回心」の契機となる経験でした。彼はアルジェリア・カリビア地方で婚姻慣習の調査を進めながら,比較対象としてベアルンの農民の結婚難について調査を行います。これは1962年に長大な論文「独身と農民の条件」として発表されますが,いわば「調査者についての調査」でした。彼は「別の人生を歩んだために知らず知らずのうちに遠ざかっていた……幼友だち,親戚,彼らの物腰,習慣,訛りとのある種の和解」が成立した,それは「わたしに返されたわたしの一部」であり,それまで「彼らを恥じ,わたし自身を恥じ」ていた,と述懐しています。

その後のキャリアは,1960年パリ大学文学部助手,1961年リール大学文学部助教授,1964年に母校の高等師範学校講師,1982年コレージュ・ド・フランス教授,と彼はアカデミズムの階段を上っていきます。また,ヨーロッパ社会学センター事務局長(1961～70年),教育・文化社会学センター所長(1970～84年),ヨーロッパ社会学センター所長(1985～98年)として研究の組織化にも熱心に取り組み,この間40冊を超える著書を刊行します。

加藤晴久『ブルデュー 闘う知識人』によれば,ブルデューは知識人は「人類の公務員」(第9章で見た,フッサールが哲学者を定義した言葉)でなくてはならない,と語っていたといいます。コレージュ・ド・フランス教授に選任されてから,彼は社会学的調査による提言という枠を超えて,政治的・社会的問題にコミットするようになります。1984年11月のインタビューで知識人の役割は「すべての権力に対する不敬」だと述べていますが,晩年は反グローバリズム運動を支援し,ネオ・リベラリズム批判を繰り返しました。

さて，きょうの講義は，彼の主著といえる1979年の『ディスタンクシオン』を中心にお話しします。ですがその前に，1960年代に彼が論じたふたつの世界について，短く触れておきましょう。それは「農村の世界」と「学校の世界」，少年・青年時代の彼が引き裂かれ，「分裂ハビトゥス」を形成することになった世界です。

2　ふたつの「相続者」たち

● 「独身と農民の条件」と『遺産相続者たち』

ベアルン地方の独身男性

　この節では，論文「独身と農民の条件」（1962年）とジャン゠クロード・パスロンとの共著『遺産相続者たち』（1964年）を検討したいと思います。このふたつの作品に，代表作『ディスタンクシオン』への道が示されていると思うからです。

　1959〜60年に故郷ベアルンの農村（論文では「レスキール」という架空の地名）で行った調査をもとにした「独身と農民の条件（Célibat et condition paysanne）」（2002年に他の2論文とともに『独身者たちのダンスパーティー』〔邦訳タイトル『結婚戦略』〕として刊行）は，この農村での婚姻，とくに「長子相続権への頑迷な執着を特徴とする社会における長子の独身という社会的謎」を解明しようとしたものです。「独身という謎」。この講義でも異彩を放つ謎ですね。

　ブルデューが問題にするのは「男性の独身」です。この村では以前から次男以下の男性には離村か独身が多かったのですが，いまは「45歳くらいの長男ども」が誰も結婚しておらず，25歳から35歳で「結婚できない連中」がうじゃうじゃいる。これはなぜか。

　ブルデューはまず1914年以前の「旧社会」での「婚姻交換システム」について説明します。この時代の婚姻は厳格な規則で規制された「集団の関心事」であり，「結婚するのは家族であった」。家産の一体性を損なわずに家系の継続を保証することが婚姻の一次的機

能であり，長子が相続人となります（男子が多いが，女性相続人と男性次子の結婚もある）。家族に2人の子がいる場合，次子には財産価値の3分の1が婚資として与えられるといった規則があるが，家産の分割は家系を弱めるため，次子は婚資を全額放棄したり，独身のまま先祖伝来の土地で働き続けたりするケースが多く見られました。

　この「長子／次子の対立」をめぐる原則とともに，（結婚する女性から見て）「低い家柄から高い家柄への結婚（上方婚）／高い家柄から低い家柄への結婚（下方婚）の対立」をめぐる原則があります。村では財産の規模の大きい家と小さい家を分類する「経済システムの論理」があり，これと「男性に優先権と優位性が与えられる両性間関係の論理」が婚姻において交錯する，というのです。結婚は同等の家族間のものが多いですが，家産に差がある場合，婚資が高いほど外から来た配偶者の新しい家族での地位が高くなるので，高すぎる婚資を受け取ることへの嫌悪感が発生する，とブルデューはいいます。つまり，男性相続人（長男）は高すぎる家柄の女性との結婚を忌避し，男性の家が優位な「上方婚」を志向するのです。でもこの逆，低い家系の長女（相続人）が高い家系の次男と結婚するのにはなんの障壁もありませんでした。この「非対称性」は村の婚姻システムが「男性成員を絶対的に優先」し，「男性的倫理（名誉に関わる倫理）」に支配されているから生じます。

　「旧社会」のシステムでは，この「婚姻交換の論理」が社会的ヒエラルキーを保護・永続させる「卓越した社会的機能」を有していました。ところが，いまやこのシステムは破綻を迎えている，とブルデューはいいます。男子未婚者は次子よりも長子が多くを占めるようになり，さらに地域的空間における「町場集落／僻村集落の対立」という新たな軸が影響を強めている。40歳以下の世代では，町場集落に住む男子よりも僻村集落に住む男子の未婚率が7倍高い（女子ではその差は2倍にすぎない）という差が生じているのです。

　これには，第一次世界大戦後のインフレにより婚資のシステムが

破綻し，相続権を剝奪する権利に基づく老人たちの権威が弱体化したこと，かつては土地に縛り付けられて親の決定を受け入れざるをえなかった娘たちが教育を受けて勤め人と結婚し，家を出ることが可能になったこともあります。しかし，もっとも本質的なのは比較的閉鎖的だったこの社会が外部に決定的に開放されたことで，家産に縛り付けられた長男が，農地を放棄して町場集落で生活できる次男よりも結婚しづらくなり，女性たちが都会生活へと離村していくようになったということです。「多くの男性がレスキールで暮らすことを宿命づけられていると感じている一方で，女性たちはこの地から抜け出すことに希望を見いだす」のです。

　こうして「真の再編」が行われることになった。ブルデューが強調するのは，それなのに，「上方婚／下方婚の対立」は維持されている，ということです。それはこの原則が「文化システムの根本的価値」と結びついているからであり，「あらゆる文化システムは男性と男性的価値の圧倒的優位性により支配されたまま」なのです。この原則は旧社会システムでは社会的ヒエラルキーを維持し，家産を保護する機能を果たしました。ですが今日では「システムが崩壊したにもかかわらず，この原則が機能し続けている」ために，「アノミーを増大させるだけ」になる。この原則がなければ男子相続人は結婚できたかもしれないが，婚資や盛大な儀式，義母との同居がともなうこの原則によって若い女性は彼らと結婚しようとせず，そうするうちに憲兵や郵便配達員を「見つけ出した」。こうして長子男性は結婚できなくなり，長子の独身は「家系の消滅」を帰結する。つまり，家系を存続させるための「上方婚」原則が「システムを構成し続けているから」こそ，「自己破壊的」になるのです。

ダンスパーティーにおける身体

　こうして，本論文は男性優位の相続システムが長男を結婚できなくさせ，家系を断絶させるという「意図せざる結果」を抽出します（赤川学『これが答えだ！　少子化問題』は，類似したロジックが現代

日本で「少子化」を帰結しているのを教えてくれます）。ただ，相続されるのは財産や家柄だけではありません。「身体」も，です。

　結論直前の「農民とその身体」で，ブルデューは「ダンスパーティーという，両性間の出会いの制度化された機会において，なぜ農民は不適切で，狼狽したような態度をとってしまうのか」を解明しようとします。まるでゴフマンの筆致のようですが，引用します。

　　クリスマスのダンスパーティーが，とあるカフェの奥のホールでおこなわれている。明るく照らし出されたフロアの中央で10組ほどのカップルが流行りの曲にあわせて踊っている。主に「学生」である。……兵隊もいる。工員や都会の若者もいる。……娘たちのうちには辺鄙な集落から出てきた者もいるが，着ているものも身のこなしも，県都ポー市でお針子や女中，店員として働いているレスキール出身の娘たちと少しも違わない。……フロアの周縁につっ立って暗い塊をなしている一団の年長の男たちが押し黙ったまま見物している。全員30歳前後。流行遅れのくすんだ色の背広を着，ベレーを被っている。ダンスの仲間入りをしたい誘惑に背中を押されたかのように少しずつ前に進み出て，踊り手たちが動く空間を狭めている。独り者が皆，そこに揃っている……「嫁の来手がない」連中なのだ。……踊るためのパーティーなのに，彼らは踊らない。……独り者連中は夜中までそこにいるだろう。パーティーの明かりと賑わいの中，ほとんど無言のまま，近づくことのできない娘たちを見やりながら。（『結婚戦略』，131-32頁）

なんとも痛々しい描写です……。この田舎の小さなダンスパーティーをブルデューは「文明のショックの舞台」と呼びます。都市的世界が文化モデル，音楽，ダンス，身体技法とともに農民生活に侵入してくる。これに対する農民の身体技法，「身体的行為（ヘクシス）」「慣習的行為（ハビトゥス）」は，泥だらけの土の上を歩き，

大きな木靴や長靴を引きずり，牛を呼ぶために振り返りながら大股でゆっくり進むような歩き方，行為の鈍重さ，服の仕立てのまずさ，表現のぎこちなさを示します。この身体技法は「最も自然なものとして体験」されていて「意識的な行為」としてはとらえられず，ダンスをするにはその身体を「リズムのレベル」で変革する必要がある。だが，「独身者の66%は踊れない」のです。

　男女の関係で最初に知覚されるのが，この「農民的な身のこなし」です。肉体的ヘクシスは打ち消しえない社会的刻印であり，娘たちにすぐに気づかれてしまう。彼女たちのまなざしによって，農民たちは「農民化された身体」として自らの身体を認識するようになり，身体をもて余し，当惑し，惨めさを感じるようになる。この意識は「農民を自分の身体から切り裂き，内向的な態度にさせる」。この態度が「臆病さとぎこちなさの根源」となり，「彼にダンスを禁じ，女性の前で単純で自然な態度をとることを禁じる」。

　『ディスタンクシオン』でもブルデューはこうした「身体化された階級」を，社会空間のさまざまな位置で描き出します。おそらく彼自身が「農村の身体」を生きており，それと異なる「身体」がいる世界を移動して観察を続けたからでしょう（これは「社会的上昇の独習者」ゴフマンととても似ていると思います）。ここでは，家産の「相続」と身体の「相続」を鋭くとらえたこの論文が，社会学者ブルデューの出発点であることを確認しておきたいと思います。

学校での「相続者」

　若きブルデューが生きた「分裂ハビトゥス」のもう一方は，「学校世界」のものでした。農村出身の彼が，ポーのリセに進み，パリの高等師範学校に学ぶ。この世界を探究した成果のひとつが，1964年の共著『遺産相続者たち (Les héritiers)』です。

　この本は邦訳で本文130ページほど，統計データを集めたコンパクトな本です。ここでの「謎」はシンプルです。高等教育への進学率は社会階級で異なり，労働者階級の子弟は6%しか占めていない。

この「〈学校〉を前にした不平等の問題」はなぜ生じるのか。

　ブルデューはまず高等教育機関への進学率データを検討します。1961 〜 62 年の進学率を見ると，①社会的にもっとも恵まれていないカテゴリーでは，大学進学の可能性はきわめて低い（農業労働者 0.7％，農業従事者 3.6％，サービス労働者 2.4％，生産労働者 1.4％）。②中間的カテゴリーは進学率を増加させており，10 〜 15％の可能性がある（事務労働者 9.5％，商・工業経営者 16.4％）。③中間管理職では可能性は倍増する（29.6％）。④上級管理職・自由業はさらに倍増する（58.5％）。法・医・薬・理・文の 5 学部への進学を見ると，法・医・薬学部への進学率は上級管理職の子が 33.5％なのに対し，中間管理職は 23.9％，生産労働者は 17.3％，農業労働者は 15.3％で，出身階層の低い学生たちは文学部か理学部かの選択の強制を受け入れなくてはならない。逆に特権的な社会背景をもつ学生の比率がもっとも高いのは高等師範学校と理工科学校で，上級管理職・自由業の子弟の比率がそれぞれ 57％と 51％であり，中間管理職の子弟は 26％と 15％にすぎない。

　高等教育に進んで以降も，出身階層は「学生たちを差異化するあらゆる要因」のうちもっとも強く（性別や年齢，宗教的所属よりも）作用します。まず生活条件（家族の援助があるか，働きながら学ぶか，自宅通学かなど）が違います。しかし，ブルデューは次の相違を詳述します。出身階層によって学校が自分の「いるべき場所」と感じるか「場違い」と感じるかが違い，その影響で成績の差が生まれる。学業成績は学校教育特有の概念言語を操る能力に密接にかかわるが，成功を収めるのは古典語科目を学んだ者たちである。教師は学業での成功・失敗を生まれつきの才能や人格，直近の過去（高校の成績?）に帰しがちだが，じっさいは「出身家庭から受け継いだもろもろの文化的慣習や性向」が学校で増幅されるのだ。

　恵まれた学生たちは勉学に役立つ習慣や姿勢などを出身環境から受け取るだけでなく，嗜好や「良い趣味」も受け継ぎ，大学で成功

する暗黙の条件になっている。これは収入の不平等だけでなく，劇場や美術館，コンサートなどに定期的に訪れるかどうかによるもので，こうした機会は学校では与えられないため出身階級の差が大きく，とくに「学校的」でない現代的作品の経験や知識の差は歴然としています。中間層出身の学生が「プチブルジョワ的なまじめさ」で芸術の知識を身につけることはあるでしょうが，それは「学校的な文化」です。パリの上級管理職の子どもはすでに前衛演劇や大衆演劇の豊かな知識をもっていて，それを学校で学ぶ古典演劇の知識と結びつける。ブルデューによれば，「純粋に学校的な文化」は「劣った文化」であり，学校で教えられないことを知っている「皮肉っぽい鷹揚さ，気取った優雅さ，ゆとりある振舞い」からくる自信が「上層階級出身の学生」の特徴であって，「エリートに所属していること」を示すしるしとして機能している。

　このあとブルデューは「ブルジョワ階級」と「中間階級」を対比します。「パリのブルジョワ階級のリセの生徒」にとっての「文化的相続財産」は，「両親からほんのわずかな圧力も」受けないまま，「意図も努力もなしにまるで浸透するかのように」獲得されるものである。「ご両親は読書を勧めますか？」――「自分の読みたい本を読みます。家にはたくさん本があるから，読みたいと思った本をとるんです」（大学教授の娘，13歳）。出身階層が高いほど「〈学校〉によって伝達される文化を身につける容易さ」がある。これに対して中間階級において「文化を獲得しようとする傾向」が最大になり，彼らは「教養ある階級の子弟にすでに与えられているものを苦労して獲得するしかない」。だから，「学校的価値観をもっとも強く支持している」のは「生まじめ」に勉学に取り組むプチブルである。――次節で見る『ディスタンクシオン』で，この「大人版」がたっぷり再現されますので，お楽しみに！

　これには，中等教育を受けたのが大都市か小都市か，も重要な影響を及ぼします。ブルデューは芸術の知識について，「青少年期を

パリで過ごした上級管理職の子供や孫」と「青少年期を人口5万人未満の町で過ごした農民の子供や孫」（ブルデュー自身！）が両極端だと指摘します。パリに居住し，教養ある階級に属していることの特権による「文化的相続財産の重み」はきわめて大きく，「他者をわざわざ排除することなく，独占的にそれを所有することができ」，教育システムは「特権者たちがそれを利用しなくても，特権に奉仕することができる」のです。だから，学校での不平等を経済的不平等や政治的意図のせいにすると，むしろこうした不平等を取り逃がしてしまうことになる。大学制度は「社会的特権」を「生まれつきの才能や個人的功績」に転換して不平等を正当化し，「たとえ形式的に機会均等が実現されたとしても，〈学校〉は正統性の装いをいっそう強固にして，特権の正統化に奉仕する」ことがありうるだろう。こうブルデューは指摘します。

不平等の「文化的再生産」

「結論」でブルデューは次のように繰り返します。社会的不平等に目を閉ざしてしまうと，学校での成功の不平等を「自然的不平等」＝「生まれつきの才能の不平等」として説明することになる。教師にとって，成績の悪い生徒は「生まれつきの才能が乏しい者」であって，「出身階層の点で恵まれていない者」ではない。だが，競争試験において受験生に保証されている形式的平等は，「社会的な特権を個人の功績に変換するにすぎない」のだ。特権階級は「生まれつきの才能」に高い評価を与える「カリスマ的イデオロギー」によって「社会的相続財産」を「個人の功績」へと転換し，文化的特権を正統化する根拠を見出す。学校的成功の体現者である教師たちも（中間階級出身者が多いが），自分が苦労して獲得した能力を個人の才能とみなしたいため，「文化的特権の恣意性を正当化するのに都合のいいカリスマ的イデオロギー」により強く固執する。

だがこのとき，「社会的差異とその上に成り立つ学校的不平等の単なる記述」自体が，システムが立脚する原理を問い直す働きをす

るのではないか，とブルデューは主張します。「文化的特権」が暴露されれば「生まれつきの才能というイデオロギー」は無効化されるだろう。だから，「大学での成功と出身階層との関係を単に記述するだけ」でも，「批判的な力をもつことになる」！

　ブルデューは「教育の真の民主化」には次の3つが前提になると述べます。第1に，これまで家庭環境に委ねられてきた思考の技術や習慣が，もっとも恵まれない人々でも獲得できるよう〈学校〉で教えられること。第2に，仮に個人の才能を犠牲にすることがあっても，体系的な学習作業により合理的・技術的に獲得できる領域を拡大すること。第3に，カリスマ的イデオロギーのいう「生まれつきの才能」を体系的な学習作業につくりかえること。真に民主的な教育は「可能な限り多数の個人に，可能な限り少ない時間で，可能な限り十全かつ完璧に……学校文化を構成する種々の能力を可能な限り多く獲得させること」を目的とし，文化的不平等を生む諸要因の作用を徹底的・持続的に無力化する「合理的教育学」が求められる。「真に合理的な，すなわち文化的不平等の社会学の上に成り立った教育学」が存在するならば，「〈学校〉を前にした不平等を縮小することに寄与する」だろう。

　1970年のパスロンとの共著『再生産 (La reproduction)』は，おそらくこの「文化的不平等の社会学」に根拠づけられた「合理的教育学」をめざした作品といえるでしょう。「教育システムと階級関係の構造のあいだの諸関係のシステム」に到達する理論をめざすという本書は，第I部が命題集の体裁をとっており，抽象度が高くほんとうに難解なのですが（わざと「学校教育特有の概念言語」で書いている？），いくつかのキーワードだけ見ておきましょう。

　第1は「文化的恣意 (arbitraire culturel)」です。「教育的働きかけ」（APと略されます）はどんな原理からも演繹されない「文化的恣意」を押しつけており，そうであるという客観的真実が誤認されることで「教育活動」として効果的であり続ける。たとえば学校で

ギリシア語やラテン語が課せられ，それができる者が能力が高いと評価される。でもなぜこの言語なのか（他の言語ではないのか）に根拠はなく，恣意的な基準によるものだ。そしてこの基準は支配階級に有利なように設定されている。『遺産相続者』で見たことですね。

第2に「象徴的暴力（violence symbolique）」。これは，APを「非暴力の作用」と見るのでなく，学校は（国家が正統な物理的暴力行使を独占するのと「相同性」をもって）象徴的な「正統的暴力」の行使を独占する，ととらえる概念です。「命題0」によれば，「およそ象徴的暴力を行使する力，すなわちさまざまな意味を押しつけ，しかも自らの力の根底にある力関係をおおい隠すことで，それらの意味を正統であるとして押しつけるにいたる力は，そうした力関係のうえに，それ固有の力，すなわち固有に象徴的な力を付けくわえる」。恣意を押しつけつつ，その力を隠すことで自らを正統化する「暴力」。

そして，「文化資本（capital culturel）」。これは「種々の家族的APによって伝達されてくるもろもろの財」です。『遺産相続者』の表現では，「出身家庭から受け継いだ文化的慣習や性向」「文化的相続財産」ですね。その価値は，「支配的APが押しつける文化的恣意」と「集団または階級のなかで家族的APを通して教え込まれる文化的恣意」との距離により決まる。たとえば，学校で評価される「概念言語」を操る能力を家族でどれだけ身につけているか（「言語資本〔capital linguistique〕」）によって，学校での成績は異なる……。

ここでブルデューは，ベアルンの農村で身体化した「文化的恣意」とポーやパリの学校で押しつけられた「文化的恣意」のあいだの距離を概念化しているのだと思います。この距離の大きさによって学校での成功が規定される。そして，学校は「恣意」にすぎない文化を「正統」なものとして押しつける（そうしておきながらそれを隠す）「象徴的暴力」の装置なのだ。

青年ブルデューを引き裂いた「二つの世界」の検討は，これで終

わりましょう。次節では，これを含んだ社会空間の全域を，彼がどう観察し，どう表現したかを見ようと思います。

3 身体化された「階級」

●『ディスタンクシオン』

趣味と階級 1979 年に刊行された『ディスタンクシオン──社会的判断力批判（*La distinction: Critique sociale du jugement*)』は「趣味」を主題とします。──趣味？ この言葉は「あなたの趣味は？」「音楽鑑賞です」という余暇活動と，「この曲は趣味じゃない」「よい趣味／悪趣味」といった好み，の意味がありますが，それからなにがわかるのでしょう。第 1 章「文化貴族の肩書と血統」の冒頭，趣味は「文化生産の場を舞台としてくりひろげられる闘争において，最も重要な争点をなすもののひとつ」とされます。趣味＝闘争の争点とはどういうことか??

彼はまず音楽を取り上げます。本書には調査データによる図表が数多く登場しますが，最初の表 1 は「好きなシャンソン歌手・音楽作品」，12 人の歌手リストから好きな歌手 3 人，16 曲の作品から好きな 3 曲を回答したものが階級と学歴ごとに表になっています。音楽作品を見るとヨハン・シュトラウス『美しく青きドナウ』をあげたのは庶民階級の最低学歴層が 65％，上流階級の最高学歴層（教授資格・グランゼコール卒）が 11.5％，対してバッハ『平均律クラヴィーア曲集』はそれぞれ 1％，29.5％です。職業カテゴリー別の図 1 では『美しく』は生産労働者 50.5％，一般技術者 15.5％，中等教育教授 4％に対して，ガーシュウィン『ラプソディ・イン・ブルー』は 20.5％，42％，12.5％，『平均律』は 3％，10.5％，31.5％となっています。階級によって音楽の「趣味」がまったく違うわけです。ブルデューはこれを「正統的」趣味（正統的作品への嗜好），「中間的」趣味（メジャーな芸術のマイナーな作品とマイナーな芸術のメ

ジャーな作品），「大衆的」趣味（通俗化して評価が落ちた音楽）と呼び，
それぞれ支配階級，中間階級，庶民階級に見られるとします。

　次の表2・3ではどんな題材の写真が美しいか，という「美的性
向」についての調査結果が検討されます。たとえば「民俗舞踊」の
ような題材は低学歴の人々が高く評価するのに，学歴の高い層は評
価しません。この層は，庶民が美的価値を見出さない「肉切り台」
や「キャベツ」が美しい，と答えるのです（ちょっと不思議ですね）。

　第3章「ハビトゥスと生活様式空間」では「食物の消費」の階級
差が描かれます。上層部ほど家計中の食費割合は減るが（エンゲル
係数です），なにを好んで食べるかというと，パスタ，ジャガイモ，
豚の脂身など腹にもたれ太る食物とワインの割合が減り，太りにく
い食物（牛肉，仔牛肉，羊肉，小羊肉，果物や生野菜）が増える。食物
消費の境界線は生産労働者と事務労働者のあいだに引かれ，事務労
働者はパンや豚肉，ハム・ソーセージ，牛乳，チーズ，油脂類の消
費量が少なく，魚，果物，食前酒の出費はやや多い，というのです。

　また，階級によって女性が容姿や身だしなみに払う注意の度合い
が異なり，スポーツの実践にも差がある。定期的にスポーツする割
合は農業従事者で 1.7％，生産労働者 10.1％，事務労働者 10.6％で
すが，一般管理職で 24％，自由業で 32.3％となる。同じ体操をす
るにしても庶民階級が「力を外に示すしるしを担った頑丈な肉体を
作ること」を期待するのに対し，ブルジョワ階級は「健康な肉体」
を期待する。ブルデューはボディービル雑誌の「体力（フォルス）」
を示す肉体の写真と，テニスをするジスカール゠デスタン大統領
（超エリート）のスリムな「体型（フォルム）」の写真を並べて対比し
ています。

> **資本総量／資本構造／**
> **時間的変化**

趣味は階級によって規定される。——通常
は個人の好みとされる趣味が所属階級で違
うという認識は，確かに興味深いものです。
でもそれが「闘争の争点」というのはまだわからない。いや，そも

そも「階級」ってなんなのでしょう？

　ブルデューは第2章「社会空間とその変貌」で，「社会階級」はあるひとつの特性によっても，いくつかの特性の総和によっても規定されるものではなく，「すべての関与的特性間の関係の構造」によって規定される，といいます。マルクスなら「生産手段の所有／非所有」という「唯一の特性」によって階級を定義するでしょう。でも，ブルデューは「唯一」ではなく「すべての特性間の関係」が階級を規定する，という。これはどういうことか。

　彼は，①資本量，②資本構造，③2つの特性の時間に沿った変化，の3つからなる「三次元空間」を構築してこれを説明しようとします。ひとつずつ見ていきましょう。

　第1の次元として，生活条件の基本的な差異は「資本の総量」に由来する，とされます。これは「経済資本，文化資本，社会関係資本も加えて，実際に利用しうる手段や力の総体」ですが，さまざまな階級は「経済資本においても文化資本においても最も恵まれたもの」から，「両方について最も貧しいもの」まで分かれます。収入も学歴も高い自由業の人々からもっとも低い収入で学歴も低い単純労働者や農業労働者まで，資本の「量」が違う，というのです。

　ですが第2の次元として，「資本構造」の違い，つまり資本総量が各種の資本間でどんな内訳であるかの違いを考慮に入れなければならない，とブルデューは強調します。同じ支配階級でも，高い収入と大きな文化資本をもつ「自由業」に対して，文化資本に偏っている「教授」，経済資本に偏っている「経営者」は異なる位置にいる。多くの場合「相続経済資本」により再生産が行われる集団（上層部では工業実業家・大商人，中間層では職人・小商人）と，経済資本が乏しくおもに文化資本により再生産が行われる集団（上層部では教授，中間層では小学校教員）がある。ブルデューは「経済資本－／文化資本＋」の芸術家層から「経済資本＋／文化資本－」の商・工業経営者層まで，経済資本の量が連続的に増大し文化資本の量が少

なくなる「交差配列構造」がある，とします。この「交差配列構造」は，中間階級のレベルでも見られます（小学校教員←→小商人・職人）。社会学の伝統では社会的ヒエラルキーは連続的・直線的な1本の軸に投影されますが，それでは経営者対生産労働者（あるいは上級管理者対事務労働者）の対立と，工業経営者対教授（あるいは職人対小学校教員）の対立という2種類の異なる対立（いわば，「タテ」と「ヨコ」の）があるのを隠してしまうのではないか。

　第3の次元は，「資本量と資本構造の時間による変化」です。個人や家族は多様な慣習行動を通して資産を保持・増大させ，自らの位置を維持・向上させようとする。こうした慣習行動の全体が「再生産の戦略」です。この戦略により「社会空間における数々の移動」が起こりえますが，これを「上昇移動」「下降移動」という描き方だけでとらえるのは不十分だ，とブルデューは主張します。なぜなら，社会空間は「総資本量の最大値から最小値へと向かう軸」（第1の次元）と「支配的な資本の種類から被支配的な資本の種類へと向かう軸」（第2の次元）に沿ってヒエラルキー化されており，ふたつの移動形式があるからです。第1は「垂直移動」（タテ），空間の同じ垂直的領域＝同一の「場」（champ，『ホモ・アカデミクス』以降の邦訳では「界」）での移動で，小学校教員の子がリセや大学の教授になる，小経営者の子が大経営者になる，という場合です。第2は「横断移動」（ヨコ），「ある場から別の場への移動」を意味し，同じ水平面で起こる場合も（小学校教員の子が小商人になる），別の平面間で起こる場合も（小学校教員の子が工業経営者になる）ある。ブルデューは，資本構造は同じで資本量が変化する「垂直移動」（同じ場での移動）は起こりやすく，資本種の転換が必要な「横断移動」（別の場への移動）はなかなか実現しない，と指摘します。

　さて，以上の「三次元」を見取り図にしたのが，308〜09ページ見開きの「図5 社会的位置空間」「図6 生活様式空間」という複雑な図です。ここには3枚の図が重ね合わされています。図5は各

種資本の量と構造の分布による「社会的位置空間」です。上方の「資本量＋」と下方の「資本量−」を結ぶ垂直軸（タテ），左方の「文化資本＋／経済資本−」と右方の「経済資本＋／文化資本−」を結ぶ水平軸（ヨコ）があり，2軸がクロスされています。図6（邦訳では赤字なのですが，本書では*このフォント*で示します）は各位置における慣習行動の特性をプロットしたもので，「生活様式空間」です。そして，各位置に記された棒グラフは出身階級が庶民階級か中間階級か上流階級か，を示し，「移動」の可能性を表します（考えてみると，これでは「横断移動」は表示できないのですが……）。

　ただ，この図では「資本総量」に算入された「社会関係資本」は表示されませんね。簡単に引用すると，社会関係資本とは，支配階級の場合だと「もしもの場合には役にたつ『援助』を与えてくれるかもしれない社交関係の資本，上流社会の信用をひきつけ獲得し，それによって顧客たちをもひきつけ獲得するためにしばしば欠かせない名誉と尊敬の資本」です。そして，「この第3の資本は，家名の著名度とか人間関係の広さ・質などを介して，その階級にどれくらい昔から属しているかということに密接に結びついている」。

　この章の最後のパート，「競争と構造の移動」を見ます。以上のように資本量や資本構造が異なる人々がひとつの社会のなかにいるとします。それは，ただ生活様式が違う，だけのことかもしれない。でも異なる人々をひとつの空間に結びつける仕組みがある。それは「競争」です。「関係しているすべての集団がみな同じ方向に，同じ目的に向かって，同じ特性をめざして」走り始めた瞬間，ひとつの「社会空間」が成立することになる。ゴールとなる「特性」は，「このレースにおいてトップを走っている集団によって示される諸特性」であり，後続集団には到達できないものです（それが下位集団に手の届くものになったら，先頭集団を弁別する「稀少性」がなくなりますから）。そして，「正統性の押しつけという操作は競争を通して実現され……犠牲者の側の共犯関係をともなって行使される」。下位集

図 5 社会的位置空間／図 6 生活様式空間（『ディスタンクシオン』（普及版）II, 208-09 頁）

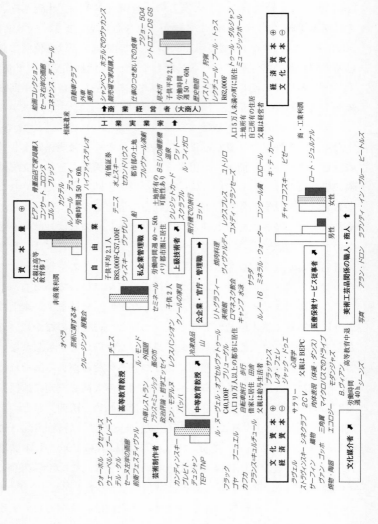

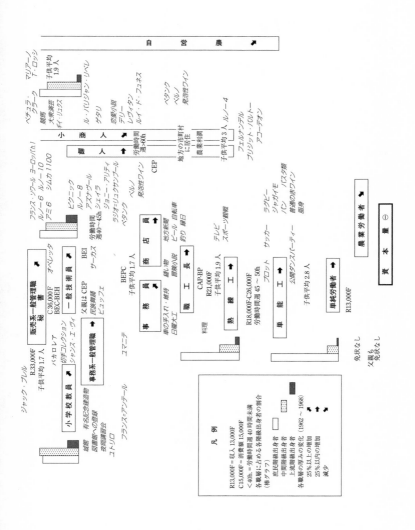

団が競争に参加したという事実が，（『再生産』の用語でいうと）「文化的恣意」を自ら受容した証明となる。「競争というこの階級闘争の特殊形式は，被支配階級の人々が支配者たちによって提示された賭金＝争点を受けいれるとき，否応なく押しつけられてしまう形である。それは……最初にハンディキャップがあるという点では再生産的な闘争である。……はじめからかならず負けるとわかってスタートするこの種の追い抜きレースに参加する者は，競争しているというただそのことだけで，彼らが追いかけている先行者たちの追求目標の正当性を暗黙のうちに認めていることになる」。

このように全体像が素描された「社会空間」のなかで，人々はどう生きているのか。続く第3章「ハビトゥスと生活様式空間」で，ブルデューの視線は生活そのものに近づいていきます。

> ゆとり／気後れ／楽しい生活

「生活様式空間」とは，「分類可能な慣習行動や作品を生産する能力」と「これらの慣習行動や生産物を差異化＝識別し評価する能力」の関係において形成される「記号体系」であり，「象徴的秩序」である，とされます。「ディスタンクシオン＝差異」を生産する能力（「生成原理」）と，それを分類・識別する能力（「分割原理」）による秩序。

でもまだわかりにくいですね。「生活様式空間」で秩序をつくるのは，次の3種類の「文化消費」の対立だ，といえば理解しやすいでしょうか。第1は，経済資本でも文化資本でももっとも恵まれた階級の消費で，稀少であるがゆえに卓越化された（上品な）ものです。第2は，経済資本でも文化資本でももっとも恵まれない人々の消費で，社会的には通俗的（下品）とみなされている。そして第3に，両者の中間に「自分の抱いている野望と実際に可能なことのあいだにギャップがあるために，その不一致が反映して必ず上昇志向をもったものとして現れる慣習行動」がある。支配階級と庶民階級の消費様式が対立し，そのあいだに中間階級の消費がある。──ブ

ルデューは，マルクスのように階級を「資本家」と「労働者」に二極化するものととらえるのではなく，この３つの階級の差異を繰り返し描いていきます。これは，マルクスが「生産様式」の空間から階級をとらえたのに対し，ブルデューは「生活様式」ないし「文化消費」のリアリティと，それが社会空間を分割している事実に着目し続けたからだと思います。

　食物の消費について再度見てみましょう。ブルデューはまず「贅沢趣味」と「必要趣味」の対立を描きます。前者は資本の所有による自由さ，「必要性への距離」を特徴とし，たとえば「やせるための節制」（生存のための「必要性」からは遠い）は上層の階級ほど見られるとされます。対して「必要趣味」は生活条件に自らを適合させて，最小のコストで「栄養があると同時に経済的でもある食物」を好む，という趣味です。この趣味は，上層の趣味に「楽しい生活というモラル」を対置します。「生活を楽しむ人というのは，単によく食べよく飲むのが好きな人のことだけではない。それはあけっぴろげで打ち解けた関係，……素朴で自由な関係，そしてそこでは仲間にはいったり無造作に振舞ったりするのを拒否することで相手との距離を示すような節度・ためらい・遠慮などが完全に消えてしまう関係……にはいっていくすべを知っている人のことなのである」。庶民階級は「気取らない食べ方」を好む。対してブルジョワ階級は「正規の手続きにしたがって食事をしようとする配慮」「待つこと，遅れること，こらえること」を重視する。だから一方が「図々しさとかだらしなさ」とみなすものを，他方は「気取りのなさや勿体ぶらない態度」として見る。庶民階級にとって距離を廃した親密さは「相手にたいする全幅の信頼」ですが，支配階級には「無遠慮すぎる不作法な態度」に見えるのです。

　では，中間にいる人々はどうか。庶民階級の「大衆のエートス」は現在の満足をその日その日で求める快楽主義であり，「未来をもたない人々」の唯一の哲学ともいえます。これに対して中間階級は，

現在の欲求を未来の欲求に従属させようとする傾向，「皆と同じ平凡な現在から身をひきはがしたい」野心をもつ。次の引用は私がこの本でもっとも好きな文章です。「別にそれがプチブルの専有物というわけではないのだが，社会界のプチブル的経験とは何よりもまず気後れである。すなわち自分の身体および自分の言葉にたいしてどこか居心地の悪さを感じ，それらと一体をなすのではなく，自分の言動に気を配り，自分の振舞いを改め，言葉を訂正したりしながら，いわば外側から他人の目でそれらを観察している者，そして疎外された対他存在を回復〔再所有化〕するために絶望的な試みをおこないながら，その修正の行き過ぎと不器用さによってはからずも自らを露呈してしまい，まさに他者による自分の身体や言葉の所有化にきっかけを与えてしまうような者，そんな者の抱く困惑である」。じつに繊細な観察ですね。

　プチブル＝中間階級は「気後れ」，あるいは「疎外された身体」の経験である「窮屈さ」を感じる。これと逆の経験が，ブルジョワ階級の「ゆとり」です。こちらも引用しますね。「ゆとりというのは，他者の客観化する視線にたいする一種の無関心であって，その視線の力を骨抜きにしてしまう。それはこうした他者による客観化をさらに客観化できるのだという確信，他者による所有化を逆に自分のものとして所有化することができ，自分の身体の統覚規範を他者にも押しつけることができるのだという確信，……そうした確信が与えてくれる自信というものを，前提としている」。高級レストランに入ったとしましょう。そこには，ギャルソンや他の客たちのまなざしの前で自分の身体やふるまいをおどおどと調整するプチブルがある。他者の視線などまなざし返し，無視できる自信とゆとりをもったブルジョワがいる。そして，そんなこと気にせず，楽しく食事すればいいじゃないか！という庶民がいる。この3つのハビトゥスによって，「生活様式空間」は形成されているのです。

　第4章「場の力学」ではこの空間が「象徴闘争」の場，つまり単

に「選好の空間」（好みが違うだけ）ではなく「卓越化」（自分たちのほうが趣味がよい）を争う空間であることが描かれます。ブルデューはこういいます。「文化」とは「人がゲーム〔賭け〕に参加してそのゲームに夢中になることを前提とし，かつそうなるように強いる闘争目標のひとつである」。この闘争に参加した人が，私はこんなに上品なんだ！と見せようとする。が，その瞬間「卓越化の意図」が露わになってしまう（プチブルやなりたてのブルジョワはつい「やりすぎ」る）。真のブルジョワは，「慎みの見せびらかし，節度や控え目な態度の誇示」により卓越性を示す。「派手な」行為や「人目を引く」ふるまいは卓越化の意図が透けて見えるため，これを拒否することで自らを卓越化するのです。プチブルの「卓越化意図は最も忌み嫌われる『下品さ』の一形式」であり，ブルジョワの「優雅さを求めざる優雅さ，卓越化（distinction）の意図なき上品さ（distinction）」の対極にあるとみなされる。

　中間階級についての引用をもうひとつ。「プチブルとは，客観的には被支配者側の立場にありながら，意図の上では支配者側の価値に参加しようとするために生じるあらゆる矛盾にさらされ，自分が他人の判断にゆだねる外見に，またその外見について他人が下す判断に，絶えずつきまとわれている者のことである。まだやり足りないのではないかという不安からついやりすぎてしまい，自分が支配者側に参加しているのだということを示そうとしたり，そういう印象を与えようとする配慮のうちに，自分の自信のなさや参加したいという気持ちをつい露呈してしまう彼らは，他者のために存在しようとするこの種の配慮をもたない庶民階級の人々からも，また自分の実態に自信があるために外観のことには無関心でいられる特権階級の人々からも，いつも他者の視線にさらされ，絶えず他者の眼前で自分を『引き立たせる』ことに汲々としている『外見の人』として見られる運命にある」。うーん……。

　これを読んで私は，「まなざし」への鋭敏な感受性がサルトル，

フーコー，ブルデューの3人に共通することに少し驚きます。これは，フランスという社会空間で磁場のように遍在している力なのかもしれません（あるいはこの3人が卒業した高等師範学校の世界がそうなのかも。あ，デュルケームも卒業生ですね）。また，見田宗介が，1968年に連続射殺事件を起こした青年N・Nが経験した「都市のまなざし」を論じた「まなざしの地獄」（1973年）を思い出す人もいるでしょう。見田がいう「階級の実存構造」を，ブルデューも描いているのだと思います。ただ，大学教授の息子である見田が青森から東京に集団就職したN・Nを題材にしたのに対して，僻村からの「上京者」のブルデューが「中間階級」が経験する「階級の実存構造」をこれほど執拗に記述していることは，とても興味深いです。

さて，ブルデューの鋭敏な観察眼は十分伝わったのではないかと思います。本書の後半で，彼は支配階級・中間階級・庶民階級の世界を，それぞれ1章ずつかけて描き出していきます。

「卓越化の感覚」と「文化的善意」

支配階級を扱う第5章「卓越化の感覚」を見ましょう。この章は，支配階級が他の階級に対して「卓越化」をどう行うかということよりも，支配階級内部での「卓越化」の戦略と象徴闘争を主要な論点としています。

ブルデューは支配階級メンバー467名を対象にした質問紙調査の回答を分析し，ふたつの因子を抽出します。第一因子は「資本構造」で，「文化資本の最も豊かな集団と経済資本の最も豊かな集団が対立する」。商工業経営者が一方の極に，高等教育教授や芸術家が反対の極に，自由業，管理職，上級技術者などがその中間に位置して，それぞれ選好が異なる。つまり，「交差配列構造」ですね。でももうひとつ，「個人の社会的軌道」という第二因子がある。これはブルジョワ階級にどれくらい昔から所属するかによって決まるもので，以前からブルジョワ階級に属している者と最近上昇した成り上がり者が対立する。前者は自由業と高等教育教授が多く，その

資本を家庭で文化に親しむことによって獲得している（「遺産相続者」です）。後者には上級技術者，公企業・官庁管理職，中等教育教授などが多く，資本の大部分を学校教育と成人後にも続けられる学習に負っている（経営者は前者・後者が半々です）。

　決め手になるポイントは「時間の消費」です。前者のグループはワインの知識，狩猟や釣りの秘訣，園芸のコツなど「浪費された時間」と「古参集団に所属すること」によってしか獲得できない能力を見せびらかす。絵画や音楽の教養は相当量の時間の投資，時間の消費を求めます。「個人的趣味」の客体化された証拠である芸術作品の購入は「最も真似することができない蓄積様式」，卓越性＝上品さの「弁別的記号と力の象徴の身体化」だといえるでしょう。

　中間階級を描く第6章は「文化的善意」と題されます。ブルデューの意地悪なプチブル描写をさらに引きましょう。「文化に対するプチブル階級の関係は，いわば認知＝知識と承　認の間にきわ_{コ ネ サ ン ス}_{ルコネサンス}めて明確な落差があるというところから，すべて導き出すことができる。この落差は文化的善意を生みだす原理である」。「文化的善意」って？「プチブルとは文化に対する畏敬の念である。……ちょっとでも文化らしく見えるものにたいしては一応何でも畏敬の念を抱き，過去の貴族的伝統によく考えもせず崇拝を捧げる」。正統的文化というものを知識としては知っている。だが，それを自分が獲得していないことも認識している。だから，「文化」に畏敬を抱き，身につけようと禁欲的に努力する。これがプチブルだ‼

　「中間文化」は正統的文化を参照しますが，「前衛的探求の万人に理解できるような紹介」やクラシック音楽の大衆的アレンジなど「即座に近づきうる」ことを特徴とします（アドルノの「文化産業」を思い出しますね）。だから，プチブルが「正統的文化を所有するや否や，それは正統的文化であることをやめてしまう」。「プチブルの人々は，文化のゲームをゲームとして遊ぶすべを知らない。彼らは文化というものをあまりにもまじめに考えすぎるため，はったりを

きかせたり人をぺてんにかけたりすることができず，……距離を置いた余裕や屈託のなさをもつことさえできない。そして無知をさらけだしたり大失敗をやらかしたりするのではないかという不安に絶えずとらわれ，さまざまな試練にぶつかった時にも，競争に参加していない者の無関心さをもってやり過ごすとか，自分にはおのれの欠陥を堂々と告白したり，さらには当然のこととして主張する権利さえあると思っている人々特有の，あの悠々とした超然たる姿勢をもってうまくかわしきるとかいったことができないまま，これに甘んじてしまう」。──またまた的確で辛辣な描写ですね。

　ここでブルデューは各階級の子どもの数に触れます。彼によれば，子どもの数は低収入層で多く，中間層で最低となり，高収入層ではふたたび増える傾向がある。なぜか。低収入層の家庭では子どもに現在と異なる未来を見込めないからあまり教育に投資せず，高収入層では投資額が増えても収入が高いため相対的コストが低い。対して，中間階級は社会的上昇をめざす野心によって資力と釣り合わない教育投資をせざるをえず，相対的コストが高くなり，多くの子どももてない。彼らは「たゆまぬ上昇努力」のハビトゥスをもつ。「上昇プチブルは資本主義の起源の歴史を無限に繰り返」し，「彼らはピューリタンと同様，自分の禁欲主義しかあてにすることができない」（ヴェーバー！）。だから「今あるがままの姿で大量に自らを再生産してゆくプロレタリアのような繁殖力」を諦めて，「制限的・選択的再生産」を選択する。「プチブルとは，ブルジョワになるために自ら規模を縮小したプロレタリアなのである」。「細かい配慮にとらわれ，こまごました必要に追われるプチブルは，小さく生きるブルジョワである。……服装においてもしゃべりかた──過度の警戒心と慎重さによって過剰なまでに正確を期するあの言葉遣い──においても，また仕草においても立居振舞い全体においても，厳格で質素，控え目で厳しくあろうとするあまり，彼らは常に自由闊達さや余裕，幅の広さや鷹揚さをいささか欠いているのである」。

このあと，ブルデューは中間階級のうち「下降プチブル」「実働プチブル」「新興プチブル」の３つを比較するのですが，なんだか悲しくなってきたので，庶民階級の章に移りますね。

「順応の原理」への閉鎖

第７章「必要なものの選択」。先述のように，庶民階級は「必要趣味」をもつとされます。食物は「たくさん食べる」という価値に従い，手入れしやすいインテリアや，価格のわりに「どこにでも着て行ける」「なんとでも合う」「実用的な」服を好む。ブルデューは，生活様式の差異は「物質的拘束と時間的切迫性にたいする客観的・主観的距離」で決まり，美的性向とは「切迫性から相対的に解放された生活条件」でしか形成されないと述べますが，庶民階級は「美的な意図を『ばかげたもの』として」排除する生き方を選択するのです。「どうせ手に入れることができない象徴的利益はあきらめ，さまざまな慣習行動や対象物をその技術的機能に還元」する「必要なものの選択」が，庶民的慣習行動の原理である。「気取り」や「勿体ぶり」，「装飾的なもの」を拒否し，「実用的なもの」を探究して「最小のコストで最大の『効果』をあげる」。

いいかえれば，これは「順応の原理」です。客観的条件に従って「理にかなった」選択をし，「他の集団に同一化することで自分を卓越化しようとする野心」を警戒して，「同じ存在状態にある者どうしの連帯性」に生きる。庶民の会話では，展覧会や演劇やコンサートや映画などの話題は卓越化の目論みとみなされるため，話題から排除されます。だからここには，「直接経験される社会的世界の同質性がもたらす閉鎖効果」が生じ，他の言葉遣いも生活様式も考えられない「可能なものの世界は閉ざされている」という感覚が生まれます。他の階級の人々の差異は寛大に許容されることが多いですが，同じ階級の人々（ないし出身者）の小さな偏りや過ちは「自分を卓越化しようとする意図」「属する集団を拒否あるいは否認しようとする気持ち」として，見逃されず厳しく非難される（ブル

デュー自身の体験でしょうか）。これは，「自分固有の目的を設定しようとする意図そのものを剥奪されている」状況ともいえます。

　以上を見ても，庶民階級のハビトゥスへのブルデューの評価はアンビヴァレントなものだと思います。一方で，庶民階級には支配階級とその価値体系に対する距離があり，それは「文化の領域」ではなく「日々の生きかたのレベル」で見られます。彼らにはこれまでの窮乏生活を経て獲得し，祖先から受け継いできた「生活の知恵」があり，祭りと享楽や他者との連帯の感覚，現実主義的な快楽主義をもっている。彼らの言葉遣いは文脈に密着した具体的な経験や伝統を共有できる話し言葉で，政治や組合闘争の伝統にもそれが含まれている。「そこには確かにカウンター・カルチャーを生みだす」原理が宿っているかもしれない。だが他方，「文化的支配の効果は……じつはそこでも絶えず作用している」とブルデューは注意を促します。「庶民文化」というものを探しても「ばらばらの断片」しか見出せず，「ある身分の象徴……として意識的に要求された文化を見出すことはできない」。

　ブルデューは，単純労働者や単能工が「絵画には興味がない」「クラシック音楽は難しい」と答えるのに対して，「彼らよりも文化の正統性により従っている」熟練工は「クラシック音楽は好きだが，よく知らない」「絵画はきれいなものだが，難しい」と，「自分の無知を告白しながら承認の意を表明するような意見」を回答することを指摘します。「労働者階級のうち最も政治的自覚の高い集団でさえ，文化と言語に関してはやはり支配者側の規範と価値体系に深く従属」しており，彼らは「学校制度によって知識ぬきの承認ということをたたきこまれてきた人々」である。庶民階級は，正統的文化を「知っているが身につけていない」中間階級のように「文化的善意」を抱いたりはせず，「必要なものの選択」のなかに生きています。しかし彼らの生き方は支配的文化にアンチを突きつけるカウンター・カルチャー，別の価値体系を要求する「文化」にはなりえて

いない。彼らは，正統的文化を「知っていないが，承認している」のであって，それを身につけようとはしないが，その権威を押しつけられ認めている。——この評価は，中間階級に対するような辛辣なものではありません。でも，庶民階級は「文化と言語」について支配階級に従属している。プチブルは勝ち目のない「象徴闘争」に身を置いているが，庶民階級は「象徴闘争」に参戦さえしていない。それは「必要趣味」を生む。だが，「支配的文化」に対抗しうる「庶民文化」を形づくってはいないのです。

階級闘争と分類闘争　第8章「文化と政治」は，うってかわって「政治」を論じる章です。ただ，政治は10年後の『国家貴族』で本格的に扱われるので，ここではごく簡単に。

　章の前半でブルデューは「世論調査」，とくにそこでの「無回答」を検討します。彼は，政治的なアンケート調査に無回答（いわば「棄権志向」）の割合が多いのは「庶民」や「大衆」と呼ばれる層だが，それによって彼らが既存秩序の維持に寄与しているのではないか，と論じます。世論調査は「あなたはどう思いますか」と問い，選択肢から回答者に選ばせるが，そもそも「個人的意見」をもつという思想は「政治の分野における有能性の大小」，つまり政治問題を政治問題として認識し，意見を述べることで自分が効力を及ぼすことができるという感情をもてるかどうか，に規定されるのではないか。効力がないと感じる人々は「これは私の問題じゃない」（客観的排除），「そんなことには興味がない」（主観的排除）という態度で世論調査に答えるだろう（ミルズの「社会学的想像力」を連想します）。ブルデューは端的に，女性より男性が，年齢が若い層が，大都市に住む人ほど，学歴資本や経済資本が大きいほど，回答率が高いと指摘したうえでこう述べます。一方に，意見を述べる権利・義務をジェンダーや階級の別なく与えようとする「民主主義的自発主義」があり，他方に，「知性」と「有能性」によって選ばれた「専門家」に限定しようとする「テクノクラート的貴族主義」がある。

このふたつのあいだには二律背反があるように見える。だがじっさいは，「テクノクラート的選別」で排除されるだろう人々を，「民主主義のゲームから『自由意思によって』自ら抜け出すようにしむけるメカニズム」によってそれが解決されているのではないか？

「階級のハビトゥスと政治的意見」では階級ごとの政治的意見の分布が論じられます。ブルデューの見立ては，資本総量（第一因子）と資本構造（第二因子）によって規定される空間での位置に対応して分布するだろう，というものです。保守に投票する傾向は，資本総量が大きいほど（タテ軸で上）・資本構造で経済資本の比重が大きいほど（ヨコ軸で右）強くなる。革新に投票する傾向は，資本総量が小さいほど（下）・文化資本の比重が大きいほど（左）強くなる。ここには，資本量での支配階級と被支配階級の根本的な対立と，資本構造での支配階級内の支配者層（経済資本＋）と被支配者層（文化資本＋）の二次的対立が存在する。そして知識人，芸術家，教授など支配階級内被支配集団と被支配階級という客観的には大きく異なる位置にいる人々が，革新側に投票するという類似した行動をとることになる。——この議論はやや図式的で，生煮えの印象ですが，第4節の後半でつながりが見えるかも……と予告しておきます。

結論「階級と分類」に移りましょう。ブルデューはカント『実践理性批判』から，「趣味」とは「『差異化』し『評価』する獲得された性向」とする定義を引き，この定義を「区別だての操作によって差異を設定し，またしるしづけようとする性向」といい直します。差異化，区別だて，つまり「分類」です。人々は社会界について「分類」の実践を行い続けている。人が社会界で活用する認識構造は「身体化された社会構造」であり，理に適った行動の前提となる実践的知識は社会界についての「もろもろの分類図式」である。

ブルデューは，この「分類図式」が機能するのは「闘争の中において，また闘争の必要性のために」である，と論を進めます。「社会界の意味をめぐる闘争の賭金＝争点」になるのは，どう分類する

か，どう境界線を引くかという「分類図式や分類システムにたいする力」である。そして，自らの存在を認めさせ，社会秩序のなかに場所と名称を獲得しうる「分類」をさせようとする集団のひとつが「階級」である。「分類とは階級間の闘争の産物であり，また階級間に成立する力関係によって決まるものでありながら，それ自身が諸階級を生み出すのに寄与しているものなのである」。階級とは，「その在りかたによって定義されると同時にその知覚された在りかたによっても定義される」。そして，階級と階級の闘争は「存在状態の物質的決定要因」に限定されるものではなく，それから相対的な自律性をもつ「分類闘争」でもある。「社会界の知覚・評価カテゴリーを変化させ，それによって社会界そのものを変化させることをめざす分類（classement）闘争は，個人的なものであれ集団的なものであれ，すべて階級（classe）闘争の忘れられた一側面なのだ」。

　趣味は「階級闘争＝分類闘争」の争点である。——この闘争のリアリティを支配階級，中間階級，庶民階級を含む社会空間全域で描き切ったブルデュー渾身の大作を，みなさんはどう感じたでしょう。もちろん，この本を現代の日本社会に適用するには，別の検証が必要です。ただ，ブルデューは本書の開始すぐ，こんな言葉を記しています。「これは君のことを話しているのだ」。みなさんはこの本のどこかに，「これは私のことだ！」と感じたでしょうか。もし感じたとしたら，みなさんもまた「闘争」のなかにいるのだと思います。

4 支配階級の「界」

●『ホモ・アカデミクス』と『国家貴族』

ホモ・アカデミクス

　第4節では『ディスタンクシオン』以降のブルデューの展開を見てみます。1980年代の彼の大きな仕事のひとつは大学世界を描く『ホモ・アカデミクス』（1984年），もうひとつは国家エリートを論じた『国家貴族』

（1989年）です。1960年代に故郷の農村の世界とリセの世界を分析した彼は，コレージュ・ド・フランス教授というフランス知的世界の最高峰に就いて，「支配階級」の世界を冷徹に暴き出すのです。

『ホモ・アカデミクス（*Homo academics*）』の題名は，デヴィッド・ガーネットの小説『動物園の男』に想を得ています。恋人と仲違いして絶望した主人公の若者は，動物園の園長に手紙を送り，ある哺乳類を1頭提供すると申し出る。そして彼自身が檻に入る。看板は「ホモ・サピエンス」。見る存在のはずの人間が見られる存在となる。本書はこれと同様に，世界を分類する学者＝分類者中の分類者たる「ホモ・アカデミクス」を分類しようというのです。

では，大学とはどのような場所なのか。「大学界は，社会界全体もそうであるが，ランク付けの闘争の場である。……科学的作業は無数の位置を含む空間をいくつもの地域〔空間内の小部分〕に分けて，その境界を画定する作業を通して，『ランク付け』を産出する」。『ディスタンクシオン』最終部に記されていた「分類闘争」，です。これを分析する最初の作業は，イマニュエル・カントの1798年の著書の名をそのまま採用した章「学部の争い」（！）で展開されます。

冒頭ブルデューはこう述べます。大学教授の「能力」は，「資本としては被支配的な種」である文化資本の所有によって決まる。だから彼らは権力界のどちらかといえば被支配的な極に位置し，商工業経営者と明瞭に対立する。だが大学教授は役人としての経歴と定収を保証する制度的形態を所有する点で，作家や芸術家と対立する。大学教授が経済資本と文化資本の「交差配列構造」に位置づけられるわけですね。さらに，1967年にパリ大学教授の無作為抽出サンプル405名に実施した質問紙調査，1971年に理学部・文学部教授に行った面接調査からこういいます。「大学界はその構造の中に権力界を再生産している」。

ブルデューは，理学部と文学部を「被支配的」な学部，法学部と

医学部を「支配的」な学部と分類します。教授たちの属性を見ると，支配階級出身者の割合は理学部58％，文学部60％，法学部77％，医学部85.5％，父親が教授の割合は文23.3％，理19.5％，法11.5％，医10％となり，医学部と法学部の教授はたいてい自由業者，上級管理職の家庭出身者です。庶民階級出身の教授は文学部や理学部のほうが法学部・医学部よりはるかに多く，高級住宅地に住んでいるのは医＞法＞文＞理の順である。一方には「遺産として受け継がれた資本と現在所有している経済的・政治的資本に基づく社会的序列」があり，他方には「学問的権威や知的名声に基づく文化プロパーの特殊な序列」があり，逆の方向に貫徹する。これが大学界の「競合する二つの正統化原理」である，とブルデューはいいます。

　つまり，一方の極には「学問的に支配的でありながら社会的には被支配的な学部」が，もう一方の極には「学問的には被支配的ではあるが世俗的には支配的な学部」があって，「権力界の構造と相同の交差的構造にしたがって配置されている」。じつはこれはカントも指摘していたことなのだそうです。カントによれば，一方に神学部・法学部・医学部という「上位学部」がある。これは「国民に対するもっとも強力で永続的な栄養力」を政府に供給する役割を果たすが，政府によって直接に統制されて自律性が低く，司祭・判事・医師という「社会秩序の法則内での執行行為者」を養成・統制する使命を負っている。他方には「下位学部」があり，世俗的にはなんの効力ももたず「学識ある国民の固有の理性」の掟に委ねられる。歴史学，地理学，文法，純粋数学，純粋哲学などがこれに属し，「学問の合理的な基礎の構築」に必要な自由を確保する。「いわば学問の議会の右派」の陣営には「権威」が，「左派陣営」には「検討と反論の自由」がある。——「世俗的な秩序に仕え従属する学部」と「あらゆる世間的な規律と制限から解放された学部」というカントによる対比，いま聞くとドキドキしますね〜。

「文学部」におけるふ
たつの資本

次の章「資本の種類と権力の形態」では，
法学部・医学部という世間的極と，理学部
という（純然たる研究のみの）学問的極に挟
まれた「文学部」が論じられます。物凄く意地悪な章ですが，じつ
に見事な「大学動物園観察記」（笑）だと思います。

　文学部の世界は2種類の権力の対立を軸に編成されています。ひ
とつは「純粋に大学的な権力」で，大学教授資格試験審査委員会や
正教授任命の諮問委員会など「教授団の再生産手段」を掌握するこ
とで発生し，「ほとんど大学の範囲内に限り価値を持つ」権力です。
もうひとつは「学問上の権力ないし権威」で，学問界（とくに外国）
での引用や翻訳による学問的威信，学士院への所属や古典とされる
叢書の出版，テレビや発行部数の多い週刊誌との結びつきなど「多
少とも制度化された知的名声」による権力です。後者と比べ前者の
権力は業績や人物の特性ではなく「序列上の位置に由来する一種の
職務上の属性」であって，「極端な例においては，生産物の学問的
価値とほとんど関係がない」（！）のだそうです。

　この界の構造は「一つの王道を行く経歴」（高等師範学校→助手→
博士論文→主任助手→ソルボンヌ教授→学士院！）という形で姿を現し
ます。助手や主任助手はこの軌道に乗る希望をもち，「待つ」こと
をします。ブルデューはいいます。「権威というものは出世への期
待の上に成立する。人間は何かに執着している場合にのみ支配され
るのである」（名言！）。ボスたちは傘下の者にポストを与え，出世
の道を保証することで権力を確保する。ブルデューは指導する学位
論文の数で「ボス」が見分けられるとし，「碩学なり傑出した研究
者」はその数が少なく（コレージュ・ド・フランスはそうですね），
「もっとも有力な通常の教授」（ソルボンヌに多数生息）は多い，とい
います。また，「大学的権力はすなわち時間のことである」（膨大な
会議に出て役職を果たす！）。こうした「大学資本の蓄積と管理の仕
事」に打ち込む人々と「外部的名声という象徴資本の蓄積に寄与す

る仕事」に打ち込む人々とが大学にいる。大学的権力とは「純粋な学問的な資本とこの資本が引き寄せる承認」と関係なく、「世俗の権力に支配されてなどいない世界における世俗の権力」であり、だから「劣った形態の権力、代用物ないし残念賞」と見える。ここから「研究に身を捧げて成功を収めている人々に対する管理に身を捧げる大学人の抱く根深いアンビヴァレンツ」が発生する……。

　この「文化の再生産と再生産者集団の再生産」を優先する人々に対し、「優先的に研究に身を捧げる」人々がいます。彼らはコレージュ・ド・フランスや高等研究院のように周縁的な機関に所属する場合が多く、雑務に時間をとられる大学内権力の地位に就くことはめったになく、論文指導の数も少ない（「傘下の者」をもたず、弟子ないし信奉者をもつ）。彼らの周縁的位置は「再生産のメカニズムに対する権力」と相容れず、再生産の「正常な」軌道から逸脱している者も多い。たとえば人類学者クロード・レヴィ＝ストロースは、2年半リセの教授をしたあと1935年サンパウロ大学でポストを得、アメリカを経てフランスに1948年に戻り人間博物館と高等研究院で教えたのち、1959年コレージュ・ド・フランスに入るという、「厳密な意味での〈大学〉の外」のキャリアを積みました。こうした規準的コースから逸脱した軌道は「リスクを冒す」性癖を可能にすることにもなるでしょう（フーコーもそうかもしれません）。

　こうして、大学界には「競合する序列化原理が複数存在する」。これが支配原理をめぐる闘争の要因となるわけですが、同時に「無数の満足の機会」を提供することになる、とブルデューはいいます。望んだもの（学問的評価）が手に入らなくても「世俗権力的地位」を得たことに満足できる（残念賞！）というわけです。「手に入れないものを自分から拒否しただとか、避けることができないものを自分で選んだのだと思い込む自己欺瞞の作業に、これほどの客観的な足場を提供する社会的世界はおそらく他にはないだろう」。だから大学人は自分の位置から予想よりはるかに大きな満足を覚えますが、

同時にその「相対的な特権が望むよりもはるかに大きな不満」のネタをつねにもつ。——2種類の資本の同時存在に由来する満足と不満。大学の世界にいる者にとって骨身に沁みる分析です……。

後半の2章でブルデューは「五月革命」、1968年の学生反乱を分析するのですが、残念ながらここでは省略します。大学という「界」を2種類の資本の「交差配列構造」で腑分けした彼のメスの切れ味を、次は「国家エリート」について見ることにしましょう。

エリート再生産の「界」

1989年の『国家貴族——エリート教育と支配階級の再生者（*La noblesse d'État: Grandes écoles et esprit de corps*）』はフランスのエリート養成機関「グランゼコール」を対象に、国家権力を握るエリートたちがどう再生産され、どんな権力の「界」を形成しているかを論じた大作です。「周辺」の「貧しい小公務員」の息子ブルデューが、数十年の時を経て、フランスの「中心」たる「国家貴族」の世界を解剖するわけです。

第Ⅰ部「分類選抜の学校的形式」、第Ⅱ部「叙階」は行為者の視点からグランゼコールの内側を描くパートで、全国リセ学力コンクール成績優秀者へのアンケートや、高等師範女子準備クラスの哲学教師が成績カードに記した評価の形容詞と生徒の出自の関係など驚くようなデータが検討されますが、ここでは第Ⅲ部「グランゼコールの〈界〉とその変容」から始めましょう。ブルデューはここで高等教育機関の「界」を空間的に位置づけようとします。

例によってブルデューはふたつの次元をクロスさせます。第1の次元は「社会的名声と学校的稀少性を合算した指標」に従い、一方に最高の社会的位置に門戸を開く高等師範学校ユルム校や理工科学校（コントが在籍した）、国立行政学院など著名なグランゼコールが、他方に多くは地方にあり、一般管理職への道を開く群小専門学校が位置づけられます。第2の次元では、入学に要求される学歴・成績基準が厳格に学力的意味で自律しているか否か、による

学校間の差異が検討されます。こちらは一方に学力的に支配的だが経済・社会的には被支配の側に立つ理系・文系ユルム校に代表される「学問・知性の極」が，他方にエナや高等商業学校に代表される「行政・経済の極」があるとされます。『ディスタンクシオン』での「資本総量」と「資本構造」のタテ・ヨコ2軸とほぼ同じですね。

第1の次元における「切断」を，ブルデューは「大きな門と小さな門」と表現します。「大きな門」の国立行政学院，パリ政治学院，高等商業学校では支配階級出身の生徒が60％以上を占め，「小さな門」の文系・理系の学部，工業技術短期大学，工芸学校では35％以下にすぎません。前者は特定の専門分野に限定されない多領域をカバーする学校で，産業，官庁，研究のいずれでも高いキャリアを準備し，のちに他の部門に移行すること（天下り）が可能です。後者は実務的な役職ないし狭い専門性に限定され，他部門への移行や役職の変更ができない「小エンジニア」への道を準備する学校です。分野が特定されない「ポリテクニク」と実務を担う「単なるテクニシャン」，上級管理職と一般管理職を隔てる障壁は「真の意味での文化的境界」であり，「文化的貴族」は学校で「象徴的付加価値」を獲得し，「平民」は「どこまでも技術的な」能力を獲得する。ブルデューは，ここで作動している論理は「アンシャン・レジームの身分を律していた論理と異なるものではない」とさえ記します。

第2の次元は，「大きな門」の生徒のあいだに「切断」を生みます。ブルデューはふたつのファクターを分析します。ひとつは各学校が自律的な学力選抜基準を設定しているかどうか，もうひとつは生徒が保有する学歴資本の規模と家庭から受け継いだ資本の構造です。そして，生徒が継承した資本の全体量よりも，所有する学歴資本量と継承した資本の構造によって差異が顕在化する，とします。高等師範学校ユルム校，セーヴル校（女子のみ），パリ国立高等工業学校などでは経済資本より文化資本が豊かな家庭の出身（教授や知的職業就労者の子）の生徒が多く，高等商業学校，国立農学院，中央

工芸学校，エナなどは学力的な選別度はさほど高くなく，文化資本より経済資本が豊かな家庭の出身者（農業事業者，産業・商業の経営者，民間の上級管理者の子）が多い（理工科学校はこの中間）。つまりここにも「資本構造」をめぐる交差配列構造が存在するわけです。

　以上の「構造の現状分析」は1967年実施の調査に基づいたものですが，次の「構造的歴史」の章は1984〜85年に実施された84の教育機関に対する調査結果を分析し，この期間の変化を検討します。その結果，まず「大きな門／小さな門」および「文化資本／経済資本」の二次元の対立構造は，「1968年の激動にもかかわらず……維持された」ことがわかります。いや，「大きな門」では支配階級出身の子息の比率がさらに上昇し，「小さな門」との乖離が拡大してもいます。また，名門校のふたつの極の社会的距離も拡大しました。一方には「権力の学校」があって，実業ブルジョワジーの子息たちが学業成績は悪くても聖別を確実に受けられるようになっており，他方には「知的な名声著しいグランゼコール」があって，各学校の生徒の最頻カテゴリーの比率（高等師範学校での教授の子，理工科学校での技師と管理職の子，国立行政学院での高級官僚の子，高等商業学校での産業・商業経営者の子）は著しい高まりを見せ，「各校の均質性と自己閉鎖性を強めている」。

　ただし，これ以外の変化として，ブルデューは国立行政学院の相対的比重の増加を指摘します。国立行政学院は1945年に国家行政最上層の人材確保を縁故や門閥ではなく合理的・民主的なものにしようと設立された機関で，当初は大ブルジョワジーの子息たちに学歴保証を与える機能（いわば「裏道」）を果たしていました。ところが1980年代半ばまでに「グランゼコールの〈界〉全体に君臨するように謀り」，結果として高等師範学校を「教授や知識人を再生産するだけの学校」に格下げし，理工科学校も「純粋にテクニカルな，すなわち下級の役職向けの学校」に追いやったとされます。ブルデューはこういいます。学力の論理により高等師範学校などを当初

志望した（がその水準に達しなかった）高級官僚の子弟たちは，志望した学校を「見放し」，国立行政学院の入試準備によって自分の位置を回復しようと試みる。エナは卒業生のキャリア（共和国大統領，大臣，大使，大会社社長など）によって，ここで学べば権力の位置が約束されるとうたい，自分たちを見せ，知らしめ，敬意を払わせる「象徴資本」闘争に訴える。こうして，いまやエナを卒業した新たな「エリート」たちが結びつき，成績優秀で野心ある学生はエナの受験準備をし，高等師範学校は「古めかしい何か」になってしまった（なお，2019年4月，エリート主義批判の高まりを受けて，マクロン大統領〔エナ卒業生〕はエナの廃止を宣言しました）。

　このことは，大学界のジャーナリズム界や政治界に対する自律性が弱体化していることとも関係し，「知的と呼ばれる諸価値が下落し，世俗的な成功の価値が高まった」。ブルデューは，「高等師範学校の象徴的弱体化」と「『利害を超えた態度』と『無償性』の知識人の価値の没落」は切り離しがたい関係にある，と指摘します。高等師範学校と国立行政学院とのライバル関係は，「文化生産者」や「知識人的生活」のモデルをめぐる闘争の決定的局面ではないか。エナを中心にグランゼコール界が単一化されて，「自律的な知識人の消滅」が招来される。「学校間の権力闘争は，企業と官僚上層部の〈界〉内部における闘争の一局面である。同様に，高等師範学校と国立行政学院との対決も，闘争の根本的な一局面である」。こうして，「知的ユートピア主義」に対して「政治的経済的現実主義」が優先され，文化生産者は「責任あるエキスパートという米国流モデル」を合言葉に，従順で有益な人物像を押しつけられる。──本書刊行から30年以上経ちますが，じつに痛切に響く言葉です。

「同族経営者」対「テクノクラート」？

　第Ⅳ部「権力〈界〉とその変容」は視点をグランゼコールから「権力界」自体に移します。非常に難解なパートですが，圧縮して紹介してみましょう。

第1章「諸権力とその再生産」では，「権力〈界〉」の基本的な枠組みが論じられます。権力界内の布置は，「経済資本」と「文化資本」が，経済界と芸術界を両極とし，行政界と大学界を媒介的位置に挟んで配列される「交差的構造」に従って組織される。これと同じ形式の対立が，経済界の内部にも見られる。そこでは一方の極に「テクノクラート」的経営者が位置して，中央行政組織の官僚や大臣官房に近い彼らはその位置を学歴資本や文化的遺産に負い，他方の極には経済的遺産にその位置を負う「同族会社的」経営者がいる。

　それぞれの「再生産戦略」はどうか。ブルデューは「出産戦略」，「相続戦略」，「教育戦略」，「予防的戦略」（健康維持など），「経済戦略」（融資，投資，貯蓄など），「社会関係的投資戦略」，「結婚戦略」，「社会正当化論の戦略」を列挙します（例としてベアルン地方の「結婚戦略」をあげており，彼の一貫性に驚かされます）。そして，ふたつの再生産様式を区別します。ひとつは「同族型再生産様式」。同族企業では企業の発展を図る「純経済戦略」と，一族の再生産と親族の一体感を確保する「家族再生産を図る戦略」（出産戦略としての「子沢山」や結婚戦略としての「同族結婚」）が結びついている。学校資本は企業創業者には不可欠でなかったが，企業の維持と成長には必要性が高まり，規模が拡大した企業では経営参画にほぼ不可欠になる。もうひとつは「学歴型再生産様式」。これは官僚的大企業に特徴的で，学歴が真の採用資格になる。大企業指導者で高等教育学歴をもつ者の比率は，「同族支配型会社」から「テクノクラート支配型会社」や国有企業に移行するにつれて増加する。

　第2章「権力の学校と経済権力」では，これに対応する2種類の経営者，「国家的経営者」（テクノクラート）と「同族経営者」の関係の変化が論じられます。いま，経済界で最重要ポストに就けるのが，財産よりも学歴に依拠した経営者に変化していることは確かである。ただしこれは，「同族経営者」から「テクノクラート」へ，という変化を意味するとは限らない。新しい「実業界の貴族たち」

は同族経営者であるだけでなく，「知性」による正当性も保有しようとし，「変化を導く能力をもった開明的な前衛」と自認するようになっているからだ。つまり「遺産相続者」にも学歴の必要性が高まり，「同族経営者」（経済資本継承者）が同時に「テクノクラート」（学歴資本獲得者）でもあることになるのです。

　ブルデューは高級官僚など「国家的大経営者」のプロフィールを分析しますが，彼らは「ブルジョワジー出身」であると同時に「最高学府の卒業生」であり，経済資本も学歴資本も社会関係資本も所有する存在，家柄で保証される卓越性と学歴エリートの権威と自信の両方をもつ存在です。彼らは学歴の肩書を手にし，財の「相続者」としてではなく自身の「才能」と「実績」によって経済資本の利潤を確保しているとみなされる。こうなると，高い学歴資本を確保しているエリートの選抜原理は（同様に高学歴の人々からの選抜だから）「過去や家柄」「古くから由緒ある既得権」が基準となり，この「真の条件」はテクノクラートイメージにより隠蔽される。ブルデューは，国家の枢要な位置に「貴族や貴族になった家柄の名前を持つ者」がこれほど就任するようになったことはかつてない，と述べます（ジスカール＝デスタン大統領はエナ卒業生で，母は中世以来の貴族エスタン家の出身！）。「出生貴族主義」と「学歴」「専門能力に基づく能力主義」は矛盾して見えるが，いまや組み合わされて「新しい指導者たちに彼らの正統性について絶対的な確信を吹き込む」。

　最後の第V部「国家権力，そして国家への権力」で，ブルデューはまず「『解放学校』の神話」からの決別を主張します（『遺産相続者』以来一貫した主張です）。アンシャン・レジームは「出生」に支配されていたが，共和国の「学校」は教育による解放を可能にし，「能力」による社会をつくる，という神話。この神話では「出生貴族」と「学校貴族」が対比されたが，学校もまた「エリート集団を制度化する」のであり，出生貴族と同じ流儀で「聖別によって，一般大衆から選別された集団を制度化する」ととらえるべきだ。この

集団はその再生産様式において「卒業証書によって国家に結合している」。父から子への公然たる財産継承が「洗練度の低い制度」だとすれば，学校制度を中心に組織される再生産様式は，成功する者も挫折する者もいることによって「相続過程の隠蔽が願ってもない形で強化される」。

そして「学校大貴族とは国家貴族なのである」。彼らは国家と固く手を結び，「公共奉仕」に身を捧げるが，「それは彼ら自身の利益になる限りにおいて」である。現代の「大国家貴族」は財，学歴，ときには貴族の称号までを所有し，「専門家」として中立性と公共奉仕の倫理に基づいて決定を下す。このように，いくつもの界が関係し合いながら，「高度に隠蔽された再生産メカニズムの場」を共有し，「〈界〉の間の錯綜した関係」が権力を行使する。「正統化の回路が長くなればなるほど，複雑になればなるほど，現行の支配様式の象徴的効力は増大する」。つまり，複数の界が連帯することで正統性が調達される。

ただし，異なる界の有機的連帯は「統合の原理」であるとともに「分化（division）の原理」でもある，とブルデューは論じます。ここには「闘争」の可能性があり，権力構造の「保持」とともに「変容」の可能性がある。異なる界が結びついて権力を保持し，正統化する複雑な回路をつくることは「専制」を帰結します。だが，「専制」とはある〈界〉に結びついた権力が他の〈界〉の機能内部に介入することを意味し，ここに「分化」の可能性があるのではないか。「諸権力の分化における進歩は，進歩しただけ専制に対するプロテクションになる」。それは，被支配者が「強者同士の衝突から常に利益を引き出すことができるから」であり，「強者がこの衝突において勝利を収めるには被支配者の協力を必要とするから」である。——専制に対するプロテクション。権力界が統合されようとするとき，同時に分化の方向が生じ，ここに被支配者が専制に抗う可能性が見出せるのかもしれない。この緊張感溢れる凝縮された文章

に，ブルデューはある希望を託しているようにも思います。

国家の「右手」と「左手」

この章は，ブルデューがリセ時代に経験した「分裂ハビトゥス」の話から始めました。ふたつの世界・ふたつのハビトゥスのあいだで，緊張と矛盾と両義的感情を抱きながら生きる。ブルデューはベアルンの農村からコレージュ・ド・フランスまで社会空間内の自らの位置を大きく移動させながら，つねにこうした「分裂」を経験し，それを表現する社会学の言葉を創造してきたように思います。とくに，「交差配列構造」を敏感に発見する彼の「顕微鏡」は，どの場所においても高い透視力と解像力を発揮してきました。

いいかえるなら，ブルデューが描く社会空間にはつねに「複数の〈界〉」が存在していたのだと思います。通常「階級」を論じるさい，「経済資本」を基準にひとつの序列に並べるのに対し，ブルデューは「資本構造」が異なる人々が，どの資本種が評価されるかをめぐる「闘争」を行い続ける姿を描きます。「象徴闘争」あるいは「分類闘争」です。農村のダンスパーティーにも，リセの寄宿舎にも，美術館やレストランにも，大学の学部間にも，経済エリートたちのあいだにも，複数の異なる「資本」が存在し，いつも「闘争」を繰り広げている。

ただ，その「闘争」に決着がつくことがある。たとえばベアルンのダンスパーティーで農民のハビトゥスと町場のハビトゥスの「闘争」は，はっきり上下関係ができています。名門校でどのハビトゥスが評価されるか，これも「闘争」の賭金ではなく，ひとつの目標をめざす「競争」となった瞬間，勝負がつく。評価基準は「恣意的」ですが，恣意性は隠蔽され，正統なものとみなされる。つまりここには「象徴闘争」ではなく，「象徴的暴力」が存在し，それが正統化されて見えないものとなっているわけです。ハビトゥス間・資本間・〈界〉間の関係が「勝手に決められている」，でもその「勝手さ」は見えなくなる。——私はブルデューの鋭い描写は，いつも

「勝手に決めるな！」と叫んでいるようにも感じます。「勝手に決めた」奴らが自分たちが「勝手に決めた」ことを隠している（さらに，自分たちで決めたことを忘れてさえいる）。それを見えるようにして，「闘争」の対象へ引き戻す必要がある。そうしないと，複数のハビトゥス・資本・〈界〉の関係は単一の序列で固定されてしまう。

　『国家貴族』はじつに難解なテクストでしたが，ブルデューはここで「経済資本」と「学歴資本」の両方を「相続」している「国家貴族」たちが，これまで「闘争」状態にあった支配階級の〈界〉を単一化する事態が進行していることを描こうとしたのではないかと思います。経済資本と文化資本の緊張は失われ，「国家貴族」を頂点とした序列のもとにさまざまな〈界〉や階級が位置づけられて，誰もそれに「闘争」を挑めなくなる。「分裂ハビトゥス」を生きるブルデューは，「国家貴族」によって複数の〈界〉が破壊され，単一の社会空間へと均されてしまう趨勢に対して，激しく警鐘を鳴らしているのではないでしょうか。

　第1節の最後に触れたように，ブルデューは 1980 年代以降政治的・社会的問題にコミットする「知識人」としての役割を果たそうとしていきます。加藤晴久によれば，彼の姿勢がより積極的に変化したのは，共同研究者たちとさまざまな階層の人々にインタビューした編著『世界の悲惨（*La misère du monde*）』（1993 年）がきっかけでした。フランス社会のなかで複数の〈界〉が破壊されている現実を，それぞれの場所に足を運んで感知することで，彼はより深く社会的実践に関与するようになったのではないかと思います。

　彼の実践的発言は『介入——社会科学と政治行動 1961-2001』にまとめられていますが，ここでは 1998 年に刊行された『市場独裁批判』からいくつかの文章を見てみましょう。

　冒頭に置かれた『ル・モンド』1992 年 1 月 14 日号のインタビュー「国家の右手と左手」で，『世界の悲惨』のインタビュー調査について質問されたブルデューは，北フランスの小都市の公務員

を例に，「ソーシャル・ワーカー」が現在の諸矛盾の極限的形態に直面している，と答えます。彼ら「国家の左手」は，大蔵省，大銀行，各省庁大臣官房を牛耳る「国家の右手」と対立するカテゴリーであり，現在起きている（これからも起きるだろう）社会運動は「上級国家貴族に対する下級国家貴族の反乱を表現している」。「国家の左手」は「右手」がもはや「左手」の仕事を知りもしなければ知ろうともしないと感じており，公共住宅，公立学校，公立病院などの領域から国家が手を引きつつあることに絶望を抱いている。

1995年11〜12月の3週間，シラク大統領（エナの卒業生です）のもと緊縮予算と社会保障制度改革（増税）の方針を打ち出した政府に対して，公共部門労働者が大規模なストライキを行ったさい，ブルデューはパリのリヨン駅で「一つの文明の破壊に反対する」という演説を行います。いま，公共サービス，教育・健康・文化・研究・芸術への権利，なによりも労働に対する権利の平等という「文明」が破壊されつつある。その破壊者たちは「国家貴族という新たな神授統治者たち」である。彼らは，理性や近代性や変化は閣僚，経営者，「専門家(エキスパート)」の側にあり，非理性や旧態依然や保守主義が民衆，労働組合，批判的知識人の側にあると考えている。彼らは国家と公益を私物化したが，今日のわれわれの課題はテクノクラシーに反対してデモクラシーを回復すること，「専門家」と縁を切ることである。「テクノクラシーが担ぎ回る抽象的で欠損した知識に，人間を尊重する，そして人間が直面している現実を尊重する知識を対峙させなければならない」。——ブルデューは「国家貴族」がさまざまな〈界〉を浸食する「専制」に，ノー！を突きつけます。

本書末尾の1998年1月の「ネオ・リベラリズム——際限ない搾取の（実現途上にある）ユートピア」で，ブルデューは「国家貴族」たちが推し進める「ネオ・リベラリズム」を，「集団的なものの組織的な破壊プログラム」だと批判します。それは，純粋市場の論理に障害となりうる国民国家，労働の場における集団，労働組合，家

族を破壊し，「経済と社会的現実の切断」を助長する。企業の短期的収益性のために非正規雇用や人員削減，企業内への競争の導入が進められ，不安定就労と失業の不断の脅威によって人々は「不安と苦しみとストレスをばねに仕事と企業に献身するダーウィン的世界」に適応せざるをえない。「かつては伝統に深く根を下ろし，豊かな技術的・政治的遺産を継承して，誇りに満ちていた労働者集団は……士気喪失と価値低下，政治的無関心を余儀なくされる」。それは活動家となる人が欠乏することや，「極右政党の主張への加担という絶望」などの形で現れる。

　経済学者たちは「ネオ・リベラリズム・ユートピア」を数学的理性により論理一貫したユートピアとしてつくりあげます。そのユートピアの現実はこうです。「経済的にもっとも進んだ国々のますます多くの人々の貧困と苦しみ。収入の格差の急速な増大。商業的利益の追求が主要な関心事になりつつあることによる，映画，出版等，文化生産の自律的部門の，したがって文化的生産物自体の，漸次的消滅。……公共 public という理念と連合する普遍的な諸価値の担い手である国家をはじめとする……集合的機関の破壊」。そして，国家の上層部でも企業でも，「高等数学と出世競争で鍛えられた勝者を崇拝させ，万人の万人に対する闘争とシニシズムをすべての行動の規範とする道徳的ダーウィニズムがはびこることになる」。

　破滅を止める運動はどこに期待できるのか。ブルデューは，いま秩序の崩壊を防いでいるのは「旧秩序の——解体の危機にさらされているが，いまだに存続し頑張り続けている——制度とそこに働く者たち」だとします。この「保守（conservation）の勢力」は新しい秩序に対する「抵抗（resistance）の勢力」であり，「体制変革（subversion）の勢力」に転化する可能性がある。「希望を持ち続けることができるとするならば，それは国家の諸機関のなかに，また，そこに働く者たち（とりわけこれらの国家機関に強い愛着を持っている小国家貴族）の性向のなかに，抵抗勢力が今なお存在するからであ

る」。

　ブルデューは「国家貴族」が単一的に支配するネオ・リベラリズムの世界に，ソーシャル・ワーカーのような「小国家貴族」たちが支える「旧秩序」ともいえる社会秩序を対置します。振り返ってみると，それは農民たちのために働く「貧しい小公務員」だった彼の父が守っていた〈界〉なのかもしれません。この小さな者たちが生きる〈界〉を勝手に壊すな！──「知識人」となったブルデューは，かつて自分が生きていた世界との連帯を模索し，「知識人」としてなにができるかを考え，声を上げ続けたのかもしれません。

　ブルデューが亡くなったのは 2002 年 1 月，それから 20 年以上の時が経ちました。社会学者はこの世界でいまなにをしているのでしょうか。さまざまな〈界〉が壊されていくのを，「勝手に決めるな！」と声を上げることができているのでしょうか。

第15章 ニクラス・ルーマン

ふたたび, 社会という謎

　きょうの最終回は, ニクラス・ルーマンについて講義します。ルーマンは, 第9章でも触れたように, シュッツの現象学的社会学を独自の形で導入して, パーソンズの理論を反転させる斬新な社会システム理論を創造しました。その基本的着想は, 世界は「他でもありうる」という可能性にあると思います。この考えからは, いまの社会はたまたまのものだという無根拠さと, 社会は別の姿になることができるという希望を引き出すことができるでしょう。

　彼が切り開いた, まったく新しい「社会学的想像力」とはどのようなものなのか。それは, ただ社会学理論を革新するだけでなく, 2020年代を生きる私たちがいま直面し, 翻弄されている「社会という謎」を考えるための力強い道具を与えてくれるように思います。

1 はじめに

●社会は人間から成り立つのではない

　みなさん，こんにちは。前回の講義から思いもよらぬ休講が続きました。新型ウイルスの影響で，きょうはオンラインでこの講義をお届けしています。こんな形の授業になるとはまったく想像していませんでしたが，みなさん聞こえているでしょうか（読者のみなさんは，時間の流れがおかしいなと思うかもしれませんが，大目に見てください！）。しかもきょうは最終回，じつに難解なニクラス・ルーマンを論じる回です……。

でも，この講義を準備していて，いま目の前で起きている事態をルーマンの社会学ほど正確に描き出すものはないのではないかとも感じています。彼は 1998 年に亡くなりましたが，その 20 年以上後の社会を驚くべき精度で予言し，腑分けしているように思うのです。

まず彼の主著のひとつ，1997 年の『社会の社会』から引用してみましょう。冒頭の章「全体社会という社会システム」の開始すぐ，ルーマンはこれまでのところ社会学は「全体社会（Gesellschaft）の理論に関して言えば，ある程度満足できる成果すら提出できなかった」と述べます。「古典的な社会学」（デュルケームやヴェーバーやジンメルが含まれます）も，「目下のところ存在する唯一の体系的な社会学理論」であるパーソンズによる「行為システムの一般理論」も，「理論的に基礎づけられた近代社会の記述」をできていない。全否定です。なぜそんなことになってしまったのか。

彼は，次の 4 つの前提が認識の障害となってきたからだ，といいます。すなわち，

1　全体社会は具体的な人間から，また人間の間の関係から成り
　立っているはずである。

2　したがって全体社会は人々の合意，つまり意見の一致と目標
　設定の相補性を通じて構成されており，また統合されているは
　ずである。
3　全体社会は領域や領土によって境界づけられた統一体である。
　したがってブラジルはタイと異なる全体社会であるし，アメリ
　カ合衆国はロシアと異なるし，ウルグアイはパラグアイと異
　なっているはずである。
4　それゆえに，全体社会は人間集団や領土の場合と同様に，外
　から観察することができるはずである。（『社会の社会 1』，11頁）

の 4 つです。これを見て，どうでしょう。3 は，社会を国民国家の
枠組みでとらえてはいけないという，しばしば主張されることかも
しれません（ウォーラーステインも賛成するでしょうね）。4 は，社会を
観察する社会学者は社会のなかにいることしかできない，とはっき
り言語化している，ということだと思います。
　でも，1 は「社会は人間とその関係から成り立つ」という前提で
す。これが障害となって社会の理論が阻まれてきたとしたら，どん
な認識から出発したらいいのでしょう。「古典的社会学」は個人と
社会の関係，人間と人間の関係をひとつの焦点にしてきたわけです
が，社会は「人間」から成り立つのでないのなら，いったいどう考
えたらいいのか。2 は，パーソンズが論じたような，人間と人間の
「合意」や「共通価値」が社会を支えるという前提への疑問です。
でもそうだとしたら，なにが社会を社会として成り立たせるのか。
　ルーマンは，こう述べます。「以下の研究では，こういったラ
ディカルに反人間中心主義的で，ラディカルに反領域主義的で，そ
してラディカルに構成主義的な社会概念への移行をあえて試み
る」。──「人間」を中心にしない社会学をあえて試み，そこから
「社会とはなにか」を考え直す。じつにラディカルな問題設定です。
　でもそんなことどうしたらできるのか。この章でのルーマンの答

えを予告的に述べておきましょう。「合意による統合が，全体社会を構成するだけの意義を有していると，そもそも考えてよいのかどうか。むしろこう仮定するだけで十分ではないのか——コミュニケーションが独自のかたちで……続いていく中で，同一性，言及されるもの，固有値，対象が産出されていくのである，と」。コミュニケーションが接続することが「社会」である。この考えからは，「《人間中心主義》は……難破する。……可能性として残されているのは，身体と精神を備えたまるごとの人間を，全体社会システムの環境の一部分と見なすことだけである」。そして，「人間はコミュニケートできない。コミュニケートできるのはコミュニケーションだけである」。——人間は社会システムの「環境」である？　コミュニケーションだけがコミュニケートできる??

　ちょっと急ぎすぎですね。きょうの講義はルーマンの大胆な構想を，私が理解できる範囲で伝えようとするものです。ただ，いまこのオンライン画面を通して行っている授業は，ルーマンのいう「社会」と似ているようにも思います。いまは一方向的に私が話していますが，ディスカッションを始めると私とみなさんの発言や表情の画像が画面上に次々と「接続」して，「社会」のようなものができるでしょう。そして，私とみなさんそれぞれの「身体と精神を備えたまるごとの人間」は，この画面＝社会の「外」にある。画面上のコミュニケーションが「社会システム」，その外にいる「人間」は「環境」。こう考えると，少しだけイメージできるかもしれません。

　もうひとつ，彼は晩年にエコロジーやリスクを論じ，「社会システム」がその「環境」とのあいだでどんな危機に直面し，それにどう対処するか（対処できないか）を鋭く描いています。そこには，このオンライン授業を生むことになった現代社会の特徴を考える重要な手がかりが含まれていると思います。講義後半では，こうしたアクチュアルな論点にも触れたいと思います。

　ルーマンは 1985 年の「伝記，姿勢，そし
てカードボックス」というインタビューで，
「伝記というのは偶然の集成です」と語っています。「偶然」という
言葉もきょうのキーワードのひとつですが，このインタビューをも
とにその生涯を見てみましょう。

　ニクラス・ルーマン（Niklas Luhmann）は，1927 年 12 月 8 日ドイ
ツ北部のニーダーザクセン州リューネブルクで生まれました。父は
高等教育を受けておらず，祖父から醸造と麦芽製造工場を引き継い
だ人（いつも厳しい経済状態だったとのこと），母はスイス人でホテル
経営の家系出身で，ルーマンの兄弟 2 人も大学に行っていません。
ただ寛容な両親で，好きなことを自分で決定できたと彼はいいます。

　1943 年，ルーマンは 15 歳で高射砲部隊補助隊員として動員され
翌年末に入営，第二次大戦の最前線に送られますが，捕虜となって
フランスの収容所で強制労働に従事します。ドイツ敗戦時 17 歳
だった彼は，「以前も以後もすべてが正常のように見えたのですが，
すべてが別のようになり，そしてすべてはそのまま同じものでし
た」と感じます。敗戦後「すべてが自然に正常になるだろう」とい
う希望に反して，彼は 9 月までアメリカ軍の捕虜収容所に収容され
ます。「私がアメリカの捕虜収容所で体験した最初のことは，私の
時計を腕から剝がし取られ，殴られたことです」。ナチズムは終わ
りましたが，他でありうる可能性と思っていた別の世界はなにも変
わらなかった。「私は 1945 年以後，単純に失望したのです」。

　ルーマンは 1946 年からフライブルク大学で法学を専攻し，比較
法に興味をもちます。もともと弁護士志望でしたが，卒業後弁護士
事務所で司法研修生として働く時期に，上司の不当な要求を断れな
いのが嫌だと考え，「もっと自由があると思われた」役所に入りま
す。1954 年リューネブルクの上級行政裁判所で行政裁判判決用参
照システムの組織化に従事，裁判所長官の秘書としても働き，1955
年にはニーダーザクセン州政府の文化省に入ってナチス時代の損害

賠償問題を担当します。この時期，彼は仕事を終えた17時以降社会学や哲学の本を大量に読み，カードボックスを用いて整理するという作業を始めたといいます。アルフレッド・シュッツに倣うなら，「昼は行政官，夜は社会学者」というところですね（笑）。

1958年初の論文「行政学における機能概念」を発表，1960年には「組織論の本を書くつもり」でハーヴァード大学の行政学大学院奨学生に応募して合格，モーゲンソーやキッシンジャー（第13章参照）の講義を受け，社会学のコースも履修してパーソンズと議論する関係になります。ルーマンによれば，自分は「パーソンズのものと正面衝突する機能概念」をもっていてそれについて議論したが，パーソンズの答えはいつも「素晴らしく良く適合しますね」で，彼との関係は良好だったそうです。そこからルーマンは，「機能は構造に依存するものではなく，たんなる代替可能な観点（機能的等価）という考え」を獲得します。ある機能を果たすものはとりかえがきき，他でもありうる可能性がある。彼の一貫した視点だと思います。

1962年，同じ仕事のくり返しである行政管理業務から逃れようとシュパイヤー行政専門大学校の参事官（研究調査職）に転職，1964年にはビーレフェルト大学の設立準備に携わっていたヘルムート・シェルスキーに新大学のスタッフに誘われ，1966年ミュンスター大学に博士論文と教授資格請求論文を提出，1968年にビーレフェルト大学教授となります。

1971年，ユルゲン・ハーバーマスとの論争書『社会の理論か，社会テクノロジーか』で彼への注目は急に広がりますが，名声を圧倒的にしたのは1984年の第1の主著『社会システム』です。その後『社会の経済』（1988年），『社会の科学』（1990年），『社会の法』（1993年），『社会の芸術』（1995年），第2の主著『社会の社会』（1997年）を刊行，このとき重い病（癌と思われる）を患っていたルーマンは，1998年11月6日70歳で死去します。

長岡克行『ルーマン／社会の理論の革新』によれば，70歳当時

の著作目録で単行本72冊，論文他465点（！）という彼の仕事を
どう扱えばいいのか。本章では思い切って『社会システム』前半と
『社会の社会』のひとつの章に焦点を絞ろうと思います。じつは，
助走として1968年の『信頼——社会的な複雑性の縮減メカニズム』
を紹介することも考えたのですが（シュッツとの関係の理解にも有用
で，コンパクトなルーマン入門書としてお勧めです），『社会システム』
との重複もあり長くなりすぎるので，残念ながらカットします。以
下，彼の社会学がどのように視界を反転させ，どんな新しい地平を
切り開くのか，見ていくことにしましょう。

2 コミュニケーションがコミュニケーションに接続する

●『社会システム』

> システム理論のパラダ
> イム転換

ルーマン第1の主著『社会システム（*Soziale
Systeme: Grundriß einer allgemeinen Theorie*)』
のねらいを確認してみましょう。ルーマン
は「序言」をこう始めます。「社会学は理論の危機に瀕している」。
経験的研究による知識は増大してきたが，「学科を統一する理論」
が形成されているわけではない。「理論」として扱われているのは
データ間の関係を経験的にテストしうる仮説か，「まったく無規定
な意味での，概念上の努力」だけである。——第7章で見たマート
ンの『社会理論と社会構造』序論や，今学期初めの回で見たミルズ
『社会学的想像力』での批判を思い出しますね。

ルーマンは，「社会学理論として，社会的なものすべてを取り扱
う」理論，「対象把握の普遍性」を主張する理論が必要だとし，
「パーソンズ以降は試みられなくなった，学科統一的な理論の定式
化」を宣言します。その対象領域は社会システムに関係づけられる
かぎりでの「世界総体」，「社会システム特有の，『システムと環境』
の差異」に関係あるものすべて，とされます。この試みは「非中心

的に（azentrisch）構想された一つの世界の中で，また非中心的に構想された一つの全体社会の中で，一つの多中心的な（その結果，多次元的な polykontextural）理論」として展開される。中心なき世界における，中心なき（ないし中心がいたるところにある）理論。

「導入のために――システム理論におけるパラダイム転換」でルーマンは，「一般システム理論」の発展を明快に整理します。まず，3つの分析水準を区別できる。最高度の分析水準である【1】では「システム」を論じる。このシステム概念から，【2】水準では「機械」「有機体」「社会システム」「心理システム」が比較可能となる。そして，【3】水準では「社会システム」としての「相互行為」「組織」「全体社会（Gesellschaft）」が分析される。本書の次章以降の考察は【2】水準，社会システムの一般理論の水準で進められるので，一般システム論（【1】水準）はそれ自体としては示されないが，次の問いが本書を導く発想である。すなわち，「一般システム理論において明確なかたちを取っているパラダイム転換は，社会システムの理論にいかなる影響を及ぼすことになるのか」。なるほど。

ではその「パラダイム転換」とはなにか。ルーマンによれば，システム理論は「基礎にまで及ぶような二つの転換」を経験してきました。第1の転換は，「システム」概念の登場以前からあった「諸部分からなる全体」「全体と部分」という区別に対して，「システムと環境」という新しい主導差異を導入したことです。生物学者ルートヴィヒ・フォン・ベルタランフィに由来するこの転換によって有機体の理論，熱力学，進化論が関連づけられるようになり，「開いたシステムと閉じられたシステム」の差異が浮上する。そして，「全体と部分」の差異と思われていたことは「システム分化」として定式化し直される。「システム分化とは，『システムと環境』の差異を，システムの内部において反復することに他ならない」。「全体と部分」の差異が，システム内に新しい「システム／環境」の差異が生成する事態，ととらえ直されるのです。

これに続いてこの 20 年で議論されるようになった第 2 の転換が，「自己言及的システムの理論」です。この理論は，「システムの分出は自己言及によってのみ生じうる」と主張します。システムはその作動において，自分自身と関係を取り結ばなければならず，それを可能にするためにシステムは「自己 Selbst」の記述を生じさせねばならない。つまり，システム自身が自分は「環境」とは区別される「閉じられたシステム」だと自己観察する，その自己観察・自己言及がはじめてシステムをシステムたらしめる，というわけです。

　こうした一般システム理論の発展を踏まえつつ，社会システム理論を定式化し直すことを試みたい。ルーマンは，この試みのもっとも重要の帰結のひとつが「要素概念の徹底的な時間化」ではないか，と論じます。ここでシステムは「自分自身を制作していく，オートポイエティックなシステム」と把握され，「システムを成す要素は，まったく持続しえない」というところから出発しなければならない。つまり，持続しえない諸要素が，その諸要素からなるシステムそのものによって不断に再生産されていかなければならないのです。これは「消滅していく部分」の代替物をつくりだし新陳代謝することにとどまらず，「独特のかたちで自律性を強いられる」ことを意味します。「システムは，自身を成り立たせている瞬間的な諸要素に接続能力を，つまりは意味を，付与し，そのような能力を持つものとして再生産していかなければならない」。それをやめてしまえば，好都合な環境のなかでもシステムは「たちどころに存在しなくなってしまうだろう」。一瞬一瞬に消滅していく諸要素を，次の瞬間にも持続するよう再生産していくシステム。そうやって自己と環境の差異を再生産し，その差異に自己言及して自分を制作し続けるシステム。そうした時間的なシステムとして「社会システム」をとらえ直そう！──本書のねらいはきわめて明瞭だと思います。

　さて，第 1 章「システムと機能」は，以下の諸考察は「（諸）システムが在る」ことから出発する，と勢いよく開始されます。でも，

この章から順に見ていくともの凄い分量になってしまう……。

ダブル・コンティン
ジェンシー

すみません，他でもありうる可能性から選
択いたしました！（笑）申しわけありませ
んが，第1章「システムと機能」，第2章
「意味」は飛ばして，第3章「二重の偶発性」から始めます。ルー
マンはこのテーマから「われわれは社会システムの理論へと導かれ
ていく」と述べ，この章でじつに鮮やかに従来の社会理論からの跳
躍を敢行していますから。

二重の偶発性＝ダブル・コンティンジェンシー。これは，パーソ
ンズが『社会体系論』で提起した問題でした。AさんとBさんが
向かい合って行為しようとしている（市場で価格交渉をするのでも，
片方が相手をデートに誘う場面でもいいです）。Aは自分の行為を決め
たいが，Bが次にどう行為しようと思っているかを予期して決めよ
うとする。Bのほうも，Aが次にどう行為しようと思うかを予期し
て自分の行為を決めようとする。そうするとAは，Bが自分の行
為をどう予期しているかを予期して行為を決めることになり，Bも
同じです。こうして，Aの行為の選択はBの選択に依存し，Bの
行為の選択はAの選択に依存する。どちらの選択も偶発的（他でも
ありうる）だから，どちらも行為できない。「二重の偶発性というこ
の問題が解決されなければ，行為は生じてこない」のです。

これに対するパーソンズの答えは（ルーマンによる要約ですが）次
のとおりです。パーソンズはダブル・コンティンジェンシー問題の
解決策を「行為の概念の中に含めることになる」。つまり，「合意の
想定を伴う規範的定位を，行為の不可欠のメルクマールと見なす」
道筋をとり，解決策を「仮定された価値合意」「規範的定位の一致」
「分有されたシンボル・システム」のうちに見出した（AGILの四機
能図式のうち，「L」が共通価値を担う考えもこの延長上にあった）。みな
さん，思い出しましたね。でもルーマンによれば，この提案は理論
史的には「移行期において定式化された」もので，20世紀前半の

社会学と同様に次の前提を置いていた。すなわち，「あらゆる全体社会は文化を継承しているのであり，したがってどんな社会状況においても常にすでに文化が見いだされる」という前提である。この考えでは，社会秩序を可能にする長期的な構造は「文化的遺産のうちに，つまりは過去のうちに」存しており，社会的秩序は「政治的支配の問題というよりも，社会化の問題となる」。じつに正確な要約です。そしてルーマンはこの答えに反旗を翻します。

　ルーマンはこう論じます。ダブル・コンティンジェンシー問題の解決を「合意の中にだけ，つまり社会次元の中にだけ求めなければならないという理由など，何一つとしてない」。では「合意」以外になにがありうるか。「機能的に等価なものが存在するのではないか——例えば時間次元における解決が」。時間次元での解決？　彼の解決策はシンプルです。「他者はまだ不分明な状況の中で，さしあたり手探りで行動を規定する。親しみを込めた視線，身振り，贈与で始めて，自我がそれらによって提起された状況定義を引き受けるか否か，どのようにしてそうするかを待ち受けるのである」。互いの予期はわからず状況は見通せませんが，でも片方がなにかをやってみて（仮の値段を呈示するとか，いい天気ですねと話すとか），相手がどう受け入れるかをじっと見守る。「それに続く〔自他の〕進み行きはすべて，この端緒という光を浴びることによって，偶発性を縮減する，規定をもたらす効果（肯定的なものであれ，否定的なものであれ）を伴う行為となる」。相手はイエスを選ぶかノーを選ぶかわからないが，最初の手探りの行動で選ぶべき可能性が縮減され，なにかを選ぶことはできる。試しにやってみて相手にまかせる，相手も試しに選択して，次の選択にまかせる，そうしていくとどこかに収斂していく。「あらかじめ確固たるものとなっている価値合意など必要ではない」。二重の偶発性問題は「偶然を吸い寄せ，偶然への感度を高める」ことで解決されるのです。「神ガオワサヌトシテモ（esti non daretur Deus），システムは成立するのである」!!

この解決策は，パーソンズの「合意」や「共通価値」という前提だけでなく，「社会」を考えるときに前提となってきたなにかを決定的に解体するように感じます。たとえばルーマンはこういいます。ダブル・コンティンジェンシー状況でコミュニケーションを開始できるためには，おそらく最低限の相互観察と，相手への知見に基づいた最低限の予期が必要だ。そして，「同時に，そのような状況の複雑性によって，関与者が相手を完全に理解することは排除される」。相手の「完全な理解に達することなど，できはしない」のです。ここで対峙しているのは「高度に複雑で意味を用いるシステム」であって，それらは「互いに不透明であり，計算不可能なのである」。──振り返ると，シュッツは他者の体験流は「接近不可能」だと論じていました。同じ鳥を一緒に眺めるとき，私の意味と他者の意味は決して重なり合わず，体験が同じなどということは「見込みのないこととみなさねばならない」……。

　ダブル・コンティンジェンシー状況とは，「二つのブラックボックスが，どんな偶然を踏まえてであれ，関わりあいを持つようになる」ということである。このかかわり合いによって事態は「必然的に縮減となる」が，「それらブラックボックスは，どんなに努力しても，またどんなに時間をかけてみても互いに不透明なままである」。相手の内的作動を算定しようとする試みは失敗せざるをえないのであり，算定不可能性という難点は「自由の認可」によって対処される。他者はブラックボックスのままだが，自由にまかせていれば「付き合っていくためには十分なだけの透明性が，協働によって生み出される」。「それらシステムは分離したままであり，融合しはしない。互いを〔交流に入る〕以前よりもよく理解するようになるわけではない」。だが，以上の道筋によって「一つの創発的秩序が生じてくる」。そして，「われわれはこの創発的秩序を，『社会システム』と呼ぶ」。

「偶然」と「信頼」　すでに，パーソンズとルーマンが「社会システム」と呼ぶものが，まったく異なることが理解できたと思います。ルーマンの見方では，「社会システムがシステムであるのは他でもない，基礎となる状態の確実性が存在せず，その確実性の上に築かれた行動予見も存在しないからである」。ここにはいつも「偶発性の経験」，「他でもありえただろう」という承認がともなう。「パートナーをよく知り，見積もることなど到底できない。その代りとして，〔パートナーが〕自由を有しているものと認可される。そうすれば偶発性の取り扱いに役立つもののみを知ることに集中できる」。このプロセスには「偶然」と「選択」と「自由」があり，それらが接続することで「システム」となる。

　だから，「それは常にすでに成功している問題解決であるが，おそらく他の問題解決もありえたのだ」。ある値段で売買が成立した，次の日曜にデートに行くことになった。でも他の結果も当然ありえた。ここでは「あらゆる偶然，あらゆる衝動，あらゆる誤謬」が生産的なものになり，「《ノイズ》がなければシステムはない」。「偶然というものは，諸システムの創発と同時に産出される。だから当該システムは，自身の再生産のために十分な無秩序を駆使できるのである」。システムは，「偶然」と「十分な無秩序」を利用する。

　これを「偶然による秩序」が「理念による秩序」にとってかわる，ということもできるでしょう（ここで私は，マルクスが博士論文で論じたエピクロスの「クリナーメン」＝偶然による原子の逸れを連想してしまいます）。この理論からは，社会秩序が「アプリオリに妥当する規範ないし価値」で根拠づけられると考えることはできません。秩序の根拠が「隠された事柄，認識しえない事柄」にあるという発想はスミスの「神の見えざる手」，ヘーゲルの「理性の狡知」，パーソンズの「潜在性」と受け継がれ，パーソンズは「文化がなければ，人間のパーソナリティも，人間の社会システムも可能ではないだろう」と考えた。しかしルーマンは，「これは明快な解答だが，われ

2　コミュニケーションがコミュニケーションに接続する　　351

われの問題を解決してはいない」と切って捨てます。

ルーマンは, なにか確実な根拠を「分有」するのではなく「くり返し」の事実そのものが根拠となる, と考えます。「時間」が秩序を成立させる, ということです。「どの選択の基礎も〔先行する〕選択によって作られるのであり, またその基礎は, 接続する選択過程の中で用いられることを通して固められる。そうなると, それを再度解体するのは, もちろん不可能ではないにしても, 困難になる」。たとえば, 「契約」の拘束作用は「契約は守られなければならない」との規範によって定められる, と通常は想定されますが, 契約を法形式とするのはその都度の選択にすぎない, と考えたらどうか。「諸選択が拘束するのは, 自分自身である。それは諸選択が相互に関わり合い, 互いを利用し, 互いを形成し, 代替選択肢を拒絶することによる」。これだけが根拠だ。「そのためには時間は必要だが, 諸選択には〔実際に〕時間がある」。「偶発性と時間」が関連することで契約は可能になる。——思い出しましたね。ガーフィンケルが, 「契約」は「規範の共有」ではなく「付帯条項（contingency）」をその都度「実践」することで効力をもつと論じたのと同型の議論です。

二重の偶発性のもっとも重要な帰結とはなにか。それは, 「信頼ないし不信の成立」です。他者は私が予期したのと別様に行為することができ, 自分の意図を不明にしておくことも私を欺くこともできる。だが（これらの可能性をなくすのではなく）この不安の閾を克服して社会システムを形成するのに必要な戦略が, 「信頼ないし不信」である。「信頼は偶発的に, すなわち自生的に（freiwillig）証されなければならない。したがって要求することも, 規範的に定めることもできない」。信頼は「規範」ではなく, 「偶然」なのです。

信頼が社会的に機能するのは, 不信の可能性が視野に入っており, かつ退けられている場合です。「小さなリスクから始めて, 確証を重ねながら〔社会関係を〕形成していく。……一方の信頼は, 他方の信頼の内に支えを見いだすことができる」。だから信頼は「循環

的な，自分自身を前提とし確証していくという性格」を有する。
「それによってシステム形成が可能になるとともに，その形成から
今度は，〔形成されたシステムを〕強化する，リスクを孕んだ再生産
に向かう力が獲得される」。ダブル・コンティンジェンシー状況は
基本的にすべてこの性格を有しており，「この意味では信頼は，普
遍的な社会的事態である」。……

　えーすみません，省略する予定だった 1968 年の『信頼』を一瞬
だけ参照させてください（また偶発的で申しわけない！）。冒頭ルーマ
ンは，「信頼」は「自分が抱いている諸々の期待をあてにすること」
を意味し，「社会生活の基本的事実」だとします。もしもなんの信
頼も抱きえなかったら，「全てのことが可能になってしまう」。人間
は「そのような世界の法外な複雑性」に無媒介に直面することは耐
えられず，そこでは「混沌と全身を委縮させる不安」しかなくなる。
そして人間には「他者が〔自分との別の〕自我」であり，「一切のも
のごとを私とは異なって体験」するかもしれないという「他者の原
理的な予測不可能性」があるため，「他者は，私を根源的に不安定
にしうる」。シュッツの「根本的不安」を思い出します。

　この「予測不可能性」に対処する方法が「信頼」です。それは
「未規定な複雑性をもった将来を縮減するために必要」ですが，
ルーマンは予想外の定義をします。「信頼は，過去から入手しうる
情報を過剰利用して将来を規定するという，リスクを冒すのであ
る」。他者の過去の情報は入手しうる。だが未来についてはなにも
わからない。でもいま・ここで行為するには，過去情報を「過剰利
用」して「リスクを賭した前払い」をしなければならない。「信頼
とは〔与えられている量を〕超過して引き出された情報」であり，あ
やふやな根拠による冒険です。そのようにして「信頼にみちて行為
する者」は，あたかもその可能性しか存在しないかのように「己を
投げ出す」。そして，この冒険は「複雑性にたいするシステムの潜
在的能力を高めるという機能」に照らすと合理的であり，「信頼が

存在しなければ，高度の複雑な社会を構成することはできない」。

　他者と「規範」を分有するのではなく，不信の可能性がある他者を「信頼」することでシステムが生じる。パーソンズが依拠した「規範」とルーマンが抽出する「信頼」の巨大な距離を，ここで共有しておきたいと思います。ダブル・コンティンジェンシーをめぐるルーマンの鮮やかな洞察は，「判断力喪失者」ではない「選択の自由」をもつ人間を指し示す。そしてこの「社会システム」が，あやふやな根拠を確信する人間，シュッツがいう「忘れられた人間」から出発していることも，理解できるのではないかと思います。

「コミュニケーション」とはなにか

　続く第4章「コミュニケーションと行為」の検討対象は，「社会システムは，人格（Person）からではないにしても，行為から成っている」という広く流布された観念，行為理論を社会システムの基礎と考える「支配的な流儀」です。ヴェーバーもパーソンズも「社会的行為」を出発点に社会を考えた，これをどう評価するか。

　ルーマンは（予想されるとおり）これに異を唱えます。前章で論じたように，「社会システムの基底的過程」は二重の偶発性において創発するのであって，その過程を成り立たせる要素は「コミュニケーションでしかありえない」のですから。ただ，彼は次のような二段構えの複雑な立論をします。「社会システム」は「結局のところ，コミュニケーションから成るのか，それとも行為から成るのか」。答え。「社会的なものを特別なリアリティとして構成する過程は，コミュニケーション過程である。しかしこの過程は，自身を操舵できるようになるためには，行為へと縮減されなければならない」。——ここにはふたつの命題が含まれます。命題1＝社会システムは「コミュニケーション」からなる。命題2＝それが「行為」へと単純化して帰属されることで，操作可能になる。……？

　でも，そもそも「コミュニケーション」ってなんなのでしょう？ルーマンはまず，「移送（Übertragung）」というメタファーを検討し

ます。コミュニケーションは情報を送り手から受け手へと移送する過程、とするとらえ方です（扉絵の「シャノン＝ウィーバーモデル」が典型ですね）。でも送り手があるモノを送って受け手が受け取る場合、送り手はそのモノを失いますが、コミュニケーションではそうではない。また、モノは送り手Aにも受け手Bにも「同一性」をもつが、Aが話した言葉とBが受け取る意味が一致するかはわからず、「移送される情報は送り手と受け手にとって同一」という前提はあてはまらない。このメタファーはコミュニケーションを送り手と受け手の「二極」からなる過程ととらえ、それが成功するのに「伝達者」の側を重視しますが、ルーマンはこれにも異議を唱えます。

　ルーマンはこう考えます。コミュニケーションとはつねに「選択的な事象（Geschehen）」である。コミュニケーションはいまのレリヴァンス（シュッツの章を参照）の地平からなにかを取り出し、他のものを脇に置いておくのであって、「コミュニケーションとは、選択をプロセシングすること」なのだ。ではなにを選択するのか。ルーマンは、コミュニケーションを「三極」からなる選択過程ととらえます。まず、①「情報」の選択。既知であれ未知であれ、諸可能性のレパートリーから「伝達すべきなにか」を選択することです。次に、②「伝達」、どんな「伝達する行動」をするかの選択。情報を選択することと、伝達するかしないかの選択は別のことで、直接会って伝えるか、電話で伝えるか、手紙かメールかLINEか、どんな口調か、など伝達の方法も選択できます。そして、③「理解」、すなわち情報をその伝達から区別することに基づく選択。ルーマンはこの第3の選択が決定的に重要だと考えます。

　たとえば（以下、北田暁大『広告都市・東京』の例をアレンジしてみます）、A先生が学生Bさんに、①「きみは秀才だね」（天才でも凡才でもなく）と、②電話で（直接会ってでもメールでもなく）、ある口調で（他の口調ではなく）伝えたとしますね。これを聞いたBさんは、③A先生が「秀才」という情報を、電話であの口調で伝達してき

た，ということは，私を評価している／冗談でからかっている／つまらない奴と思っている，などのうちのどれかの理解を選択する。「コミュニケーションは，後者（情報と伝達）の差異が観察され，要求され，理解され，後続する行動の根底に据えられる場合に，初めて生じてくる」。情報・伝達・理解の3つの選択が綜合されることによって，コミュニケーションは偶発的な出来事として成立する。そしてそのさい，「『理解』の内には程度の差はあれ広範に及ぶ誤解が，ノーマルな事態として含まれている。しかし肝心なのは……それらの誤解はコントロール可能で修正されうるという点なのである」。コミュニケーションにおいて「誤解」はノーマルである。

こうして，コミュニケーションが「実現されている」のは「理解が加わってくる場合であり，その限りでのみ」です。そしてこれに「第4の選択」が続きます。④「受け入れないし却下」です。受け手は「理解」の選択のあと，受容することも反対意見を呈示することもある（Bさんは「恐れ入ります」／「またご冗談を」／「失礼ですね！」／完全スルーなどを選択できる）。この第4の選択によって，「コミュニケーションは，『情報と伝達』の差異を，『受け入れまたは却下』の差異へと変換する」。コミュニケーションはこうした「諸選択をプロセシングしていくことの，完全に独自の，自律的な，自己言及的で閉じられた経緯」なのです。

「命題1」のまとめ。社会システムの最終的な，それ以上分解できない要素は行為か，コミュニケーションか。答え。「コミュニケーションは行為として，コミュニケーション過程を諸行為の連鎖として把握することはできない」。コミュニケーションはたんなる「伝達の営み」以上の複数の選択的な出来事の統一体であり，伝達行為の連鎖ではない。情報／伝達／理解それぞれの選択性が含まれ，この統一を可能にする差異を取り扱うコミュニケーションが「社会システム」の要素である。ルーマン先生，理解しました‼

「命題2」に移ります。以上のように，コミュニケーションには情報／伝達／理解の選択が融合しており，この融合を放棄することはできません（放棄したらコミュニケーションではなくなります）。とすれば，このプロセス（選ばれなかった選択肢が，情報／伝達／理解それぞれに膨大に含まれる）を把握することは非常に困難です。仮に，ダブル・コンティンジェンシーをなんとか解決した当事者（売買に漕ぎ着けたふたり，デートを約束したふたり）に，いまなにが起きていましたかと尋ねたら，どう答えられるでしょう。ルーマンは，「コミュニケーションは直接には観察できず，推測されるしかない」と論じます。

そしてこう続けます。「コミュニケーション・システムは，観察されうるためには，あるいは自己自身を観察しうるためには，行為システムとしての旗を掲げなくてはならない」。行為システムとしての旗？ ルーマンはこういいます。コミュニケーションは「複数の選択間の対称的な関係である」。どの選択も他の選択を先導しうるし，先導関係は反転可能という意味で対称的である。この「対称的な関係」，どの選択も他でありうる可能性があり，別の選択を導きえたという関係は，観察不可能である。それを観察するにはどうするか。「行為としての了解をコミュニケイティブな事象 (Geschehen) に組み込むことによって初めて，コミュニケーションが非対称化される」。観察不可能なコミュニケーションという出来事は，これは誰かの行為である（Aさんがあの値段に首を振った行為，とか，Bさんが映画に行こうと提案した行為，とか），という了解のもとで，はじめて観察可能になる。

ここで，シュッツが論じた「体験流」と「意味」の差異を思い出すとよいかもしれません。他者のなかに「体験流」が持続している。でも私がそれに「接近」することは不可能だ。このとき，私は類型によって他者の行為の「意味」を理解する。でも体験流は複雑で，「理解」から必ず漏れ落ちる。これと同じように，コミュニケー

ションはあまりに複雑で（各人は「選ばなかった選択」を体験するが，他者は接近できない），どう記述しようとしてもなにかが漏れ落ちる。そこで，コミュニケーションを「行為システム」として構成することで，「社会システムは，自分自身の内で自分自身の記述を用意する」。この自己記述によりシステムはコミュニケーションを継続する＝システムを再生産することを「操舵できる」。「自己観察と自己記述という目的のために，コミュニケーションの対称性は，非対称化され」，操作可能となる。「この短縮された，単純化された，そうされることでわかりやすくなった自己記述の中では，最終要素として働くのは，コミュニケーションではなく行為なのである」。

　だいぶわかってきましたね。「行為は，帰属過程を通して構成される」。つまり，「行為を確定する」とは，複雑性の縮減のための単純化である。ところがこの「行為を具体的な個々の人々に帰属させてしまう」という「通例的な思い込み」を，社会学者は思い込みだと知っているはずなのに「しばしばそれを共有してしまっているようだ」。「行為が帰属されうるのは常に具体的な単独の人間のみである」という思い込み。ここでもシュッツを思い出します。じっさいに生じているのは「平行四辺形」になったり「台形」になったりする複雑で揺れ動く「コミュニケーション」である。それを当事者は「正方形」＝「個人の行為」だと思い込んで生きている。さらに社会科学者もその思い込みに追随し，「行為の準拠枠」を採用する。生成するのはコミュニケーションである，「にもかかわらず日常生活における行為は個人へと帰属される。かくも非現実的な挙動は，複雑性の縮減の必要性によってしか説明されえない」。

　ルーマンは，以上の構想は「ノイズからの秩序」理論に適合しており，この構想の反対にはコミュニケーションを「システムを統合する働きとして，あるいは合意を確立することとして」把握する立場がある，といいます。しかし，「コミュニケーション＝合意」と把握すると，コミュニケーションはその前提を掘り崩し，失敗をま

き散らしながら生きながらえているということになる。これに対してルーマンは，コミュニケーションの帰結は合意ではない，といいます。「コミュニケーションの最も重要な働きに属するものとして，システムを偶然に対して，攪乱に対して，《ノイズ》に対して，敏感にするということが挙げられる」。コミュニケーションによって，「予期されないもの，歓迎されざるもの，失望をもたらすものを了解できるようになる」。「コミュニケーションを通してシステムは自身の感受性を根拠づけ，また増幅する。そうして持続的な感受性と非刺激可能性を通して，自身を進化に曝すのである」。「合意」はこの不安定性を是正するのにそれほど役に立たず，結局「錯誤，過失，停滞の危険」をあまりにも大きいものにするのではないか。

　こうして「社会システムは何から成っているのか」という問いに対して，ルーマンは以下の二重の解答を与えます。「コミュニケーションから，そして行為として帰属されることから，と」。このどちらの契機も，他方なしでは進化能力をもたなかっただろう。——これを読むと，平凡かもしれませんが，「コペルニクス的転換」を連想します。地球は動かず天体全体が動くとする「天動説」から，地球が動いているとする「地動説」へ。この転換は「自己」を中心とする見方の根強さとそこから跳躍することの困難さを示していると思います。「個人が行為する」という人間を中心とした見方から，「コミュニケーションが接続する」ことで社会システムは生成する（人間はそれを「個人が行為する」とみなすことでやりくりしている）とする見方へ。ルーマンは鮮やかに，「人間中心主義」を反転させます。

人間は社会システムの「環境」である

　第5章「システムと環境」は，新しいシステム理論の中心的パラダイムである，「全体と部分の差異」から「システムと環境の差異」への転換を詳論する箇所です。ルーマンは，このパラダイム転換に対応して機能分析が扱うのは，「定冠詞つきのシステム das System」ではなく「システムと環境の関係」である，と論じます。

システムが先ではなく，関係が先。「環境〔への〕関係はむしろ，システム形成にとっては根源的（konstitutiv）」であって，「環境はむしろ，システムの同一性の前提」となり，「同一性が可能になるのは，差異を通してだけ」なのです。

いいかえると，環境とは「システム相関的な事態」であり，「どのシステムも自分自身だけを，自身の環境から除外する」。そして，「環境は常にシステム自身よりもはるかに複雑である」。全体社会システムはコミュニケーションだけから成り立ちますが，その「環境」には個々の分子，個々の細胞，個々の神経システム，個々の心理システムといった高度に複雑な機構が属しており，どんな全体社会もこの環境に対応するだけの複雑性を調達することなどできません。システムは，「環境の圧倒的な複雑性」において生じるすべての事柄に「体系的」に反応できるほどの複雑性を有しているわけではなく，多くの事柄は偶然に委ねられることになる。……でもちょっと抽象的で，難しいですね。次の節でまた改めて。

第5章後半にも重要な論点がありますが，第6章「相互浸透」冒頭の強烈な文まで飛びましょう。「本章で論じられるのは，社会システムの特別な環境である。すなわち，人間について，および，社会システムへの人間の関係についてである」。──人間は社会システムの「環境」である！　きょうの講義のはじめに，『社会の社会』の引用で予告した命題ですね。

ルーマンによれば，従来の「人間主義的＝人文主義的（ヒューマニスティック）な伝統」では，人間は「社会秩序の外部ではなく内部に位置」し，「人間は社会秩序を成す部分であり，全体社会そのものの要素」と考えられてきました。人間が「個人 Individuum」と呼ばれる場合，「全体社会にとって人間は，それ以上分解できない最終要素である」という理由によるもので，人間が全体社会を構成し，人間は社会秩序に依存する，とされてきた。しかし，ルーマンはこの伝統をラディカルに反転します。「人間を，（全体社会そのものの部分ではなく）全体社会

の環境の部分であると，考えてみよう」。別にこれは，伝統と比較して「人間」を重視していないわけではありません（環境は「根源的」，なのですから）。ただ，「システム理論におけるパラダイム転換」を踏まえているだけなのです。

　ルーマンはこれに続けて，次の（やや意外な）議論を展開します。人間を全体社会の環境の一部とみなす場合，全体社会の一部としてみなすのに比べて，「人間がより複雑であると同時により拘束されていないものと把握する可能性が得られる」。だって，「環境」はシステムよりも高度の複雑性とより少ない秩序づけをもつのでしたよね。だから，こうみなすと，人間はより高度の自由が許容されていることになります（ルーマンによれば，「とりわけ，非理性的な，また非道徳的な行動への自由が」！）。「人間はもはや，全体社会の尺度ではない」。その環境として，より高度な自由を保持しているのです。

　さて，この章のタイトルである，「相互浸透」とはなにか。これは，あるシステムを形成するうえで，「そのシステムの環境に位置する諸システム」がもたらす貢献を示す概念とされます。システムＡにとってシステムＢが環境で，システムＢにとってはシステムＡが環境である，という「間システム関係」において，2システムが相互に「相手の中へと自身の，あらかじめ構成された複雑性を持ち込むことを通して，可能になっている場合」に，「相互浸透」が存在する，というのです。

　でも，まだずいぶん難しいですね。システムＡとシステムＢの相互浸透。そうですね，一方に社会システム（コミュニケーションの接続）があり，その環境として心理システム（意識の接続）があるとします。ということはつまり，他方に心理システムがあり，その環境として社会システムがある。重要なことは，浸透する2システムは「相互に環境に留まる」（融合しない！）ということであり，互いの複雑性は「引き受ける側のシステムにとっては把握しえない複雑性，つまり無秩序」なのです。「心理システムは社会システムに，

十分なだけの無秩序を提供する（および，その逆）」。相互浸透によって各システムは，「無秩序に感染して，要素出来事の成立の計算不可能性に直面」することになり，あらゆる再生産は「自身の構造化された複雑性」と「他システムの把握されえない複雑性」を前提にする。「社会システムは，コミュニケートしようと試みる際に心理システムが生み出すノイズを踏まえて，成立するのである」。

　雑な例かもしれませんが，こうたとえればイメージできるでしょうか。社会システムが次のコミュニケーションを選択しようとする。たとえば会話でも，チェスや将棋のようなゲームでもいいです。前の言葉，前の手を「理解」して，次の言葉，次の手が「接続」される。そのとき環境である心理システム（会話者や指し手の心理）が次の意識を選択し接続させたことが，社会システムにとっては偶然のノイズとなるが，社会システム（言葉や手の接続）はそれを踏まえて選択することになる。心理システムが次の意識を選択しようとするとき，社会システムが次の言葉や手を選択したことがノイズとなって選択することになる。言葉や手の接続（チェスや将棋なら「盤面」の世界）が「社会システム」で，話者や指し手の意識の接続が「心理システム」である（これは盤面にとって環境であり，ノイズである）。

　このとき，ふたつのシステムが同じ要素において収斂しているが，各システムはその同じ要素に「相異なる選択性と相異なる接続能力」，「相異なる過去と相異なる未来」を付与することになります。収斂が可能なのは「ただ現在においてだけ」であり，それをもとに各システムが別々の次の選択をする。「そうであってこそ，そもそも二重の偶発性が偶発性として可能になる」。つまり，「社会システム」と「心理システム」は相互に「環境」としてダブル・コンティンジェンシーのなかにいるわけです。「十分に頻繁に，また十分な密度をもって，二重の偶発性が経験され，それによって社会システムの形成が生じうるためには」，社会システムと心理システムの「相互浸透」がなければならない。

こうして，「相互浸透とは，オートポイエティック・システム〔どうし〕の関係なのである」。ここからルーマンは，「人間と全体社会の関係という古典的なテーマ」へと歩を進めます。社会システムの自己再生産は，「コミュニケーションがコミュニケーションを引き起こすことを通して，言わば自ずから，続いていく」というものでした。対して「人間」というシステムは，閉じて自己言及的な複数の再生産，「有機体の再生産」（生命）と「心理的再生産」（意識）を続けます。「生命としての，また意識としてのオートポイエーシス」は社会システムの形成のための前提であり，生命と意識の継続が保証されている場合に限って社会システムの自己再生産は実現される。ただし，「生命にとっても意識にとっても，自己再生産が可能にあるのはただ，閉じられたシステムの内においてである」。それぞれが閉鎖性をもって自己再生産する。けれども他のシステムのオートポイエーシスがその制約条件となっている。社会も，人間も。「両者は自身のオートポイエーシスを，閉鎖性が開放性の基盤として働くように，整えねばならないのである」。

　ここまでお話ししてきて，私はひとりの社会学者を思い出します。ゲオルク・ジンメルです。彼が『社会学の根本問題』で論じた「社交」は，いわば「コミュニケーションがコミュニケーションに接続する」ものであり，個人の「主観的なもの」や「純粋な内面性」はそこに入り込んではならないのでした。オートポイエティックな「社交システム」と「内面システム」が互いに他の環境となっている，といえるのかもしれません。あるいは，『貨幣の社会学』で，貨幣は人間のあいだに関係をつくるが，「人間を関係の外部に放置する」とされました。「人間」はコミュニケーションの外にある。だからこそ，人間は「自由」であることができ，「差異の個人主義」を守りながら「社会」を構築することができる。

　ルーマン自身はジンメルをどうとらえていたのか。たとえば『社会構造とゼマンティク 2』（1981 年）の終章「社会秩序はいかにして

可能か」（邦訳『社会システム理論の視座』）に，「ジンメルにおける
『秩序の問題』」という節があります。ここでルーマンは，ジンメル
の社会学では，それぞれの主体は「他の主体の魂のなかでのあの絶
対的な融合」から守られており，「自らの綜合をおこなっているが
ゆえに，他者の綜合からまぬがれることができるし，それぞれ他者
の綜合の影響を受けたとしても，ただちにそれを消去しうる」と述
べ，これを「社会的な複雑性と個人の複雑性とが，それぞれ他方の
複雑性を拠り所としてそれぞれの複雑性の縮減をおこないうること
に基づいて，個人としての統合が作り出されている」と表現し直し
ます。このふたりには共通の精神を見出せるのではないか。ルーマ
ンは，ジンメルが「個人が社会を成り立たせている要素であるとみ
なした」ことに異を唱えますが，パーソンズが行為システムの一般
理論をつくるさい彼が「学び取らなかった理論」がなにかを見定め
るには，ジンメルをよく知る必要があると指摘します。つまり……

　「あの，すみません先生」（画面から音声）。あ，はい，えーとどう
ぞ。「申しわけないのですが，初のオンライン授業でちょっと集中
が続かないので，休憩をはさんでいただけるとうれしいです」。
あっそうですね，気づかないで申しわけありません。みなさんの
「精神と身体を備えた人間」も，私のも，ここまでの「コミュニ
ケーションの接続」でだいぶ疲れましたね（笑）。では少しブレイ
クを。5分後にお戻りください。（マイク＆ビデオがオフに）

3 「機能分化」と「過剰共鳴」
●『社会の社会』と『エコロジーのコミュニケーション』

環節分化／中心と周辺
との分化／階層分化

（マイク＆ビデオがオンに）では再開します。
前節でお話しした『社会システム』がルー
マン社会学の原理論（ごく一部ですが）だと
すると，この斬新な理論は現代社会をどう描き出すことになるのか。

この節では，第2の主著『社会の社会（*Gesellschaft der Gesellschaft*)』を検討します。この本は「全体社会という社会システム」「コミュニケーション・メディア」「進化」「分化」「自己記述」の5章で構成されますが，ここでは第4章の「分化」だけを丁寧に見るという選択（？）をすることにします。

「分化（Differenzierung)」。このテーマは社会学でおなじみのものです。ルーマンは，ジンメル『社会分化論』やデュルケーム『社会分業論』に言及しますが（それぞれ「貨幣の分析」,「道徳的連帯の形式」へと進む)，パーソンズのAGIL図式が思い浮かぶ人も多いでしょう。でも，パーソンズとルーマンが描く「社会システム」はまるで違う。では，ルーマンがいう「システム分化」とはなにか。

パーソンズは，社会システムがある機能を担う部分システムに分化し，さらにより小さなサブシステムに分化すると考えました（正方形が4分割され，それぞれさらに4分割され，さらに……というイメージ)。でもルーマンはこう考えます。システムはある環境との差異から「分出（Ausdifferenzierung)」する（混沌とした世界から差異としてせり出すイメージ，でしょうか)。そのシステムの内部でさらなるシステムが形成されると，新しい「システム／環境」(「部分システム／部分システムの環境」)の差異が生まれ，「システム分化は，システム内環境を産み出す」。全体が部分に分解される，のではなく，「システム内環境」が生まれる。そして，分化の進展は自然発生的に生じうるものであり，「全体と部分の図式」が示唆する「全体社会による調整」など前提されていない，とルーマンは強調します。

いいかえると，システム分化において部分システムのオートポイエーシスが揚棄されることはありません。ルーマンは，「全体／部分図式」から「システム／環境図式」への転換によって「統合」概念も変化すると指摘します。旧来の思考様式では，諸部分の統合は全体の全体性のうちで「秩序アル和合」として見込まれていた（デュルケームやパーソンズ)。「統合」の概念はたいてい定義されな

いままで、「コンセンサスという前提」がそれ以上反省されずにもちだされることも多かった。しかしこの「規範的な、統合を要求し称揚する概念」はより複雑さを増した全体社会では矛盾に直面せざるをえなくなり、「統合を希望すれば結局のところ、われわれが生きているこの全体社会を拒絶することになる」。

　この過剰な意味づけを回避するため、ルーマンは「統合」に「部分システムの自由度の縮減」というごく控えめな理解を与えます。「全体社会外的環境」と「全体社会内的環境」から、部分システムの自由度は制限される。ただしこの制限が生じるのは作動の作動への接続がうまくいくことによってであり、「そのためにはコンセンサスなど必要としないはずである」。こうして社会システムでの意図の調整を省くことができ、「制限は気づかれることもない。負担はそのようにして軽減される」。だから、「統合は、部分システムのオートポイエーシスと完全に両立可能な事態なのである」。

　ではシステム分化にはどんな「形式」があるのか。ルーマンは、最初期の社会での「群れ」を除けば、全体社会の歴史には４つの「分化形式」しかない、といいます。①環節分化、②中心と周辺との分化、③階層分化、④機能分化、です（この「カタログ」には理論的根拠などなく、結果として安定した形式がこれだけだった、とされます）。

　①②③を簡潔に見ておきましょう。まず、①「環節分化」です。もちろんこれは、デュルケームが『社会分業論』で論じた「環節社会」のことですね。分業が進んでいない「機械的連帯」において、ムカデなどの環形動物のように同質部分が反復する社会類型です。

　環節分化が成立するのは、「全体社会が原則として等しい部分システムへと区分され、それらが相互に環境を形成することによって」だとルーマンはいいます。環節分化のもっとも単純な形式は、「全体社会」である「群（Horde）」から「離れて住んでいる家族」が分化したシステムです。それより大きなシステムは家族・村落・部族の３段階からなりますが、ここでは統一性を「血統」によって

定義するか「居住空間」によるか，という選択の余地が生じ，もっぱらその混合形態が見出される。この分化では，個人の地位は社会秩序のなかで固定的な形で帰属され（個人の同一性＝「家」ないし「村」），業績では変化しないのが前提です。

　環節分化の特徴として，現存制度が「多機能的」に利用されることをルーマンは指摘します。「多機能的」（重要概念です！）とは，労働を組織するにも紛争を調停するにも子どもを育てるにも，家族なり村落なりの同じ制度が用いられることで，個々の状況から離れて普遍化された「法」が進化することはありません。この分化は同種の部分システムへの分割なので，血縁や領土という「境界」が特別な問題となり，境界の外にいる人間は「『人』ではない」「異質な，おそらくは敵対的な人間」としてみなされる（だから「人間集団一般」という概念は存在しない）。環節社会の制度はすべて，「社会を今あるがままに留まり続けるよう調整され」，別の秩序に向かう兆しは「不法なもの，逸脱するもの，危険なもの，回避さるべきもの，戦われるべきもの」として現れてこざるをえなかった。

　この「平等な形で環節的に分化した社会秩序」が，いかにして②「中心／周辺の分化」かつ／または③「階層分化」した秩序に移行するのか。ルーマンは，これについて説得力ある因果的説明を行うのは困難だといいます。たとえば「戦争による征服」でエスニックな集団が支配者／被支配者として上下に重なり合う場合，ある家族が土地，財産，従者で明らかにより豊かになる「土着の発展」をする場合などが考えられますが，いずれにせよ「中心／周辺」分化は「中心が分出することから生じる」とされます。たとえば「中央の都市」が分出することで，周辺との分化が生じる。多数存在する中心のひとつが他の中心にヘゲモニーを行使するようになり，「変動に対する敏感さ」が局所化すると，中心から作動するコミュニケーションの数と複雑さが増大して，その結果「広大な領土をもつ帝国」が形成される（ウォーラーステインを連想しますね）。「帝国」は

居住可能な土地と周囲の荒れ地を厳密に分離し，前者は「記憶と文明」が存在する場所，後者は「驚愕と恐怖」に満ちた場所として表象される。この帝国の「中心」と「周辺」の違いがあるところに「高度文化」が成立します（ヴェーバーがいう「世界宗教」，ヤスパースがいう「軸の時代」です）。また，「中心／周辺」分化は「官僚制帝国」の性格ももつことになる。

　そして同時に，高度文化をともなう全体社会はどれも「貴族社会」であり，「上層」をもちました。ルーマンは，「秩序のためには位階の差異が必要だとの観念」で全体社会を記述する社会を「階層分化」した社会と呼びます。ここで「上層」は個人ではなく「家系間の秩序」であり，「階層への帰属が多機能的に作用」する。中心／周辺分化と同様，階層分化は「上層」が「分出し閉じること」（内婚制など）によって成立し，上層は下層に対する「卓越」や「洗練」による自己記述を行います（ブルデューを連想しますね）。道徳基準，衣装やふるまいの違いなど階層分化は「可視性」の水準で見られ，貴族に生まれれば貴族のまま，農民に生まれれば農民のままです。この「非対称性」はさらに「分化内分化」を発展させ，上級貴族と下級貴族の差異が生じたりもします。

　以上，①環節分化，②中心／周辺分化，③階層分化の3類型をざっと見てみました。重要なのはこの次です。こうした「旧来の事物の秩序」はどう解体されていったのか。ルーマンは「諸機能システムの分出によって」と答えます。第4の類型，「機能分化」です。

「機能分化」とはなにか

「機能分化」とはどういうことか。ルーマンはまず，機能分化は「部分システムは〔相互に〕不等であると同時に同等でもある」という観点から生じる，と述べます。環節分化では各部分システムは同等でした。中央／周辺分化では「中心」が「周辺」に対して，階層分化では「上層」が「下層」に対して不等に優位に置かれました。これに対して，機能分化では部分システムがそれぞれ違う

（不等である），それなのに「機能システム間の特定の関係に全体社会総体によって優位性が与えられる」ことはない（同等である）。

「機能システムの分出」という節で，ルーマンはこう述べます。「決定的なのは，ある時点でオートポイエティックな再生産の回帰性が自分自身を把握し始め，閉じを達成する」ことである。つまり，「政治にとって問題となるのはただ政治だけであり，芸術にとってはただ芸術だけ，教育にとってはただ才能と学習準備だけ，経済にとってはただ資本形成と収益だけということになる」。政治，芸術，教育，経済という「不等」な部分システムが分出し，それぞれの機能に特化して自らを再生産するようになる。「閉じ」を達成した各システムにとってそれ以外は「環境」です。全体社会も環境です。だから，「それに対応して全体社会内環境は——今やそれにとっては階層も含まれることになるのだが——刺激をもたらす雑音（ノイズ）としてのみ，攪乱ないし機会としてのみ知覚されるのである」。

まず「全体社会において個々の機能システムが分出して独自の，オートポイエティックな自律性が生じ」，さらに「全体社会のシステム総体が機能分化の優位へと転換する」。これは，「蓋然性のきわめて低い経過」だとルーマンはいいます。機能分化は環節分化にも階層分化にも基づかずむしろそれらを解体する，「したがってこの形式は，それが成立した全体社会のうちに何ら支えを見いだしえなかった」のですから。それなのに，この経過は「最後には不可逆的な，自分自身に依存した構造発展を生ぜしめること」になった。

このように「全体社会総体が，ますますもって機能システムによる包摂の流れへと引き込まれていく」と，重要な事柄が決定されるのは機能システムにおいて，ということになります。各機能システムはどのテーマを取り上げるか，どんな規則でコミュニケートするか，誰にどの立場を付与するかを「自分自身で規制する」ことになる。「今やどの機能システムも，時間性と社会性との関係については，自分自身で取り決めねばならなくなる。それゆえにどの機能シ

ステムも，全体社会を代表＝表出していると主張しうる。ただしそれは，自身の領域に関してのみの話である」。ここには「頂点への縮減」も「中心への縮減」も存在しません。

　続く節「機能分化した社会」の冒頭，ルーマンは「近代社会」を「機能分化した全体社会」として把握することとする，とします。機能分化は「機能システムが自己言及を包含しつつ作動のうえで閉じられること」に依拠し，全体社会は諸部分システムに「共通の差異図式」を押しつけることを放棄せざるをえなくなる。各機能システムは自身のアイデンティティを自ら規定し，全体社会は「ただ環境としてだけ考慮されることになる」。全体社会は環境としてしか扱われない。ただし部分システム相互の依存性は減少するわけではなく，むしろ増加する。だって，自分の機能しか遂行できませんからね。だがその依存性は「システムと環境の差異」という形式をとり，特定の形で規格化することはできません。各システムは「全体社会内的環境条件」に高度に依存し，つねに変動するのです。

　「以前の社会学理論」（パーソンズのこと）では，「機能」は「全体社会システムの存続前提」として定義されていました。これに対して，ここでは「存続前提」ではなく機能システム間の「関連問題（Bezugsproblemen）」が問われます。各機能にひとつずつ部分システムが分出されると，そのシステムは当該機能を優先し，他の機能よりも上位に位置づけることになる。政治システムにとっては政治的成果が最重要となり，たとえば経済的成功は政治的成果の条件としてだけ重視される。ここには全システムにとって拘束力をもつような機能の位階秩序などありません。「むしろあらゆる機能システムにおいて，自分自身を他に比べて過大評価せよとの指令が生じてくる。ただし，その自己評価が全体社会総体において拘束力をもつことは放棄される」。各機能システムはジコチュー（？）に作動し，互いに環境となりますが，全体社会の存続前提として拘束されることはないのです。

こうして機能システムは，自身の機能的優位性という基礎のうえ
で作動上の閉じを達成し，全体社会というオートポイエティック・
システムの内部でオートポイエティック・システムを形成する。こ
のために必要な装置が「バイナリーコード」です。法システムであ
れば「合法か不法か」，経済システムであれば「所有か非所有か」，
科学システムであれば「真理か非真理か」。このコードはそのシス
テムのなかだけで用いられ，他のシステムでは用いられないため，
自システムに属する作動を他の作動と明確に区別できるようになる。
コード化は「正の値と負の値との間の振動を，つまり評価の偶発性
を規制する」ものであり，その機能は「オートポイエーシスを確保
すると同時に，システムが目的（終局 Ende，テロス telos）にたどり
着いてそこで止まってしまうのを阻止すること」にあります。機能
システムは，あらゆる作動を二値コードに結びつけ，それによって
「コミュニケーションが後に続きうること」を保証するのです。

度はずれな刺激　　　この「機能分化」からの帰結はなにか。私
が最重要と考える論点に入りましょう。

　ルーマンは，「オートポイエティックな社会システムの理論」と
「機能分化の構想」を組み合わせることで，近代社会の理論の出発
点が与えられるとし，こう定式化します。「冗長性の放棄によって，
つまり多機能性を放棄することによって，著しい複雑性の獲得が実
現されうるのである」。「多機能性の放棄」？　さきほど見た環節的
な全体社会では家族や村落が多くの機能を担い，階層化した全体社
会では「家政」（経済）による「公的」行動（政治）への自由裁量に
より社会的諸機能が多重的に保証されていました。同じひとつのシ
ステムが複数の機能を果たしていたわけです。ところが機能分化し
た社会では，「重要な機能は，必要な遂行水準を踏まえつつ，その
ために分化した機能システムの中でのみ満たされうる」。たとえば，
政治に管轄権をもつのは政治システムだけ，です。

　しかしこれは「必要な遂行水準を踏まえつつ」です。「遂行」と

いうのは，あるシステムが他のシステムを観察することをさします。政治は政治システムだけが担うが，このシステムが貨幣を用いる場合もあり，このときは貨幣に即して行動しなければならない。政治が貨幣をつくったとしても，経済はその貨幣を受け入れないかインフレーションとして政治のほうに問題が還流される。あるいは政治は，法廷で解釈されて継続的に展開する憲法の細目に備えなければならない。このとき，「遂行能力ないし遂行性の準備」（法に対する政治の準備）がわずかでも変動すれば，他のシステムにおいて（当の変動に比べて）「度はずれな刺激が生じるかもしれない」とルーマンはいいます。遂行にかかわる度はずれな刺激。

　まだわかりにくいですね。各機能システムが担いうるのは，「ただ自身の機能だけ」です。政治は経済の成功を成し遂げる可能性はなく，経済が真理を産出することはできません。相互に独立している。しかし，各システムは，自分の機能しか果たせませんから深く依存しています。このとき，「刺激係数は，全体社会総体において増大していく」。他のシステムは見通しがたいものになり，システム間関係で可能な変動と効果を完全に計算することは事実上排除されます（つまり，「ブラックボックス」です）。それぞれの作動は，他のシステムから見通せない。独立している，だが依存している。この，「冗長性の放棄と複雑性の獲得」により，「全体社会の進化はバランスを欠いた状態で進行していく」。

　「刺激と価値」という節で，ルーマンはこう述べます。「この分化形式への移行によって全体社会が刺激される可能性は増幅され，環境の変動に速やかに反応する能力は高まる」。だがそれは，「複数の刺激を〔相互に〕調整することを広範囲にわたって放棄することによって贖われなければならないのである」。つまりこうです。機能分化した各システムは，見通しえない「環境」の変動（全体社会内の他システムも，全体社会外環境も含む）に対して，刺激される能力を高める。しかし，それぞれのシステムの刺激反応は調整されません。

もし「過剰な刺激」という問題を中央からの監視・計画・操舵によって解決しようとすると、「全体社会の被刺激可能性」は中央の情報処理能力によって制限されてしまうことになり、「被刺激可能性の増幅によって獲得された利得」はふたたび放棄されてしまうからです。──機能システムは増幅された被刺激可能性というメリットをもつ。しかしそれは中央によって調整できない。調整しようとするとこのメリットは失われてしまう……。

　「刺激」とは、「作動上の閉鎖性（オートポイエーシス）」と「システムと環境との構造的カップリング」との関連において生まれます。システムは独自の作動を、システム独自の構造に拘束された形で接続させる。そこで環境が変動する。するとその刺激は「外れた予期という形式」で記録され、それが反復される場合、システムの予期構造との矛盾を引き起こすことになる。ここで機能システムは変わらなければなりません。しかしこのシステムはそれ独自のオートポイエーシスしかできません。このとき、刺激に対して「問題を過度に吸収してしまうと同時に、不十分にしか吸収しない」という事態が生じる、とルーマンは指摘します。各機能システムは、予期せざる刺激を過剰に拡大してしまうかもしれないし、刺激に対応したコミュニケーションを選択することがまったくできないかもしれない。

　ここでルーマンは、「全体社会の環境に由来する刺激は、ここ数十年のうちに劇的に増大してきた」とする現代社会診断を挟みます。増大する刺激とは、①技術と人口過剰により生じたエコロジカルな問題。②人口増加そのもの（制御不能な人間身体の急速な多数化と身体の移動）。③個々の人間の（ますます個人化され、幸福と自己実現を志向する）予期。これらは近代における全体社会の進化＝機能分化への移行の結果ですが、調整はうまくいかなくなっており、「機能システム相互の刺激から全体社会の自己刺激が生じてくる」程度に応じて、「全体社会の刺激する水準は上昇していく」。それとともに「全体社会システムの環境への関係における齟齬もまた増大していく」。

次々に新たな情報がもたらされて刺激と齟齬が生まれ，機能分化したシステムはより強く環境に介入する。だが，「機能分化によって，全体社会の中心においてその帰結を処理するわけにはいかなくなる……機能分化は，全体社会への遡及効果を分散させる。刺激として個々の機能システムへと配分されるわけだ。効果的な対処を予期できるのは，個々の機能システムにおいてだけだからである」。

　このシステムでは，「全体社会システムの環境関係」に「管轄権を持つはずの中枢審級が欠落している」。環境問題の存在を示す「シグナルは環境から生じ，全体社会がそれを情報へと変換する」。でもこのシグナルは，個々の機能システムによって処理される以外の可能性をもちません。「全体社会そのものは行為できない。全体社会が全体社会の内部においてもう一度登場してくることはない」。つまり，「環境問題をシステム内的構造へと変換しようとしても，システム独自の論理によって失敗してしまう」のです。機能分化のもとでは，環境問題を取り扱う「操舵中枢」は存在せず，逆にもしそんな装置が存在するとすれば環境に影響を及ぼしうる機能システムの分出はすべて阻止されることになってしまう。「機能的に分化した全体社会は，頂点も中心もなしに作動するのである」。頂点も中心もなく。──『社会システム』の序言で予告されていた「非中心化された世界」の視点です。

　「全体社会の中にはエコロジー問題を扱う中枢的権能など何ら存在しない」。エコロジー運動やマスメディアがこれを「問題」として情報化しますが，そこで生じるのは「問題の定式化」と「問題解決」の齟齬の拡大です。「問題解決は見えてこない」。各機能システムはそれぞれ独自の仕方で反応する（政治はレトリック，経済は希少資源の価格上昇，科学は研究プロジェクトによって）。この問題はコミュニケートできるため，全体社会は無視できない。でも解決できない。中心的な管轄権もない。だから，「コミュニケーションが増加していくにつれて，ある種の無力さの感情も増加している」……。

『社会システム』の「導入のために」で見たように，ルーマンのシステム理論は「システム／環境の差異」を主導差異とするのでした。この理論的出発点から長い旅を経て，彼は機能分化した近代社会が解きえない（おそらく最大の）課題として「システム／環境」の問題を抽出します。中心も頂点もない機能分化社会は，環境の刺激に適切に反応できない。各部分システムはオートポイエティックに作動し，その刺激可能性は増幅されているが，環境に対しては「無力さ」を抱える。――私は，ルーマンの理論枠組みから現実分析にいたる一貫性に畏怖を含む驚きを感じます。ここには，「グランドセオリー」とはまったく異なる，私たちが囚われている「罠」を理論的に解明する「社会学的想像力」があるように思うのです。

エコロジーと過剰共鳴　　　ここで，1986年の『エコロジーのコミュニケーション』を短く見て，より手触りのある議論にしたいと思います。この本は，1985年5月（『社会システム』刊行の翌年）の講演「現代社会はエコロジーの危機に対応できるか」をもとにしており，その中心テーゼは，「近代社会はさまざまな構造的に分化した結果，近代社会が生み出す共鳴は少なすぎたり多すぎたりする」，です。エコロジー問題のポイントはどこにあるか。「問題はもっと根本的なところにある。すなわち，各機能システムの分化自体が問題なのである」。その分析のキータームとして，第4章で「共鳴」という概念が呈示されます。

　ここでルーマンは，システムと環境との関係をこう表現します。「システムはその内部の循環的構造によって自己の再生産を環境から遮蔽し，ただ例外的にのみ……環境の要素によって刺激され，揺り動かされ，振動状態へともたらされうる」。この例外的なケースを「共鳴」と呼ぼう。物理学では独立したシステムが固有の振動数においてだけ共鳴を起こしますが（複数の音叉がワンワン鳴り出す現象ですね），システムは境界によって環境からの影響に対して絶えず身を守り，選択的にのみ環境と結びつく。こう考えると，共鳴はむ

しろ起こりにくい（ありそうにない）ことです。ですがルーマンは，「社会は，もしそう言ってよければ，並外れて振動しやすいシステムである」といいます。なぜか。「言葉で表現しうることであればどんなことについてもコミュニケーション可能」だからです。「意味」は「振動可能性」を産み出すのです。

　第6章「社会的作動としてのコミュニケーション」で，ルーマンはこう問います。「社会は，エコロジカルな危機についてコミュニケーションしうるどのような可能性を有しているのか」。では，「エコロジカルな危機」とはなにか？　それは「環境に関するコミュニケーションで，かつコミュニケーション・システムたる社会の構造に変化を引き起こそうとするコミュニケーションのすべてを意味する」。え，エコロジカルな危機＝コミュニケーション？「はっきりと認識してほしいのだが，問題なのは徹頭徹尾社会内的な現象だということである」。石油の備蓄の減少とか森林の枯渇とかの「客観的と思い込まれている事態」は，「そのとおりかもしれないし，間違っているかもしれない」。しかし，「それらについてコミュニケーションがなされないならば，たんなる物理学的，化学的，あるいは生物学的事実にすぎず，社会的共鳴をまったく生み出さない」。魚は死ぬかもしれないし，人間も死ぬかもしれない。ポンプから石油が出ないかもしれないし，平均気温が上昇するかもしれない。だがそれについてのコミュニケーションがなされなければ，社会的影響をまったくもたない。「社会は確かに環境に対して敏感なシステムではあるが，……社会はコミュニケーションによってのみ観察」し，「意味的コミュニケーション以外に行えることはない」。「それゆえ，社会が危機に瀕するとすれば，ただ自らそうすることしかありえないのである」。第7章「エコロジカルな知識と社会的コミュニケーション」の冒頭ではこう述べます。「社会は自分自身でエコロジカルな危機に陥ることができるだけだ……社会がコミュニケーションを危機にさらすことができるのは，ただコミュニケーションを通じ

てのみである」。またまた凄い反転です。

　第8章「バイナリーコード」で、厳密に表現し直した問いとしてこう記されます。「社会システムが機能システムに分化し、しかもただ機能システムを通してのみ、環境内の出来事と環境の変化に対応しうるならば、環境問題は社会的コミュニケーションの中で、どのようにして共鳴を生み出すことができるのか」。機能分化した社会において、環境の変化はどんな「共鳴」を生むか。第9章「コード、基準、プログラム」によれば、機能分化とは特定の機能ごとに分化したバイナリーコードに基づくようになることであり、「代理・機能性を放棄することでのみ可能になる」（『社会の社会』で見た「多・機能性・冗長性の放棄」ですね）。異なるバイナリーコードに依拠する各機能システムは代役を務めることができない。他方で、機能分化は「代理機能性を放棄した代償として、刺激と攪乱に対する高度の・抵抗力ときわめて特殊な感受性とを同時に成立させうる固有のダイ・ナ・ミ・ズ・ム」を各機能システムが展開することを可能にした。

　ここで「共鳴」はどうなるのか。「社会の共鳴は単純に各部分システムの特殊な共鳴の総和とはならない」。各部分システムは他システムの環境として「相互に制約し攪乱しあう」面があり、あるシステムが環境の変化に反応する＝他システムにとっての社会内環境を変化させるとき、「攪乱の増幅過程」が生じることもある。それぞれの部分システムは、自分のコードとプログラムに従って共鳴し、「もともと各サブシステムが引き起こした環境の変化とは似ても似つかないシステム内効果が発生する」。各システムは他のシステムからの刺激を受けてワンワン鳴り出す。これは制御を必要とするが、その制御も「各機能システムの内部でしか、しかもそれぞれのコードとプログラムにしたがってしか、起こりえない」。

　第17章「制限と増幅——過少な共鳴、過剰な共鳴」でルーマンはこう述べます。各機能システムは代替不可能になり、代理機能性を放棄している。とすればあらゆる攪乱はいずれかの機能システム

へと回路づけられねばならず，環境汚染としてどんな事態が生じようとも「いずれかのコードに即してしか有効に対処することはできない」。この結果，一方で「代理機能性の放棄は，攪乱（ノイズ）に反応する能力の制限をもたらす」。各システムは環境汚染に合法／不法とか所有／不所有とかのコードでしか反応できませんから，共鳴能力は「制限」されています。だが他方，「構造的制限こそが同時に共鳴能力を高めることになる」。代理機能性の大幅な放棄によって成立した目や耳，神経システムや免疫システムは「それぞれが狭い，ただし進化の過程で試され済みの周波数の範囲でしか共鳴できない」が，「その代償として組織化された学習能力を獲得する」。これと同様に，社会システムはエコロジカルな危機に「あまりにもわずかしか共鳴できない」が，「あまりに共鳴しすぎるという事態も起こりうる」。そして，「システムは，外部から破壊されることがなくても，内部の過剰な要求によって崩壊することがありうる」。システム内部の過剰な要求による崩壊。たとえばある未知のウイルスに襲われたとき，各機能システムが自らが担う機能に応じて反応し，他システムとのあいだで過剰な共鳴を引き起こして，社会システム全体が崩壊に向かうことがある……。

　機能分化した社会では，システム間でどの程度影響を及ぼし合うかを司ることができる「上位の審級は存在しない」のでした。それゆえ，一システムでの小さな変化が，「共鳴を通じて他のシステムに巨大な変化を引き起こす」こともありうる。さらに，各システムは他の諸機能が他のどこかで充足されることに依存するから，他システムによる特定の機能遂行が滞った場合，個々の機能システムが対処できない社会内環境の変化として甚大な影響を生じさせる可能性がある。このように，「社会の内的関係においては，外部環境との関係においてよりも，はるかに共鳴が起こりやすいと考えられる」。「機能システムは内因的に不安定であり，簡単に刺激される」のであり，そうしたリスクは「ちょっとしたことで現実化する」。

まとめです。「各機能システムのオートポイエーシスの自律性と，システム相互の代替不可能性の放棄こそが，バランスを欠いた反応が生じる根拠である。というのも，固有の機能を単独でかつ全面的に担っている各システムは，共鳴が起こる条件を自ら統制しているが，共鳴を引き起こす環境のきっかけの方は統制できないからである」。全体社会内で機能分化し，冗長性を放棄して独立しつつ相互に依存する各システムは，自らの機能については高度なパフォーマンスの水準まで進化することができる。だが，統制できない「環境」から思いもよらぬ変動が突きつけられたとき，各部分システムはそれぞれ独自に反応し，それが他システムにとっての予期せぬ環境変動となって，機能システム間の「過剰共鳴」を引き起こす。これを制御する「上位の審級」，あるいは「頂点」や「中心」はもはやどこにも存在せず，全体社会は小さな刺激によって崩壊するかもしれない。——機能分化した社会がもつ脆弱性を浮き彫りにするこの議論に，2020 年代に生きる私はため息をつくばかりです。

排除が排除に接続する

　『社会の社会』の「分化」の章に戻って，みなさんに最後に話したいテーマがあります。「環節分化」の直前に論じられている，「包摂と排除」です。

　ルーマンは，「社会統合」というテーマを「包摂／排除」の区別によって置き換えたい，と論じ始めます。「包摂」とはその内側が「人（Person）が社会的に顧慮されるというチャンス」として指し示され，外側は指し示されないままに留まる，というものです。そして「包摂が存在するのは，排除が可能である場合のみ」です（区別＝差異ですから）。「統合されえない人ないし集団が存在して初めて，社会的凝集力が可視的になり，そのための条件を特定することが可能になる」。たとえばカースト制での「不可触民」は「清浄の命令と儀式をめぐる包摂秩序」の形成のための「象徴的相関物」であり，彼らが「排除」されているという事実によって「包摂」の秩序や条件が可視化される。だから数が多い集団である必要はなく，

排除された者が現前することが確認できるだけの数で十分である。

　ではこの「包摂／排除という変数」は，「全体社会のシステム分化の形式」とどう関連することになるか。まず，「環節社会」において，包摂は「ひとつの分節に所属していること」から生じます。ある家族なり村落なりに所属することが包摂であり，移動の可能性が限られたこの社会では，各人が自身の社会的帰属の外側で生きていくチャンスはほとんどありません。

　「階層化された社会」では「包摂の規制は社会階層へと移行」します。この社会には経済的困窮などの理由で排除された人々や物乞いも多数存在し，そこから修道院，不名誉な職業，貿易港・軍港などが人員をリクルートしました（その最終的な引き取り手はカリブ海の海賊船（！）なのだそうです）。排除の領域は「互酬性の予期が破壊されること」で認識でき，排除された者は策略と偽計へと動機づけられるようになる。また，キリスト教化されたローマ帝国では「異端者」は不名誉の烙印を押され，帝国権力の崩壊後は教会自身が「破門＝コミュニケーションからの排除 Exkommunikation」の決定を引き受けることになります。

　では，「機能分化」への移行で「包摂／排除」の区別はどうなるか。この分化形式において包摂の規制は部分システムに委ねられますが，個人はすべての機能システムに関与できなければならず，どれかの部分システムが個人を具体的に位置づけることはありえなくなります。だから，出自による包摂／排除があるわけではなく，「この全体社会では包摂は，高度に分化したコミュニケーションのチャンスに依存することになる」。各個人は経済にも，選挙にも，教育にも，結婚にも，信仰にも関与できるわけです（関与することを選びうるし，選ばなくてもよい）。ある人が包摂に関与するチャンスを利用しなかったら「それはその人個人に帰せられる」のであって，近代社会は「排除」を「社会構造的な現象としては認めずに済むようになっている」。ここで「排除のない包摂」，「人間《一般》を

《この》全体社会へと包摂すること」が構想され，「ここに至って初めてすべての人間が人間と」なる，とルーマンはまず論じます。

　また，ここでは「排除の根拠と規範的ゼマンティク」が切り離され，宗教上の異端も法律違反も「全体社会からの排除」に行き着くわけではありません。「規範からの逸脱」があったとしても，「排除は規範的には正当化されえない事実」と扱われるようになるのです。

　ですが，「あらゆる人間を全体社会のうちに完全に包摂せよとの要請を理想化すると，重大な問題から目を逸らせてしまう結果になる」とルーマンは論を転じます。全体社会が機能分化するとともに，包摂と排除の規制は「機能システム」へと移る。そして，「この点に関して部分システムを監督する中枢審級など，もはや存在しない」（環境問題と同様に）。ある個人がどれだけ貨幣を使えるかは経済システムで決定される。どんな権利主張が可能かは法システムの管轄である。宗教的か否かの条件は宗教システムにより設定され，どの科学的な知を用いるかは科学システムによる。各人はこのそれぞれに関与可能です。だから「『包摂が，かつてなかったような状態に到達した』という幻想に溺れる」ことも可能でしょう。しかし，次の帰結も生まれます。「あるひとつの機能システムから事実上排除されているということが……他のシステムにおいて得られるものを制限してしまう」。職がない。収入がない。身分証明書がない。親密な関係がない。契約を結べない。裁判による権利保護を受けられない。選挙キャンペーンを理解できない。字が読めず医療と食糧給付を十分に受けられない。ひとつの機能システムに関与できないことが，他の多くの機能システムからの排除を生む。この状況が人口のある割合に及んでおり，彼らは「居住地という点でも分離され，不可視化されて」しまう。問題は「システムの周辺部において排除効果が形成されており，その水準においては全体社会の負の統合が生じるに至っている」点にある，とルーマンは論じます。

　ルーマンによれば，社会学者は「人口の多くの，それどころか大

半の部分が機能システムへの関与から排除されている」という問題を「階級支配ないし社会階層の問題」として定義しがちだが，これは問題を矮小化するものである。階層による「包摂／排除」のメカニズムと現代の排除問題は量的にも重みが違い，構造も異なる。「今日の排除問題は逸脱の増幅という機能特殊的な形式に，ポジティブ・フィードバックに由来している」のであり，「諸機能システムが多重的に依存しあっているがゆえに排除効果が強化されることにも由来している」。住所をもたなければ，入学願書を提出できない（インド）。読み書きできなければ労働市場でチャンスを手にできず，そうした人々を選挙権から排除するという議論がなされる（ブラジル）。ファベーラ（ブラジルのスラム）の土地を不法に占拠する以外に住居を見つけることができない人々は，危急の場合に法的保護を受けられない……。

　ここでも問題の焦点は「機能分化した社会」にある。ルーマンは，ある機能システムからの排除が他の機能システムからの排除へと連鎖する事例のリストはもっと増やせるとしながら，こういいます。「排除は包摂よりもはるかに強い統合をもたらす」。だから「全体社会は，階層化の時代とは正反対に，上層よりも下層においてより強く統合されているのである」。階層化社会では「上層」が分出し，これによる「包摂」が社会を統合していた。しかし機能分化した社会は，「下層」が排除されるという事実によって統合されているのではないか。さらに，ルーマンはこう推測します。「包摂／排除という変数が地球上の相当の地域において，メタ差異の役割を引き受け，諸機能コードを媒介しようとし始めているのではないか」。たとえば，合法／不法という法システムの二項コードが機能するかどうかは，先行する「包摂／排除によるフィルタリング次第」ではないか。そしてこれは，排除された者を政治家や官僚や警察が守ろうとするかどうかという決定にも影響を与えているのではないか。

　「包摂領域においては人間は人として数えられるが，排除領域に

おいて問題になるのはほとんど身体だけであるように思われる」。
講義冒頭で見た『社会の社会』の「全体社会という社会システム」
で，ルーマンは「身体と精神を備えたまるごとの人間」を「社会シ
ステムの環境」とみなすことを宣言し，社会とはコミュニケーショ
ンがコミュニケーションに接続するシステムだととらえていました。
全体社会から排除される＝コミュニケーションの接続から切り離さ
れるとき，「環境としての人間」は「身体と精神」を備えた「人」
としては扱われず，ただの「身体」として放置される。このとき
「物理的暴力，セクシュアリティ，原初的で本能的な欲求充足が解
き放たれて，直接的な重要性を帯び」る。ここで人間は，いわば意
味を剝ぎ取られた剝き出しの身体となるのです。「もはや，より多
くの前提を要する社会的予期を接続していくことはできなくなる。
定位できるのは短期的な時間地平に，状況の直接性に，身体を観察
することにだけである」。これはまるで，帝国の外部には居住不可
能な「荒れ地」が広がっていた「古代の秩序」（「中心／周辺」の分
化）のようにさえ見えます。ですが，これは「今日における機能分
化した全体社会から生じる副次的効果」なのです。

　この問題が「個々の機能システムの内部において解決されうる」
と期待することはできません。すでに見たように，どの機能システ
ムも「全体社会一般に及ぶ管轄権」をもたず，「排除の相互強化と
いう問題を，個々の機能システムのどれかに帰属することはできな
いから」です。「中心」が「周辺」を搾取することや「階層」分化
による搾取が問題なのではなく，「すべての人間を人間」として
「包摂」したはずの機能分化した社会において，各機能システムに
関与できない事態が連鎖することで生まれる「排除」が問題なので
あり，「○○の機能システムが排除を生んでいる！」などと名指し
することはできない。ルーマンは，これは既存の機能システムでは
解決できないと考えます。むしろ，「機能分化から帰結する排除を
扱う新たな，二次的な機能システム」の形成が求められる。社会扶

助の水準ないし開発援助の水準において，新たな機能システムが必要なのだ。ここで問題になるのは「慈善」や「貧者救済」ではなく，「構造的変動の試み」であり，そのスローガンは「自助への援助」であって，「おそらくここにおいて，ひとつの機能システムが立ち上がってくるのを観察できるはずである」。

ルーマンのこの熱い語り（と私は率直に感じるのですが）に驚く人がいるかもしれません。しかし，この議論がルーマンの「社会システム理論」から論理的に導かれることは理解できると思います。たとえば『社会の宗教』（2000 年）の「世俗化」の章でも彼はこう述べます。「身分証明書を所持しなければ仕事にありつけず，路上生活者は子どもを学校に行かせることもできない（ボンベイでそのような話を聞いた）。学校教育を欠いては声望が得られるキャリアのチャンスはなく，よりよい仕事はほとんど望めない。……字の読めないものには政治上の選挙権を行使する有意味な可能性はほとんどない」。ここには確かに「機能システムからの原理的な排除」は存在しません。しかし，「否定的な相互作用を通じて，あらゆる機能システムへの参加からの多かれ少なかれ効果的な全面的排除に至っている」。これは「第三世界とアメリカの都市のスラム」などの多くの人々にあてはまり，「個々人に残されているのは，自己の身体，その生存，飢え，暴力，そしてセクシュアリティへの配慮である」。

機能分化した社会の「包摂領域」の側を見ると，人々は各機能システムに選択しながら関与し，かなりの自由度をもち，より緩い統合がなされるようになる。だが，「社会はこれに対し，排除領域においてしっかりと統合されている」。ある欠損は他の欠損を強化し，「不利益の循環」は閉じられて抜け出せない。また，「排除領域」でも「社会はうまく防御されている」。「そこでは何が生じても，何も生じたことにならないし，それが繰り返される」。ファベーラで殺人や餓死者が出ても「包摂領域」にとっては「何も生じたことにならない」のです。「それゆえに，社会の統合についての古典的（た

とえばデュルケム的な）理論は逆さまにされねばならない」。ここには「包摂による統合」ではなく「排除による統合」が，「ポジティブな統合」でなく「ネガティブな統合」があるのではないか……。

ルーマンの社会システム論は，自己と他者が互いに見通せずに行為できない「二重の偶発性」の状況と，インドやブラジルのスラムの状況を，このように結びつけます。現代社会は「中心」などなく，「規範」や「合意」が人を包摂／排除するのではない。機能分化した中心なき社会において，自由な選択による「コミュニケーション」の接続に（もしかしたら偶然に）接続できないことによって，人は（ときに完全に）排除される。ルーマンが長い時間をかけて開いたこの「社会学的想像力」を，私たちはどう引き継ぐことができるでしょうか。

4 ふたたび，むすびにかえて

フリダシに戻る？ みなさんはここまでを聞いてどう感じたでしょう。もしかしたらこう思った人がいるかもしれません。――なんだか，ルーマンとブルデューって，似たこといってない？

そうなんです。ルーマンは高度に「機能分化」した社会において，機能システムからの「排除」の連鎖が帰結する，と論じている。対してブルデューは「国家貴族」たちが推し進めるネオ・リベラリズムが「集団的なもの」を組織的に破壊し，小さな者たちを「排除」すると指摘していた。1990年代の彼らのテクストは，現代社会が抱える決定的な「謎」として「排除」を名指ししているのです。マルクス・シュレーアは『ブルデューとルーマン』所収の論考「アンガジュマンと距離を置くことの間で」で，ふたりの理論がともに「排除というテーマ」に突き当たって「自分自身の問い直し」を迫

られ，それまでの控え目な態度を放棄することになった，と論じています。ルーマンは「機能システムの多重の従属性」の検討から「排除の条件下で生活している『数十億の人々』」を発見し，ブルデューは『世界の悲惨』で排除された者たちの声を聴き取る「排除領域の実証的な把捉」を試みた。シュレーアは，ふたりにとって排除領域は「何よりも不在によってスケッチされている」といいます。ブルデューは排除領域から撤退し最終的にそれを放棄した「国家の不在」を問題とし，ルーマンも排除領域で「法と政治への接続」の保証が失われていることを問題とする。

　「驚くべきことに，ブルデューにとって脅かされているものは，結局ルーマンの目にも脅かされていると映っているのである」。ただ，私は両者の認識にやはり大きな違いがあると思います。ルーマンは，機能分化した部分システムがそれぞれオートポイエティックに作動し，「全体社会一般に及ぶ管轄権」をどの機能システムも果たさないため，「排除」の連鎖や環境への「過剰共鳴／過少共鳴」が起こると考えました。確かにここには「国家の不在」が認められ，複数の機能システムがもつ「被刺激可能性」を誰も制御できないという問題が生じます。これに対して，ブルデューがいう「国家の不在」は，「国家貴族」による「専制」によって生まれます。すべての「界」を単一的に支配する「国家の右手」が公共的な領域から手を引き，「国家の左手」が守ろうとする「界」を破壊していく。どちらも「排除」を帰結します。ただ，一方は「機能分化」によってであり，他方は「専制」によってである。複数のシステムの制御不能な共鳴と，すべての「界」に対する単一的支配。——こう考えると，私はなんだか不思議な感覚に襲われます。もうこの講義を結ばなければならないのですが，そろそろアガリかなと思ったら，フリダシに戻ったような気がするのです。

　『社会学の歴史Ⅰ』の第1章「『社会学』のはじまり」を振り返ってみましょう。そこで依拠したノルベルト・エリアスの論考「社会

学の社会発生について」は，社会学のはじまりをこう論じていました。「フランス革命中とそれ以降，人々はだれか名指しできる人の計画や意図の結果として説明しようがない社会の変動に繰り返し直面した」。これは，王や貴族など「少数者の意志」で動かされてきた社会が，革命と民主化によって市民たちが各々の意志で行動できる社会に変わり，それを誰も制御できないことによる「意図せざる結果」でした。エリアスはこれを「社会という謎」と呼び，私は「複数の意志の空間」と呼んでみましたが，異なる意志をもつ複数の人間が関係を結ぶという事実に由来する「謎」です。

　これはルーマンの表現を用いれば，「中心も頂点もない世界」と近いと思います。ルーマンのいう「機能分化」した社会は，それぞれの機能システムが相互に環境となって刺激し合うが，全体を操舵する「中枢審級が欠落」している。各機能システムは「選択の自由」に従い，自ら分担する機能を高度な水準まで高めることができます。でもそれをどのシステムも制御できず，「過剰共鳴」や「排除の連鎖」が発生する。これらは，エリアスの言葉を転用すると，「どれか名指しできるシステムの作動の結果として説明しようがない」現象といえるでしょう。フランス革命中とそれ以降の人々が直面したのと類似した形をもつ，「複数のシステムの空間」に由来する「社会という謎」に，ルーマンは照準しているのではないか。

　ブルデューが抽出する「排除」の論理はこれと対照的といえるかもしれません。これまでの社会では異なる資本，異なるハビトゥスによる複数の「界」が再生産されてきた。ところが，「国家貴族」がこれを均して単一化し，ある「界」からは手を引いてそれを破壊している。ここでは「専制」，つまり「単数の意志」が問題になります。ブルデューは『国家貴族』で「出生」に支配される「アンシャン・レジームの論理」が復活しているのではないかと論じていましたが，まるで旧秩序に戻るように「国家貴族」という少数者の意志に社会が支配されるようになる。

このふたつの議論を深い水準で結びつけることは，ここでは到底できません。ただ，一方にはブルデューが指摘した「単数の界」による支配がもたらす「謎」があり，他方にルーマンが指摘した「複数の機能システム」の分化がもたらす「謎」があるように思います。これまで「複数の意志の空間」，「複数の体験の空間」（シュッツ），「複数のリアリティの空間」（シュッツ＝ゴフマン），「複数のフレイムの空間」（ゴフマン）などと記してきましたが，ここでは抽象度を上げて「複数性の空間」としてみましょう。私たちは，フランス革命後の人々が経験したのと同型の「複数性の空間」が生む謎に直面している。同時に，アンシャン・レジームの人々が経験したような「単数性の空間」の謎がせり上がってくる趨勢にも直面している。

　ここで私は，もうひとつの「フリダシ」に戻る感覚も抱きます。今学期の1回目「講義再開にあたって」でホブズボームの『20世紀の歴史』を見ました。そこで彼は，1989年のベルリンの壁崩壊から1991年のソヴィエト連邦崩壊にいたる過程が「短い20世紀」の終焉だと論じていましたね。私たちはそのほぼ30年後の世界に生きています。振り返ってみるとフランス革命の勃発は1789年，ベルリンの壁崩壊のちょうど200年前で，それ以降も続く混乱を「社会という謎」として経験したコントが「社会学」の必要を論じたのが1839年のことでした（このあいだに，ウォーラーステインがいう第二の「三十年戦争」がありました）。革命によって「単数性の空間」は崩壊した。だがその後，「複数性の空間」という謎が浮上し，その数十年のちにそれに照準する知が生まれた。——あまりに単純かもしれませんが，「短い20世紀」の終焉から約30年後の私たちは，「社会学の社会発生」の局面と重なる「社会という謎」を経験しているのかもしれません。

　きょうの講義の背景にある新型ウイルスの感染拡大とそれに対する私たちの社会の反応は，そうした「謎」の具体的な姿のひとつのようにも思います。また，ミルズの『社会学的想像力』に記された

「戦争が始まると保険外交員はミサイル発射に駆り出され、店員はレーダー操作をさせられ、妻は一人で暮らし、子どもは父親なしに育つ」という事態がも・し・い・ま・起きているとすれば、「複数性の空間／単数性の空間」のあいだに発生する「謎」なのかもしれません。いま私たちはそれに翻弄されている。おそらく新しい「社会学的想像力」が要請されているのではないか、と思います。

大渦のなかの漁師

それはどんな想像力か。もちろんこれは、この講義をすべて振り返って、改めて考えるべき問いでしょう。ただ、講義を結ぶ前に、ひとつの挿話を紹介したいと思います。

いま触れたエリアスについて、『I』第8章の「むすびにかえて」で1956年の論考「参加と距離化」に言及しました。先ほどのシュレーアがいう、「アンガジュマン」（＝ブルデュー）と「距離を置くこと」（＝ルーマン）と同じ対比です。

この論考を収めた同名の書に、エリアスは1980年執筆の「大渦の中の漁師」という文章を載せています。これは、エドガー・アラン・ポーの短編小説『大渦巻』の次のエピソードを出発点にしています。兄弟の漁師が漁に出たが、天候が急激に悪化し、予想外の大渦巻に遭う。ふたりはもうだめだ！と恐怖に陥る。水面に浮かぶさまざまなものがみるみる渦に呑み込まれていく。兄は恐怖のあまり震え、神の加護を祈ることしかできない。ところが弟は水面を見ていてこんなことに気づく。大きい物体・長細い物体は急速に沈む。だが小さいもの・円筒形のものはゆっくり沈む。そうか！ 弟は舟にあった樽に自分の体を縛りつけ、兄にもそうするように叫ぶ。しかし兄は恐怖に囚われ、マストにしがみついたままだ。弟は樽もろとも海に飛び込む。兄は舟とともに渦に沈んでいく。そして、ようやく海が穏やかになったとき、弟は浮かんでいて救助される……。

エリアスは、兄のように眼前の状況と恐怖の感情に巻き込まれた「参加（involvement）」と弟のように状況と感情から距離をとって現

実を観察する「距離化（detachment）」のふたつの態度を，この挿話から引き出します。状況が危険だと人間の反応は感情的になり，だから状況を制御できずさらに状況と感情に巻き込まれる「参加」の循環と，感情を制御して状況を観察することで状況を制御できるようになり，だからいっそう感情を制御できる「距離化」の循環がある。そして，「距離化を経た迂回路」をとることが科学者の態度である。エリアスによれば，人間は長い歴史的過程を経て自然に対する「距離化」の態度を獲得してきたが，社会（人間と人間の関係）や自分自身の制御について「距離化」はいまもきわめて困難である。「人間以外の自然力による脅威は，確かに完全に消滅してはいないが，幾分減っている。これに反して人間を脅かしている最も恐ろしい危険のいくつかは人間自身から発しているのである」。

　人間を脅かす人間自身から発する危険。その例としてエリアスは「核戦争へ向かっての偏流」をあげます。この文章が書かれた 1980 年はホブズボームがいう「危機の時代」であり，米ソ両国は「第二次冷戦」のさなかにありました。国家内には肉体的暴力の独占による暴力制御が強化されて「平和化」が進んでいるが，国家間の関係にはそれが欠如しており，昔とほとんど変化していない。A 国は自らの軍備を強化して安全の見込みを高めようとして B 国に危機感と恐怖を引き起こし，B 国も安全を求めて軍備を増強しその結果 A 国の危機感と恐怖は高まる。「かくしてこの渦巻きは無限に回転し続け，ついにどちらか一方が足を踏みはずし，……『冷戦』に負けてしまうかもしれないという恐怖心にとりつかれ，『熱い戦争』に踏み出し，引金に指をかけることになる」。これは両国が抱いている「相手国がより強くなって自国の生殺与奪を握るようになるかもしれない」という「当然の恐れ」に発し，双方が及ぼし合っている危険は「相互的」なもので，ともに自らの側からこれを制御できない。A 国も B 国もそれぞれに自国は正しく「善」であると理想化し，相手国が間違っており「悪」なのだと悪魔化する。そして，こ

れはどちらにも「感情的満足」を与える。

エリアスはここでは「双方の側において，参加が大きすぎ，距離化が小さすぎる」とし，「敵味方の色分け」や「理想化された自己像」からの距離化が必要で，同時にそれは容易ではないと論じます。通常はこの状況を「主意主義的観察方法」で理解する，つまり「われわれ」の意志的行為と「彼ら」の意志的行為として考えてしまうからです。この考えから距離をとって，われわれと彼ら双方を含む「関係」を観察する方法に転換しなければならない。人間が相互に形成している社会は，「人間によってつくられているのではない」。確かに人間がいなければ社会は存在しないが，「人間の行為の連鎖」から生じるのは「われわれが『自然』と呼ぶものの秩序とは異なった無計画的秩序」である。この過程は「誰によっても計画されず，意図されなかったもの」だが，「一定の構造を持ち，説明可能である」。これを「人間の行為」とする見方から距離化して，「行為の連鎖」の過程を解明しなくてはならない……。

ここでみなさんは，ルーマンの理論を思い出すのではないでしょうか。この状況ってA国とB国の「ダブル・コンティンジェンシー」（！）ですよね。これを「コミュニケーションの接続」と理解すべきなのに「A国の意志的行為」「B国の意志的行為」という「行為としての旗」（ニセ旗？）を掲げてしまい，相手国に帰責してしまう。その見方から一段踏み上がって距離化し，「コミュニケーションの接続」としてとらえなければならない。——じつは私は今回この文章を読んで，エリアスが「社会は人間によってつくられているのではない」と記しているのに驚いてしまいました。彼は1978年からルーマンと同じビーレフェルト大学に在籍しましたが，両者の関係に強く興味を惹かれます。

しかしそれよりも，約40年前のこの文章を読んで，私たちの現在に迫ってくるリアリティに驚く，という人が多いのではないかと思います。状況と感情に巻き込まれた「参加」の態度から身を引き

剥がし,「距離化」して観察して,自らの状況と感情を制御する。エリアスとルーマンが教えてくれるのはそれぞれが独自に編み出した「距離化」の方法ですが,いま社会学がそれを提供できるかどうかが,その試金石であるとも感じます。「距離化という迂回路」をとることはじつに困難です。ですが,それができなければ,「人間同士が互いに及ぼし合っている危険」は「毒性を持ち,制御不可能」なままになる。「問題は,どうすれば危険が小さくなり,当該者全員のもとで自己制御と危険制御が同時に高められるかである」。エリアスは,そのために「参加と距離化の問題」を見つめる目を研ぎ澄ましておくことが有益だ,といいます。「なぜなら,われわれは大渦にのまれて流され,既にもう引き返せない地点まで来てしまった,などと考える根拠はないからである」。

「他でもありうる可能性」とともに

私たちの目の前には大小さまざまな「渦巻き」が存在します。AさんとBさんが「複数の意志/体験/リアリティ/フレイム」をもって関係し,互いに「意図せざる結果」に悩む小さな渦巻きもあれば,A国とB国とが恐怖の感情によって制御不能な軍拡競争から抜け出せず,偶発的な出来事で誰も望まない「熱戦」に入り込むという大渦巻もあるでしょう。また,システム外の環境において発生した予想外の事態(たとえば未知のウイルスの出現)から「複数のシステム」が「過剰共鳴」の渦巻きを相互につくりだし,元の事態とは不釣り合いなほどの危機が出来することがあるかもしれません。あるいは,ミルズが述べた「不安と無関心」を私たちに生み出す渦巻きが生じることも,私たちの「不安と無関心」に由来する渦巻きに私たち自身が呑み込まれることもあるでしょう。

そうした渦巻きからいかにして「距離化」するか。前学期の講義1回目で述べた「わからない!」を発見することは,その契機になるのかもしれません。「わかったふり」をしているかぎり,渦巻きから距離をとることは決してできないからです。また,今学期1回

目で触れたミルズのいう「社会学的想像力」は，やはりその的確な表現のように思います。いま目の前にある小さな渦巻き（「私的問題」）を，社会構造と呼ぶべき水準の大きな渦巻き（「公的問題」）と結びつけて考えることで，両方の渦巻きを観察・制御する可能性は飛躍的に高まるからです。そして，この講義でみなさんに伝えてきた社会学者たちがそれぞれの「渦巻き」から距離化して，自ら直面する「社会という謎」と格闘したプロセスは，みなさん自身がそうするためのヒントになるのではないかと思います。もちろん，みなさんそれぞれがどんな「渦巻き」の前にいるかによって，誰のどのアイデアがヒントになるかは違うでしょう。

　私は，そのなかに（エリアス的に表現すると）「単数性へ向かっての偏流」とも呼ぶべき強力な渦巻きがあるように思います。「複数性の空間」はじつに制御困難な数多くの渦巻きを帰結し，誰にも帰責できない「意図せざる結果」を生む（これが「社会という謎」でした）。だとすれば，「複数性の空間」ではなく「単数性の空間」を新しく創造する（ないしそれに近づける）ことが最善の道筋ではないか。「複数性の空間」のただなかで，人々をこの方向に押し流し呑み込んでいく「大渦巻」が生まれることがしばしばあります。考えてみれば，すべての人が同じサイコロを見てみんな「正方形」と考える空間のほうが，「平行四辺形」や「台形」とする人々がいる空間よりも制御しやすいように思われます。人々が「単数性」へと完全に一致する状態が，「社会の理想」のように希求されることもあるでしょう。このことは，オーギュスト・コントの後半生を論じた第1章の末尾でもお話しました。

　しかし私は，これまで検討した多くの社会学者たちとともに，この「単数性」に向かう渦巻きに対してつねに疑問を差し挟むべきだ（少なくとも「距離化という迂回路」を確保するべきだ）と考えます。ひとつには，この渦巻きは「正方形」とは別のように考える人々を「排除」する可能性を必ず孕むからです。そしてもうひとつ，実証

主義者として「社会学」を唱えた時期のコントが述べていたように，「微力な人間精神」はみなが完全に一致してめざすべき社会の「決定的な形態」などつくることはできないからです。ルーマンによれば，「人間」というシステム（意識の接続）に対して「社会システム」（コミュニケーションの接続）は「環境」であり，後者の複雑性のほうが高いのでした。「人間」が考え出したどんな「社会の理想」よりも「社会システム」は複雑であり，つねに「謎」が残る。そして，「社会という謎」が消滅することは，「社会」が消滅することと等しいのではないかと私は思います。私たちができること・なすべきことは，「複数性の空間」を「単数性の空間」に近づけることではなく，「複数性の空間」を「複数性の空間」として守り，「複数性の空間」がどうしても帰結する「社会という謎」を見つめる目を研ぎ澄まし，それを粘り強く考え続けることではないか。この空間はいつも不完全で制御できないものですが，それを「距離化」して観察し，「渦巻き」をいくぶんか制御できるようにすることなら，「微力な人間精神」にもできるかもしれません。

　また長くなりました。もう終わらないといけないですね。最後に改めてお伝えしておきたいのは，この講義で話したことはいわば「The 社会学の歴史」，他に代替不可能な唯一の「社会学史の決定版」などではない，ということです（いわずもがなとも思いますが）。この講義は，いくつもありうる複数の「社会学の歴史」のひとつにすぎません。「ジェンダー」を扱った第 12 章，「世界」を扱った第 13 章でも強調したように，「社会学の歴史」はつねに「他でもありうる可能性」があり，いつも更新することができ，更新されなければならないのです。第 12 章は「女性」の声を書きとめようとはしましたが，「LGBTQ＋」と呼ばれる性的少数者の声を聴くことはできていません。また，第 13 章は「周辺」からの社会学と題していながら，アジアやアフリカやラテンアメリカ出身の人々による社会学を検討していません（ヨーロッパでさえ，『I』『II』全体を振り返っ

ても北欧や南欧や東欧の社会学はほぼ含まれていません）。いやはやなんと不十分な「歴史」なのでしょう！

　そして，この講義は，ホブズボームのいう「短い20世紀」の終焉以降の社会学の展開には触れていません。ウォーラーステインとブルデューとルーマンの1990年代の仕事にはわずかに言及しましたが，ソヴィエト連邦崩壊から2020年代初頭にいたる約30年間に開かれた「社会学的想像力」はまったく検討できていないのです。それは，「講義再開にあたって」で述べた，1930年までに生まれた「社会学第三世代」よりあとの世代の「社会学的想像力」に出会っていないということでもあります。1959年にミルズが苛立っていたように，その後の世代（私自身を含む）の想像力が不発に終わったのか，爆発を見せているのにそれを私が発見できていないのか，これも私にはまだ判断できません。この時代と世代に新しい「社会学的想像力」の爆発が見られるとすれば，おそらく，それは前段落で記したような「他者たち」による視界の拡大と反転をひとつの発火点とする，新しい想像力のかたちをとるのだと思います。

　ただ，私はこうも思います。そうした「他者たち」の声がひとつひとつ聴かれることは決定的に重要だが，そのそれぞれが「単数性の空間」を成立させ，それらが並立する状況が生まれるとするなら，その状況から一歩進んで，そうした複数の声が響き合い，聴かれ合う「複数性の空間」を構想しなければならないのではないか。そうでないと，カテゴリーAとカテゴリーBのあいだに，「私たち」は正しく善で「彼ら」は間違った悪だ，という1980年にエリアスが見たのと同じ「参加」の渦巻きが発生してしまうかもしれない。その渦巻きから「距離化」して，自らを含めた「複数性の空間」を観察し，制御する態度が求められるのではないか。

　ここで私は，エリアスとともに『I』第8章の「むすびにかえて」に登場したカール・マンハイムの言葉を思い出します。他者の思考の「存在拘束性」のイデオロギー的暴露から，自己自身を含む

一切の思考の「存在拘束性」を問い直すイデオロギー概念の「普遍的な把握」へと踏み出す一歩によって「知識社会学」が成立するとしたマンハイムは、こう述べていました。「ある立場をとる以上、免れることのできない視野の狭さや制限を、対立する他のさまざまな立場によって克服するために、たゆみなく前進しながら努力を重ねるところにこそ、生の生たるゆえんがあるのではなかろうか」。彼が主張する「相関主義」は、「自分の不完全さを補ってくれるものにたいして、いやでも自分を開いていること」を意味していました。「あらゆる立場の部分性を認め、それを繰り返して確認する場合にだけ、すくなくとも人は、求められている全体性へと近づきつつあるといえる。……思想とは、現実のさまざまな力に衝き動かされながら、つねに自己自身に疑いを投げかけ、自己訂正を求めてやまない過程なのである」。いまから1世紀近く前、1929年に著された『イデオロギーとユートピア』のこれらの言葉を改めて自分の道具箱に加えたうえで、私たちは新しい時代・新しい世代が要請する「距離化」の態度、「他でもありうる可能性」につねに開かれた「社会学的想像力」のかたちを考え続け、自らつくりだしていく必要があるのかもしれません。それを手にすることで、私たちはそれぞれの前にある「渦巻き」や「罠」や「謎」に立ち向かうことができるのではないか。

　さて、行き当たりばったりで進めてきた今学期の講義も、最後にサイコロ振ってみたら前学期のゴールと同じような（でもたぶんだいぶ違う）地点に出た、というところで、閉じることにしましょう。あっ、すみません、オンライン講義はチャイムが鳴らないので、最終回も大幅に時間オーバーですね。申しわけありません！

　今学期も、8回にわたるまとまらない講義をお聴きくださり、どうもありがとうございました。またどこかでお会いできれば幸いです。それでは、みなさん、ごきげんよう。

参考文献

▷ 講義再開にあたって

Bellah, R. N., 2012, "Religion in Human Evolution", Lectures at the University of Freiburg and the University of Heidelberg. ／ロバート・N・ベラー, 2014, 中村圭志訳「人類進化における宗教」ロバート・N・ベラー, 島薗進, 奥村隆編『宗教とグローバル市民社会——ロバート・ベラーとの対話』岩波書店, 188-213。

Hobsbawm, E., 1994, *Age of Extremes: The Short Twentieth Century 1914-1991*, Michael Joseph Ltd. ／エリック・ホブズボーム, 1996, 河合秀和訳『20世紀の歴史——極端な時代』（上・下）, 三省堂。

Hughes, S., 1958, *Consciousness and Society: The Reorientation of European Social Thought 1890-1930*, Alfred A. Knopf, Inc. ／スチュアート・ヒューズ, 1970, 生松敬三・荒川幾男訳『意識と社会——ヨーロッパ社会思想1890-1930』みすず書房。

Jaspers, K., 1949, *Vom Ursprung und Ziel der Geschichte*, Schwabe Verlag. ／カール・ヤスパース, 2005, 重田英世訳「歴史の起原と目標」『ワイド版世界の大思想Ⅲ-11 ヤスパース』河出書房新社, 3-264。

Mills, C. W., 1959, *The Sociological Imagination*, Oxford University Press. ／C・ライト・ミルズ, 2017, 伊奈正人・中村好孝訳『社会学的想像力』ちくま学芸文庫。

富永健一, 2008, 『思想としての社会学——産業主義から社会システム理論まで』新曜社。

▷ 第9章

Berger, P. L., 1967, *The Sacred Canopy: Elements of Sociological Theory of Religion*, Doubleday & Co. ／ピーター・バーガー, 1979 → 2018, 薗田稔訳『聖なる天蓋——神聖世界の社会学』ちくま学芸文庫。

————, 2011, *Adventures of an Accidental Sociologist: How to Explain the World without Becoming a Bore*, Prometheus Books. ／————, 2015, 森下伸也訳『退屈させずに世界を説明する方法——バーガー社会学自伝』新曜社。

Berger, P. L. and T. Luckmann, 1966, *The Social Construction of Reality: A Treatise in the Sociology of Knowledge*, Doubleday & Company. ／1977 → 2003, 山口節郎訳『現実の社会的構成——知識社会学論考』新曜社。

Garfinkel, H., 1964, "Studies of the Routine Grounds of Everyday Activities",

Social Problems, Vol.11, No.3, 225-250. → 1967, *Studies in Ethnomethodology*, Prentice-Hall, 35-75. ／ハロルド・ガーフィンケル, 1989, 北澤裕・西阪仰訳「日常活動の基盤――当り前を見る」ジョージ・サーサスほか, 北澤裕・西阪仰訳『日常性の解剖学――知と会話』マルジュ社, 31-92。

―――, 1968 → 1974, "The Origin of the Term 'Ethnomethodology'", R. Turner ed., 1974, *Ethnomethodology*, Penguin, 15-18. ／―――, 1987, 山田富秋・好井裕明・山崎敬一訳「エスノメソドロジー命名の由来」ハロルド・ガーフィンケルほか, 山田富秋・好井裕明・山崎敬一編訳『エスノメソドロジー――社会学的思考の解体』せりか書房, 9-18。

Gradhoff, R. ed., 1985, *Alfred Schütz/Aron Gurwitsch Briefwechsel 1939-1959*, Wilhelm Fink Verlag. ／リヒャルト・グラトホーフ編著, 1996, 佐藤嘉一訳『亡命の哲学者たち――アルフレッド・シュッツ/アロン・グールヴィッチ往復書簡 1939-1959』木鐸社。

浜日出夫, 1992, 「現象学的社会学からエスノメソドロジーへ」好井裕明編『エスノメソドロジーの現実――せめぎあう〈生〉と〈常〉』世界思想社, 2-22。

Husserl, E., 1954, *Die Krisis der europäischen Wissenschaften und die transzendentale Phänomenologie*, Martinus Nijhoff. ／エドムント・フッサール, 1974 → 1995, 細谷恒夫・木田元訳『ヨーロッパ諸学の危機と超越論的現象学』中公文庫。

―――, 1977, *Cartesianische Meditationen: Eine Einleitung in die Phänomenologie*, Felix Meiner. ／―――, 2001, 浜渦辰二訳『デカルト的省察』岩波文庫。

木田元, 1970, 『現象学』岩波新書。

真木悠介, 1977, 『気流の鳴る音――交響するコミューン』筑摩書房。

水川喜文, 1992, 「エスノメソドロジーの歴史的展開」好井裕明編『エスノメソドロジーの現実――せめぎあう〈生〉と〈常〉』世界思想社, 203-225。

森元孝, 1995, 『アルフレート・シュッツのウィーン――社会科学の自由主義的転換の構想とその時代』新評論。

中沢新一, 1983 → 2003, 『チベットのモーツァルト』講談社学術文庫。

Rawls, A., 2003, "Harold Garfinkel", G. Ritzer ed., *The Blackwell Companion to Major Contemporary Social Theorists*, Blackwell, 122-153.

Schütz, A., 1932, *Der sinnhafte Aufbau der sozialen Welt: Eine Einleitung in die verstehende Soziologie*, Springer. ／アルフレッド・シュッツ, 1982, 佐藤嘉一訳『社会的世界の意味構成――ヴェーバー社会学の現象学的分析』木鐸社。

―――, 1944, "The Stranger: An Essay in Social Psychology", *American Journal of Sociology*, 49-6, 499-507. → 1964, *Collected Papers II: Studies in Social Theory*, Martinus Nijhoff. ／―――, 1991, 那須壽訳「よそ者――社会心理学的一試論」渡部光・那須壽・西原和久訳『アルフレッド・シュッツ著作集第3巻 社会理論の研究』マルジュ社, 133-151。

―――, 1945, "On Multiple Realities", *Philosophy and Phenomenological Research*, V. → 1962, *Collected Papers I: The Problem of Social Reality*, Martinus Nijhoff. ／―――, 1985, 那須壽訳「多元的現実について」渡部光・那須壽・西原和久訳『アルフレッド・シュッツ著作集第2巻 社会的現実の問題［II］』マルジュ社, 9-80。

―――, 1954, "Don Quixote and the Problem of Reality" (in Spanish, Recasens-Siches, L., tr.), *Dianoia*, Yearbook of the Department of Philosophy, University of Mexico. → 1964, *Collected Papers II: Studies in Social Theory*, Martinus Nijhoff. ／―――, 1991, 那須壽訳「ドン・キホーテと現実の問題」渡部光・那須壽・西原和久訳『アルフレッド・シュッツ著作集第3巻 社会理論の研究』マルジュ社, 191-220。

Sprondel, W. M., ed., 1977, *Alfred Schütz Talcott Parsons Zur Theorie sozialen Handelns: Ein Briefwechsel*, Suhrkamp. ／W. M. スプロンデル編, 1980, 佐藤嘉一訳『A. シュッツ T. パーソンズ往復書簡 社会理論の構成――社会的行為の理論をめぐって』木鐸社。

谷徹, 2002, 『これが現象学だ』講談社現代新書。

▷ 第10章

Goffman, E., 1959, *The Presentation of Self in Everyday Life*, Doubleday & Company. ／アーヴィング・ゴッフマン, 1974, 石黒毅訳『行為と演技――日常生活における自己呈示』誠信書房。

―――, 1961, *Encounters: Two Studies in the Sociology of Interaction*, Bobbs-Merrill Company. ／―――, 1985, 佐藤毅・折橋徹彦訳『出会い――相互行為の社会学』誠信書房。

―――, 1961, *Asylums: Essays on the Social Situation of Mental Patients and Other Inmates*, Doubleday & Company. ／―――, 1984, 石黒毅訳『アサイラム――施設被収容者の日常世界』誠信書房。

―――, 1963, *Behavior in Public Places: Notes on the Social Organizaton of Gatherings*, Free Press. ／―――, 1980, 丸木恵祐・本名信行訳『集まりの構造――新しい日常行動論を求めて』誠信書房。

―――, 1963, *Stigma: Notes on the Management of Spoiled Identity*, Prentice-Hall. ／―――, 2001, 石黒毅訳『スティグマの社会学――烙印を押されたアイデンティティ』せりか書房。

————, 1967, *Interaction Ritual: Essays on Face-to-Face Behavior*, Doubleday & Company. ／————, 1986, 広瀬英彦・安江孝司訳『儀礼としての相互行為——対面行動の社会学』法政大学出版局。

————, 1974, *Frame Analysis: An Essay on the Organization of Experience*, Northeastern University Press.

中河伸俊, 2015, 「フレーム分析はどこまで実用的か」中河伸俊・渡辺克典編『触発するゴフマン——やりとりの秩序の社会学』新曜社, 130-147。

大村英昭, 1985, 「ゴッフマンにおける〈ダブル・ライフ〉のテーマ——演技＝儀礼論の意義」『現代社会学』19, 5-29。

Winkin, Y., 1988, *Erving Goffman: Les Moments et Leurs Hommes*, Seuil/Minuit. ／イーヴ・ヴァンカン, 1999, 石黒毅訳『アーヴィング・ゴッフマン』せりか書房。

▷ 第 11 章

Eribon, D., 1989, *Michel Foucault*, Flammarion. ／ディディエ・エリボン, 1991, 田村俶訳『ミシェル・フーコー伝』新潮社。

Foucault, M., 1972, *Histoire de la folie à l'âge classique*, Gallimard. ／ミシェル・フーコー, 1975, 田村俶訳『狂気の歴史——古典主義時代における』新潮社。

————, 1975, *Surveiller et punir: Naissance de la prison*, Gallimard. ／————, 1977, 田村俶訳『監獄の誕生——監視と処罰』新潮社。

————, 1976, *Histoire de la sexualité I: La volonté de savoir*, Gallimard. ／————, 1986, 渡辺守章訳『性の歴史 I 知への意志』新潮社。

————, 1984, *Histoire de la sexualité II: L'usage des plaisirs*, Gallimard. ／————, 1986, 田村俶訳『性の歴史 II 快楽の活用』新潮社。

————, 1984, *Histoire de la sexualité III: Le souci de soi*, Gallimard. ／————, 1987, 田村俶訳『性の歴史 III 自己への配慮』新潮社。

————, 2001, *Fearless Speech*, Semiotext(e). ／————, 2002, 中山元訳『真理とディスクール——パレーシア講義』筑摩書房。

————, 2001, *L'herméneutique du sujet, Cours au Collège de France 1981-1982*, Seuil/Gallimard. ／————, 2004, 廣瀬浩司・原和之訳『主体の解釈学 コレージュ・ド・フランス講義 1981-1982 年度』筑摩書房。

————, 2004, *Sécurité, territoire, population, Cours au Collège de France 1977-1978*, Seuil/Gallimard. ／————, 2007, 高桑和巳訳『安全・領

土・人口 コレージュ・ド・フランス講義 1977-1978 年度』筑摩書房。

―――――, 2008, *Le gouvernement de soi et des autres, Cours au Collège de France 1982-1983*, Seuil/Gallimard. ／―――――, 2010, 阿部崇訳『自己と他者の統治 コレージュ・ド・フランス講義 1982-1983 年度』筑摩書房。

―――――, 2009, *Le courage de la vérité: Le gouvernement de soi et des autres II, Cours au Collège de France 1983-1984*, Seuil/Gallimard. ／―――――, 2012, 慎改康之訳『真理の勇気 コレージュ・ド・フランス講義 1983-1984 年度』筑摩書房。

―――――, 2012, *Du gouvernement des vivants, Cours au Collège de France 1979-1980*, Seuil/Gallimard. ／―――――, 2015, 廣瀬浩司訳『生者たちの統治 コレージュ・ド・フランス講義 1979-1980 年度』筑摩書房。

―――――, 2012, *Mal faire, dire vrai: Fonction de l'aveu en justice*, Presses universitaires de Louvain. ／―――――, 2015, 市田良彦監訳『悪をなし真実を言う ルーヴァン講義 1981』河出書房新社。

―――――, 2018, *Histoire de la sexualité IV: Les aveux de la chair*, Gallimard. ／―――――, 2020, 慎改康之訳『性の歴史IV 肉の告白』新潮社。

Miller, J., 1993, *The Passion of Michel Foucault*, Simon & Shuster. ／ジェイムズ・ミラー, 1998, 田村俶・雲和子・西山けい子・浅井千晶訳『ミシェル・フーコー／情熱と受苦』筑摩書房。

重田園江, 2018, 『統治の抗争史――フーコー講義 1978-79』勁草書房。

Sartre, J.-P., 1943, *L'être et néant: Essai d'ontologie phénoménologique*, Gallimard. ／ジャン゠ポール・サルトル, 2007, 松浪信三郎訳『存在と無――現象学的存在論の試み（II）』ちくま学芸文庫。

▷ 第 12 章

有賀夏紀, 1988, 『アメリカ・フェミニズムの社会史』勁草書房。

Beauvoir, S., 1949, *Le Deuxième Sexe*, Gallimard. ／シモーヌ・ド・ボーヴォワール, 1997, 『第二の性』を原文で読み直す会訳『決定版 第二の性』（I・II上・II下）新潮文庫。

Blanc, O., 1989, *Olympe de Gouges: Une femme de libertés*, Syron Editeurs. ／オリヴィア・ブラン, 1995, 辻村みよ子訳『女の人権宣言――フランス革命とオランプ・ドゥ・グージュの生涯』岩波書店。

Bock, G. und B. Duden, 1977, „Arbeit aus Liebe—Liebe als Arbeit: Zur Entstehung der Hausarbeit im Kapitalismus", *Frauen und Wissenschaft*, Courage-Verlag. ／バーバラ・ドゥーデン, 1986, 丸山真人訳「資本主義と家事労働の起源」バーバラ・ドゥーデン, クラウディア・フォン・

ヴェールホーフ，丸山真人編訳『家事労働と資本主義』岩波現代選書，1-47。

Dalla Costa, M., 1972, "Women and the Subversion of the Community." ／マリアローザ・デラ・コスタ，1977，グループ7221訳「女性のパワーと社会の変革」『資本主義・家族・個人生活――現代女性解放論』亜紀書房，160-211。

Donovan, J., 1985, *Feminist Theory: The Intellectual Traditions of American Feminism*, Frederick Unger Publishing. ／ジョゼフィン・ドノヴァン，1987，小池和子訳『フェミニストの理論』勁草書房。

Friedan, B., 1963, *The Feminine Mystique*, Norton. ／ベティ・フリーダン，1965 → 1977，三浦冨美子訳『増補 新しい女性の創造』大和書房。

Illich, I., 1981, *Shadow Work*, Marion Book. ／イヴァン・イリイチ，1982，玉野井芳郎・栗原彬訳『シャドウ・ワーク――生活のあり方を問う』岩波現代選書。

McDonough, R. and R. Harrison, 1978, "Patriarchy and relations of production", A. Kuhn and A. Wolpe, eds., 1978, *Feminism and Materialism: Women and Modes of Production*, Routlegde & Kegan Paul. ／ロイジン・マクダナウ，レイチェル・ハリソン，1984，千本暁子訳「家父長制と生産関係」アネット・クーン，アンマリー・ウォルプ編，上野千鶴子ほか訳『マルクス主義フェミニズムの挑戦』勁草書房，12-54。

Millett, K., 1970, *Sexual Politics*, Doubleday & Company. ／ケイト・ミレット，1985，藤枝澪子・加地永都子・滝沢海南子・横山貞子訳『性の政治学』ドメス出版。

Mitchell. J., 1971, *Woman's Estate*, Penguin Books. ／ジュリエット・ミッチェル，1973，佐野健治訳『女性論――性と社会主義』合同出版。

水田珠枝，1973，『女性解放思想の歩み』岩波新書。

――――，1979 → 1994，『女性解放思想史』ちくま学芸文庫。

Ritzer, G., 2008, *Sociological Theory, 7th edition*, McGraw-Hill.

Schiebinger, L., 1989, *The Mind Has No Sex?: Women in the Origins of Modern Science*, Harvard University Press. ／ロンダ・シービンガー，1992，小川眞里子・藤岡伸子・家田貴子訳『科学史から消された女性たち――アカデミー下での知と創造性』工作舎。

Sokoloff, N. J., 1980, *Between Money and Love: The Dialectics of Women's Home and Market Works*, Praeger Publishers. ／ナタリー・J・ソコロフ，1987，江原由美子ほか訳『お金と愛情の間――マルクス主義フェミニズムの展開』勁草書房。

Tuttle, L., 1986, *Encyclopedia of Feminism*, Longman Group Ltd. ／リサ・タトル，1991, 渡辺和子監訳『フェミニズム事典』明石書店。

上野千鶴子，1990，『家父長制と資本制——マルクス主義フェミニズムの地平』岩波書店。

Wehrhof, C., 1984, „»Schattenarbeit« oder Hausarbeit? Zur Gegenwart und Zukunft von Arbeit. Eine feministische Kritik an Ivan Illich", Olk, Th., Otto, H.-U. Hrsg., *Soziale Dienste in gesellschaftlichen Wandel*, 2 (3 Bande), Neuwied.／クラウディア・フォン・ヴェールホーフ，1986，丸山真人訳「『シャドウ・ワーク』か家事労働か：労働の現在と未来——イヴァン・イリイチにたいするフェミニストの批判」，バーバラ・ドゥーデン，クラウディア・フォン・ヴェールホーフ，丸山真人編訳『家事労働と資本主義』岩波現代選書，49-100。

吉澤夏子，1993，『フェミニズムの困難——どういう社会が平等な社会か』勁草書房。

▷ 第 13 章

Collins, R. and M. Makowsky, 1998, *The Discovery of Society, 6th edition*, McGraw-Hill.

Cooper, A. J., 1892, *A Voice from the South*, Graphyco Editions.

DuBois, W. E. B., 1903, *The Souls of Black Folk*, A. C. McClurg & Co.／W・E・B・デュボイス，1992，木島始・鮫島重俊・黄寅秀訳『黒人のたましい』岩波文庫。

Frank, A. G., 1967, 1969, *Capitalism and Underdevelopment in Latin America*, Monthly Review Press.／アンドレ・G・フランク，1979，大崎正治・前田幸一・中尾久訳「チリにおける資本主義的低開発の発展」「ブラジルにおける資本主義的低開発の発展」『世界資本主義と低開発——収奪の《中枢-衛星》構造』柘植書房，29-146, 147-222。

————，1969, *Latin America: Capitalist Underdevelopment or Socialist Revolution*, Monthly Review Press.／————，1979，大崎正治・前田幸一・中尾久訳「低開発の発展」『世界資本主義と低開発——収奪の《中枢-衛星》構造』柘植書房，14-27。

————，1978, *Dependent Accumulation and Underdevelopment*, Macmillan.／————，1980，吾郷健二訳『従属的蓄積と低開発』岩波現代選書。

Halberstam, D., 1972, *The Best and the Brightest*, Random House.／デイヴィッド・ハルバースタム，2009，浅野輔訳『ベスト＆ブライテスト』（上・中・下），二玄社。

hooks, b., 1981, *Ain't I a Woman: Black Women and Feminism*, South End Press.／ベル・フックス，2010，大類久恵監訳『アメリカ黒人女性とフェミニズム——ベル・フックスの「私は女ではないの？」』明石書店。

—————, 1984, *Feminist Theory: From Margin to Center,* South End Press. ／—————, 2017, 野崎佐知・毛塚翠訳『ベル・フックスの「フェミニズム理論」——周辺から中心へ』あけび書房。

池上彰・佐藤優, 2022,『漂流日本左翼史 理想なき左派の混迷 1972-2022』講談社現代新書。

Marx, K., 1867 → 1962, *Das Kapital Erster Band*, Dietz Verlag. ／カール・マルクス, 1972, 岡崎次郎訳『資本論』(3) 国民文庫。

中山智香子, 2013,『経済ジェノサイド——フリードマンと世界経済の半世紀』平凡社新書。

Rostow, W. W., 1960, *The Stages of Economic Growth: A Non-Communist Manifesto*, Cambridge University Press. ／W・W・ロストウ, 1961, 木村健康・久保まち子・村上泰亮訳『経済成長の諸段階——一つの非共産主義宣言』ダイヤモンド社。

Wallerstein, I., 1974 → 2011, *The Modern World System I: Capitalist Agriculture and the Origins of the European World-Economy in the Sixteenth Century (New Edition)*, The Regents of the University of California. ／イマニュエル・ウォーラーステイン, 2013, 川北稔訳『近代世界システム I 農業資本主義と「ヨーロッパ世界経済」の成立』名古屋大学出版会。

—————, 1980 → 2011, *The Modern World System II: Mercantilism and the Consolidation of the European World-Economy, 1600-1750 (New Edition)*, The Regents of the University of California. ／—————, 2013, 川北稔訳『近代世界システム II 重商主義と「ヨーロッパ世界経済」の凝集 1600-1750』名古屋大学出版会。

—————, 1983 → 1995, *Historical Capitalism with Capitalist Civilization*, Verso. ／—————, 1997 → 2022,『史的システムとしての資本主義』岩波文庫。

—————, 1989 → 2011, *The Modern World System III: The Second Era of Great Expansion of the Capitalist World-Economy, 1730s-1840s (New Edition)*, The Regents of the University of California. ／—————, 2013, 川北稔訳『近代世界システム III「資本主義的世界経済」の再拡大 1730s-1840s』名古屋大学出版会。

—————, 2004, *World-Systems Analysis: An Introduction*, Duke University Press. ／—————, 2006, 山下範久訳『入門・世界システム分析』藤原書店。

—————, 2011, *The Modern World System IV: Centrist Liberalism Triumphant, 1789-1914*, The Regents of the University of California. ／—————, 2013, 川北稔訳『近代世界システム IV 中道自由主義の勝利 1789-1914』名古屋大学出版会。

Williams, E., 1944 → 1994, *Capitalism and Slavery*, The University of North Carolina Press. ／エリック・ウィリアムズ，2020，中山毅訳『資本主義と奴隷制』ちくま学芸文庫。

————, 1970, *From Columbus to Castro: The History of the Caribbean 1492-1969*, André Deutsch. ／————．1978 → 2014，川北稔訳『コロンブスからカストロまで——カリブ海域史，1492-1969（Ⅰ・Ⅱ）』岩波現代文庫。

山下範久，2001，「生い立ちと思想」川北稔編『知の教科書 ウォーラーステイン』講談社選書メチエ，13-68。

▷ 第 14 章

赤川学，2017，『これが答えだ！ 少子化問題』ちくま新書。

Bourdieu, P., 1979, *La Distinction: Critique sociale du jugement*, Minuit. ／ピエール・ブルデュー，1990，石井洋二郎訳『ディスタンクシオン——社会的判断力批判（Ⅰ・Ⅱ）』藤原書店（普及版，2020）。

————, 1984, *Homo academicus*, Minuit. ／————，1997，石崎晴己・東松秀雄訳『ホモ・アカデミクス』藤原書店。

————, 1989, *La noblesse d'État: Grandes écoles et esprit de corps*, Minuit. ／————，2012，立花英裕訳『国家貴族——エリート教育と支配階級の再生産（Ⅰ・Ⅱ）』藤原書店。

————, 1998, C*ontre-feux: Propos pour server à la résisitance contre l'invasion néo-libérale*, Liber-Raisons d'Agir. ／————，2000，加藤晴久訳『市場独裁主義批判』藤原書店。

————, 2002, *Le bal des célibataires: Crise de la société paysanne en Béarn*, Seuil. ／————，2007，丸山茂・小島宏・須田文明訳『結婚戦略——家族と階級の再生産』藤原書店。

————, 2004, *Esquisse pour une auto-analyse*, Éditions Raisons d'Agir ／————，2011，加藤晴久訳『自己分析』藤原書店。

Bourdieu, P. et J.-C. Passeron, 1964, *Les héritiers: Les étudiants et la culture*, Minuit. ／ピエール・ブルデュー，ジャン゠クロード・パスロン，1997，石井洋二郎監訳『遺産相続者たち——学生と文化』藤原書店。

————, ————, 1970, *La reproduction: Éléments pour une théorie du systèm d'enseignement,* Minuit. ／————，————，1991, 宮島喬訳『再生産——教育・社会・文化』藤原書店。

加藤晴久，2015，『ブルデュー 闘う知識人』講談社選書メチエ。

▷ 第 15 章

Elias, N., 1983, *Engagement und Distanzierung,: Arbeiten zur Wissenssoziologie*

I, Suhrkamp Verlag. ／ノルベルト・エリアス，1991，波田節夫・道籏泰三訳『参加と距離化――知識社会学論考』法政大学出版局。

北田暁大，2002 → 2011，『増補 広告都市・東京――その誕生と死』ちくま学芸文庫。

Luhmann, N., 1973, *Vertrauen: Ein Mechanisimus der Reduktion sozialer Komplexität*（*2. Erweiterte Auflage*），Ferdinand Enke Verlag. ／ニクラス・ルーマン，1990，大庭健・正村俊之訳『信頼――社会的な複雑性の縮減メカニズム』勁草書房。

――――，1981, "Wie ist soziale Ordnung möglich", *Geselleshaftsstruktur und Semantik, Bd.2*, Suhrkamp Verlag, 195-285.／――――，1985，佐藤勉訳『社会システム理論の視座――その歴史的背景と現代的展開』木鐸社。

――――，1984, *Soziale Systeme: Grundriß einer allgemeinen Theorie*, Suhrkamp Verlag. ／――――，2020，馬場靖雄訳『社会システム――或る普遍的理論の要綱』（上・下），勁草書房。

――――，1986, *Ökologische Kommunikation: Kann die moderne Gesellshaft sich auf ökologische Gefährdungen einstellen?,* Westdeutscher Verlag. ／――――，2007，庄司信訳『エコロジーのコミュニケーション――現代社会はエコロジーの危機に対応できるか?』新泉社。

――――，1987, *Archimedes und wir: Interviews*, Merve Verlag. ／――――，1996，土方透・松戸行雄編訳『ルーマン，学問と自身を語る』新泉社，11-172。

――――，1997, *Die Gesellschaft der Gesellschaft I&II*, Suhrkamp Verlag. ／――――，2009，馬場靖雄・赤堀三郎・菅原謙・高橋徹訳『社会の社会』（1・2），法政大学出版局。

――――，2000, *Die Religion der Gesellschaft*, Suhrkamp Verlag. ／――――，2016，土方透・森川剛光・渡曾知子・畠中茉莉子訳『社会の宗教』法政大学出版局。

Mannheim, K., 1929 → 1952, *Ideologie und Utopie,* Schulte-Bulmke Verlag. ／カール・マンハイム，2006，高橋徹・徳永恂訳『イデオロギーとユートピア』中公クラシックス。

長岡克行，2006，『ルーマン／社会の理論の革命』勁草書房。

Schroer, M., 2004, „Zwischen Engagement und Distanzierung: Zeitdiagnose und Kritik bei Pierre Bourdieu und Niklas Luhmann", A. Nassehi und G. Nollmann Hrsg., 2004, *Bourdieu und Luhmann: Ein Theorienvergleich*, Suhrkamp Verlag ／マルクス・シュレーア，2006，森川剛光訳「アンガジュマンと距離を置くことの間で――ブルデューとルーマンにおける時代診断と批判」アルミン・ナセヒ，ゲルト・ノルマン編，森川剛光訳『ブルデューとルーマン――理論比較の試み』新泉社，231-269。

著者紹介

奥 村　　隆（おくむら たかし）

　1961年徳島県生まれ。東京大学大学院社会学研究科博士課程単位取得退学。博士（社会学）。東京大学文学部助手，千葉大学文学部講師・助教授，立教大学社会学部教授を経て，現在，関西学院大学社会学部教授。

　著書　『社会学になにができるか』（編著）八千代出版，1997年。『他者といる技法——コミュニケーションの社会学』日本評論社，1998年（ちくま学芸文庫，2024年）。『エリアス・暴力への問い』勁草書房，2001年。『コミュニケーションの社会学』（共編著）有斐閣，2009年。『反コミュニケーション』弘文堂，2013年。『社会学の歴史Ⅰ——社会という謎の系譜』有斐閣，2014年。『作田啓一 vs. 見田宗介』（編著）弘文堂，2016年。『社会はどこにあるか——根源性の社会学』ミネルヴァ書房，2017年。『反転と残余——〈社会の他者〉としての社会学者』弘文堂，2018年。『慈悲のポリティクス——モーツァルトのオペラにおいて，誰が誰を赦すのか』岩波書店，2022年。『戦後日本の社会意識論——ある社会学的想像力の系譜』（編著）有斐閣，2023年。

【有斐閣アルマ】

社会学の歴史Ⅱ——他者への想像力のために

A History of Sociology Ⅱ: For Imagination to Others

2023年9月10日 初版第1刷発行　　　　　2024年9月20日 初版第2刷発行

著　者　　奥村　隆
発行者　　江草貞治
発行所　　株式会社有斐閣
　　　　　〒101-0051 東京都千代田区神田神保町2-17
　　　　　https://www.yuhikaku.co.jp/
装　丁　　デザイン集合ゼブラ＋坂井哲也
印　刷　　萩原印刷株式会社
製　本　　牧製本印刷株式会社
装丁印刷　株式会社亨有堂印刷所

落丁・乱丁本はお取替えいたします。定価はカバーに表示してあります。
©2023, Takashi Okumura.
Printed in Japan. ISBN 978-4-641-22217-5